쿠바·칸쿤
멕시코시티

윤인혁 지음

시공사

CONTENTS
목차

프롤로그 · 4
저스트고 이렇게 보세요 · · · · · · · · · · · · · 5
중앙아메리카 · 6

Cuba
쿠바

쿠바 기초 여행 정보 · · · · · · · · · · · · · · 39
쿠바의 교통 · 45
아바나 · 48
아바나 입출국하기 · · · · · · · · · · · · · · · 49
쿠바 국내에서 아바나로 들어오기 · · 51
SPECIAL 아바나 근교 · · · · · · · · · · · · 116
바라데로 · 122
비냘레스 · 136
트리니다드 · 150
SPECIAL 이색 투어 · · · · · · · · · · · · · · 159
산타클라라 · 172
SPECIAL 체 게바라의 생애 · · · · · · · 181
시엔푸에고스 · · · · · · · · · · · · · · · · · · · 192
산티아고 데 쿠바 · · · · · · · · · · · · · · · · 216

베스트 오브 쿠바·칸쿤

여행의 하이라이트 · · · · · · · · · · · · · · · 10
쿠바·칸쿤에서 꼭 해야할 것 · · · · · · · 16
꼭 먹어봐야 할 대표 음식 · · · · · · · · · · 20
갈증을 날리는 대표 드링크 · · · · · · · · 24
꼭 사야 할 쇼핑 아이템 · · · · · · · · · · · · 26
음악과 춤이 함께하는 나이트 스폿 · · 28
추천 여행 일정 · · · · · · · · · · · · · · · · · · · 30

Mexico-Cancún

멕시코 – 칸쿤

멕시코 기초 여행 정보	240
칸쿤 기초 여행 정보	245
칸쿤 입출국하기	247
공항에서 시내로	249
멕시코 국내에서 칸쿤으로 들어오기	250
SPECIAL 액티비티 옵션 투어	251
호텔 존	252
SPECIAL 퍼블릭 비치	260
다운타운	278
SPECIAL 타코와 살사 즐기기	289
플라야 델 카르멘	290
SPECIAL 프리다 칼로의 생애	295
이슬라 무헤레스	314
SPECIAL 스노클링·스쿠버다이빙	324
SPECIAL 치첸이트사	334
툴룸	340
바야돌리드	350

Mexico-Mexico City

멕시코 – 멕시코 시티

멕시코시티 기초 여행 정보	362
멕시코 국내에서 멕시코시티로 들어오기	368
멕시코시티	370

여행 준비

여권과 비자	392
증명서와 여행자보험	394
항공권 예약	395
숙소 예약	396
환전과 여행 경비	397
전화와 인터넷	398
인천공항 가는 법	400
출국 수속	402
한국으로 귀국하기	405
여행 스페인어 회화	406
찾아보기	412

Map

중앙아메리카	6
쿠바	38
아바나	58
아바나 센트로	60
베다도	61
바라데로	124
비날레스	138
트리니다드	154
산타클라라	176
시엔푸에고스	196
산티아고 데 쿠바	220
칸쿤	244
호텔 존	254
다운타운	280
플라야 델 카르멘	292
이슬라무헤레스	317
치첸이트사	335
툴룸	342
바야돌리드	352
센트로 히스토리코	364
차풀테펙	366

PROLOGUE
프롤로그

화향백리 주향천리 인향만리(花香百里 酒香千里 人香萬里)
꽃의 향기는 백 리를 가고, 술의 향기는 천 리를 가고, 사람의 향기는 만 리를 간다는 말이 있습니다. 스마트폰 하나면 지구 어디에서든 실시간으로 정보를 공유하며 하나가 되는 요즈음. 낯선 곳, 낯선 사람, 낯선 문화는 그저 낯섦이 아니라 새로운 것과 만나는 즐거움이 되었습니다.
십몇 년 전, 쿠바라는 곳에 처음 도착했을 때의 당황스러움을 지금도 잊지 못합니다. 인터넷은 물론이고 전화조차 사용하기 어려웠고 숙소, 식당, 관광지, 교통편 등에 관한 정보라고는 앞서 다녀간 여행자들에게 얻어 들은 것이 전부였습니다. 쿠바에서의 한걸음 한걸음은 그야말로 낯선 것투성이였습니다.
그런데 사람 사는 곳은 어디나 똑같았습니다. 길을 헤맬 때는 그 거리의 사람들에게 물어보고, 뭘 먹어야 할지 고민될 때는 식당 웨이터에게 추천을 받았습니다. 숙소에서 만난 여행자에게 다음 여정의 소식과 조언을 들었습니다. 인터넷에 떠도는 수많은 경험과 가이드북의 정제된 정보들도 유용했지만 결국에는 길 위의 사람과 사람 사이에서 내 여행은 이어지고 있었습니다.
유명한 유적지를 보고 맛있는 음식을 먹으며 편안한 숙소에서 잠을 자는 것도 여행이지만, 저에겐 길 위에서 만났던 모든 것들이 여행입니다. 사람들과 뒤섞여 살아가는 모습 속으로 '인간의 향기를 찾아가는 것'이 제가 생각하는 여행이 아닌가 합니다.

가이드북에 칸쿤과 쿠바의 길 위에서 만났던 선한 눈망울과 친절한 웃음을 책 속에 담아내려 노력했습니다. 이 책이 여러분의 여정에 감히 조금이나마 도움이 되었으면 합니다.

2018년 12월 종로에서 노트북을 덮으며

글 · 사진 **윤인혁**

경희대학교 산악부에서 시작된 산과의 인연은 히말라야 원정, 트레킹 전문 여행사 입사, 트레킹 전문 여행사 경영으로 이어졌다. 필드 체질을 자부하며 고산 등반과 트레킹, 오지 여행 전문 가이드로서 오대양 육대주를 누비고 있다.
걷기와 여행을 화두로 한 20여 년의 경험, 노하우를 글과 책으로 풀어내고 있다. 월간 〈아웃도어 뉴스〉에 〈윤인혁의 지구 위를 걷다〉를 기고했고, 지은 책으로는 《남미셀프 트래블(공저)》이 있다.

HOW TO USE
저스트고 이렇게 보세요

본문 보는 법

● 이 책에 실린 모든 정보는 2019년 1월까지 수집한 정보를 기준으로 했으며, 이후 변동될 가능성이 있습니다. 특히 교통편의 운행 일정과 요금, 관광 명소와 상업 시설의 영업시간 및 입장료, 물가 등은 수시로 변동될 수 있으므로 여행 계획을 세우기 위한 가이드로 활용하시고, 직접 이용할 교통편은 여행 전 홈페이지에서 검색하거나 현지 역이나 정류장 등에서 다시 한번 확인하는 것이 좋습니다. 변경된 내용이 있다면 편집부로 연락 주시기 바랍니다.
이메일 travel@sigongsa.com

● 이 책에서 소개하는 지명과 상점 이름, 인명 등에 표시된 스페인어 발음은 국립국어연구원의 외래어 표기 규정을 최대한 따랐습니다.

● 관광 명소, 식당, 상점의 휴무일은 정기휴일을 기준으로 실었으며, 현지 사정에 따라 달라질 수 있습니다.

● 관광 명소에는 중·남아메리카 여행 전문가인 저자가 최대한 객관적인 기준으로 선정한 추천 별점이 있습니다. 추천도에 따라 별 1~3개를 표시했습니다.

● 입장료, 교통 요금은 성인 요금을 기준으로 실었습니다.

● 숙박 시설의 요금은 일반 객실 요금(세금과 봉사료 포함)을 기준으로 실었습니다. 식사가 포함되지 않은 경우 별도의 금액을 표기했습니다.

● 쿠바의 통화는 쿠바 태환 페소(CUC$)이며, 1태환 페소는 약 1,125원(2019년 1월 기준)입니다. 멕시코의 통화는 멕시코 페소(Mex$)이며, 1페소는 56.42원(2019년 1월 기준)입니다. 환율은 수시로 변동되므로 여행 전 확인은 필수입니다.

★ 지도의 기호 ★

- Ⓗ 숙박시설
- Ⓡ 음식점
- Ⓢ 상점
- Ⓝ 술집·클럽
- ✚ 공항
- Ⓟ 버스 정류장·버스 터미널
- 🚕 택시 정류장
- ⚓ 페리 터미널
- ㉾ 우체국
- 🎓 학교
- ✚ 병원·약국
- ✝ 교회
- Ⓢ 은행·환전

★ 추천 별점 ★

📘 **비에하 광장** Plaza Vieja ★★★
이곳이 바로 쿠바다!
1559년에 조성된 비에하 광장의 원래 이름은 플라사 데 누에보(Plaza de Nuevo)로, 한국어로 표현하면 '신광장'이었다. 최근 아바나 여행의 시작이 대성당에서 이곳 비에하 광장으로 옮겨온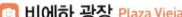

★★★ 관광 명소의 추천 별점(1~3개)

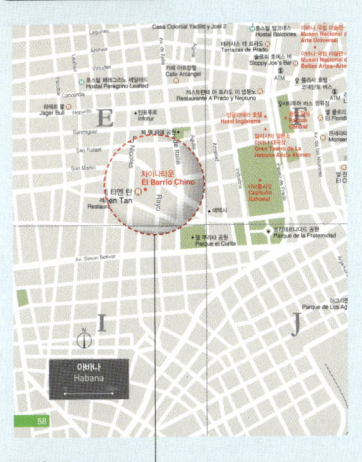

P.58-E
표기된 58쪽 지도의 E 구역에 찾고자 하는 명소가 있습니다.

Best of
Cuba·
Cancún

베스트 오브 쿠바·칸쿤

여행의 하이라이트 10

쿠바·칸쿤에서 꼭 해야할 것 16

꼭 먹어봐야 할 대표 음식 20

갈증을 날리는 대표 드링크 24

꼭 사야 할 쇼핑 아이템 26

음악과 춤이 함께하는 나이트 스폿 28

추천 여행 일정 30

여행의 하이라이트

쿠바 색 바랜 낡은 건물과 그 틈을 달리는 오래된 자동차. 쿠바는 디지털보다 아날로그의 감성으로 살아가는 곳이다. 식민 시대의 건물과 광장 위에 혁명의 흔적이 더해져 쿠바만의 색깔이 태어났다.

1 아바나 대성당 광장 p.62
쿠바 여행의 시작은 여기에서!

2 아바나 아르마스 광장 p.66
광장 나무 밑 벤치에서 여유로운 시간 즐기기

3 아바나 비에하 광장 p.73
광장을 채우는 야외 테이블은 여행자의 휴식처

4 아바나 국립 미술관 p.79
쿠바와 전 세계가 사랑한 작가들의 작품 감상하기

5 아바나 오비스포 거리 p.75
음악 소리가 끊이지 않는 여행자 거리

6 아바나 말레콘 p.78
시민들이 낚시를 즐기는 휴식처

7 아바나 혁명 광장 p.82
아바나를 대표하는 포토 스팟

8 아바나 근교 모로 요새 p.120
아바나 최초의 요새에서 만나는 최고의 전망

9 산타클라라 체 게바라 기념관
p.180
체 게바라를 빼고 쿠바를 논할 수 없다! 그의 모든 것을 볼 수 있는 전시관

10 트리니다드 p.150
올드 쿠바의 감성이 넘치는 골목길 걷기

칸쿤·멕시코시티

멕시코의 수도인 멕시코시티에서는 스페인 식민 시대와 아즈텍 문명을 두루 경험할 수 있다. 칸쿤에서는 에메랄드빛 카리브해를 보며 그저 쉬기만 해도 좋다. 마야와 톨텍 문명이 살아 있는 치첸이트사, 툴룸 등의 유적과 자연 속에서 지내다 보면 시간이 금세 사라져 버린다.

1 칸쿤 호텔 존 플라야 델핀 p.260
'CANCUN' 엠블럼과 함께 사진 찍기

2 칸쿤 호텔 존
익터렉티브 아쿠아리움 p.258
돌고래와 함께 수영하는 색다른 경험

3 이슬라 무헤레스 과달루페 예배당 p.323
카리브해를 배경으로 사랑하는 사람과 미래를 약속하기

4 이슬라 무헤레스 푼타 수르 p.320
멀리 칸쿤의 전망을 바라보며 칵테일 한잔

5 바야돌리드 p.350
식민지 시대에 건설된 저택과 오래된 거리에서 독특한 분위기 즐기기

6 치첸이트사 p.334
멕시코에 왔다면 놓칠 수 없는 마야 유적지

7 치첸이트사 세노테익킬 p.339
성스런 샘물에서 유카탄반도의 뜨거운 열기 한방에 날리기

8 툴룸 p.340
카리브해의 멋진 전망을 배경으로 역사의 흔적 돌아보기

9 멕시코시티 대성당 p.375
아메리카 대륙에서 가장 크고 아름다운 성당

10 멕시코시티 국립 인류학 박물관 p.380
마야 문명, 사포텍 문명, 아즈텍 무명 등 멕시코 전역을 아우르는 유적의 정보와 유물

11 멕시코시티 테오티우아칸 p.378
아메리카 대륙에서 가장 큰 피라미드이자 아즈텍 문명의 하이라이트

쿠바 · 칸쿤에서 꼭 해야할 것

쿠바 바쁘게 관광지를 다니며 건물과 유적지를 보는 것도 좋지만, 쿠바에서라면 좀 느린 여행도 좋다. 시간이 멈춘 듯한 거리와 올드 카, 쿠바 사람들, 그들이 사는 거리를 천천히 걷는 것만으로 충분하다.

1 클래식 카 드라이브
1950~1960년대의 멋이 한껏 느껴지는 올드 카를 타고 말레콘을 달려 보자.

2 해 질 무렵 말레콘 산책
쿠바인들이 삼삼오오 모여 럼을 마시며 음악을 연주하거나 데이트하는 풍경을 즐겨 보자.

3 바라데로에서 올 인클루시브 호텔 투숙하기
카리브의 바다를 럭셔리하게 즐겨보자. 칸쿤의 올 인클루시브 호텔보다 저렴해 부담도 적다.

4 아바나 거리 구경
목적지를 정하지 않고 올드 아바나의 골목골목을 천천히 걸어 보자.

5 칵테일 마시기
럼을 베이스로 한 칵테일은 쿠바 여행의 즐거움을 배가시켜준다. 다이키리, 모히토, 쿠바 리브레, 피나 콜라다, 칸찬차라 등 마셔야 할 술이 많다.

칸쿤

카리브해의 에메랄드빛 바다는 칸쿤을 찾는 가장 큰 목적이다. 그저 바라만 봐도 좋은 칸쿤은 '천국'이라는 말이 아깝지 않을 정도로 아름다운 곳. 바다에서 할 수 있는 모든 것이 이곳에 있다.

1 스노클링
호텔 존과 이슬라 무헤레스, 코수멜 등에서 카리브해를 온몸으로 느껴 보자.

2 골프 카트 타고 이슬라 무헤레스 일주
카리브의 외딴섬에서 바닷바람을 맞으며 시원하게 드라이브를 즐겨 보자.

3 가라폰 파크
천연 국립 해양 공원에서 스노클링, 카약, 집라인 등을 하며 자연을 즐기자.

4 패러세일링
하늘에서 내려다보는 카리브해는 평생 잊지 못할 아름다움으로 남을 것이다.

5 자전거 타고 툴룸 해안도로 일주
툴룸 유적지부터 남쪽으로 난 해안도로를 달리다가, 마음에 드는 해변을 만나면 물에 뛰어드는 행복을 느껴 보자.

6 비치에서 놀기
올 인클루시브 호텔의 전용 해변이 아니더라도 그림 같은 퍼블릭 비치가 많다.

꼭 먹어봐야 할 대표 음식

쿠바 쿠바 음식을 한마디로 정의한다면 '재료 본연의 맛을 살린 소박하면서 푸짐한 음식'이라고 할 수 있다. 화학 비료를 쓰지 않고 키운 농작물과 자연산 사료를 먹여 키운 가축, 카리브해에서 낚아 올린 생선을 주재료로 하고 향신료마저 적게 쓴 슬로우 푸드이다.

로파비에하 Ropavieja
요리 이름을 풀이하자면 '낡은 외투'라는 뜻인데. 토마토소스로 요리한 소고기를 장조림처럼 가늘게 찢어 유카(삶은 팥)와 쌀밥을 함께 담아내는 음식이다. 메인 재료인 소고기가 돼지고기, 닭고기, 양고기 혹은 생선으로 바뀔 뿐 쿠바 어디서나 비슷한 음식을 먹을 수 있다.

브로체타 Brocheta
소고기, 양고기, 닭고기, 돼지고기 등의 육류와 랍스터, 새우 등의 해산물을 사용한 쿠바식 꼬치구이. 소금 간만 살짝 했기 때문에 담백한 맛이다. 얼마 전 KBS의 예능 프로그램에 소개되어 한국 여행자의 입맛을 자극하는 인기 요리가 되기도 했다.

추로스 Churros
쿠바의 국민 간식 추로스는 쿠바 전역, 특히 광장 근처에서 쉽게 찾아볼 수 있다. 버터와 밀가루를 섞어 만든 반죽을 뜨거운 기름에 길쭉하게 짜 넣어 튀긴다. 기호에 따라 설탕을 묻혀 먹기도 한다. 저녁 식사 후에 추로스 한 봉지를 먹어야 식사가 마무리되는 느낌이다.

피카디요 Picadillo
잘게 다진 소고기나 돼지고기에 토마토, 올리브, 시큼한 케이퍼를 넣고 볶은 후 검은 콩이나 쌀밥과 곁들여 내는 요리. 쿠바뿐만 아니라 남미, 푸에르토리코 등지에서도 전통 음식 수준으로 대중적인 지지를 받고 있다. 멕시코에서는 타코에 싸서 먹기도 한다.

쿠바 샌드위치 Cuban Sandwich
쿠바 샌드위치는 사탕수수와 담배 공장 등에서 일하던 노동자들이 미국 플로리다로 건너가 고향에서 먹던 샌드위치를 미국식으로 재해석한 것. 플로리다의 식당에서는 두툼한 양념 고기를 사용하지만, 쿠바의 샌드위치는 저렴한 가격(10~15CUP$, 한화 약 500~600원)에 한 끼 때울 수 있는 가벼운 길거리 음식이다.

프리홀 콜로라도 Frijol Colorado
한국의 팥죽을 생각하면 된다. 감자나 토란 등을 넣기도 한다. 설탕을 넣어 먹으면 팥죽과 비슷한 맛이 난다.

랑고스타 Rangosta
랍스터를 말한다. 쿠바에서는 부담 없는 가격에 즐길 수 있고 평범한 숙소인 카사에서조차 저녁 식사 메뉴로 올라올 정도이다. 조리법은 단순하지만 그만큼 육질을 제대로 맛볼 수 있다.

모로스 이 크리스티아노스 Moros y Cristianos
모로스 이 크리스티아노스는 '무어인과 크리스천'이라는 말이며, 무어인은 검은 콩을, 크리스천은 쌀을 의미한다. 1492년 쿠바에 도착한 콜럼버스가 전한 음식으로 스페인 전통 음식인 파에야의 쿠바 버전 정도로 이해하면 된다.

칸쿤

멕시코 음식은 토르티야로 시작해서 토르티야로 끝난다고 해도 과언이 아니다. 타코, 부리토, 케사디야 등 토르티야로 만든 음식에 갖가지 살사 소스를 입맛에 맞게 더하면 지구상에 하나뿐인 맛이 탄생한다. 특히 '하바네로'라는 매운 소스와 고추로 만든 피클 '할라피뇨'는 자극적인 맛을 좋아하는 한국 사람의 입맛에 잘 맞는다.

타코 Taco

멕시코를 대표하는 먹을거리. 커다란 그릴에서 익힌 소고기, 닭고기, 돼지고기 등을 살짝 구운 토르티야에 올려 싸서 먹는다. 취향에 따라 다양한 살사와 양파, 할라피뇨 같은 피클을 넣어도 좋다.

케사디야 Quesadilla

토르티야에 소고기, 돼지고기, 닭고기 등으로 속을 채워 반으로 접어 구운 것. 속 재료 위에 치즈를 얹어 굽기 때문에 피자처럼 치즈가 쭉 늘어나는 식감을 느낄 수 있다.

부리토 Burito

타코는 직접 원하는 속 재료를 올리고 소스를 뿌려 먹지만, 부리토는 주재료를 정해서 주문하면 주방에서 돌돌 말아서 만들어 준다. 속 재료는 다양한 고기 종류 외에도 콩과 밥을 넣기도 한다. 한국의 패스트푸드점에서 전병에 싸서 나오는 랩 메뉴가 부리토의 변형이라 볼 수 있다.

해산물 타코 Taco de Pescado

통새우나 생선살에 얇은 튀김옷을 입혀 튀겨낸 것을 토르티야에 싸 먹는다. 방법은 일반 타코와 비슷한데 속 재료로 새우와 생선살을 사용한 것이다. 식당에 따라 잘게 자른 문어가 들어가기도 한다. 맥주와 아주 잘 어울린다.

세비체 Ceviche
페루의 전통 음식 세비체가 멕시코로 넘어와 토르티야와 결합했다. 세비치의 육수가 토르티야에 스며들면 숟가락으로 퍼먹기도 하고, 세비체 자체를 토르티야 위에 올려 타코로 먹기도 한다.

포솔레 Pozole
멕시코의 설렁탕 정도 되겠다. 돼지 부산물, 고기 등과 옥수수를 넣고 맑게 끓여낸 육수에 고기 고명과 통 옥수수를 넣은 것이다. 맑고 개운한 국물 맛이 일품인데, 여기에 매운 할라피뇨, 살사 소스를 첨가하면 맛이 풍부해진다.

나초 Nacho
토르티야를 바삭하게 튀겨낸 나초는 멕시코의 식당에서 애피타이저로 흔히 내오는 스낵이다. 그냥 먹어도 되지만 과카몰레, 피코 데 가요(pico de gallo) 같은 살사나 치즈와 곁들여 먹으면 더 맛있다.

과일 아이스크림
1년 내내 여름인 칸쿤에서 아이스크림은 오아시스처럼 소중한 간식이다. 특히 열대 과일로 만든 아이스크림은 과일을 갈아서 바로 얼린 것처럼 신선하며 과육까지 씹힌다. 치첸이트사, 칸쿤 일대의 노점이나 아이스크림 가게에서 먹을 수 있다. 광장이나 공원에서 파는 코코넛 아이스크림도 강력 추천.

갈증을 날리는 대표 드링크

쿠바 쿠바의 술에 대하여 이야기할 때 럼(Rum)을 빼놓고는 한마디도 할 수가 없다. 럼은 그 자체로도 훌륭한 술이지만 쿠바에서는 이를 베이스로 한 각종 칵테일이 여행을 한층 더 풍요롭게 해준다.

다이키리 Daiquiri

세계적인 소설가 어니스트 헤밍웨이가 너무도 사랑해서 유명해진 다이키리는 원래 산티아고 데 쿠바의 광산 이름이었다. 1900년대 초반 광산에서 근무하던 미국인 광산 기술자가 쿠바산 럼에 라임 주스와 설탕을 넣어 마신 것이 유래이다. 보통은 주재료인 화이트 럼에 라임 주스, 설탕, 얼음을 넣지만 아바나의 엘 플로리디타(p.89)에서는 설탕 대신 사탕수수 주스를 넣고 얼음을 갈아 셔벗처럼 만들어 준다.

모히토 Mojito

역시 소설가 어니스트 헤밍웨이가 아바나에 살던 때 즐겨 마신 칵테일로 유명하며, 쿠바를 넘어 지구촌 어디에서나 마실 수 있는 대중적인 칵테일이 되었다. 라임 즙에 사탕수수 주스와 민트 잎을 넣어 으깬 후, 잘게 부순 얼음과 쿠바산 럼을 넣어 완성한다.

쿠바 리브레 Cuba Libre

우리에게는 쿠바 리브레라는 이름보다 럼 콕(Rum Coke)이라는 말이 더 친근하다. 1900년대 스페인으로부터 독립 전쟁이 한창일 때 아바나에 주둔 중이던 미군이 쿠바의 바카르디 럼과 미국의 코카콜라를 섞어 마시던 것에서 유래되었다고 한다.

칸찬차라 Canchanchara

사탕수수 농장이 많았던 트리니다드에 노동자들이 마시며 고단한 일상을 잊었던 서민의 술이다. 사탕수수 액에 꿀을 넣고 섞일 때까지 저어주다가 화이트 럼, 얼음, 탄산수를 넣으면 완성이다. 처음엔 독한 럼에 인상이 구겨지지만 금세 달콤한 꿀이 입안을 기분 좋게 해준다.

맥주

부카네로(Bucanero)와 크리스탈(Cristal)로 대표되는 쿠바의 맥주는 칵테일 못지않게 전 세계에서 몰려오는 여행객에게 사랑을 받고 있다. 아쉽게도 아직까지는 설비가 미비해 생맥주는 찾아보기 쉽지 않다.

칸쿤 멕시코의 술 테킬라와 이를 베이스로 만든 시원한 칵테일은 무더운 카리브해의 날씨와 잘 어울린다. 세계적으로 유명한 맥주인 코로나를 시작으로 다양한 맛의 맥주 또한 칸쿤 여행을 즐겁게 한다.

프로즌 다이키리 Frozen Daiquiri

다이키리는 라임 주스에 사탕수수 주스와 럼을 넣은 것으로, 칸쿤에서는 얼음을 넣고 갈아 슬러시 형태로 마시는 프로즌 다이키리가 특히 인기이다. 칸쿤 호텔존과 플라야 델 카르멘의 팻 튜즈데이(p.263, p.300)에서는 프로즌 다이키리를 호리병처럼 생긴 긴 잔에 넣어준다. 바에서는 술병 대신 여러 대의 슬러시 기계에서 칵테일이 돌아가는 모습을 볼 수 있다. 카리브 제도에서만 맛볼 수 있는 희귀 아이템.

곳에서 폭발적인 인기를 끌며 퍼져나갔다. 사실 이 술의 정확한 이름은 테킬라가 아니라 메스칼이며, 메스칼 중에서도 블루 아가베(Agave Azul)라는 용설란을 원료로 해 할리스코(Jalisco), 과나후아토(Guanajuato)주에서 만들어지는 것만 테킬라라고 한다. 숙성도에 따라 블랑코(Blanco), 레포사도(Reposado), 아녜호(Añejo) 등 여러 종류가 있다.

테킬라 Tequila

테킬라는 원래 잘 알려지지 않은 멕시코의 토속주였는데, 1968년 멕시코 올림픽 이후 세계 여러

맥주

멕시코 맥주의 대명사인 코로나(Corona)를 비롯해 다양한 종류가 있다. 맥주의 황금빛 색깔과 맞는 '태양'이라는 뜻의 솔(Sol), 검붉은 색깔이지만 맛은 깔끔한 네그라 모델로(Negra Modelo), 120년의 역사를 간직한 더블 에퀴스(Dos Equis XX), 목넘김이 깔끔한 페일 라거인 테카테(Tecate) 등 대중적인 맥주와 각 지역에서 만든 지역 맥주까지 가세해 골라 먹는 재미가 있다.

꼭 사야 할 쇼핑 아이템

쿠바 오랜 경제 제재로 인한 물자 부족으로 공산품의 품질이나 물량이 부족한 것이 현실이다. 그럼에도 불구하고 쿠바의 효자 상품인 럼과 시가는 품질이 뛰어나고 품목이 다양해 필수 쇼핑 아이템이 되었다. 중고품 시장을 잘 뒤지면 체 게바라와 관련된 희귀 아이템도 건질 수 있다.

1 체 게바라 기념품
체 게바라를 모델로 한 모자, 티셔츠, 사진, 책, 달력, 그림, 자석, 엽서 등 다양한 아이템이 있다.

2 럼
아바나 클럽(Havana Club), 물라타(Mulata), 쿠바이(Cubay), 산티아고 데 쿠바(Santiago de Cuba) 등의 럼이 유명하다. 숙성 기간이 짧고 색깔이 투명한 화이트 럼은 칵테일용으로 적합하고, 숙성 기간이 길고 색깔이 진한 럼은 위스키처럼 스트레이트나 온 더 록으로 마셔도 아주 좋다.

3 시가
양질의 담뱃잎으로 만든 코이바(Cohiba), 몬테크리스토(Montecristo), 로미오 이 훌리에타 등 세계 최상급의 시가를 살 수 있다.

칸쿤

카리브해의 전형적인 휴양 도시 칸쿤에서는 민속품보다는 한국에서도 쓸 수 있는 실용적인 일상용품을 많이 사 가는 추세이다. 화려한 색감의 옷과 샌들은 한국보다 가격은 저렴하지만 품질은 전혀 뒤지지 않는다.

1 테킬라
멕시코 선물 리스트 1순위. 대형 마트의 주류 코너와 공항의 면세점에서 다양한 종류를 판매 중이며, 호세 쿠에르보(Jose Cuervo) 정도면 무난하다. 단, 면세 구역 밖에서 산 것은 항공기 내로 반입할 수 없으므로 깨지지 않게 잘 포장해 위탁 수화물에 넣어야 한다.

2 수영복
화려한 색감의 여성용 비키니는 여러 벌 사두어도 좋다. 가격 대비 품질, 디자인 모든 면이 한국보다 월등하다. 특히 원색의 색감은 보고만 있어도 기분이 좋아진다.

3 의류
1년 내내 더운 칸쿤에서는 다양한 여름 옷가지를 만나볼 수 있다. 칸쿤, 멕시코 등의 엠블럼이 들어간 티셔츠는 디자인이 다양하고 원단이 좋기 때문에 한국에서 입고 다니기에도 좋다.

4 비치 샌들
바다와 모래사장을 거닐 일이 많은 카리브해의 도시에서 비치 샌들만큼 유용한 신발은 없다. 가볍고, 활동성 좋고, 물에 젖어도 금방 마르며 기념품으로나 선물로도 좋은 옵션이다.

5 기념 자석
멕시코 특유의 톡톡 튀는 아이디어와 감성이 기념 자석에 녹아 있다. 기념품, 선물용으로도 좋다.

6 초콜릿
대형 마트인 월마트, 체드라우이, 메가 마트 등에서 페레로 로
쉐, 킨더, 허쉬 등의 유명 브랜드 초콜릿을 면세점보다 저렴한 가격에 살 수 있다.

음악과 춤이 함께하는 나이트 스폿

쿠바 쿠바를 여행하면 어디에서나 쉽게 밴드의 연주를 들을 수 있다. 거리, 식당, 전문 공연장 등에서 들을 수 있는 연주의 주인공들은 바로 제2, 제3의 부에나비스타 소셜 클럽이다. 연주와 노래를 듣는 것만으로도 쿠바 여행의 50%는 완성된다.

1 아바나 길거리 음악
아바나 골목 여기저기에서는 쿠바의 음악을 쉽게 들을 수 있다. 길거리에서 연주하는 밴드라도 실력은 수준급이다. 부에나비스타 소셜 클럽의 주인공은 바로 이들이다.

2 트리니다드 카사 데 라 무시카 p.165
낮에 보면 그냥 계단이지만 해가 진 후 지킬박사와 하이드처럼 숨겨 두었던 흥을 내보인다. 계단 앞의 작은 무대에서 수준급의 밴드가 연주를 하고 관객들은 일어나 춤을 춘다.

3 산타클라라 클럽 엘 메훈헤 p.187
허물어진 마당이 있는 빈집이 저녁이 되면 살사, 맘보, 쿰바 등을 연주하며 흥에 겨워 춤을 추는 최고의 놀이터로 변한다.

4 산티아고 데 쿠바 카사 데 라 트로바 p.233
낮에는 삭막한 시멘트 건물에 불과하지만 저녁이 되면 음악이 흐르고 살아 있는 공간으로 변한다. 굳이 뭘 마시지 않더라도 흐르는 음악에 취할 터.

칸쿤

낮에는 에메랄드빛 바다에서 칸쿤을 즐겼다면 저녁에는 밖으로 나와 시원한 프로즌 다이키리 한잔 마시며 떠들썩한 공연과 열대 휴양지의 흥분을 온몸으로 느껴 보자.

1 팻 튜즈데이 p.263, 300

슬러시 기계가 쉼 없이 돌아가는 팻 튜즈데이에서는 테킬라와 럼을 베이스로 한 슬러시 칵테일을 기다란 호리병에 담아 준다. 무더운 카리브의 날씨와 어울리는 이곳에서는 흥겨운 음악에 절로 스텝을 밟게 된다.

2 코코봉고 p.259

호텔 존의 밤은 코코봉고가 주도한다고 해도 과언이 아니다. 화려한 공연과 쉴 틈 없이 몰아치는 퍼포먼스로 카리브의 밤은 짧게만 느껴진다.

3 콩고 p.259

창문이 없어 밖에서도 안을 훤히 들여다 볼 수 있게 오픈된 클럽은 화려한 조명과 최신 음악, 그리고 발 디딜 틈 없이 들어찬 손님으로 꽉 차 있다. 춤을 추고 싶다면 콩고로 가자.

추천 여행 일정

여행 준비에 앞서

체 게바라가 이룬 혁명의 흔적과 살사 음악, 춤, 럼(Rum)으로 대변되는 쿠바. 쿠바는 미국의 오랜 경제 제재로 인해 낡은 아날로그 속에 멈췄지만, 혁명으로 이룬 나라라는 자존심과 아프리카·중남미의 여러 문화가 섞여 카리브 제도의 나라 중에서도 큰 매력을 지니고 있다.

천혜의 휴양지 칸쿤은 에메랄드빛 카리브해를 즐기는 것 외에도 중앙아메리카 대륙의 문화를 책임지는 아즈텍과 마야 문명의 유적지를 둘러보는 감동이 있다. 멕시코의 수도 멕시코시티는 도시 자체가 커다란 아즈텍 문명의 박물관이라고 해도 손색이 없을 정도다. 쿠바와 칸쿤, 멕시코시티는 서로 비행기로 1시간 30분이면 도착할 정도로 가까워, 일정이 짧아도 효율적으로 돌아볼 수 있다. 어디를 먼저 돌아볼지 정하는 것이 좋다.

여행의 주제에 맞추기

여행을 계획할 때 생각해 둔 주제가 있다면 그에 맞춰 일정을 정하는 것이 좋다. 가령 신혼여행으로 떠난다면, 1년에 단 한번 긴 휴가를 얻어 떠난다면, 카리브해에서 진하게 놀고 싶다면, 아이와 함께 하는 가족여행이라면, 시간이 넉넉해 느리게 여행하고 싶다면 혹은 마야 문명을 꼼꼼히 돌아보거나 체 게바라의 흔적을 찾고 싶다면. 이렇게 다양한 목적과 바람을 가지고 여행을 계획해 보는 것이다. 그러면 항공권 예약, 숙소 예약, 액티비티 예약 등 실질적인 여행 준비와 예산을 세우기도 수월하다.

여행 기간은 넉넉히

중앙아메리카는 한국의 반대편에 있기 때문에 시차도 12시간 정도며, 비행시간만 18시간 이상 걸린다. 게다가 한국으로 돌아올 때에는 날짜가 하루 더해지기 때문에 1박 2일을 예상해야 한다. 이처럼 긴 비행시간과 시차가 있기 때문에 여행 기간은 최소 일주일 이상 잡기를 권한다. 9~10일 일정이라면 멕시코시티, 쿠바, 칸쿤 등의 핵심을 돌아볼 수 있다. 20~30일 정도면 쿠바 전역과 칸쿤 일대, 멕시코시티 등을 꼼꼼히 여행할 수 있다.

예약은 미리미리

여행 주제에 맞추어 일정을 세웠다면 실질적인 여행 준비를 할 차례. 전문 여행사의 도움을 받아도 되고, 인터넷 사이트에서 직접 예약을 해도 된다. 항공권과 숙소 등을 각각 예약해 자유 여행을 즐겨도 되고, 항공권과 숙소, 액티비티 등이 포함된 패키지 상품을 이용해도 된다.

Plan 1 | 9일 | 칸쿤 · 쿠바 아바나

일생에 단 한번 신혼여행, 혹은 1년을 기다린 휴가

신혼여행이나 넉넉한 휴가를 즐기려는 여행자에게 추천한다. 칸쿤 호텔 존의 5성급 호텔이나, 올 인클루시브 호텔에서 에메랄드빛 바다를 즐기며 마야 문명을 돌아본다. 다음으로는 쿠바의 올드 아바나 거리를 거닐며 모히토와 다이키리 등 쿠바의 칵테일과 살사의 리듬에 취해 본다.

날짜	지역	숙박	내용
1	인천 → 멕시코시티 → 칸쿤	칸쿤	항공 이동
2	칸쿤	칸쿤	카리브해에서 휴식을
3	칸쿤 이슬라 무헤레스섬 일주	칸쿤	스노클링
4	칸쿤 치첸이트사, 세노테 익킬	칸쿤	마야 문명 탐방
5	칸쿤	칸쿤	옵션 투어를 하거나 휴식
6	칸쿤 → 아바나	아바나	아바나 비에하, 모로 요새 등
7	아바나	아바나	올드 아바나, 헤밍웨이의 집
8	아바나 → 멕시코시티 → 인천	기내	항공 이동
9	인천 도착		

Plan 2 | 7일 | 칸쿤 · 쿠바 아바나

비교적 짧게, 딱 일주일 동안 두 곳 돌아보기

일주일밖에 휴가를 낼 수 없는 직장인들에게 추천한다. 첫 번째 코스와 비슷하지만 짧고 알차게 칸쿤과 쿠바를 여행하는 일정이다.

날짜	지역	숙박	내용
1	인천 → 멕시코시티 → 칸쿤	칸쿤	항공 이동
2	칸쿤 이슬라 무헤레스섬 일주	칸쿤	스노클링
3	칸쿤 치첸이트사, 세노테 익킬	칸쿤	마야 문명 탐방
4	칸쿤 → 아바나	아바나	아바나 비에하, 모로 요새
5	아바나	아바나	올드 아바나, 헤밍웨이의 집
6	아바나 → 멕시코시티 → 인천	기내	항공 이동
7	인천 도착		

Plan 3 | 10일 | 멕시코시티 · 아바나 · 트리니다드 · 칸쿤

짧지만 굵게, 부지런히 움직여 보자

조금 빡빡하더라도 많은 것을 보고 싶은 여행자에게 추천하는 일정이다. 10일 동안 멕시코의 멕시코시티, 칸쿤과 쿠바의 아바나, 트리니다드를 둘러보는 일정이다.

날짜	지역	숙박	내용
1	인천 → 멕시코시티	멕시코시티	항공 이동
2	멕시코시티 → 아바나	아바나	테오티우아칸 · 아바나 비에하, 모로 요새 등
3	아바나	아바나	혁명 광장, 올드 아바나 등
4	아바나 → 트리니다드	트리니다드	칸찬차라 마시기, 공연 보기 등
5	트리니다드 → 아바나	칸쿤	차량 이동
	아바나 → 칸쿤		항공 이동
6	칸쿤 이슬라 무헤레스섬 일주	칸쿤	스노클링
7	칸쿤 치첸이트사, 세노테 익킬	칸쿤	마야 문명 탐방
8	칸쿤	칸쿤	옵션 투어를 하거나 휴식
9	칸쿤 → 멕시코시티 → 인천	기내	항공 이동
10	인천 도착		

Plan 4 | 7일 | 칸쿤

아이와 함께 하는 여행

긴 비행시간이 부담되지만, 일생에 한번뿐이라면 시도해 볼 만하다. 칸쿤의 바다는 수온이 따뜻해 아이가 들어가 놀기에 더할 나위 없으며, 돌고래를 만지고 함께 수영할 수 있는 체험 역시 아이들에게 평생 잊지 못할 추억이 될 것이다.

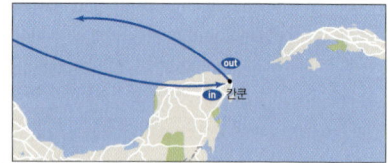

날짜	지역	숙박	내용
1	인천 → 멕시코시티 → 칸쿤	칸쿤	항공 이동
2	칸쿤	칸쿤	카리브해에서 휴식
3	칸쿤	칸쿤	아쿠아리움에서 돌고래와 수영
4	칸쿤 이슬라 무헤레스섬 일주	칸쿤	스노클링
5	칸쿤	칸쿤	휴식, 쇼핑
6	칸쿤 → 멕시코시티 → 인천	기내	항공 이동
7	인천 도착		

Plan 5 | 8일 | 멕시코시티 · 칸쿤 · 툴룸

마야, 아즈텍의 고대 문명과 카리브해

도시 전체가 아즈텍 문명의 박물관인 멕시코시티와 마야 문명의 거대한 유적지인 치첸이트사, 마야의 해안 도시인 툴룸 등 고대 문명 속으로 타임머신을 타고 가 본다. 물을 좋아하지 않더라도 카리브해에서의 휴식과 액티비티는 칸쿤에 왔다면 필수.

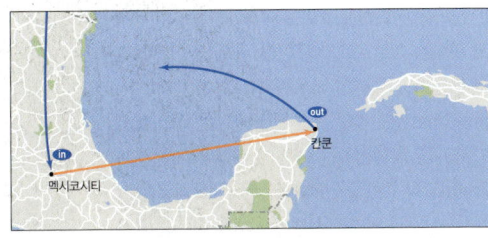

날짜	지역	숙박	내용
1	인천 → 멕시코시티	멕시코시티	항공 이동
2	멕시코시티 → 칸쿤	칸쿤	테오티우아칸 관광, 카리브의 바다에서 휴식
3	칸쿤	칸쿤	옵션 투어
4	칸쿤 치첸이트사, 익킬 세노테	칸쿤	마야 문명 탐방
5	칸쿤 툴룸	칸쿤	마야 문명 탐방, 마야의 해상 아지트 툴룸 유적지 탐방
6	칸쿤 이슬라 무헤레스 섬	칸쿤	섬 일주 및 스노클링
7	칸쿤 → 멕시코시티 → 인천	기내	항공 이동
8	인천 도착		

Plan 6 | 10일 | 쿠바 아바나 · 산타클라라 · 산티아고 데 쿠바

쿠바, 그 혁명의 숨결을 찾아서

쿠바 혁명을 대표하는 두 인물, 체 게바라와 피델 카스트로의 발자취를 따라가는 일정이다. '혁명의 발자취'라는 거창한 주제를 뺀다면 쿠바의 주요 도시를 돌아보는 좋은 일정이기도 하다. 특히 체 게바라가 잠들어 있는 산타클라라와 피델 카스트로의 도시 산티아고 데 쿠바의 서로 다른 분위기를 직접 느낄 수 있다.

날짜	지역	숙박	내용
1	인천 → 토론토 → 아바나	아바나	항공 이동
2	아바나	아바나	올드 아바나, 헤밍웨이의 집 등
3	아바나	아바나	아바나 비에하, 베다도 등
4	아바나 → 산타클라라	산타클라라	차량 이동 3시간, 체 게바라 기념관 등
5	산타클라라 → 트리니다드	트리니다드	차량 이동 1시간 30분, 칸찬차라 마시기, 음악 즐기기 등
6	트리니다드 → 산티아고 데 쿠바	산티아고 데 쿠바	차량 이동 12시간
7	산티아고 데 쿠바	산티아고 데 쿠바	몽카다 병영 박물관 등
8	산티아고 데 쿠바 → 아바나	아바나	차량 이동 15시간
9	아바나 → 토론토 → 인천	기내	항공 이동
10	인천 도착		

Plan 7 — 18일 | 쿠바

쿠바 리브레!

한 나라를 진득하게 돌아보기 좋아하는 여행자에게 쿠바는 아날로그의 불편함 위에 낯선 곳에서의 흥분을 적절하게 버무린 최고의 여행지이다. 좋은 숙소, 편한 이동, 실시간 인터넷은 쿠바에서 사치이다. 휴대전화는 가방에 넣어두고 천천히 아날로그식 여행을 만끽하고, 바라데로의 저렴한 올 인클루시브 호텔에서는 느긋하게 여유를 즐기는 것도 잊지 말자.

날짜	지역	숙박	내용
1	인천 → 멕시코시티	아바나	항공 이동
2	아바나	아바나	올드 아바나
3	아바나	아바나	아바나 비에하, 베다도 등
4	아바나	아바나	헤밍웨이의 집, 코히마르, 부에나 비스타 소셜 클럽 공연 관람
5	아바나 → 비날레스	비날레스	차량 이동 3시간 40분, 석회암 지대인 모고테 등
6	비날레스 → 아바나 → 바라데로	바라데로	차량 이동 6시간 30분
7	바라데로	바라데로	올 인클루시브 호텔, 카리브해
8	바라데로	바라데로	올 인클루시브 호텔, 카리브해
9	바라데로 → 시엔푸에고스	시엔푸에고스	차량 이동 4시간 40분, 베니 모레의 음악과 말레콘
10	시엔푸에고스 → 산타클라라	산타클라라	차량 이동 1시간 30분, 체 게바라 기념관 등
11	산타클라라	산타클라라	클럽 엘 메훈헤에서 살사 공연 감상
12	산타클라라 → 트리니다드	트리니다드	차량 이동 1시간 30분, 칸찬차라 마시며 공연 즐기기 등
13	트리니다드	트리니다드	잉헤니오스 계곡 기차 투어, 혹은 카리브해 즐기기
14	트리니다드 → 산티아고 데 쿠바	산티아고 데 쿠바	차량 이동 12시간
15	산티아고 데 쿠바	산티아고 데 쿠바	몽카다 병영 박물관 등
16	산티아고 데 쿠바 → 아바나	아바나	차량 이동 15시간
17	칸쿤 → 토론토 → 인천	기내	항공 이동
18	인천 도착		

Plan 8 | 30일 | 멕시코시티·칸쿤·쿠바

쿠바 리브레, 올라 멕시코! 느린 발걸음으로

쿠바 전역, 멕시코시티, 칸쿤과 일대의 툴룸, 플라야 델 카르멘, 바야돌리드 등을 돌아보는 느리지만 꼼꼼하고 넉넉한 일정이다. 마야 문명, 아즈텍 문명 등 중앙아메리카의 대표 고대 문명을 모두 관통한다. 또한 쿠바 최

고의 휴양 도시 바라데로와 칸쿤 등 카리브해를 안고 있는 도시를 모두 경험할 수 있다. 긴 일정이지만 동선이 겹치지 않기 때문에 길에서 버리는 시간과 노력을 줄일 수 있다.

날짜	지역	숙박	내용
1	인천 → 멕시코시티	멕시코시티	항공 이동
2	멕시코시티	멕시코시티	아즈텍 문명의 테오티우아칸 등
3	멕시코시티 → 아바나	아바나	소나로사, 올드 아바나 등
4	아바나	아바나	올드 아바나
5	아바나	아바나	아바나 비에하, 베다도 등
6	아바나	아바나	헤밍웨이의 집, 코히마르, 부에나 비스타 소셜 클럽 공연 관람
7	아바나 → 비냘레스	비냘레스	차량 이동 3시간 40분, 석회암 지대 모고테 등
8	비냘레스 → 아바나 → 바라데로	바라데로	차량 이동 6시간 30분
9	바라데로	바라데로	올 인클루시브 호텔, 카리브해
10	바라데로	바라데로	올 인클루시브 호텔, 카리브해
11	바라데로 → 시엔푸에고스	시엔푸에고스	차량 이동 4시간 40분, 베니 모레의 음악과 말레콘 등
12	시엔푸에고스 → 산타클라라	산타클라라	차량 이동 1시간 30분, 체 게바라 기념관 등
13	산타클라라	산타클라라	클럽 엘 메훈헤에서 살사 공연 감상
14	산타클라라 → 트리니다드	트리니다드	차량 이동 1시간 30분, 칸찬차라 마시며 음악 즐기기 등
15	트리니다드	트리니다드	잉헤니오스 계곡 기차 투어, 혹은 카리브해 즐기기
16	트리니다드 → 산티아고 데 쿠바	산티아고 데 쿠바	차량 이동 12시간
17	산티아고 데 쿠바	산티아고 데 쿠바	몽카다 병영 박물관 등
18	산티아고 데 쿠바 → 아바나	아바나	차량 이동 15시간
19	아바나 → 칸쿤	칸쿤	다운타운 탐방
20	칸쿤	칸쿤	칸쿤의 해변에서 휴식
21	칸쿤	칸쿤	이슬라 무헤레스섬 일주, 스노클링
22	칸쿤 → 플라야 델 카르멘	플라야 델 카르멘	차량 이동 1시간 30분
23	플라야 델 카르멘	플라야 델 카르멘	코수멜섬 일주
24	플라야 델 카르멘	플라야 델 카르멘	스쿠버 다이빙, 스노클링 등
25	플라야 델 카르멘 → 툴룸	툴룸	차량 이동 1시간 10분, 마야의 해상 아지트 툴룸 유적지
26	툴룸	툴룸	해안의 호텔 존에서 휴식, 스노클링
27	툴룸 → 바야돌리드	바야돌리드	차량 이동 1시간 30분, 마야 문명의 피라미드 치첸이트사, 세노테 익킬
28	바야돌리드 → 칸쿤	칸쿤	차량 이동 2시간
29	칸쿤 → 멕시코시티 → 인천	기내	항공 이동
30	인천 도착		

Cuba

쿠바

아바나 48

바라데로 122

비냘레스 136

트리니다드 150

산타클라라 172

씨엔푸에고스 192

산티아고 데 쿠바 216

쿠바 기초 여행 정보

국가명 쿠바 공화국 Republica De Cuba

국기
쿠바 국기는 1902년 5월 20일에 제정되었다. 5개의 줄은 쿠바를 둘러싸고 있는 바다를, 파란색 3줄은 쿠바 독립 운동 당시에 쿠바에 세워져 있던 세 곳의 군관구(군사 조직에서 관할하는 구역)를, 흰색 2줄은 순결과 애국심을, 삼각형은 자유와 평등·박애를, 빨간색은 독립을 위해 흘린 피를, 흰색 별은 독립을 의미한다.

수도 아바나 La Habana

면적 109,884㎢(한반도의 약 0.5배)

인구 11,147,407명(2017년 기준)

인종 스페인계 백인 51%, 물라토(백인과 흑인의 혼혈) 37%, 흑인 11%

정치 사회주의

종교 가톨릭 85%, 토속 신앙 15%

공용어 스페인어

시차 한국보다 13시간 느림

국가 번호 53

통화
쿠바는 이중 화폐 제도를 사용하고 있다. 태환(兌換, 동종의 가치와 바꾼다는 뜻) 페소 CUC(CUban pesos Convertibles)와 쿠바 페소 MN(모네다 나시오날 Moneda Nacional)이 유통되고 있다. 태환 페소(CUC)는 외국인 전용 화폐이고, 쿠바 페소(MN, 국제 표준 통화 코드 CUP)는 쿠바 국민만 사용할 수 있는 화폐. 일부 식당과 노점에서 쿠바 페소만 표기한 경우도 있으니, 환율을 참고할 것. 2013년 10월 라울 카스트로는 두 가지 통화를 통합한다고 발표했으나 아직 실행되지는 않고 있다.

환전
공항을 비롯해 쿠바의 거의 모든 도시에 환전소(Cadeca)가 있다. 호텔 내 환전소는 시내 환전소보다 환율은 좋지 않지만 시내처럼 줄을 서지 않아도 된다. 환전 시 미국 달러는 공식 수수료 외에 추가 수수료 10%가 부가되기 때문에 유로화, 캐나다 달러, 영국 파운드를 태환 페소로 환전하는 것이 좋다. 태환 페소와 미국 달러는 1:1의 고정 환율을 사용하며, 1US$=1CUC$=24~25MN(CUP$)의 환율로 계산한다. 모든 환전소에서 반드시 여권이 필요하다.

은행
쿠바 전역에 은행이 있고, 모두 국영 은행이다.

최근에는 ATM을 갖추고 있는 은행이 늘어나고 있다. 모든 은행의 영업일과 근무 시간은 같다.
ATM에서 신용카드의 현금 서비스로 현금을 인출할 수 있으며, 아직 직불카드로는 인출할 수 없다.

영업시간 월~금요일 09:00~15:00

신용카드

라울 카스트로가 권좌에 오른 후 쿠바에서도 신용카드를 사용하는 곳이 늘어나는 추세이지만, 아직도 거의 모든 식당(민영 식당 포함)과 상점, 숙박 시설(카사 포함)은 여전히 현금만 받는다.

기후

고온 다습한 아열대성 기후를 띠며 11~4월은 건기, 5~10월은 우기이다. 연평균 기온은 26℃로, 연중 고온 다습한 기후이다. 연강수량은 1,380mm, 열대 폭풍우의 영향으로 한꺼번에 많은 비가 내리기도 한다. 특히 매년 6~11월에 발생하는 허리케인은 쿠바뿐만 아니라 카리브해 전역에 큰 피해를 입힌다. 건기의 밤 기온은 10℃ 정도까지 떨어지고, 비오는 날은 종일 쌀쌀하니 재킷 한두 벌 정도는 필요하다.

위치

미국의 플로리다반도에서 남쪽으로 145km 떨어진 카리브해에 위치한다. 멕시코만을 관통하는 북회귀선 바로 남쪽이다. 하나의 큰 섬이 전체 면적의 99%를 차지하며 이외 여러 개의 작은 섬과 산호섬 등으로 이루어져 있다. 쿠바 본섬은 서인도제도 전체 육지 면적의 1/2 이상을 차지하는데 동서 길이는 약 1,250km, 너비는 북서부가 31km, 남동부가 191km이다.

여행 적기

성수기는 건기인 11~3월이다. 이때는 날씨가 시원하고 비교적 비가 잘 내리지 않아 카리브해를 만끽할 수 있다. 반대로 허리케인이 출몰하는 6~9월은 비수기다.

치안

아메리카 대륙 전체를 통틀어 가장 안전하게 여행할 수 있는 나라이다. 시내 어느 곳에서나 쉽게 경찰을 만날 수 있으며 밤늦게 거리를 돌아다녀도 될 만큼 안정되어 있다. 단, 해변에서는 가끔 파라솔 밑에 있던 물품들이 없어지기도 하니, 귀중품 관리는 신경 쓰는 것이 좋다.

전기

정격 전압은 110V인데, 일부 호텔과 리조트에서 220V를 사용하기도 한다. 플러그 모양이 우리나라와 다르기 때문에 변환 어댑터는 꼭 필요하며, 사용하기 전에 소지한 전자제품이 프리 볼트인지 확인해야 한다.

전화

우편, 전화, 인터넷 등 통신과 관련된 모든 것을 총괄하는 쿠바의 국영 통신사 에텍사(ETECSA, www.etecsa.cu)나 전화방, PC방을 결합한 텔레푼토(Telepunto)라는 곳에서 전화카드(국내용, 국외용 분리)를 사서 사용한다. 5CUC$, 10CUC$, 20CUC$ 이렇게 금액에 따라 3종류의 카드가 있다. 한국의 휴대전화를 쓰려면 심 카드를 사서 사용한다.

인터넷

2000년대 들어 쿠바 시민들도 휴대전화를 이용하기 시작했고, 한정된 장소지만 인터넷을 사용하면서 조금씩 통신 환경이 좋아지고 있다. 인터넷을 사용하려면 에텍사의 나우타(NAUTA) 카드를 사서 인터넷 서비스가 되는 핫 스폿을 찾아가서 로그인을 해야 한다.

우편

우체국(Correos de Cuba)에서 우편과 택배 발송이 가능하다. 한국으로 엽서를 보내면 약 한 달쯤 후에 받아볼 수 있다(요금은 엽서 1장당 0.85 CUC$). 우체국은 아바나를 비롯해서 관광객이 많이 찾는 도시와 각 주의 주도에서 쉽게 찾을 수 있다.

사설 우편

우체국보다 안전하고 빠르게 수송하므로 중요 우편물과 수화물 보내기에 좋다. 1kg당 60CUC$로 요금은 비싼 편.

팁

쿠바에도 팁 문화가 있다. 식당이나 택시에서는 전체 요금의 10% 정도를 팁으로 주면 되고, 숙소에서 벨 보이, 룸메이드 등에게는 1CUC$이 적당하다. 쿠바인들은 쿠바 페소(MN = CUC$)를 사용하는데, 팁을 주기 위해 일부러 쿠바 페소를 환전할 필요는 없고 1CUC$ = 25MN(CUC$)이니 태환 페소를 쿠바 페소 단위로 계산해서 지불하면 된다.

여행자 카드

한국인은 여행 목적으로 2개월 이내 체류할 경우에는 무비자 입국이 가능하다. 단, 타르헤타 데 투리스타(Tarjeta de Turista)라는 여행자 카드를 사야 한다. 항공권을 살 때 함께 결제한 경우에는 기내에서 이 여행자 카드를 배부하며, 따로 사야할 때는 몇몇 여행사, 공항 내 쿠바행 항공사 데스크에서 사면 된다. 여행자 카드를 받으면 빈칸 없이 꼼꼼히 기재해서 이민국 심사 시 제출한다. 항공사마다 정책이 자주 바뀌므로 출발 전에 항공사에 문의한다. 여행자 카드는 쿠바 출국 시에 꼭 제출해야 하므로 잃어버리지 않도록 주의한다.

여행자 카드 기간 연장

쿠바 전국의 이민국 사무소(Inmigracion 인미그라시온)에서 서류와 수수료 25CUC$를 내면 30

쿠바 전국의 이민국

지역	주소	운영 시간
아바나	Vista Alegra	
바라데로	Av 1 & Calle 39, Varadero	월·수·금요일 08:00~19:00 화요일 08:00~17:00 목·토요일 08:00~12:00
트리니다드	Julio Cueva Diaz, Trinidad	
산타클라라	Av Sandino & Sexta, Santa Clara	
산티아고 데 쿠바	Av Pujo No10, Calle 10 & Anacaona	
시엔푸에고스	Av 46, Calle s 29 & 31	
바라코아	Antonio Maceo No48, Baracoa	

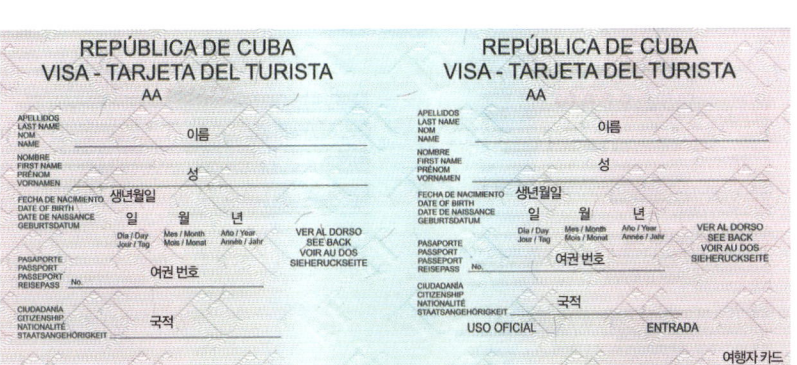

여행자 카드

일 체류 연장이 가능하며, 이 경우 입국 후 총 60일까지 머물 수 있다. 이민국 사무소 지정 인근 은행에 수수료를 내고 받은 영수증과 인지를 이민국 사무소에 제출하면 된다. 쿠바에서 출국했다가 만 24시간 후에 다시 입국하면 체류 일수는 처음부터 다시 시작되기 때문에, 쿠바 밖으로 나가 여행자 카드를 새로 사서 돌아와도 된다.

영업시간
- 관공서 월~금요일 09:00~18:00
- 은행 월~금요일 09:00~15:00
- 환전소 월~토요일 09:00~19:00, 일요일 09:00~12:00
- 식당 10:30~23:00
- 상점 월~토요일 09:00~17:00, 일요일 09:00~12:00(일부 휴무)

긴급 연락처
- 경찰서 106
- 구급차 104
- 소방서 105

● **KOTRA 아바나 무역관(영사 협력원)**
여권을 잃어버렸을 때는 KOTRA 아바나 무역관을 먼저 방문한다. 여기서 작성한 서류를 멕시코의 대한민국 대사관에 보내고 나면 1~2주 후에 여행증명서가 발급된다.

주소 Kotra Office, Miramar Trade Center, La Habana
전화 (53 7) 204 1020, 1117, 1165
운영 월~금요일 08:30~17:30

● **멕시코 주재 한국 대사관**
쿠바와 우리나라는 수교를 맺지 않아 쿠바에 한국 대사관이 없다. 대신 쿠바 영사 업무는 멕시코 주재 한국 대사관에서 총괄한다.

주소 Lopez Diaz de Armendariz 110, col. Lomas de Virreyes Deleg Miguel Hidalgo Mexico D. F
전화 52 55 5202 9866
팩스 52 55 5202 5865
이메일 emcorea@mofa.go.kr
홈페이지 mex.mofa.go.kr

쿠바의 역사

1492년 콜럼버스가 카리브해의 작은 섬에 도착하면서 시작된 쿠바의 역사는 스페인 식민 시대를 거쳐 미국의 봉쇄 정책이라는 긴 터널을 지나 혁명의 언덕을 넘어 오늘날까지 왔다. 강대국들이 겨루는 힘의 바다에서 힘겹게 떠다니는 나룻배처럼, 쿠바의 역사는 그야말로 한 많고 굴곡진 세월이었다.

쿠바의 발견

쿠바섬에서는 적어도 기원전 2000년경부터 사람이 살았다는 흔적이 발견되었다. 신석기 문명을 가졌던 과나아타베(Guanahatabey)부터 시작해, 기원후 1000년경 아메리카 대륙에서 건너와 농경과 수렵, 채취 생활을 했다고 알려진 시보네족(Siboney)과 시보네족을 노예로 부렸던 타이노족(Taino)으로 이어진다. 쿠바의 대표 산업인 담배 재배가 이 무렵부터 시작되었다고 하며, 해먹(Hammock), 허리케인(Hurricane) 등의 단어가 타이노족의 언어에서 유래되었다고 한다.

수준 높은 농업을 바탕으로 평화롭게 생활했던 쿠바섬에 1492년 10월 27일, 역사적인 사건이 일어난다. 1차 항해에 나선 콜럼버스가 쿠바섬에 발을 들인 것이다. 콜럼버스는 쿠바를 스페인령으로 선포하고, '인간이 발견한 땅 중 가장 아름다운 곳'이라고 했다. 그러나 아름다움과는 별개로, 그들은 금을 발견하지 못하자 곧 쿠바섬을 떠나 지금의 아이티와 도미니카 공화국으로 갔다.

1511년 디에고 벨라스케스 데 쿠에야르(Diego Velazquez de Cuellar)와 그가 이끄는 약 400명의 선원이 지금의 관타나모주 바라코아에 개척지를 건설한 후 스페인 식민 시대가 시작되었다. 1898년 7월 17일 미국에 패할 때까지 약 400년간 쿠바는 스페인이 북, 중남미 대륙으로 가는 중요한 관문 역할을 한다.

식민 시대

1512년 벨라스케스를 내세운 식민 지배가 시작되면서 스페인은 쿠바를 7개 자치체로 나누었다. 기독교로 개종을 시행했고 이에 저항하는 원주민은 죄명을 씌워 노예화했다. 원주민은 혹독한 착취와 유럽에서 옮겨온 각종 질병으로 급격하게 수가 줄어 1542년에는 5,000여 명으로 감소했으며 결국에는 거의 1세기 만에 전멸에 가깝게 사라졌다.

농장 운영과 사금 채취 등에 여전히 노동력이 많이 필요했던 스페인인들은 아프리카 대륙에서 노예들을 들여와 부족한 노동력을 충당했다. 식민지 기간 동안 아프리카에서 쿠바로 넘어온 노예의 수는 약 100만 명에 이른다.

쿠바는 비옥한 토지와 스페인 자본을 바탕으로 한 대규모 농장, 아프리카 노예의 노동력이 더해져 담배와 사탕수수가 어마어마하게 많이 재배되었다. 1820년까지 세계 제1의 설탕 생산지였고 이 당시 전 세계 설탕의 1/3이 쿠바산이었다. 그러나 이렇게 쌓아올린 부는 몇몇 스페인계 후손들이 독점했고, 흑인 노예들은 과도한 노동과 열악한 처우에 대항하여 반란을 시도하는 한편 스페인 지주의 후손인 크리올들은 미국과 남아메리카 독립에 영향을 받아 자치권을 얻으려는 움직임이 일어나고 있었다.

독립 시대

19세기 쿠바의 상황은 일촉즉발이었다. 쿠바를 신대륙으로 향하는 중요한 관문으로 삼은 스페인, 쿠바를 넘보는 미국, 스페인 식민 정부를 무너뜨리려는 쿠바 반란군까지 더해져 복잡한 상황이었다.

1868년 10월, 크리올(유럽인과 현지인의 혼혈) 변호사였던 카를로스 마누엘 데 세스페데스(Carlos Manuel De Cespedes)가 자기 농장의 노예들을 해방시키면서 쿠바의 독립을 위해 무장 반란을 일으켰다. 농장이 있던 오리엔테 지방의 세스페데스 군대뿐만 아니라 각 지역에 흩어져 있던 독립 세력도 힘을 모으자 스페인군이 출동했고, 1868~1878년에 걸쳐 전쟁이 벌어지게 된다. 전쟁 기간 10년 동안 반란군의 수장인 세스페데스가 공화 정권을 수립했으나 약 20만 명의 사상자가 생겼고, 결국 1878년 반란군의 사면을 보장하는 산혼 조약(Paz de Zanjon)이 체결되면서 전쟁은 끝났다.

쿠바와 스페인의 2차 독립전쟁 속에서 미국은 자국민을 보호한다는 구실로 아바나항에 전투함을 무허가로 정박시켰다. 1898년 2월 15일, 이 전투함이 폭발하는 큰 사고가 일어나 266명의 사상자를 낳게 되었는데, 스페인과 미국은 서로를 사고 원인이라고 의심한다. 미국은 3억 달러에 쿠바를 매입하겠다고 스페인에 제안했지만 스페인이 이를 거절하며 미국과 스페인의 전쟁이 일어난다. 4개월에 걸친 이 전쟁은 1898년 7월 17일 산티아고 데 쿠바 근처의 산후안 힐이 무너지면서 미국의 승리로 끝을 맺게 된다. 패전으로 인해 스페인은 쿠바와 푸에르토리코, 필리핀, 괌을 미국에 넘긴다.

미국이라는 터널

1898년 종전 후 3년 동안 쿠바에는 미국 군대가 주둔하며 군정을 시행했고, 1902년 5월 20일 쿠바는 독립 공화국을 선포했지만 미국은 쿠바를 쉽게 놓아주지 않았다. 당시 미국은 쿠바에 쿠바의 재정, 외교에 자유롭게 개입할 권리와 국내 문제에도 간섭할 수 있는 플랫 수정안과 무기한 군사 지배, 둘 중 하나를 선택하라고 요구했다. 이미 미국 자본이 토지, 사탕수수 농업, 교통 등 기간산업을 포함해 경제의 모든 중추를 접수했음은 물론이다. 울며 겨자 먹기로 플랫

체게바라

수정안을 받아들인 쿠바에 1903년, 미국은 관타나모만을 영구 임대해 해군기지를 건설했다. 이는 쿠바에 대한 명백한 주권 침해임에도 불구하고 지금까지도 이 기지를 유지하고 있다.

세계 대공황의 영향으로 경제가 요동치고 쿠바의 주요 산업인 농산물 수출도 감소하자, 1933년 쿠바 공산당은 미군의 비호를 받고 있던 헤라르도 마차도(Gerardo Machado) 대통령을 축출했다. 1940년, 실세가 된 공산당의 권력을 등에 업고 풀헨시오 바티스타(Fulgencio Batista)가 정권을 잡았다.

혁명의 언덕

20년이 넘는 세월 동안 독재를 해온 바티스타의 부패로 쿠바는 무너져갔고, 경제는 외국 자본에 잠식되며 국민은 점점 가난해졌다. 타고난 달변가였던 법률가 피델 카스트로(Fidel Castro, 1926~2016), 그의 동생인 라울 카스트로(Raul Castro, 1931~), 아르헨티나 출신 의사 체 게바라(Che Guevara, 1928~1967) 등은 바티스타 정권에 대항해 혁명군을 일으켰다.

그리고 1959년, 이들은 쿠바 혁명을 완수하고 사회주의 정부를 선포한다. 이후 농지와 토지 개혁이 실시되면서 곧바로 미국 자본과 대지주가 가진 농장과 토지는 국가에 몰수되었다. 또, 산업국유화법으로 미국이 소유한 석유회사, 설탕 공장 등도 국가에 귀속되었다. 1961년에는 마르크스 정책을 바탕으로 사회, 정치적인 개혁을 시도하며 성공적인 사회주의 체제를 갖추었다.

그러나 미국과의 관계는 최악으로 치달아 1961년 국교가 단절되고 미국의 경제 봉쇄 정책이 강화되었다. 쿠바는 소련에 의지했지만 1990년대 초 소련이 붕괴되면서 경제는 더욱더 고립되어 갔다. 쿠바 정부에서 앙골라, 콩고 민주 공화국, 자이레, 모잠비크, 볼리비아 등에 군대나 고문 등을 파견하여 혁명을 지원하자 이에 미국은 보복 조치로 쿠바에 대해 금수 조치를 내려 양국 간의 교역과 여행을 일체 금지했다.

쿠바의 오늘

혁명 동지이자 형제인 피델 카스트로와 라울 카스트로는 총 11명의 미국 대통령을 거치며 굴곡의 언덕을 넘어 현실의 바다 위에서 여전히 혁명을 진행했다. 미국은 눈에 가시인 피델 카스트로를 제거하기 위해 암살을 600번이나 시도했다고 한다.

피델 카스트로

쿠바는 아직까지도 심각한 경제 위기를 겪고 있다. 상황이 나아지지 않자 쿠바는 1993년, 미국 달러화 유통을 합법화하고 국내 관광업을 개방했다. 2006년 피델 카스트로가 권력에서 물러나고 동생인 라울 카스트로가 자리를 물려받아 개혁을 진행하고 있다. 전자 제품 구매, 휴대전화 사용, 민간 경제 촉진, 차량 판매 합법화, 자국민의 해외 여행 허가, 주택 매매 허용 등을 천천히 그러나 확실하게 추진하는 중이다.

미국과의 관계는 1970년대 말 지미 카터 대통령과 2000년대 초 클린턴 대통령 때 잠시 관계가 개선될 조짐이 있었으나 부시 정권이 바뀐 후 다시 경색되었다. 오바마 정부가 적극적인 관계 개선을 시작했으나, 트럼프 대통령 취임 후 다시 겨울로 돌아가고 있다.

피델 카스트로

쿠바의 교통

오랜 경기 불황과 취약한 자본으로 인해 도로 철도 등 국가 기간시설은 낡았지만 도로를 이용한 교통수단들은 시민과 여행자의 발이 되어 원활하게 운행하고 있다. 최근에는 국내선의 수요도 꾸준히 증가하고 있다.

항공

수도 아바나를 중심으로 쿠바 내 11개 도시(바라코아 Baracoa, 바야모 Bayamo, 카마게이 Camaguey, 카요 코코 Cayo Coco, 카요 라르고 델 수르 Cayo Largo del Sur, 시에고 데 아바야 Ciego de Avilla, 관타나모 Guantanamo, 올긴 Holguin, 이슬라 데 라 후벤투드 Isla de la Juventud, 만자니요 Manzanillo, 모아 Moa, 산티아고 데 쿠바 Santiago de Cuba)로 쿠바나 항공(Cubana de Aviacion)과 아에로가비오타(Aerogaviota), 쿠바젯(Cubajet) 등이 운항 중이다. 각 항공사 사무실, 호텔의 투어 접수처와 여행사에서 항공권을 살 수 있다.

쿠바나 항공 Cubana De Aviacion
저렴한 요금을 장점으로 내세운 쿠바 국적기. 국내선과 국제선을 운영 중이며, 홈페이지에서 예약 가능하다.

운항 도시 아바나(Habana), 바라코아(Baracoa), 바야모(Bayamo), 카마게이(Camaguey), 시엔푸에고스(Cienfuegos), 관타나모(Guantanamo), 올긴(Holguin), 산티아고 데 쿠바(Santiago de Cuba), 누에바 헤로나(Nueva Gerona)
홈페이지 www.cubana.cu

아에로가비오타 Aerogaviota
자메이카를 비롯한 카리브 제도와 쿠바의 몇몇 도시를 운항하는 작은 항공사다. 홈페이지에서 예약할 수 있다.

운항 도시 아바나(Habana), 바라코아 (Baracoa), 올긴(Holguin), 산티아고 데 쿠바(Santiago de Cuba)
주소 Av. 47No 2814, Calles 28 & 34, Playa, Habana
홈페이지 www.aerogaviota.com

쿠바젯 Cubajet
쿠바 국내선 외에도 캐리비안의 여러 나라들과 다양한 노선의 국제선을 운영하는 항공사다.

운항도시 아바나(Habana), 바라코아(Baracoa), 카마게이(Camaguey), 카요 코코(Cayo Coco), 카요 라스 브루하스(Cayo Las Brujas), 관타나모(Guantanamo), 그란마 프로빈스(Granma Province), 올긴(Holguin), 이슬라 데 라 후벤투드(Isla de la Juventud), 라스 투나스(Las Tunas), 산타클라라(Santa Clara), 산티아고 데 쿠바(Santiago de Cuba)
주소 CTN House, Calle 31 No.1441 e/14 y 18 Miramar, Playa, Habana
홈페이지 www.cubajet.com

기차

가장 안전하지만 쿠바에서는 한없는 인내심이 필요한 교통수단이기도 하다. 발착 스케줄은 있으나 지켜지지 않고, 기차역에서 운행 정보 또한 찾기 어렵다. 그나마 여행자가 많이 이용하는 구간이 아바나와 산티아고 데 쿠바 사이를 왕복하는 것으로, 저녁에 출발해 다음날 오전에 도착한다. 이 구간을 운행하는 열차는 프랑스에서 중고 열차를 수입해 쓰고 있는데, 쿠바에서 운행되는 객차 중 가장 깨끗하고 에어컨 시설이 좋은 축에 속한다.

버스

내국인과 여행객의 발이 되어 주는 중요한 교통수단이다. 시내버스인 구아구아(Guagua)와 시외버스로 나뉘고, 시외버스는 다시 외국인이 주로 이용하는 비아술(Viazul), 여행사에서 운영하는 코넥탄도(Conectando), 내국인 전용인 아스트로(Astro)로 구분된다.

시외버스
■ **비아술 버스 Viazul Bus**
쿠바의 대표적인 장거리 버스 업체인 비아술 버스는 깔끔하게 관리하는 버스와 정시 출발, 정시

도착을 원칙으로 여행자들에게 전폭적인 지지를 받고 있다. 비아술 버스의 거의 모든 노선들은 쉽게 매진되기 때문에 예약은 필수. 전화·인터넷 예약이 가능하며, 적어도 2~3일 전에는 예약을 하는 것이 좋다. 전화 예약은 스페인어로만 응대 가능하니 카사 주인에게 부탁하는 것이 좋다. 버스 출발 30분~1시간 전부터 현장 판매도 하지만 좌석을 얻기는 하늘의 별따기이다. 아바나-트리니다드, 트리니다드-산타클라라, 산티아고 데 쿠바-바라코아 등 인기 구간은 반드시 예약해야 한다. 홈페이지와 관광안내소에서 전체 운행 시간표를 확인할 수 있다.

홈페이지 www.viazul.com

> **TOUR TIP** 비아술 버스 이용 방법
>
> ① 비아술 터미널에서 티켓을 예매하면 목적지와 출·도착 시간이 표시된 확인증을 준다.
> ② 대합실의 티켓 교환 창구에서 확인증과 여권을 보여주면 좌석 번호와 정확한 출발 시간이 적힌 보딩 패스로 바꿔준다.
> ③ 게이트는 A, B 두 군데 밖에 없으므로 보딩 시간에 맞추어 짐을 싣고 좌석에 앉아 출발을 기다린다.
> ④ 좌석 번호는 있지만 자유석이니 아무데나 앉으면 된다.

■ **코넥탄도 Conectando**

쿠바의 국영 여행사인 쿠바나칸(Cubanacan)에서 운영하는 버스로 아바나와 여행자에게 인기 있는 몇몇 도시를 운행한다. 코넥탄도의 장점은 굳이 외곽에 있는 비아술 터미널까지 가지 않아도 되고, 출발하는 날은 시내의 지정된 호텔로 픽업을 오기 때문에 굉장히 편하다는 것이다. 목적지에 도착해서도 시내의 여러 곳에 정차하는데, 그만큼 시간은 오래 걸린다. 그리고 정해진 운행 스케줄이 있지만 성수기, 비성수기 등에 따라, 버스의 정비 상태에 따라 출, 도착 시간이 바뀐다.

■ **아스트로 Astro**

현지인들을 위한 장거리 시외버스. 비아술에 비해 좌석이 좁으며, 원칙적으로 외국인은 탑승할 수 없다. 가격은 비아술에 비해 매우 저렴하다.

시내버스

구아구아(Guagua)라고 불리는 시내버스는 누구나 자유롭게 탈 수 있다. 대부분 버스 2대가 붙은 굴절 버스로, 요금은 1CUP$(태환 페소 5centivo, 한화 약 20원)인데 잔돈은 거슬러 주지 않는다.

택시

일반 택시

노란 택시, 검은 택시, OK 택시 등으로 나뉘는데, 여행자들은 노란 택시가 이용하기에 무난하다. 기본요금은 1CUC$로, 1㎞당 1CUC$가 올라가는 방식이나 대부분 타기 전에 흥정해야 한다.

정도면 버스 대신 콜렉티보를 이용하는 것이 효율적일 수도 있다. 물론 3~4명분의 요금을 다 내면 혼자 타도 된다.

카미온 Camion

트럭의 뒤를 승객이 탈 수 있도록 개조한 장거리 버스다. 난폭한 운전, 불확실한 발착 시간, 불편한 좌석 등 요금이 싼 것을 제외하면 장점이라고는 거의 없는 교통 수단이다. 심심치 않게 사고도 나므로 이용은 자제하기 바란다.

자전거 택시 Bici Taxi

말 그대로 자전거 페달을 밟아 가는 자전거 택시. 인도의 릭샤, 베트남의 시클로와 비슷한 버전이라 할 수 있다. 아바나, 카마게이 등에서 볼 수 있다.

마키나 Maquina

단거리 합승 택시다. 정해진 구간만 운행하며 목적지가 맞으면 합승하기 때문에 주로 현지인이 이용한다. 영화에서나 볼 수 있는 '올드 카'가 주로 이용된다. 앞 유리에 'TAXI' 표시가 붙은 올드 카가 지나가면 손을 들어 세우고 탑승한다.

콜렉티보 Colectivo

지정된 목적지로 가는 손님이 택시에 다 차면 운행하는 식으로, 버스 터미널 주변에 많다. 요금은 비아술 1인 요금의 3~4배 정도이나 인원이 4명

렌터카

렌터카는 여권, 국제운전면허증을 제시하고 보증금(신용카드도 가능)을 납부하면 쉽게 이용할 수 있으며, 반납하는 지역도 자유롭게 지정할 수 있다. 그러나 쿠바의 도로는 고속도로에도 표지판이 전혀 없어 불편하며, 길을 잘 아는 현지인이 동행하지 않는다면 렌터카 여행은 추천하지 않는다. 게다가 렌터카 업체에는 오래된 차량이 많아 대부분 변속 기어(스틱)이다. 무선 인터넷이 안 되기 때문에 내비게이션은 꿈도 꾸지 못할 일이다.

AREA 01

아바나 Habana

쿠바의 수도이자 제1의 도시 아바나. 오래 전에 지어진 회색빛의 건물들과 거리에서 아바나 시민들은 굳건히 삶을 살아가고 있다. 굴러가는 것이 신기하기만 한 오래된 자동차는 화려한 색깔로 화장을 해 아바나의 명물이 되었다. 거리 곳곳에는 수준급 밴드의 음악이 밤낮을 가리지 않고 흘러 넘친다. 쿠바의 술 럼으로 만든 세계적인 칵테일 모히토와 다이키리 한잔하며 시간이 멈춰 버린 것 같은 도시, 아바나를 돌아보자.

아바나 입출국하기

여행자의 대부분은 아바나의 호세 마르티 국제공항을 통해 입·출국을 한다. 유럽, 북·중·남아메리카의 여러 나라에서 아바나로 취항을 하고 있다. 2019년 1월 현재 한국과 쿠바를 잇는 직항편은 없으며, 캐나다, 프랑스, 멕시코 등 제3국을 경유해 들어가야 한다. 참고로 쿠바로 갈 때는 여행자 보험에 꼭 가입해야 입국이 허가된다.

호세 마르티 국제공항

쿠바의 관문이자 카리브해의 중심인 호세 마르티 국제공항(Aeropuerto Internacional Jose Marti)은 아바나에서 남서쪽으로 25㎞ 떨어져 있다. 총 5개 터미널이 있는데, 4개는 승객용(4터미널은 아직 건설 중)이고 나머지 1개 터미널은 화물용이다.

터미널	구분
1터미널	쿠바 국내선
2터미널	미국 마이애미, 뉴욕, 케이만제도, 전세기
3터미널	거의 모든 국제선
4터미널	공사 중(2018년 현재)
5터미널	Aero Caribbean, Aerogaviota, Aerotaxi 등에서 캐리비안 지역행, 전세기

입국하기

대부분의 국제선이 뜨고 내리는 3터미널의 1층은 입국장, 2층은 출국장이다. 1층 입국장에는 국영 관광 안내소, 카페, 매점 등이 있다. 2층 출국장엔 항공사 데스크가 있으며, 상점, 매점, 여행 안내소가 있다.

입국 심사

① 착륙 전 기내에서 나누어 주는 여행자 카드, 세관신고서 등의 서류를 꼼꼼히 영어로 기입한다.
② 이민국 심사를 받는다. 여권과 여행자 카드를 제시하고 카메라를 보고 촬영한다. 이때 안경과 모자는 벗어야 한다.
③ 여권과 여행자 카드를 돌려받고 '삐' 하고 문 열리는 소리가 나면 밖으로 나간다.
④ 돌려받은 여행자 카드 한쪽에는 입국 도장이 찍혀 있다. 이 카드는 쿠바에서 출국 시 반드시 필요하므로 절대로 분실하면 안 된다.

보안 검사
① 휴대하고 있던 짐을 엑스레이(X-Ray) 검색대에 넣는다.
② 검색대를 통과한다.

세관 검사

① 전광판에서 비행기 편명과 출발지를 확인하고 짐 찾는 곳으로 간다. 컨베이어 벨트가 2개밖에 없다.
② 짐을 찾고, 세관을 통과해 입국장으로 나온다.
③ 짐이 안 나오면 세관에 걸린 것이다. 직원을 찾아 수하물표(Baggage Tag)를 보여주고 짐을 찾는다. 이때 기내에서 작성한 세관신고서가 필요하다.
④ 만일 통관이 안 되는 짐이 있다면 세관에 맡기고 출국할 때 찾아가면 된다.
⑤ 신고할 것이 없다면 초록색으로 표시된 문(Nada Que Declarar)으로 나오고, 신고할 것이 있다면 빨간색으로 표시된 문(Objetos A Declarar)으로 나오면서 기내에서 작성한 세관 신고서를 제출하면 된다. 빨간색 쪽에는 많은 쿠바인들이 어마어마한 짐을 가지고 차례를 기다리고 있다. 여행자는 보통 초록색 문으로 나오면 된다.

출국하기

국제선은 대부분 3터미널에서 출발한다. 하지만 터미널 간 거리가 멀기 때문에 혹시 3터미널이 아닐 때에는 이동 시간이 촉박할 수 있다. 미리 항공사의 터미널을 확인하는 것이 좋다. 3터미널 출국장은 2층이다.

공항 도착
① 단체로 여행을 오지 않은 이상 대부분의 여행자는 택시로 공항에 온다.
② 터미널이 작으므로 2층 아무데서나 내려도 된다.
③ 공항 안으로 들어와 타고 갈 항공사 데스크 앞으로 가서 줄을 선다. 공항이 좁아서 탑승객이 한꺼번에 몰리면 굉장히 복잡하다. 또한 가끔 컴퓨터 시스템이 다운되기도 하니 적어도 비행기 출발 3시간 전에는 공항에 도착하도록 한다.

탑승 수속하기
① 여권을 제시하고 짐을 부친 다음 보딩 패스를 받는다. 가끔 이 티켓(E-ticket)을 보여 달라고 하니 프린트해서 가지고 있는 것이 좋다.
② 여권, 티켓, 수하물표(Baggage Tag)를 수령한다.
③ 터미널 안쪽 출국장으로 간다.
④ 보안 검사를 위해서 가지고 있는 모든 물건을 엑스레이 검색대에 통과시킨다.
⑤ 출국 심사대에 여권, 티켓, 여행자 카드를 제시하고 통과하면 바로 면세 구역이다.

항공기 탑승
① 티켓에 게이트가 명시되어 있지만 바뀌는 경우가 있으니 자주 전광판을 확인해야 한다.
② 쿠바의 태환 페소는 오직 쿠바에서만 통용되므로 혹시 페소가 남았다면 공항에서 쓰는 것이 좋다. 출국장의 면세 구역에는 쿠바산 시가, 럼, 기념품 등을 파는 상점과 맥주, 음료수, 커피와 간단한 식사를 할 수 있는 매점 겸 식당이 있다.
③ 항공기 탑승 30분 전까지는 게이트에 도착해 기다린다.

공항 ↔ 시내

호세 마르티 공항에서 시내로
공항 터미널 밖으로 나오면 대기하고 있는 택시가 많다. 사실 택시 외에는 대중교통이 없기 때문에 호텔이나 카사에서 픽업을 나오지 않는 이상 택시를 타야 한다. 공항에서(국제선, 국내선 동일) 아바나 시내(센트로, 비에하, 베나도)까지 요금은 20~25CUC$ 정도이며, 시간은 20~30분 정도 걸린다.

공항에서 택시를 타는 사람들은 목적지가 거의 비슷하므로 택시 1대 인원인 4명을 모아서 함께 타는 여행자들도 많다. 대부분 행선지가 아바나 시내이기 때문에 인원이 차면 움직이는 노란 봉고 택시를 타고 베다도 → 센트로 → 비에하 순서로 내리는 방법도 있다. 이때 요금은 1인당 10CUC$다.

시내에서 호세 마르티 공항으로
아바나 시내에서 버스를 타고 호세 마르티 공항으로 가는 일은 강인한 체력이 필요하다. 왜냐하면 버스가 공항에서 1.5㎞나 떨어진 산티아고 데 베가스(Santiago de Vegas)까지만 운행하므로, 여기서부터 공항까지 걸어가야 하기 때문이다. 택시를 타는 것을 추천한다. 숙소에서 택시를 불러 달라 해도 되고, 거리의 택시를 잡아타도 된다. 요금은 20~25CUC$ 정도.

쿠바 국내에서 아바나로 들어오기

쿠바 전역에서 아바나로 도로가 연결되어 있고, 비아술과 코넥탄도의 경우 비교적 정확한 스케줄로 운행한다.

항공(국내선)

호세 마르티 공항의 1터미널, 혹은 5터미널을 통해 쿠바 전역에서 아바나로 올 수 있다. 현재 국내선을 운영하는 항공사는 쿠바나 항공(Cubana De Aviacion), 아에로가비오타(Aerogaviota), 쿠바젯(Cubajet), 아에로 캐리비안(Aero Caribbean) 총 4개다.
항공권은 각 항공사 사무실, 쿠바 현지 여행사, 인터넷에서 예약할 수 있다. 단, 아에로 캐리비안은 항공사 사무실로 직접 방문해야 한다.

비아술 버스

아바나의 비아술 버스(Viazul Bus) 터미널은 버스 터미널처럼 보이지 않는다. 다만 건물 주위에 노란 택시가 많이 정차해 있다는 것이 특징. 1층에는 매표소와 화장실, 작은 카페가 있다.

비아술 버스 터미널
주소 Calle 26 & Zoologico, Nuevo Vedado
전화 7 881 5652, 7 881 1413

버스 터미널 이용 방법

① 비아술 터미널에서 티켓을 예매하면 목적지와 출, 도착 시간이 표시된 확인증을 준다.
② 대합실의 티켓 교환 창구에서 확인증과 여권을 보여주면 좌석 번호와 정확한 출발 시간이 적힌 보딩 패스로 바꿔준다.
③ 게이트는 A, B 두 군데 밖에 없으므로 보딩 시간에 맞추어 짐을 싣고 좌석에 앉아 출발을 기다린다.
④ 좌석 번호는 있지만 자유석이니 아무데나 앉으면 된다.

비아술 버스 터미널 ↔ 시내

비아술 버스 터미널에서 시내로
비아술 버스 터미널에서 아바나 시내까지 가려면, 아바나로 들어가는 터널을 지나자마자 센트로 아바나에 내려야 한다. 미리 기사에게 스페인어로 말을 해야 하니, 불안하다면 택시를 타고 가는 것이 좋다. 10~15CUC$.

시내에서 비아술 버스 터미널로
아바나 시내에서 시내버스인 구아구아(Guagua) 같은 대중교통을 이용해 비아술 버스 터미널까지 가는 것은 복잡하기도 하지만 굉장한 체력을 요구한다. 차이나타운 입구 쿠리타 공원(Parque el Curita)에서 P-12번 버스를 타고 혁명 광장에서 내려 걸어가거나 코코 택시 등을 이용해야 한다. 마음 편하게 택시를 타고 갈 것을 추천한다. 요금 10~15CUC$.

코넥탄도

코넥탄도(Conectando)는 국영 여행사 쿠바나칸(Cubanacan)에서 아바나와 인기 있는 각 도시를 잇는 버스를 운행한다. 아바나의 랜드마크 격인 플라사 호텔의 쿠바나칸 여행사 데스크에서 티켓을 예매할 수 있다. 발착 시간이 정확하지 않고 운행하는 도시가 적기 때문에 반드시 여행사에 확인해야 하며, 코넥탄도를 이용해 여행하려면 아바나에 도착하자마자 스케줄 확인 후 여행 일정을 짜야 한다.

● 아바나 ↔ 비냘레스(14CUC$ / 편도)
여행자들에게 가장 인기 있는 구간으로 하루 1편 운행한다. 피나르 델 리오(Pinar del Rio)를 경우한다.

● 아바나 ↔ 바라데로(11CUC$ / 편도)
여행자와 내국인 모두에게 인기 있는 노선으로 하루 1편 운행한다.

● 아바나 ↔ 산타클라라 ↔ 카요 산타마리아
아바나 → 산타클라라(18CUC$ / 편도)
아바나 → 카요 산타마리아(30CUC$ / 편도)
아바나와 카리브의 조용한 휴양지인 카요 산타마리아를 잇는 노선으로 체 게바라의 묘지가 있는 산타클라라를 경유한다.

● 아바나 ↔ 시엔푸에고스 ↔ 트리니다드
아바나 → 시엔푸에고스(22CUC$ / 편도)
아바나 → 트리니다드(27CUC$ / 편도)
쿠바의 주요 관광지인 시엔푸에고스와 트리니다드를 잇는 노선으로 여행 일정 잡기에 편하다.

● 아바나 ↔ 산티아고 데 쿠바(51CUC$ / 편도)
14~15시간이 걸리는 쿠바 최고의 장거리 구간으로 쿠바의 주요 도시인 시에고 데 아비야, 카마게이, 라스투나스, 올긴 등을 경유한다.

TOUR TIP 쿠바가 배경인 영화

부에나비스타 소셜 클럽(Buena Vista Social Club, 1999)
쿠바 | 다큐멘터리 | 전체 관람가 | 104분
감독 빔 벤더스
출연 콤파이 세군도, 이브라힘 페레르, 오마라 포르투온도, 엘리아데스 오초아, 루벤 곤살레스 등
줄거리 평생을 음악만 해온 이들은 생계를 잇기 위해 낮에는 생업에 종사하고 저녁에는 작은 연주 활동을 이어간다. 1995년, 미국의 기타리스트이자 레코딩 프로듀서인 라이쿠더는 영국 음반 제작사인 월드 서킷 사장 N.골드와 함께 쿠바 음악가들의 합주를 녹음하기 위해 쿠바를 찾았다. 이듬해 다시 쿠바를 찾은 라이쿠더는 쿠바 전국에 흩어져 있던 노인 연주자들을 하나하나 찾아내 스튜디오에서 6일 만에 라이브로 녹음을 끝냈다. 미국의 카네기 홀에서 공연을 마친 후 쿠바의 국기를 펼치는 장면은 압권이다.

모터사이클 다이어리(The Motorcycle Diaries, 2004)
아르헨티나 | 드라마 | 15세 이상 | 126분
감독 월터 살레스
출연 가엘 가르시아 베르날, 로드리고 드 라 세르나, 미아 마에스트로, 메르세데스 모란 등
줄거리 쿠바 혁명을 완성한 영웅 체 게바라의 이야기를 담은 영화다. 23세의 혈기왕성하고 꿈 많은 아르헨티나의 의대생 에르네토 게바라는 그의 친구 알베르토 그라나다와 함께 낡은 모터사이클 포데로사를 타고 8,000km의 긴 여정을 떠난다. 후일 체 게바라로 널

리 알려진 에르네스토 게바라의 혁명 정신이 어디에서 기원했는지를 확인할 수 있는 영화다.

체 1, 2(CHE : part1, 2, 2008)
프랑스, 스페인, 미국 | 드라마, 전쟁 | 134분
감독 스티븐 소더버그
출연 베니시오 델 토로, 줄리아 오몬드, 오스카 아이삭, 파블로 게바라 등
줄거리 〈체〉는 본격적인 체 게바라의 쿠바 혁명 이야기다. 체 게바라는 혁명 동지들과 함께 쿠바 혁명에 성공했고, 세계 곳곳에서 혁명의 불씨를 당기다가 볼리비아에서 미국 CIA와 볼리비아군의 협공에 체포되어 처형된다. 스티븐 소더버그의 절제된 화면과 연출, 배우들의 호연에 힘입어 각종 영화제에서 많은 상을 받은 수작이다.

치코와 리타(Chico & Rita, 2010년)
스페인 | 애니메이션 외 | 15세 이상 | 93분
감독 하비에르 마리스칼, 페르난도 트루에바, 토노에란도
출연 에만 소르 오냐, 리마나 메네세스, 마리오 구에라, 에스트렐라 모렌테 등
줄거리 1948년 쿠바의 아바나. 천재 음악가인 치코와 매력적인 목소리의 리타가 열정적으로 사랑하는 연인으로 발전한다. 남자 주인공 치코의 회상으로 시작되는 영화는 두 주인공의 일생에 걸친 사랑 이야기로 라틴 음악과 함께 감각적인 영상미가 있는 애니메이션이다.

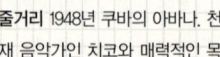

기초 정보

지역번호 7
인구 214만 명
위치 쿠바의 수도이며 정치·경제·문화의 중심지다. 쿠바섬의 서쪽 끝에서 동쪽 방향으로 약 310㎞ 지점에 위치하며, 북쪽으로는 미국의 플로리다, 서쪽으로는 멕시코 유카탄반도의 칸쿤이 있다. 이런 이유로 카리브해 최고의 무역항이자 어항으로 번성했다. 서로 마주보는 모로성과 말레콘의 좁은 입구를 들어와 여객 터미널을 지나면 3개의 작은 만으로 이루어진 아바나 항구가 나온다.
기후 기후는 열대성이지만 평균 기온은 25℃로 온화한 편이다. 무역풍과 따뜻한 앞바다의 조류, 5~11월 사이의 우기 때문에 카리브해의 다른 도시보다 한결 완화된 열대성 기후가 나타나기 때문이다. 연간 강수량은 약 1,200㎜로 우기에는 습도가 높으며, 태풍으로 매년 큰 피해를 입는다. 2017년 9월에 태풍 어마(Irma)가 강타하여 아바나를 비롯한 카리브해와 멕시코만 일대 도시들이 막대한 피해를 입었다.
여행 적기 연말과 크리스마스가 겹치는 12~1월에는 물가가 2~3배 이상 오른다. 높은 파도가 아찔하게 방파제에 부딪히는 모습은 비가 많이 오는 6~9월에 방문해야 볼 수 있다.
치안 아바나 시내(비에하, 센트로, 베다도) 곳곳에 경찰이 지키고 있어 밤늦게 돌아다녀도 안전하다. 그러나 사람이 많이 몰리는 비에하 지역과 광장에는 소매치기가 출몰하기도 하고, 말레콘 주변에는 저녁이면 슬그머니 접근해 마약을 권하는 자들이 있으니 주의할 것. 쿠바는 마약을 소지하기만 해도 중범죄로 처벌받으니 호기심에라도 절대 손대지 말아야 한다.

시내 교통

시내버스 Guagua
모든 버스의 노선 번호는 P로 시작해 P-1~P-16의 총 16개 노선이 있다. 버스마다 승하차 정류장

이 다르기 때문에 잠깐 머무는 여행자들이 이용하기엔 꽤 어렵다.

자전거 택시 Bici Taxi
법적으로는 여행자를 태울 수 없지만 올드 아바나의 골목에서는 관광객이 주 고객이다. 아바나 비에하에서 센트로 아바나까지가 이용하기 좋은 구간이다. 낮에 타면 무척 더우니 해가 질 무렵 상점의 불빛이 켜질 때쯤 타 보자. 요금은 1CUC$로, 바가지 씌우는 기사도 있으니 타기 전 요금 확인은 필수다.

코코 택시 Coco Taxi
택시의 지붕이 코코넛 모양을 본뜬 것이어서 코코 택시라 한다. 귀여운 이름에 노란 병아리를 닮아 관광용이라고 착각하는 사람도 있지만, 아바나 시내의 주요 교통수단이며 좁은 골목부터 말레콘 해변의 대로까지 누비지 않는 곳이 없다. 속도감도 있는 편이다. 참고로 아바나에만 있다.

마키나 Maquina / 콜렉티보 Colectivo

합승 택시 마키나의 경우, 택시마다 행선지에 따라 정류장이 다르니 아래의 표를 참고하기 바란다. 운전기사에게 요금을 물으면 누구나 시장 가격보다 높은 가격을 부르니, 묻지 말고 목적지에 도착하면 아래 표를 참고로 적정 요금만 주고 내리면 된다. 콜렉티보는 비아술 버스의 3~4배 정도 요금을 내면 된다.

마키나 버스 요금 예

주로 지나가는 거리	노선	요금
Neputo y Consulado	센트로 아바나 - 베다도	20MN(1CUC$)
Parque De La Fraternidad	베다도 - 미라말	20MN(1CUC$)
Parque De La Fraternidad	동쪽 해변(산타마리아, 구아나보, 중국인 어학원, 코이마르, 해저 터널)	2CUC$
Argamonte y Arsenal		30MN (1.5CUC$)

택시

시내의 호텔 주변에서 미터기가 있는 노란색 쿠바 택시를 탈 수 있다. 기본 요금은 1CUC$로, 1㎞당 1CUC$가 올라가는 방식이나 대부분 택시는 타기 전에 흥정해야 한다. 말레콘, 고급 호텔, 중앙 공원 주변에는 오래된 클래식 카로 관광용 영업을 하는 택시도 만나볼 수 있다. 요금은 20~25CUC$.

택시 요금

이동	소요시간	요금
아바나 ↔ 바라데로	1시간 30분	30~60CUC$
아바나 ↔ 산타클라라	3시간	60~80CUC$
아바나 ↔ 비날레스	3시간	80~110CUC$
아바나 ↔ 트리니다드	5시간	100~130CUC$

시티 투어 버스(투르 버스, Tour Bus)

아바나 시내를 돌아보기에 효율적인 수단으로 많은 여행객들의 지지를 받고 있다. 티켓을 사서 버스에 탑승하면 원하는 곳에 내려 시간을 보내다 다음에 오는 버스를 타면 된다. 운행 시간은 09:00~18:00. T1, T2, T3 총 3개의 노선이 있는데 현재 T2 노선은 아바나 외곽 지역에서 운행하고 있다.

추천 일정

쿠바 여행에서 아바나가 차지하는 지분은 반이 넘어 대주주라고 해도 과언이 아니다. 올드 아바나, 센트로, 베다도와 카바냐성과 모로 요새, 헤밍웨이의 흔적, 거기다 카리브해의 코발트빛 바다까지 아바나에서 어떤 곳을 봐도 후회 없는 선택이 될 것이다.

1일 코스

오전(아바나 비에하)
대성당 광장 주변 → 도보 10분 → 아르마스 광장 주변 → 도보 5분 → 암보스 문도스 호텔 → 도보 15분 → 산 프란시스코 데 아시스 광장 주변 → 도보 5분 → 비에하 광장 주변

오후(센트로 아바나)
카피톨리오 → 도보 10분 → 아바나 국립 미술관 → 택시 15분 → 모로 요새 → 택시 10분 → 말레콘

2일 코스

DAY 1 아바나 비에하, 비에하 목골
대성당 광장 주변 → 도보 10분 → 아르마스 광장 주변 → 도보 5분 → 암보스 문도스 호텔 → 도보 20분 → 라 보데기타 델 메디오 → 도보 15분 → 산 프란시스코 광장 주변 → 도보 5분 → 비에하 광

시티 투어 버스 요금 · 행선지

노선	요금	특징	행선지
T1	10CUC$	지붕 없는 2층 버스	중앙 공원 - 호텔 리비에라 - 혁명 광장 - 콜론 묘지 - 알렌다레스 공원 - 호텔 콜리 - 호텔 코파카바나 - 호텔 파노라마 - 라 세실리아 - 호텔 콜리 - 알렌다레스 공원 - 콜론 묘지 - 말레콘 - 레알 푸에르자 요새 - 중앙 공원
T2	5CUC$	관광버스	중앙 공원 - 카바냐성 - 시우다드 타라라 - 비야 메나노 - 호텔 트로피카나 - 호텔 아틀란티코

장 주변 → 도보 5분 → 오비스포 거리 → 도보 10분 → 라 플로리디타 → 도보 5분 → 중앙 공원 → 도보 20분 → 말레콘

DAY 2 센트로 아바나, 베나도, 모로 요새
카피톨리오 → 도보 10분 → 아바나 국립 미술관 → 도보 5분 → 혁명 박물관 → T1 투르 버스 5분 → 혁명 광장 → T1 투르 버스 10분 → 콜론 묘지 → T1 투르 버스 10분 → 아바나 대학교 → T1 투르 버스 15분 → 산살바도르 데 라 푼타 요새 → 택시 10분 → 모로 요새 → 택시 10분 → 말레콘

3일 코스

DAY 1 아바나 비에하, 비에하 골목
대성당 광장 주변 → 도보 10분 → 아르마스 광장 주변 → 도보 5분 → 암보스 문도스 호텔 → 도보 20분 → 라 보데기타 델 메디오 → 도보 15분 → 산 프란시스코 데 아시스 광장 주변 → 도보 5분 →

비에하 광장 주변 → 도보 5분 → 오비스포 거리 → 도보 20분 → 라 플로리디타 → 도보 5분 → 중앙 공원 → 도보 20분 → 말레콘

DAY 2 센트로 아바나, 베나도, 모로 요새
카피톨리오 → 도보 10분 → 아바나 국립 미술관 → 도보 5분 → 혁명 박물관 → T1 투르 버스 5분 → 혁명 광장 → 코코 택시 5분 → 나시오날 호텔 → T1 투르 버스 15분 → 콜론 묘지 → T1 투르 버스 10분 → 아바나 대학교 → T1 투르 버스 15분 → 산살바도르 데 라푼타 요새 → 택시 10분 → 모로 요새 → 택시 10분 → 말레콘

DAY 3 헤밍웨이와 카리브해
중앙 공원 → 택시 40분 → 핀카 비히아 → 택시 20분 → 코히마르 → 택시 30분 → 중앙 공원 → T1 투르 버스 45분 → 산타마리아 해변 → T1 투르 버스 45분 → 중앙 공원

TOUR TIP 아바나의 역사

'산 크리스토발 데 라 아바나(San Cristobal de La Habana)' 라는 긴 이름은 쿠바섬의 원주민 타이노족 족장의 딸 이름을 딴 것이다. 아바나는 쿠바 도시 중에서 가장 서쪽에 있던 탓에 고립되고 열악한 환경이었다. 설상가상으로 해적들의 침략도 자주 받다가 1519년이 되어서야 도시로서 자리 잡게 되었다.

스페인이 멕시코와 페루를 정복하면서 약탈한 많은 물자와 보물을 싣고 본국으로 항해할 때 중간 기착지로 아바나에 머무르곤 했다. 이 때문에 아바나는 자연스럽게 대도시로 번성하였으며, 1607년에는 산티아고 데 쿠바에서 아바나로 수도가 옮겨 왔다. 사실 아바나는 수도가 되기 전부터 스페인이 식민지 지배를 지휘하던 중심지이자 대륙간 무역을 중개하는 지역이었다. 이 때문에 유럽 해적의 공격을 받아 많은 피해를 입다 보니 라 푼타(La Punta), 엘 모로(El Morro) 등 요새를 짓는 동시에 강력한 군사 도시로 발전했다. 1762년, 영국군의 공격으로 쿠바는 약 11개월간 영국이 점령하게 되었다. 1년 후 영국과 스페인의 협정에 따라 스페인은 플로리다반도를 내주는 대신 아바나를 되찾게 되었다.

1년 남짓한 영국군 지배 당시 아바나는 자유 무역항이 되어 쿠바 전역에서 생산한 설탕, 럼, 담배, 커피 등을 세계 각지로 수출하며 경제 발전을 이루는 초석이 되었다. 19세기에는 철도, 가스등, 전신 시설, 도로망, 전화, 전기 등의 공공시설 등을 갖추었으며, 1860년에는 인구가 20만 명을 넘었고 1902년 무렵에는 25만 명이 넘어 아바나는 중남미 전체에서 가장 화려한 도시가 되었다.

1920년대에 미국에서 금주법이 시행되자 많은 미국인과 갱단이 아바나로 건너왔다. 이 때문에 아바나는 돈과 향락의 도시, 리조트 도시가 됐다. 그러나 1959년 피델 카스트로가 '쿠바 혁명'을 주도하면서 향락의 시대는 끝나고, 미국의 봉쇄 정책과 1991년 소련의 해체로 인한 경제 몰락으로 아바나는 한순간에 시간이 멈춰버린 도시가 되었다. 하지만 쿠바는 관광업을 개방하고 이중 화폐 도입으로 관광 수입을 극대화하고 있으며, 세계적인 소설가 어니스트 헤밍웨이와 부에나비스타 소셜 클럽 등 쿠바를 빛낸 문화 예술로 인해 매년 수많은 사람이 찾는 관광지로 빛나고 있다.

여행 안내소(인포투르, Infotur)
● 호세 마르티 국제공항 3터미널
주소 1층 입국장
전화 7 642 6101 운영 24시간
● 아바나 비에하 1지점
위치 오비스포 거리 초입
주소 Obispo #524 E/Bernaza Y Villegas, Habana Vieja
전화 7 866 4153 운영 09:30~12:00, 12:30~17:00
● 아바나 비에하 2지점
위치 오비스포 거리 중간
주소 Obispo & San Ignacio, Habana Vieja
전화 7 862 6884 운영 09:30~12:00, 12:30~17:00

이민국(인미그라시온, Inmigracion)
주소 Calle 17 #203 e/ Calle j & k, Vedado Habana
운영 월·수·금요일 08:00~19:00 / 화요일 08:00~17:00 / 목·토요일 08:00~12:00

에텍사 & 텔레푼토
● 센트로 아바나
주소 Aguilar No. 565
운영 월~일요일 08:00~21:30
● 아바나 비에하
주소 Habana 406
운영 월~일요일 08:30~19:00

우체국(코레오, Correo)
● 산 프란시스코 광장 지점
주소 Plaza de San Francisco de Asis y De los Officos No. 102 운영 월~금요일 08:00~17:00
주소 Gran Teatro, San Martin & Paseo de Marti
운영 월~금요일 08:00~17:00
● 아바나 오비스포 지점
주소 Obispo No. 518, Unidad de Filatelia
운영 월~금요일 09:00~97:00
● 혁명 광장 지점
주소 Av. de la Independencia, Plaza de la Revolucion & Terminal de Omnibus
운영 월~금요일 08:00~17:00
● 베다도 지점 1
주소 Linea & Paseo
운영 월~토요일 08:00~20:00
● 베다도 지점 2
주소 Calles 23 & C
운영 월~금요일 08:00~18:00, 토요일 08:00~12:00

DHL
● 베다도 지점 1
주소 Calzada No. 818, Calles 2 & 4
전화 7 832 2112
영업 월~금요일 08:00~17:00
● 베다도 지점 2
주소 Hotel Nacional, Calles 0 & 21
전화 7 836 3564
영업 월~금요일 08:00~17:00

병원, 약국
● Hospital Nacional Hermanos Ameijeitas (진료, 입원 가능)
주소 San Lazaro No. 701, Centro Habana
전화 7 877 6053
● Hotel Habana Libre(호텔 아바나 내)
주소 Calle L, Calles 23 & 25
전화 7 831 9538
● Farmacia Taquechel(호텔 암보스 문도스 바로 옆)
주소 Obispo No. 155, Habana Vieja
전화 7 862 9286
영업 월~일요일 09:00~18:00

은행(방코, Banco)
● Banco Financiero Internacional
주소 Oficios & Brasil
전화 7 860 9369
● Banco Metropolitano
주소 Av. de Italia No.452, San Martin
전화 7 862 6523
● Banco Financiero Internacional
주소 Hotel Habana Libre, Calle L, Calles 23 & 25
● Banco Metropolitano
주소 Linea & Calle M 전화 7 832 2006
● Banco de Credito y Comercio 베다도 지점 1
주소 Linea & Paseo 전화 7 832 2006
● Banco de Credito y Comercio 베다도 지점 2
주소 Airline Bldg, Cale 23
전화 7 870 2684

환전소(카데카, Cadeca)
● 호텔 파르케 센트랄(Hotel Parque Central) 내 환전소
주소 Neputo E / Paseo de Marti y Agramonte
영업 월~일요일 08:00~12:30, 13:00~15:00, 16:00~22:00

● 네푸토 거리 환전소
주소 Neputo E / Consulado y Industria
영업 월~토요일 08:00~19:00, 일요일 08:00~13:00
● 오비스코 메인 지점(ATM 사용 가능)
주소 Obisco E / Aguiar y Cuba
영업 월~일요일 08:00~22:00
● 오비스코 거리 지점
주소 Obisco Esquina A Compostela
영업 월~금요일 08:00~18:00
● 산 프란시스코 광장 지점
주소 De Los Oficios y Lamparilla
영업 월~토요일 08:00~19:00, 일요일 08:00~13:00

● 멜리아 코이바 호텔 로비 환전소(Melia Cohiba Hotel)
주소 Av. De los Alcaldes e / Calle 1ra y 3
영업 월~일요일 08:00~20:00
● 아바나 리브레 호텔 로비(Habana Libre Hotel)
전화 Calle e / Call 23 y 25
영업 24시간
● 농산물 시장 부근
주소 Calle 19 y A
영업 월~토요일 07:00~18:00, 일요일 08:00~13:00
● 콜펠리아 부근
주소 Calle 23 y J
영업 월~토요일 07:00~14:30, 15:30~22:00

TOUR TIP 주소가 바뀌기 전, 후의 거리 이름

아바나의 주소와 지도를 비교해보면 도저히 찾을 수 없는 경우가 종종 있다. 왜냐하면 거리명이 바뀐 지 오래 되었는데 여전히 변경 전의 거리 이름을 쓰는 시민들이 많기 때문이다. 변경 전과 후의 거리 이름을 알고 있으면 여행이 훨씬 쉬워질 것이다.

변경 전	변경 후
로스 프레시덴테스가 Av. de Los Presidentes	G 거리 Calle G.
마세오가 Av. de Maceo	말레콘 Malecon
푸에르토가 Av. del Puerto	카를로스 마누엘 세스페데스가 Av. Carlos Manuel de Cespedes
란초가 Av. de Rancho	인데펜덴시아 보예로스가 Av. de la Independencia Boyeros
벨라스코아인 Belascoain	파드레 바렐라 Padre Varela
카르셀 Carcel	캅데빌라 Capdevila
카를로스 3 Carlos III(Tercera)	살바도르 아옌데가 Av. Salvador Allende
크리스티나 Cristina	멕시코가 Av. de Mexico
에히도 Egido	벨히카가 Av. de Belgica
에스트레야 Estrella	엔리케 바르네트 Enrique Barnet
갈리아노 Galiano	이탈리아가 Av. de Italia
라 람파 La Rampa	23번 거리 Calle 23
몬세라테 Monserrate	라스 미시오네가 Av. de las Misiones
몬테 Monte	막시모 고메스 Maximo Gomez
파세오 델 프라도 Paseo del Prado	파세오 데 마르티 Paseo de Marti
파울라 Paula	레오노르 페레스 Leonor Perez
레이나 Reina	시몬 볼리바르가 Av. Simon Bolivar
산호세 San Jose	산마르틴 San Martin
소메루엘로스 Someruelos	아폰테 Aponte
테니엔테 레이 Teniente Rey	브라질 Brasil
비베스 Vives	에스파냐가 Av. de Espana
술루에타 Zulueta	아그라몬테 Agramonte

아바나 Habana

- 카바냐 요새 / **Fortaleza de San Caros de la Cabaña**
- 산살바도르 데 라푼타 요새 / **Castillo de San Salvador de la Punta**
- 엘 파르탈 / El Partal
- 8인의 의대생 기념비 / Monumento a Los Ocho Estudiantes de Medicina
- 카사 콜로니알 야딜리스 이 호엘 1 / Casa Colonial Yadilis y Joel 1
- 막시모 고메스 동상 / Maximo Gomez Monument
- 아바나 61 / Habana 61
- 말레콘 / **Malecon**
- 카사 라파엘라 / Casa Rafaela
- 호스탈 페레그리노 콘술라도 / Hostal Peregrino Consulado
- 3월 13일 광장 / Plaza 13 de Marza
- 카사 칼데론 / Casa Calderon
- 파세오 데 마르티 (옛 프라도 거리) / **Paseo de Marti**
- 도스 펠로타스 / Dos Pelotes
- 카사 렌디 / Casa Randy
- 5 에스키나스 트라토리아 / 5 Esquinas Trattoria
- 카사 콜로니알 야딜리스 이 호엘 2 / Casa Colonial Yadilis y Joel 2
- 혁명 박물관 / **Museo de la Revolucion**
- 호스탈 발코네스 / Hostal Balcones
- 아바나 국립 미술관(국제관) / **Museo Nacional de Bellas Artes– Arte Universal**
- 테라사스 데 프라도 / Terrazas de Prado
- 슬로피 조 바 / Sloppy Joe's Bar
- 아바나 국립 미술관(쿠바관) / **Museo Nacional de Bellas Artes– Arte Cubano**
- 카페 아르캉헬 / Cafe Arcangel
- 레스토란테 아 프라도 이 넵투노 / Restaurante A Prado y Neptuno
- 시티 투어 버스 정류장
- 플라사 호텔-코넥탄도 버스
- 호스탈 페레그리노 레알테드 / Hostal Peregrino Lealted
- 리브레리아 베네치아 / Libreria Venecia
- 예거 불 / Jager Bull
- 인포투르 / Infotur
- 호텔 잉글라테라 / **Hotel Inglaterra**
- 엘 플로리디타 / El Floridita
- 페 델 바예 공원 / Fe del Valle Park
- 알리시아 알론소 아바나 대극장 / **Gran Teatro de La Habana Alicia Alonso**
- 중앙 공원 / **Parque Central**
- 몬세라테 바 / Monserrate Bar
- 크리스토 광장
- 엘 찬추예로 / El Chanchullero
- 차이나타운 / **El Barrio Chino**
- 레스토란테 티엔 탄 / Restaurante Tien Tan
- 카피톨리오 / **Capitolio Nacional**
- 에텍사
- 엘 쿠리타 공원 / Parque el Curita
- 프라테르니다드 공원 / Parque de la Fraternidad
- 아그리멘소레스 공원 / Parque de Los Agrimensores
- 아바나 기차역

0 200m

아바나 센트로
Centro Habana

Cuarteles
Chacon

세스페데스 공원
Parque Cespedes

Tejadillo

위프레도 람 현대미술 센터
Centro de Arte Contemporaneo Wifredo Lam

메르카데레스 거리
Calle Mercaderes

레알 푸에르사 요새
Castillo de la Real Fuerza

A · B

아과스 클라라스 후작의 대저택
Palacio de los Marqueses de Aguas Claras

레스토란테 파리스
Restaurante Paris

롬비요의 집
Casa de Lombillo

세군도 카보 저택
Palacio del Segundo Cabo

라 보데기타 델 메디오
La Bodeguita del Medio

대성당 광장
Plaza de La Catedral

무세오 엘 템플레테
Museo El Templete

Empedrado

그라피카 실험소
Taller Experimental de Grafica

산 크리스토발 대성당
La Catedral de San Cristobal

카사 바요나 백작의 대저택
Palacio de los Condes de Casa Bayona

아르마스 광장
Plaza de Armas

시립 박물관
Museo de la Ciudad

롱히나 무시카
Longina Música

벽화 박물관
Museo de Pintura Mural

레스토란테 엘 템플레테
Restaurante el Templete

O'Reilly

카페 파리스
Cafe Paris

호텔 암보스 문도스
Hotel Ambos Mundos

알 카푸치노 아바나
Al Cappuchino Havana

CDR 9월 28일 박물관
Museo 28 Septiembre de los CDR

호텔 플로리다
Hotel Florida

아시아의 집
Casa de Asia

라 유비아 데 오로
La Lluvia de Oro

Calle Obispo 오비스포 거리

아바나 1791
Habana 1791

오스왈도 과야사민의 집
Casa Oswaldo Guayasamin

에텍사 텔레푼토

화폐 박물관
Museo de Numismatico

소방관 박물관
Museo de Bomberos

4월 9일 무기고
Armeria 9 de Abril

카사 오비스포 307(리시)
Casa Obispo 307(Lisy)

시몬 볼리바르 박물관
Museo de Simon Bolivar

Obrapia

카사 오비스포 307(레오 & 밀라그로)
Casa Obispo 307(Leo & Milagro)

아프리카의 집
Casa de Africa

호스탈 콘데 데 비야누에바
Hostal Conde de Villanueva

크루즈 터미널

라 타베르나 델 페스카도
La Taberna del Pescado

팔라다르 로스 메르카데레스
Paladar Los Mercaderes

산 프란시스코 데 아시스 광장
Plaza de San Francisco de Asis

C · D

Lamparilla

엘 메손 데 라 플로타
El Meson de la Flota

4마리 사자 분수
Fuente de Los Leones

카사 콜로니알 1715
Casa Colonial 1715

파리의 신사 동상
El Caballero de Paris

Amargura

카마라 오스쿠라
Camara Oscura

산 프란시스코 데 아시스 수도원과 교회
Iglesia y Monasterio de San Francisco de Asis

아바네라 약국 박물관
Museo de la Farmacia Habanera

Brasil

쿠바 사진 자료관
Fototeca de Cuba

훔볼트 공원
Parque Humboldt

비에하 광장
Plaza Vieja

럼 박물관
Museo Del Ron

Aguiar

쿠에토 저택
Palacio Cueto

Muralla

Compostela **Habana** **Sol** **Cuba** **San Ignacio** **Inquisitor** **Oficios**

카사 벨렌 1850
Casa Belen 1850

E · F

카사블랑카행 페리 선착장

Luz

아라셀로 교회 공원
Parque Aracelo Iglesias

그린하우스
Greenhouse

Acosta

0 — 200m

아바나 관광

식민 시대에 지어진 오래된 것 위에 쿠바 시민이 현재의 삶을 이어가는 쿠바의 수도 아바나는 쿠바 여행의 많은 지분을 차지하고 있다. 올드 아바나, 센트로 베다도 등 거리 곳곳에 음악과 춤이 넘쳐난다.

올드 아바나-대성당 광장 주변

스페인 식민 시대의 거리와 광장, 저택 등의 건물이 그대로 남아 있는 올드 아바나의 중심이다. 아바나 여행의 시작은 대성당 광장에서 시작된다.

대성당 광장 Plaza de La Catedral ★★★

쿠바 여행의 시작

비에하에 있는 4개 광장(대성당 광장, 아르마스 광장, 비에하 광장, 산 프란시스코 광장) 중에서 가장 큰 광장으로, 항상 많은 현지인과 관광객들로 붐빈다. 1700년대에 지어진 산 크리스토발 대성당을 중심으로 광장이 펼쳐져 있으며 롬비요의 집, 식민지 예술 박물관, 아과스 클라라스 후작의 대저택 등 광장 주변으로 크고 작은 바로크 양식의 건물이 즐비하다. 저녁이 되면 노천카페가 영업을 시작하며, 거리 공연이 곳곳에서 펼쳐지니 저녁 시간의 광장 풍경도 놓치지 말자.

주소 Empedrado y San Ignacio
찾아가기 아바나의 랜드마크인 카피톨리오에서 도보 20분
지도 P. 59-G

산 크리스토발 대성당 La Catedral de San Cristobal ★★★

대성당 광장의 랜드마크

1777년에 완공된 대성당은 언뜻 보기에는 대칭이나 자세히 보면 크기가 다른 2개의 종탑이 인상적이다. 이곳은 콜럼버스의 유해가 1795년부터 1898년까지 100년 동안 안치되었던 곳으로, 그 후엔 스페인의 세비야 대성당으로 옮겨졌다고 한다. 성당을 바라봤을 때 오른쪽 종탑이 더 두꺼운데 이탈리아 건축가 프란체스코 보로미니가 설계했다. 이 종탑에 올라서면 광장과 구시가지의 전망을 볼 수 있다. 성당의 내부는 외부의 화려함에 비해 소박하다. 일요일에 열리는 미사에는 누구나 참석할 수 있다.

주소 Esq. San Ignacio y Empedrado
전화 7 861 7771 개방 09:00~16:00
미사 일요일 요금 성당 무료, 종탑 1CUC$
찾아가기 대성당 광장 바로 앞
지도 P.60-A

아과스 클라라스 후작의 대저택
Palacio de los Marqueses de Aguas Claras ★

파티오가 아름다운 대저택

1760년에 완공된 저택으로 스페인 안달루시아 지방 스타일의 파티오(Patio 돌이나 콘크리트로 바닥을 포장한 뒷마당)와 정원이 아름다운 바로크 양식의 건물이다. 현재 레스토랑 '파리스(Paris)'가 영업하고 있으나, 로맨틱한 분위기와는 다르게 음식 맛은 추천할 정도는 못 된다. 더위 속에서 걷다가 지치면 건물 구경도 할 겸 시원한 칵테일(모히토 3CUC$)을 마시는 정도로 충분하다. 라이브 밴드의 연주는 비교적 훌륭하다.

주소 San Ignacio 전화 7 867 1034
개방 12:00~24:00 찾아가기 대성당 광장을 바라보고 왼쪽으로 도보 1분 지도 P.60-A

롬비요의 집 Casa de Lombillo ★

우체국의 흔적이 남은 고저택

1741년에 완공해 1903년부터 우체국으로 쓰이다 2000년부터는 쿠바 도시사학자의 사무소로 사용되고 있다. 2층에는 저택에서 쓰던 스페인, 이탈리아, 프랑스 등에서 가지고 온 가구와 각종 장식품들이 전시되어 있다. 벽면에 박혀 있는 석조 마스크 장식의 우편함은 지금도 사용되고 있다고 한다.

주소 Plaza de La Catedral
개방 월~금요일 09:00~17:00, 토요일 09:00~13:00
휴무 일요일 요금 무료
찾아가기 대성당 광장을 바라보고 왼쪽. 도보 1분
지도 P.60-A

카사 바요나 백작의 대저택 Palacio de los Condes de Casa Bayona ★★

대성당 광장의 터줏대감

1720년에 완공된 저택으로 대성당 광장에서 가장 오래된 건축물이다. 지금은 식민지 시대의 가구와 미술품 등을 전시하는 식민지 예술 박물관(Museo de Arte Colonial)으로 쓰인다. 식민지 시대의 다양한 가구, 주방 가구, 도자기, 꽃 장식 등 아기자기한 작품이 많다. 대저택의 분위기와 전시 물품이 잘 어울린다.

주소 San Ignacio No. 61 전화 7 862 6440
개방 09:30~16:45 요금 2CUC$
찾아가기 대성당 광장 남쪽. 도보 1분 지도 P.60-B

📷 그라피카 실험소 Taller Experimental de Grafica ★★

쿠바 예술가들의 작업실

1962년에 만들어진 공간으로, 젊고 재능 있는 쿠바의 예술가들이 모인 전시장이자 작업 공간이다. 그래픽 아티스트를 위한 워크숍을 열기도 하고, 배우고자 하는 사람을 위한 학교의 역할도 한다. 주로 하는 작업은 판화로, 수준 높은 예술가들의 작품 활동을 바로 눈앞에서 볼 수 있다. 거의 모든 작품은 판매를 하는데, 현장에서 만든 작품을 홀 입구의 갤러리에서 전시 판매한다.

주소 Callejon del Chorro
개방 월~금요일 09:30~16:00
휴무 토, 일요일 **요금** 무료
찾아가기 대성당 광장에서 도보 5분, 카사 바요나 백작의 대저택 골목으로 들어간다. **지도** P.60-A

📷 위프레도 람 현대미술 센터 Centro de Arte Contemporaneo Wifredo Lam ★★

쿠바 미술을 확인해 보자

쿠바 출신 세계적인 추상화가 '위프레도 람'의 이름을 딴 전시장이자 문화센터. 위프레도 람의 작품뿐 아니라 현대 미술가의 작품을 돌아가며 전시한다. 카페 아마리요(Cafe Amarillo)를 같이 운영한다.

주소 San Ignacio & Empedrado **전화** 7 864 6282
개방 월~토요일 10:00~17:00 **휴무** 일요일
찾아가기 대성당 광장에서 도보 3분 **지도** P.60-A

TOUR TIP 쿠바 출신의 세계적인 추상화가 위프레도 람

위프레도 람은 중국계 이민자인 아버지와 콩고 출신 노예의 딸인 어머니 사이에서 태어났다. 람은 산테이라(Santeria)라는 아프리카화된 가톨릭 문화의 영향을 받았다. 이는 아프리카의 제식과 주술 문화에 따라 주술과 치료의 역할을 하는 것으로 그의 미술 세계에 큰 영향을 끼친다. 람은 1938년에 파리에서 피카소와 만나 지대한 영향을 받는데, 그래서인지 그의 작품에서는 원시 문화의 역동성과 모더니즘의 긴장감을 같이 찾아볼 수 있다. 람은 쿠바의 가난한 이들을 표현하기 위해 평생을 노력했다. 대표작 〈정글〉은 뉴욕 현대 미술관에 소장되어 있다.

올드 아바나 - 아르마스 광장 주변

올드 아바나의 여러 광장 중 볼거리가 가장 많은 곳이다. 여러 박물관과 메르카데레스 거리만 걸어도 하루가 짧다.

📷 아르마스 광장 Plaza de Armas ★★★

아바나에서 가장 오래된 광장

스페인의 식민 지배를 받은 중남미 곳곳에는 '아르마스 광장'이 여럿 있다. 쿠바의 아바나에도 어김없이 존재한다. 스페인어로 '아르마스'는 '무기'를 뜻한다. 번역하면 무기 광장인데, 아르마스 광장 부근의 레알 푸에르사 요새에 머무르던 식민지 총독이 광장에서 군사 훈련을 했다는 데서 유래한다. 1520년에 설계된 아바나에서 가장 오래된 광장이며, 광장 중앙에 쿠바의 독립을 이끈 카를로스 마누엘 데 세스페데스(Carlos Manuel de Cespedes)의 동상이 서 있다.

광장 나무 밑 벤치에는 한가롭게 앉아 있는 쿠바인들이 유난히 많다. 또한 매일 벼룩시장처럼 가판이 늘어서는데, 특히 인기 있는 품목은 중고 카메라와 만년필이다. 중고 서적 코너에서는 쿠바가 핫한 관광지로 발돋움하는데 지대한 역할을 한 체 게바라와 헤밍웨이의 사진첩과 서적 등이 인기 품목이다.

주소 Plaza de Armas
찾아가기 오비스포 거리 동쪽 끝. 아바나의 랜드마크인 카피톨리오(P.76)에서 도보 20분 **지도** P.60-B

📷 레알 푸에르사 요새 Castillo de la Real Fuerza ★★★

요새 중의 요새

아메리카 대륙에 남아 있는 요새 중 가장 오래된 것이다. 아바나를 최강의 요새 도시로 만든 주인공으로, 아르마스 광장이 만들어졌을 당시에는 식민지 총독의 관저로 쓰였다 한다. 지금은 항해 박물관이 되어 다양한 함선과 배가 전시되어 있다. 쿠바의 럼 브랜드인 '아바나 클럽(Habana Club)'은 이 요새의 서쪽 탑에 있는 풍향계 '라 히랄디야(La Giraldilla)'의 모습을 상표에 쓰고 있다. 현재 탑 위에 있는 풍향계는 복제품이고 진품은 시립 박물관에 있다고 한다.

찾아가기 아르마스 광장에서 말레콘 방향, 도보 5분
지도 P.60-B

주소 Calle O'Reilly y Av. del Puerto Calle Desamparado/San Pedro **전화** 7 861 5010
개방 09:00~17:00 **요금** 3CUC$

TOUR TIP 아바나 버전의 망부석 이야기

레알 푸에르사 요새의 서쪽 탑 위에 있는 풍향계, 라 히랄디야(La Giraldilla)는 원래 스페인 세비야 대성당의 히랄디야 탑을 본뜬 것이라 한다. 1537년 스페인에서 쿠바 총독으로 파견된 에르난도 데 소토(Hernando de Soto)는 굉장히 포악하고 잔인한 사람이라 아바나 사람들이 모두 싫어했다고 한다. 그는 1539년 미국 플로리다로 황금을 찾아 떠났는데, 4년 넘게 미시시피강을 떠돌다 병을 얻어 죽었다. 그의 아내이자 유일한 여성 총독이었던 도나 이녜스 데 보바디야(Dona Inés de Bobadilla)는 소토가 원정을 떠난 날부터 매일 항구로 나가 수평선을 바라보며 남편의 무사귀환을 기원하다가, 그가 죽었다는 이야기를 듣고 얼마 지나지 않아 죽었다. 아바나 시민들이 가졌던 소토에 대한 미움은 그의 아내 도나 이녜스 데 보바디야의 사랑 앞에서 눈 녹듯이 사라져 버렸다. 이후 길 떠난 남편을 향한 아내의 러브스토리는 시로 만들어졌고, 이 이야기를 들은 건축가가 동상을 만들었다. 이 동상은 후에 풍향계로 바뀌어 아바나 요새의 꼭대기에 세워졌다. 그리고 이 지고지순한 여인의 상은 바로 쿠바의 대표적인 럼 브랜드인 '아바나 클럽(Habana Club)'의 상표 디자인으로도 사용되고 있다.

시립 박물관 Museo de la Ciudad

★★★

아바나의 역사를 돌아보자

아르마스 광장 서쪽 면을 모두 차지하는 크고 근사한 이 건물은 1770년, 아바나 최초의 교회가 있던 자리에 전형적인 바로크 양식으로 지어졌다. 예전에 총독 관저로 쓰이다가 지금은 시립 박물관이 되었다. 건물 안으로 들어가면 큰 정원이 있고 정원 가운데에 콜럼버스 조각상이 서 있다. 군복, 구식 마차, 고가구 등의 전시품과 1898년 미국 군함 메인호의 폭발 사고 당시의 흑백사진 등 아바나의 근현대사를 돌아볼 수 있다. 안내원들이 빨리 보고 이동하라고 재촉하는 경향이 있지만 무시하고 천천히 봐도 된다.

주소 Tacon No. 1 **전화** 7 861 6130
개방 08:30~18:00 **요금** 3CUC$, 가이드 투어 5CUC$
찾아가기 아르마스 광장 서쪽. 도보 1분 **지도** P.60-B

> ### TOUR TIP 박물관의 안내원
>
> 쿠바에서 박물관을 관람할 때면 종종 제복 차림을 한 직원의 감시를 받게 된다. 그들의 기본 업무는 관람객을 통제하여 전시물의 훼손과 다른 관람객에게 방해되는 행동을 막는 것이다. 그런데 어떤 박물관에서는 가이드처럼 길을 안내하거나 설명을 해주고 빨리 지나가라고 재촉을 해댄다. 대놓고 팁을 요구하기도 하는데, 친절하면 기분 좋게 줄 수도 있지만 빨리 지나가라고 재촉해대는 경우에는 확실하게 거절해도 된다.

📷 세군도 카보 저택 Palacio del Segundo Cabo ★★★

아바나 최고의 박물관

1772년 조성된 스페인 부총독의 관저로, 신고전주의를 표방한 바로크 양식 건물이다. 스페인에서 직접 공수한 대리석 등으로 근엄하면서 고급스럽게 지어졌다. 2017년 6월 새롭게 문을 열었고 쿠바의 역사와 음악 등을 방문객들이 참여할 수 있게 터치스크린과 홀로그램으로 표현하고 있다. 아바나 최고의 에어컨 시설이 있어 시원하고 쾌적하게 관람할 수 있다.

주소 O'Reilly No.4 **개방** 월~토요일 09:00~18:00 **휴무** 일요일 **요금** 10CUC$
찾아가기 아르마스 광장 북쪽. 도보 1분 **지도** P.60-B

📷 무세오 엘 템플레테 Museo El Templete ★

아바나 최초의 미사 집전지

한국어로 풀이하자면 신전박물관 정도로 말할 수 있다. 1519년 11월 이 건물 바로 앞에 있는 나무 아래에서 아바나 최초의 가톨릭 미사가 열렸다고 한다. 지금의 나무는 예전의 나무가 죽고

다시 심은 것이긴 하지만, 여전히 신도들은 뒤돌아 동전을 던지며 소원을 빌고 나무를 만지며 3바퀴를 돌면 소원이 빈다고 한다. 그래서 그런지 나무줄기가 손때로 반질반질 광택이 난다. 작은 예배당 안에는 당시 역사를 담은 대형 회화 3점이 있다.

주소 Av del Puerto No. 12 **개방** 08:30~18:00
요금 무료 **찾아가기** 아르마스 광장 동쪽 끝. 도보 2분
지도 P.60-B

📷 메르카데레스 거리 Calle Mercaderes ★★★

오래된 것이 아름다운 거리

한국어로 번역하면 '상인의 거리'다. 차가 다니지 않는 이 거리는 스페인의 오래된 골목처럼 작은 돌이 깔려 있다. 최고 전성기를 구가하던 18세기 아바나의 모습을 도시사학자 사무소에서 재현해 조성했다고 한다. 거리는 레스토랑, 카페, 상점 등과 무료로 운영하는 박물관 등으로 가득 차 있다. 특히 향수와 향신료 등을 파는 상점이 18세기 모습으로 복원되어 운영되고 있는 것이 특이하다.

지도 P.59-G

아시아의 집

4월 9일 무기고

시몬 볼리바르 박물관

메르카데레스 거리의 박물관

● 아시아의 집 Casa de Asia
주소 Mercaderes No. 111 개방 화~토요일 10:00~18:00, 일요일 09:00~11:00 휴무 월요일

● 4월 9일 무기고 Armeria 9 de Abril
주소 Mercaderes No. 157
개방 월~토요일 10:00~18:00 휴무 일요일

● 소방관 박물관 Museo de Bomberos
주소 Mercaderes & Lamparilla
개방 월~토요일 10:00~18:00 휴무 일요일

● 아프리카의 집 Casa de Africa
주소 Obrapia No. 157
개방 화~토요일 09:30~17:00, 일요일 09:30~13:00
휴무 월요일

● 시몬 볼리바르 박물관 Museo de Simon Bolivar
주소 Mercaderes No.160
개방 화~일요일 09:00~17:00 휴무 월요일

올드 아바나 – 산 프란시스코 데 아시스 광장 주변

📷 산 프란시스코 데 아시스 광장 Plaza de San Francisco de Asis ★★★

아바나에서 가장 아름다운 광장

아바나 항구 쪽으로 바다가 펼쳐져 시원한 전망이 일품인 아름다운 광장이다. 산 프란시스코 아시스 교회, 오래된 건물, 레스토랑과 카페 등이 정갈하게 정리되어 있다. 울퉁불퉁하고 곳곳에 이가 빠져 있던 광장은 1990년대 말 지금처럼 깔끔하게 정비되었다. 특히 파리의 신사 동상과 4마리 사자 분수는 광장의 명물이다. 분수의 4면에 달린 사자의 입에서 물이 뿜어져 나오는데, 주변에서 화려한 쿠바 전통 의상을 입은 아가씨들과 함께 사진을 찍을 수 있다(1CUC$).

주소 Plaza de San Francisco de Asis
찾아가기 아르마스 광장에서 남쪽으로 도보 15분
지도 P.60–D

파리의 신사 동상 ★★★
El Caballero de Paris

행운의 상징, 파리의 신사 동상

파리의 신사 동상의 주인공은 호세 마리아 로페스 예딘(Jose Maria Lopez Lledin)이다. 그는 1950년대에 이 거리를 집 삼아 살던 노숙자였다. 1년 열두 달 검은색 양복 차림으로 다녔는데, 여러 방면에 박학다식해서 쿠바 시민들과 이야기를 나누며 본인의 철학을 설파하고 다녔다고 한다. 사랑하던 여자가 죽은 후 평생 결혼을 하지 않은 것은 유명한 에피소드. TV에도 출연해 유명세를 탔으며 1985년 아바나에서 생을 마감했다. 동상의 수염과 손을 만지거나 발을 밟으면 행운이 온다고 해 동상의 온몸은 많은 관광객과 쿠바인들의 손길로 반질반질하다.

산 프란시스코 데 아시스 수도원과 교회
Iglesia y Monasterio de San Francisco de Asis ★★★

산 프란시스코 데 아시스 광장의 랜드마크

1608년에 완성되었다가 1738년에 바로크 양식으로 다시 지어졌다. 광장 어디에서나 보이는 46m의 교회 종탑은 걸어서 올라갈 수 있는데, 종탑 위에서는 아바나 항구와 구시가지 전역이 한눈에 보인다. 예전에는 이곳이 아바나에서 가장 높았기 때문에 감시탑으로 쓰였다고 한다.

교회 내부에서는 종교 예술 박물관(Museo de Arte Religioso)을 같이 운영하며 2005년부터 아바나 최고의 클래식 음악 공연도 이곳에서 열린다.

주소 Oficios, Amargura & Brasil
개방 박물관 화~일요일 09:30~18:00 **휴무** 월요일
요금 2CUC$(사진 촬영 4CUC$), 가이드 투어 3CUC$
찾아가기 산 프란시스코 데 아시스 광장 동쪽
지도 P.60-D

📷 럼 박물관 Museo Del Ron ★★★

쿠바의 술, 럼을 알고 싶다면

럼 브랜드 '바카르디'가 세계적인 히트를 친 바람에 럼을 마셔 보지는 않았어도 아는 사람은 많다. 럼은 쿠바에서 처음 제조되었는데, 럼 박물관을 방문하면 이 세상에 얼마나 많은 럼이 있는지 놀랄 것이다. 가이드 투어는 영어, 스페인어 2개 국어로 진행된다. 가이드의 인솔 하에 약 40분 정도 진행되는 투어는 럼의 역사, 제조와 숙성 과정을 해설과 함께 돌아볼 수 있다. 쿠바가 최고로 번창했을 때의 럼 공장 축소 모형은 박물관의 하이라이트. 투어 말미에는 7년산 럼도 1잔(1모금에 가까운) 준다. 1층의 로비에서는 종일 라이브 음악이 연주되며 다양한 종류의 럼을 살 수 있다.

주소 San Pedro No. 262
개방 월~목요일 09:00~17:30, 금~일요일 09:00~16:30
요금 7CUC$(가이드 투어 포함)

찾아가기 산 프란시스코 데 아시스 광장 남쪽으로 도보 10분
지도 P.60-D

올드 아바나 - 비에하 광장 주변

📷 비에하 광장 Plaza Vieja ★★★

이곳이 바로 쿠바다!

1559년에 조성된 비에하 광장의 원래 이름은 플라사 데 누에보(Plaza de Nuevo)로, 한국어로 표현하면 '신광장'이었다. 최근 아바나 여행의 시작이 대성당에서 이곳 비에하 광장으로 옮겨오는 추세로, 광장 주변에는 다양한 양식의 건물들이 들어서 있다. 주로 쿠바 스타일의 바로크 양식과 가우디의 영향을 받은 아르누보 양식의 건물들인데 화려하고 정갈하다. 건물들은 레스토랑, 카페, 상점 등의 상업 시설과 학교, 박물관, 전망대 등으로 사용된다. 광장에 어둠이 내리면 야외 테이블은 많은 관광객들로 떠들썩해지고 거리 여기저기에서 흘러나오는 음악과 춤은 '아, 이곳이 쿠바구나!'라는 생각이 절로 들게 한다.

주소 San Ignacio y Muralla
찾아가기 산 프란시스코 데 아시스 광장에서 서쪽으로 도보 5분 **지도** P.60-D

📷 카마라 오스쿠라 ★★
Camara Oscura

아바나 시내를 조망하는 또다른 방법

35m의 높은 건물을 엘리베이터를 타고 올라가면 전망대에 도착하는데, 잠수함의 잠망경 같은 광학렌즈를 통해서 비에하 광장 주변뿐 아니라 아바나 도시 전체를 360도로 조망할 수 있다. 잠망경이 있는 실내에 들어가면 불을 끄고 설명을 하는 직원이 렌즈를 차례로 돌린다. 밖의 풍경은 하얀 천 위에 화면으로 보여진다. 아바나의 역사와 더불어 랜드마크 격인 건물의 특징을 설명해 준다. 약 15분 정도 이어지는 투어는 30분마다 한번씩 진행이 된다. 테라스에서 보는 아바나의 전망도 멋있다. 티켓은 비에하 광장 한쪽에 있는 매표소에서 사야 한다.

주소 Edificio Gómez Vila, Plaza Vieja, Mercaderes y Teniente Rey **전화** 7 862 1801 **개방** 화~토요일 09:00~17:00, 일요일 09:00~13:00 **휴무** 월요일 **요금** 2CUC$
찾아가기 비에하 광장 바로 앞 **지도** P.60-D

📷 옛 성벽 Old City Wall ★

요새 도시의 흔적을 찾아서

중남미와 유럽을 오가는 선박의 중간 기착지이자 완벽한 무역항이었던 아바나는 카리브해의 수많은 해적과 외국 군대로부터 수시로 공격을 받았다. 이를 방어하고자 1674~1740년에 걸쳐 두께 1.5m, 높이 10m, 9개 보루와 180개의 총포가 있는 성벽을 완성했다. 밤이 되면 굳건히 닫혔다가 아침에 열리는 11개의 성문을 지나야 아바나 시내로 들어올 수 있었기 때문에 당시의 아바나는 '요새 도시'라는 닉네임이 붙을 정도였다. 지금은 성벽 대부분은 무너졌고 몇몇 구간만 남아 있는데 그중 기차역 근처에 있는 이 구간과 벨히카 거리 부근이 가장 크게 남아 있다.

찾아가기 기차역 부근. 비에하 광장에서 도보 30분
지도 P.59-K

쿠에토 저택 Palacio Cueto ★

아르누보 양식의 저택

가우디 스타일의 멋진 건물로 아바나에서 가장 훌륭한 아르누보 양식의 건축물이다. 1906년 건축가 아루투로 마르케스(Arturo Marqués)가 설계하고 지었다. 화려하게 장식된 내부 안쪽에는 한때 창고와 모자 공장이 들어섰다가 1920년대에 들어 팔라시오 호텔(Palacio Vienna)로 이용했다고 한다. 현재는 아바나 시의 건축물 보존 프로젝트의 일환으로 복원 작업이 진행 중이다.

주소 Muralla & Mercaderes
찾아가기 비에하 광장 남동쪽 모퉁이 뒤
지도 P.60-D

호세 마르티 생가 박물관 ★★
Museo Casa Natal de Jose Marti

쿠바인의 정신적인 안식처

시인이자 쿠바 독립의 아버지인 호세 마르티의 생가. 1925년 개조해 지금까지 이어지는, 아바나에서 가장 오래된 박물관이다. 아담한 노란색 2층집은 소박하기까지 하다. 집에 들어서면 호세 마르티의 흉상이 방문객을 맞이하고, 1층과 2층의 작은 방에는 호세 마르티가 생전에 쓰던 오래된 물품과 집필할 때 썼던 필기구, 자필 원고 등과 옷이 깔끔하게 전시되어 있다. 벽면에는 호세 마르티의 사진과 그와 교류했던 정치인, 작가 등의 사진이 빼곡히 걸려 있다.

주소 Leonor Perez No. 314 **전화** 7 861 3778
개방 화요일~일요일 09:00~17:00 **휴무** 월요일
요금 1.5CUC$, 사진 촬영 2CUC$ **찾아가기** 비에하 광장에서 남서쪽으로 도보 30분 **지도** P.59-K

TOUR TIP 가우디는 누구인가?

스페인 카탈루냐 태생인 세계적인 건축가 안토니 플라시드 가우디 이 코르네트(Antoni Placid Gaudí i Cornet / 1852. 6. 25~1926. 6. 10)는 흔히 '안토니 가우디'로 알려져 있다. 워낙 인기 높은 건축가였던 가우디는 의뢰인들의 끊임없는 요구 사항을 들어주기 위해 다양한 스타일을 접목했다. 고딕, 르네상스, 바로크, 신고전주

사그라다 파밀리아 대성당

의 등과 같은 전통 건축 양식에 중국, 인도, 이집트, 터키 등의 오리엔탈 기법과 색감, 멀리 마야, 잉카, 아즈텍의 감각까지 더해진다. 또한 자연을 좋아해서 식물, 동물, 곤충의 형태에서 영감을 받아 그의 건축물에 반영했다고 한다. 가우디의 건축물은 '아르누보' 스타일의 시초이자 전성기를 구가한 예술가로 평가받고 있다.

아르누보 양식이란?
아르누보는 예술 전반에 나타난 양식이다. 효율적인 구조, 합리적인 기능 등 건축물 본연에 충실하면서도 예술적인 감성을 더해 이 모든 것을 한 치의 빈틈이 없는 공학으로 승화시켰다. 대표적인 건축물로는 스페인 바르셀로나에 있는 사그라다 파밀리아 대성당인데 미사를 드리는 기본 기능에 충실하면서도 성당의 외형과 내부 공간은 상상력을 최대한 자극해 금방이라도 어디론가 움직일 것 같은 독특한 모습을 하고 있다. 아르누보 스타일은 가우디가 창조해 낸 수많은 양식 중 하나이다. 그의 모든 건축물은 공통적으로 눈과 감성으로 보고 느끼는 예술적인 면과, 실제로 건축물을 합리적이고 편하게 이용할 수 있게 기능적인 면도 충실하게 구현되었다.

올드 아바나 - 오비스포 거리 주변

📷 오비스포 거리 Calle Obispo ★★★

아바나의 여행자 거리

아바나 여행을 대성당 광장에서 시작한다면, 쿠바 여행의 준비는 오비스포 거리에서 해야 한다. 레스토랑, 카페, 바, 상점, 약국, 환전소, 호텔, 에텍사, 관광안내소, 길거리 음식과 음악 등 쿠바 여행에 필요한 모든 것이 이 거리에 다 모여 있다. 거리는 항상 사람과 상인이 얽혀 복잡하지만 오래된 건물과 새로 지은 건물이 적당히 어우러져 친숙한 분위기다. 거의 매 블록마다 경찰이 서 있어 치안도 염려 없다.

오비스포 거리는 지도나 휴대전화 없이 목적지를 정하지 않고 걸어 보기를 권한다. 걷다가 작은 샛길로 빠지면 아바나 시민들이 살아가는 삶의 흔적을 고스란히 만날 수 있다. 낡은 건물 사이사이에 복잡하게 얽혀 있는 전깃줄과 열려 있는 창문에 빨랫줄이 걸린 풍경에서 느낄 수 있다.

주소 Calle Obispo
찾아가기 대성당을 등지고 왼쪽 길 지도 P.60-B, C
오비스포 거리의 박물관
● 화폐 박물관 Museo de Numismatico
주소 Obispo, Aguiar & Habana
개방 화~토요일 09:00~17:00, 일요일 09:30~12:45
휴무 월요일 요금 1.5CUC$
● CDR 9월 28일 박물관 Museo 28 Septiembre de los CDR
주소 Obispo, Aguiar & Habana
개방 월~일요일 09:00~17:30 요금 2CUC$
● 벽화 박물관 Museo de Pintura Mural
주소 Obispo, Mercaderes & Oficios
개방 월~일요일 10:00~18:00 요금 무료
● 아바네라 약국 박물관 Museo de la Farmacia Habanera
주소 Brasil & Compostela
개방 월~일요일 10:00~18:00
요금 무료

📷 호텔 암보스 문도스 Hotel Ambos Mundos ★★★

거장 헤밍웨이를 탄생시킨 호텔

아바나에서 가장 유명한 호텔. 쿠바를 사랑한 소설가 어니스트 헤밍웨이가 암보스 문도스 호텔 511호에 1932~1939년까지 7년을 머물며 〈누구를 위하여 종은 울리나〉를 집필했다. 이 책은 피델 카스트로가 게릴라 전투를 벌일 때 잠자리에서 읽어서 더 유명해졌다.

1931년 영업을 시작한 이 호텔은 여전히 건재하며, 헤밍웨이가 머물렀던 511호는 박물관으로 운영되고 있다. 호텔의 명물인 구닥다리 엘리베이터를 타고 5층에 내리면 헤밍웨이 얼굴 부조가 보인다. 방은 작고 소박하며 헤밍웨이가 쓰던 타자기, 가방, 싱글 침대, 사진, 평소에 수집했던 유명 화가들의 그림의 모조품이 걸려 있다(진품은

헤밍웨이의 부인들 4명이 나누어 가졌다고 한다). 1998년부터 현재까지 일하고 있는 큐레이터 에스페란사 여사가 헤밍웨이의 작품과 전시된 물품, 그의 생애에 대해 친절히 설명해준다.

주소 Obisco No. 153 전화 7 860 9529
개방 10:00~17:00 요금 2CUC$(영어 가이드 포함)
찾아가기 오비스포 거리 동쪽 끝 지도 P.60-B

센트로 아바나 주변

아바나 비에하가 과거의 쿠바를 반석으로 삼아 현재의 여행객들을 불러 모으는 곳이라면 센트로 아바나는 외부의 영향에 관계없이 아바나 시민들이 그들의 방식으로 삶을 사는 곳이다. 아바나 인구 214만 명 중 17만 명이 센트로의 3㎢ 면적에 살고 있다. 또한 쿠바의 랜드마크라 할 수 있는 카피톨리오와 시민 생활에 직접적으로 필요한 시설들이 센트로에 몰려 있다. 거리를 천천히 걸어보거나, 클래식 차를 타고 쿠바를 상징하는 해변도로인 말레콘을 달려 보자. 지는 석양을 바라보는 방파제에 앉아 있는 것도 아바나를 느끼는 좋은 방법이다.

카피톨리오 Capitolio Nacional ★★★

아바나의 진정한 랜드마크

아바나의 대표적인 랜드마크인 카피톨리오는 한때 쿠바 의회가 사용했으며 1959년부터 쿠바 과학 아카데미와 국립 과학기술 도서관이 사용하고 있다. 미국 워싱턴 D.C.의 국회의사당 건물을 설계한 건축가의 작품이어서 그런지 미국의 것과 비슷하다. 건물 정면 계단을 올라가면 6개의 둥근 기둥이 높이 62m의 돔을 받치고, 돔 아래 바닥에는 24캐럿의 모조 다이아몬드가 있다. 입구의 파소스 페르디도스 홀(Salon de los Pasos Perdidos) 한가운데에는 높이 11m의 여인 청동상이 있는데, 신화 속에 나오는 선(善)과 노동의 수호신을 뜻한다.

카피톨리오를 아바나의 랜드마크라고 할 만한 것이, 아바나의 모든 거리는 바로 이곳에서부터 시작되기 때문이다. 아바나 시내 어디서든지 길을 잃었다면 지나가는 시민 아무나 붙잡고 '카피톨리오'를 물어보자. 카피톨리오를 기준으로 방향을 찾으면 실수가 없을 것이다.

주소 Dragones & Paseo de Marti, Capitolio
전화 7 860 3411 **개방** 09:00~16:00
요금 3CUC$, 가이드 투어 4CUC$
찾아가기 중앙 광장에서 도보 5분 **지도** P.58-F

파세오 데 마르티(옛 프라도 거리) Paseo de Marti ★★

아바나의 메인 거리

지금의 파세오 데 마르티라는 지명보다 프라도 거리(Paseo Del Prado)라는 이름이 익숙한 이 거리는 중앙 공원부터 말레콘까지 이어진다. 길이가 약 2㎞. 1830년에 완공된 거리답게 거리를 따라 걸으면 양쪽으로 오래된 건물이 역사를 안고 서 있다. 건물마다 레스토랑, 카페, 바, 상점 등이 즐비하며 주말에는 미술품 시장이 열린다. 쿠바 출신의 세계적인 발레리나 알리시아 알론소(Alicia Alonso)가 만든 쿠바 국립 발레 학교 역시 이 거리에 있다.

찾아가기 카피톨리오와 중앙 공원 가운데 길 **지도** P.58-B

혁명 박물관 Museo de la Revolucion ★★★

쿠바 혁명은 여전히 진행 중

예전에는 대통령 궁이었고 지금은 혁명 박물관이 되었다. 미국의 럭셔리 보석 브랜드 티파니의 창업자 티파니가 내부 장식을 했다. 프랑스 베르사유 궁전 거울의 방을 본떠 비슷한 방도 만들었다고 한다. 3층에서 시작해서 1층으로 내려오면서 관람하면 되는데 1층 전시관에 체 게바라의 삶을 다루는 전시가 특히 볼만하다.

혁명 박물관 뒤쪽 공간에는 파비욘 그란마(Pavillon Granma)라는 역사적 요트가 있다. 1956년 11월 25일 피델 카스트로와 게릴라 81명이 작은 요트 '그란마호'를 타고 멕시코의 툭스판을 출발해 쿠바의 산티아고 데 쿠바까지 항해를 시작했다. 이들은 거친 파도 속에서 사투를 벌이다 결국 라스 콜로라다스 해변에 상륙했고, 이후 쿠바에서 무장 혁명의 불씨가 다시 살아났다. 길이 18m의 작은 요트지만 꺼져가던 쿠바 혁명을 일으켜 세운 의미가 있기에 이를 전시하고 있다. 요트는 유리통 안에 넣어 보호하고 있으며 24시간 경비가 지키고 있다.

주소 Avenida Bélgica **개방** 09:00~17:00
요금 8CUC$, 사진 촬영 2CUC$
찾아가기 중앙 광장에서 북쪽 말레콘 방향. 도보 10분
지도 P.58-B

📷 중앙 공원 Parque Central ★

아바나에서 가장 먼저 만나는 공원

센트로 아바나의 중앙 공원은 아바나 시민들과 여행객들에게 여러 가지 기능을 하는 곳이다. 뜨거운 태양과 소음, 공해로부터 휴식처가 되며, 공원 한편에서는 야구 팬들이 모여 쿠바 야구 팀들의 상황, 경기 복기 등을 논하기도 한다.

여행객들을 위해서는 클래식 카를 이용한 투어, T1, T3의 투어 버스가 중앙 공원에서 떠나고 도착한다. 광장 중앙에 있는 동상은 쿠바 독립의 아버지이자 시인인 호세 마르티(Jose Marti)로 쿠바 전역에 있는 수많은 호세 마르티 동상 중 제일 먼저(1905년) 세워진 것이다.

주소 267 Agramonte
찾아가기 카피톨리오에서 도보 5분
지도 P.58-F

📷 말레콘 Malecon ★★★

쿠바 시민의 휴식처이자 낚시터

스페인어로 말레콘은 방파제를 뜻한다. 1901~1952년에 걸쳐 건설된 이 방파제는 올드 아바나에서 베다도까지 총 8㎞에 달한다. 해변의 건물들은 언뜻 화려해 보이는 외관과는 달리 세월의 풍파를 그대로 말해주듯 곳곳이 부서지고 창문이 깨져 있다. 해변 앞 도로에는 클래식 카와 코코택시를 타고 달리는 관광객이 항상 넘쳐난다. 해가 뉘엿뉘엿 넘어가는 시간에는 낚싯대를 드리운 쿠바인들이 방파제를 가득 채운다. 저녁이 되면 방파제 곳곳에 음악을 연주하며 춤을 추는 쿠바인들도 자주 볼 수 있다. 최근에는 마약 판매상이나 거리의 여인들이 영업(?)을 하니 각별히 조심하자(쿠바는 마약 범죄를 매우 엄격하게 처벌하는 나라다). 파도가 방파제를 넘쳐 도로를 덮치는 광경은 비가 많이 내리고 허리케인이 오는 6~9월 사이에 볼 수 있다.

찾아가기 막시모 고메스 장군 동상에서부터 서쪽으로 난 해안도로 **지도** P.58-A

아바나 국립 미술관 Museo Nacional de Bellas Artes ★★★

쿠바 미술을 한눈에

아바나의 국립 미술관은 국제관과 쿠바관으로 나뉘는데, 각각 독립적인 건물로 이루어져 있다. 두 박물관 모두 수준 높은 컬렉션을 갖추고 있어 종일 박물관에만 있어도 행복하지만, 시간이 없다면 쿠바관을 가는 것이 좋다. 신구를 아우르는 쿠바 작가들의 작품이 전시되어 쿠바 미술을 한눈에 볼 수 있기 때문이다.

세계적 건축가 피카르도가 설계한 국제관의 건물 센트로 아스투리아(Centro Asturiao)는 대리석으로 만들어 그 자체만으로도 화려하고 웅장하며 정교함을 갖춘 예술품이라 할 수 있다. 3개 층에 걸쳐 기원전 500년 전의 그리스 항아리, 2000년 전 로마 시대의 모자이크, 스페인 화가 엘 그레코의 유화 등 세계적인 작품을 비롯해 라틴아메리카의 많은 작품들이 전시되어 있다. 그야말로 카리브해 최고의 미술관이다.

반면 쿠바관은 현대식 건물에 19세기부터 20세기까지 놀라울 정도로 다양한 작품들이 발길을 잡는다. 3층에서부터 연대순으로 전시되어 있기 때문에 위에서부터 내려오며 관람하는 것이 좋다. 기예르모 코야소(Guillermo Collazo), 라파엘 블랑코(Rafael Blanco), 위프레도 람(Wifredo Lam) 등 쿠바를 대표하는 세계적인 작가들의 작품부터 놀라운 아이디어가 반짝이는 현대 작가의 작품까지 쿠바 미술의 어제와 오늘을 모두 볼 수 있다고 해도 과언이 아니다. 그림을 좋아하지 않더라도 꼭 한번 방문해 보자. 쿠바인의 한(恨)의 정서가 어떻게 작품에 녹아 있는지 보는 것만으로도 이곳에 올 가치가 있다.

주소 국제관 Agramonte y San Martin, Museo Nacional de Bellas Artes Arte Universal / 쿠바관 Calle Trocadero e/ Zulueta y Monserrate, Museo Nacional de Bellas Artes Arte Universal **전화** 7 862 1643 **개방** 화~토요일 10:00~18:00, 일요일 10:00~14:00 **휴무** 월요일
요금 1개 전시관 5CUC$, 2개 전시관 세트권 8CUC$, 14세 미만 무료 **찾아가기** 국제관 중앙 광장에서 도보 3분
쿠바관 국제관에서 북쪽으로 도보 10분 **지도** P.58-F

국제관

구바관

TOUR TIP 쿠바에서 거짓말은 안 통해요

쿠바 국민들은 '부정부패'를 가장 심한 범죄라고 여긴다. 따라서 여행자들은 사고나 문제가 생겼을 때 거짓말, 혹은 편법으로 해결하려 하지 말고 있는 그대로 말하는 것이 좋다. 신분증 없이 렌터카를 운전하다가 적발되면 굉장히 해결하기 어려운 상황이 될 수 있으니 여권 사본, 국제운전면허증 등 신분증은 반드시 지참한다. 또한 쿠바에서 마약은 소지하기만 해도 중범죄임을 명심한다.

📷 알리시아 알론소 아바나 대극장
Gran Teatro de La Habana Alicia Alonso ★★★

낮보다 밤이 더 아름다운 극장

건축가 파울 벨라우가 1907~1914년에 건설해 1915년 센트로 가예고(Centro Gallego)라는 사교 클럽으로 완공했다. 지금까지 굳건히 자리를 지키고 있는 라틴아메리카에서 가장 오래된 극장이다. 1985년 '아바나 대극장'이 되었다가 2016년 1월 쿠바 출신의 세계적인 발레리나이자 쿠바 국립 발레단 단장이기도 했던 알리시아 알론소의 이름을 따서 현재에 이른다. 약 2,000석 규모에 발레, 콘서트 등 다양한 레퍼토리의 공연이 이어지며 1960년부터 짝수 연도마다 국제 발레 페스티벌이 열린다. 극장 외관 자체가 바로크 양식으로 지어져 매우 아름다우며 특히 야경은 아바나에서 최고라고 인정받는다. 극장 내부 투어는 가이드 투어만 가능하다. 영어, 스페인어를 동시에 구사하는 전문 가이드와 함께 극장 1층을 다니며 약 40여 분 동안 극장 역사와 내부 건축물에 대한 설명을 듣는다.

주소 Paseo de Marti 458 **전화** 7 861 3077
영업 09:00~18:00
요금 입장 무료, 가이드 투어 2CUC$
찾아가기 중앙 광장 바로 옆. 도보 3분 **지도** P.58-F

📷 산살바도르 데 라 푼타 요새 Castillo de San Salvador de la Punta ★★★

아바나 항구를 지키던 철통 요새

아바나 항구를 보호하던 4개 요새 중 하나로 스페인 식민지 시절인 1589~1600년 사이에 지어졌다. 당시에는 매일 밤 라 푼타 요새부터 아바나 해협 건너편의 모로 요새까지 약 250m 길이의 쇠사슬을 연결해, 아바나해협으로 배가 들어오지 못하게 막았다고 한다. 이곳은 그 요새 중 하나를 2002년 박물관으로 개조한 것으로, 라틴아메리카에서 약탈한 보물을 싣고 가다가 침몰한 보물 함대의 유물들과 모형 함선을 전시하고 있다.

주소 Paseo de Marti y Av del Puerto
개방 09:00~17:00 **요금** 6CUC$
찾아가기 중앙 광장에서 북쪽 말레콘 방향으로 도보 20분
지도 P.58-B

호텔 잉글라테라 Hotel Inglaterra ★★

아바나에서 가장 오래된 호텔

잉글라테라 호텔이 유명한 이유는 아바나에서 가장 오래된 호텔이기 때문이다. 1856년 완공된 이후 아바나의 굴곡진 역사를 함께 하며 지금까지 명맥을 이어오고 있다. 잉글라테라 호텔은 투숙객 외에도 항상 많은 사람들로 붐빈다. 애초에는 '엘 루브르(El Louvre)'라는 사교 클럽이 있던 자리에 호텔이 들어섰는데, 현재 1층의 야외 바 이름이 바로 엘 루브르다. 모히토, 다이키리, 쿠바 리브레, 부카네로 등 쿠바의 칵테일과 맥주를 마시려는 사람들로 항상 만원을 이루며 저녁에는 흥겨운 공연과 춤을 볼 수 있다. 호텔 앞에는 인터넷 와이파이를 쓰기 위해 몰려든 현지인과 여행객들로 붐빈다. 호텔 로비에서 인터넷 카드를 판매하므로 에텍사의 번잡함이 싫다면 역사적인 호텔에서 칵테일 한잔하며 여유를 부려 봐도 좋을 것이다. .

주소 Paseo de Marti 416 **찾아가기** 대극장 바로 옆
지도 P.58-F

차이나타운 El Barrio Chino ★★

중국 사람이 없는 차이나타운

1840년대 말, 미국의 노예 해방과 더불어 쿠바에서도 노예 해방 운동이 일어난다. 대서양을 넘나들며 번성하던 노예 무역도 쇠락하고 노동력이 부족해지자, 많은 중국인들이 본토에서 계약 노동자로 쿠바로 넘어왔다. 그리하여 쿠바는 1920년대에 이미 라틴아메리카 최대 중국인 거주지가 되었다. 피델 카스트로가 정권을 잡고 사회주의 국가가 되자 많은 중국인들이 미국으로 이주하게 되면서 차이나타운은 이름만 유지하고 있었으나, 1990년 들어 관광 자원이 된다고 판단한 쿠바 정부가 재건 사업을 벌여 지금의 모습이 되었다. 중국식 상점, 식당 등이 영업 중이다.

주소 Centro Habana, Entrada del Barrio Chino
찾아가기 카피톨리오에서 서쪽으로 도보 10분
지도 P.58-E

베다도 Vedado

베다도는 아바나의 신도시 격으로, 전형적인 주거 지역이자 상업 구역이다. 비에하, 센트로에 비하면 깨끗한 주택과 아파트, 잘 정비된 가로수, 5성급 호텔, 극장, 레스토랑, 카페, 나이트클럽 등이 유럽의 소박한 도시 같은 분위기를 낸다. 쿠바 혁명이 일어나기 전까지 나시오날 호텔과 카프리 호텔 등에 미국 갱단이 들어와 도박과 마약을 하는 바람에 '환락의 도시'라는 오명이 생겼다.

📷 혁명 광장 Plaza de la Revolucion ★★★

아바나의 No.1 포토 존

1920년에 프랑스의 장 클로드 포리에스타가 설계한 이 광장은 처음에는 시민 광장(Plaza Civica)이었다가 1959년 혁명 후에 혁명 광장으로 이름이 바뀌었다. 축구장 3개를 합친 7.2㎢ 규모로 전 세계 광장 중 31번째로 크다고 한다. 1998년 교황 요한 바오로 2세가 방문해 미사를 집전할 때 약 100만 명이 이곳에 모였다. 여행자들에게 혁명 광장이 유명한 이유는 광장 북쪽의 내무부 터미널에는 체 게바라, 정보통신부 건물 외벽에는 카밀로 시엔푸에고스의 부조가 나란히 있기 때문이다. 내무부 터미널에는 1960년 피델 카스트로의 전용 사진사 알베르토 코르다가 촬영한 체 게바라의 모습과 '항상 승리의 그날까지(Hasta La Victoria Siempre)'라는 글귀가 새겨져 있다. 그리고 바로 옆 정보통신부 건물에는 쿠바 혁명의 4인방 중 1명인 카밀로 시엔푸에고스(Camilo Cienfuegos)의 초상과 '피델, 잘하고 있어(Vas Bien, Fidel)'라는 글귀가 새겨져 있다. 이 말은 혁명 성공 후 산티아고 데 쿠바의 시청에서 첫 연설을 하던 피델 카스트로에게 동료 시엔푸에고스가 했던 말이라고 한다. 피델이 사랑했던 2명의 혁명가는 세상을 떠났지만 여전히 아바나의 혁명 광장을 내려다보며 쿠바를 든든히 지원하고 있다. 광장 동쪽의 건물은 호세 마르티 국립 도서관(Biblioteca Nacional Jose Marti)이다.

주소 Avenida Paseo **찾아가기** 카피톨리오에서 택시 10분
지도 P.61-E

호세 마르티 기념탑과 기념관
Memorial Jose Marti & Museo Jose Marti

★★★

쿠바인의 정신적 지주를 기념하는 곳

우리에게도 잘 알려진 노래인 '관타나모의 여인(관타나메라 Guantanamera)'은 쿠바 제2의 국가로 불리는 대중적이고 세계적인 노래이다. 스페인 식민 시대 쿠바인들의 고단한 삶을 시인의 언어로 표현한 곡으로, 쿠바 독립의 아버지이며 시인이자 혁명가인 호세 마르티의 시에 곡을 붙였다.

혁명 광장 한가운데 우뚝 서 있는 높이 138m 탑과 무언가를 생각하며 광장을 내려다보는 높이 17m 동상이 바로 호세 마르티 기념탑이다. 그의 탄생 100주년 기념으로 1953년에 착공되어 1958년에 완공됐으며, 엘리베이터를 타면 꼭대기까지 올라갈 수 있다. 아바나의 모든 전경을 볼 수 있고 전망이 매우 좋으니 꼭 올라가 보자. 탑의 1층은 4개의 전시관으로 나뉘어 호세 마르티와 관련된 자료와 쿠바 혁명 당시의 모습을 볼 수 있는 박물관으로 조성되어 있다.

주소 Calle Paseo y Ave. Independencia. Plaza de la Revolución **전화** 7 882 0906
개방 박물관 월~토요일 09:30~17:30 **휴무** 일요일
요금 박물관 3CUC$, 박물관+전망대 5CUC$
찾아가기 혁명 광장 바로 앞. 도보 1분 **지도** P.61-ㄴ

TOUR TIP 관타나모의 여인(관타나메라 Guantanamera)

쿠바뿐만 아니라 중남미 전역에서 폭넓게 불리는 노래 관타나메라는 호세 마르티의 아름다운 시에 곡을 붙인 것으로, 1945년 호세 페르난데스 디아스(Jose Fernandes Dias)가 노래로 발표했다.

스페인 식민 시절을 거치며 고단한 삶을 견뎌온 쿠바인들의 저항 의식이 담긴 시에 쿠바 특유 멜로디가 더해졌기 때문에 스페인의 지배를 받아 정서적인 교감이 있는 라틴아메리카에서 많이 불린다. 특히 쿠바에서는 국가(國歌) 이상으로 애창되고 있다.

Guantanamera, guajira Guantanamera
Guantanamera, guajira Guantanamera
Yo soy un hombre sincero
De donde crece la palma
Yo soy un hombre sincero
De donde crece la palma
Y antes de morirme quiero
Echar mis versos del alma
Mi verso es de un verde claro
Y de un carmin encendido
Mi verso es de un verde claro
Y de un carmin encendido
Mi verso es un ciervo herido
Que busca en el monte amparo

관타나모의 여인이여, 관타나모의 시골 여인이여
관타나모의 여인이여, 관타나모의 시골 여인이여
나는 진실한 사람이라오.
야자수가 자라는 마을 출신이랍니다.
나는 진실한 사람이라오.
야자수가 자라는 마을 출신이랍니다.
그리고 내가 죽기 전에
나는 내 영혼의 시를 쓰고 싶어요.
나의 시는 신선한 초록색이며
불타는 재스민입니다.
나의 시는 신선한 초록색이며
불타는 재스민입니다.
나의 시는 상처 입은 사슴입니다.
산에서 피난처를 찾는

호텔 나시오날 Hotel Nacional de Cuba ★★★

화려했던 과거의 흔적이 남아 있는 호텔

유럽의 성처럼 언덕 위에 위치한 나시오날 호텔은 아바나의 랜드마크 중 하나로, 말레콘에서도 잘 보인다. 1930년 12월 30일에 문을 연 이래 아바나의 화려했던 세월과 굴곡진 역사를 같이 한 쿠바 최고의 호텔이다. 1946년 미국의 갱 두목인 메이어 랜스키와 럭키 루치아노가 이곳에서 대규모 마피아 모임을 했다. 돈, 도박, 향락, 매춘 등 화려함 속에 감춰진 어두운 면도 쿠바의 역사와 비슷하다.

외국 유명인이 아바나에 오면 나시오날 호텔에서 숙박을 했다고 한다. 호텔 로비에는 호텔을 방문했거나 묵었던 유명인의 사진과 사인이 벽면을 가득 채우고 있다. 218호 냇킹콜(Nat King Cole), 223호 게리 쿠퍼(Gary Cooper), 224호 콤파이 세군도(Compay Segundo), 445호 월트 디즈니(Walt Disney) 등 유명인이 묵었던 방마다 이름이 붙어 있다. 호텔과 역사를 같이한 고풍스런 가구와 각종 소품들로 장식된 로비는 오래되고 기품 있는 왕가의 저택에 들어선 것 같다.

로비를 나오면 바로 말레콘으로 이어진다. 쿠바 음악을 세계에 알린 '부에나 비스타 소셜 클럽(Buena Vista Social Club)'의 공연이 지금도 이곳에서 열리고 있다. 여행자들에게는 인터넷 와이파이를 쓸 수 있는 로비로 유명하다. 역사 가이드 투어는 월~토요일 매시 정각에 약 1시간 진행하며, 요금은 5CUC$이다. 호텔 로비에서 신청하면 된다.

주소 Calle 21 y O, Vedado, Plaza
전화 7 836 3564
홈페이지 www.hotelnacionaldecuba.com
찾아가기 혁명 광장에서 도보 20분 **지도** P.61-F

아멜 거리 Callejon de Hamel ★★★

아바나의 아프리카

말레콘에서 아바나 대학교로 가는 길 중간에 있는 아멜 거리는 카마게이 출신 예술가 살바도르 곤살레스(Salvador Gonzalez)가 1990년부터 홀로 조성한 아프리카 거리다. 벽에는 아프리카의 색채를 살린 그림을 그리고, 재활용품을 이용해 전시물을 만들었다. 거리는 온통 아프리카의 기운과 전통으로 가득 차 있다.

특히 매주 일요일 12시가 되면 화려한 복장을 입은 무용수와 타악기 연주자들이 거리를 '룸바(Rumba)' 공연장으로 바꾼다. 비록 거리 공연이지만 그들의 연주와 춤은 세계 어디에서도 볼 수 없는 독특한 공연이다. 아프리카에서 노예로 팔려온 아프로쿠반의 한과 애환이 타악기의 리듬에 실려 연주자와 관객 구분 없이 한데 어울린다. 거리 공연이기 때문에 입장료는 없지만 공연이 끝나면 연주자가 모자를 들고 팁을 걷으러 다닌다. 1~5CUC$ 정도 마음의 표시를 하는 것이 좋다. 연주자들과의 사진 촬영도 재미있다. 참고로 공연은 12시부터 3시까지 끊임없이 이어지니 시작 전에 식사를 하는 것이 좋다.

찾아가기 말레콘에서 아바나 대학교 가는 중간. 말레콘에서 도보 20분 **지도** P.61-F

아바나 대학교 Universidad de La Habana ★★

사회주의 국가의 대학생은 어떤 모습일까?

아바나 대학교는 1728년에 설립된 종합대학교다. 라틴아메리카 여러 나라에서 유학을 오는 명문 대학교로, 학생 수가 3만 명에 이른다고 한다. 아바나 대학교에는 관광객이 꽤 많이 찾아오는데, 특히 쿠바 혁명을 이끈 피델 카스트로가 공부했던 법과대학 앞 관광객이 끊이지 않는다.

우리에게 너무나 익숙하면서도 낯선 단어 사회주의. 사회주의 국민들은 억압받고 위축되었을 거라 상상한 것과는 달리 쿠바인들의 자유로운 모습에 '이곳이 과연 사회주의 국가가 맞는가'라는 생각이 들 정도이다. 교내 잔디밭에 삼삼오오 모여 앉아 웃고 떠드는 대학생의 모습은 이념과 아무 상관없이 세계 어딜 가나 볼 수 있는 빛나는 청춘일 뿐이다.

주소 Calles L and 27 **찾아가기** 혁명 광장에서 도보 20분 **지도** P.61-F

📷 나폴레옹 박물관 Museo Napoleonico ★★

쿠바에서 나폴레옹을 만나다

쿠바와 전혀 어울리지 않을 법한 박물관이 아바나에 있다. 프랑스 군인이자 황제인 나폴레옹의 박물관이 바로 그것이다. 아바나 대학교 바로 옆, 1920년대 이탈리아 정치인 오레스테스 페라라(Orestes Ferrara)가 지은 대저택에는 나폴레옹에 관련된 8,000여 점의 소장품이 전시되고 있다. 1961년 개장했으며 나폴레옹의 친필 문서, 워털루 전투를 그린 그림, 도자기, 가구를 비롯해 나폴레옹의 침실과 서재 등을 재현해 놓았다. 특히 나폴레옹 사망 후 그의 주치의가 만든 데스 마스크도 볼 수 있다. 박물관으로 사용하는 저택의 보존 상태, 컬렉션의 질, 박물관 운영 상태 등은 쿠

바에서 가장 세련되었고 나폴레옹과 관련된 5대 박물관에 든다고 한다.

주소 San Miguel No.1159 **전화** 7 8791 412
개방 월~금요일 09:30~17:00
휴무 토·일요일 **요금** 3CUC$, 가이드 투어 5CUC$
찾아가기 아바나 대학교 바로 옆. 도보 5분 **지도** P.61-F

📷 콜론 묘지(크리스토퍼 콜럼버스 공동묘지) Necropolis Cristobal Colon ★★

아름다운 묘지의 교과서

56ha에 달하는 광대한 크기의 공동묘지로, 세계에서 네 번째로 크고 아메리카 대륙을 통틀어 가장 큰 규모를 자랑한다. 세계 10대 아름다운 묘지에 들어갈 정도로 호화로운 장식으로 가득하며, 묘지 상세 가이드북(5CUC$)을 판매할 정도로 예술적 가치를 인정받은 곳이다.

이곳에는 쿠바 시민들이 사랑하는 묘가 2개 있다. 센트럴 교회(Capilla Central) 북동쪽에 있는 아멜리아 고이리(Amelia Goyri)의 묘와 헤밍웨이의 단골 칵테일집인 엘 플로리타(El Florita)의 흑인 바텐더 콘스탄티노(Constantino)의 묘다.

쿠바 독립 지도자인 막시모 고메스(Maximo Gomez), 1940년대와 1950년대 쿠바 정부의 부패에 맞서 싸우다 1951년 라디오 방송 중 자살한

쿠바 정통당 당수 에두아르도 치바스(Eduardo Chibas)도 이곳에 잠들어 있다. 치바스의 장례식에서 무덤 위에 뛰어 올라가 연설을 해 정치 무대에 데뷔한 피델 카스트로의 일화는 유명하다.

주소 Calles 12 **전화** 7 832 1050 **개방** 08:00~17:00
요금 5CUC$ **찾아가기** 혁명 광장에서 도보 30분, 버스(시티 투어 버스 T1)로 5분 **지도** P.61-C

> **TOUR TIP** 기적의 여인 아멜리아 고이리 드 오스(Amelia Goyri de Hoz)
>
> 1901년, 아멜리아 고이리 드 오스라는 젊은 여인이 출산 중 사망했다. 가족들은 그녀의 발아래에 사산된 아기를 놓고 함께 매장했는데, 몇 년 후 사람들이 관을 열어 보았을 때 모두 깜짝 놀랐다. 왜냐하면 아멜리아가 딸을 가슴에 품은 채로 누워 있었기 때문이다. 이후 사람들은 아멜리아를 기적의 여인이라고 부르기 시작했고 임산부들의 수호자로 여기게 되었다고 한다. 그녀의 묘 주위에는 항상 작은 액자들과 편지들이 놓인다.

아바나 식당

쿠바의 음식은 간이 강하지 않고 특별한 조리법도 없다. 한국인의 입맛에는 약간 싱겁다고 느낄 수도 있다. 이곳에 소개하는 식당은 오랜 기간 여행자들에게 인정받은 곳이다.

아바나 비에하

거리마다 식당이 차고 넘치는데, 어느 곳에 들어가서 먹어도 실패하지 않는다. 식당들이 대부분 외국인을 상대로 하기 때문에 메뉴가 비슷하며 여행자들은 대부분 아바나 비에하 지역에서 식사를 한다.

레스토란테 엘 템플레테
Restaurante el Templete

라이브 밴드와 함께 식사를
크루즈 페리 터미널 바로 앞에 있는 식당으로, 쿠바에서는 보기 드물게 직접 구운 빵을 식전 빵으로 제공한다. 해협 건너편에 있는 카사블랑카의 예수상이 보이고, 점심과 저녁 식사 시간에는 밴드가 출연해 직접 연주를 들려준다. 식당은 굉장히 커서 한꺼번에 족히 100명은 식사할 수 있다. 단체 관광객들이 많으며, 페리가 들어온 날은 정신이 없을 정도로 손님이 넘친다.

주소 Ave. del Puerto esq. Narciso Lopez
전화 7 866 8807 영업 12:00~24:00
예산 10~30CUC$ 찾아가기 페리 터미널 앞 아르마스 광장에서 도보 5분 지도 P.60-B

엘 찬추예로 El Chanchullero
아바나에서 요즘 뜨는 레스토랑
젊은 층의 압도적인 지지를 받고 있는 식당 겸 카페. 아기자기한 내부 인테리어가 특징이며 오픈된 주방이 믿음을 준다. 그날그날 들여온 신선한 재료로 만드는 샐러드와 식사는 이 집의 자랑이자 요즘 아바나 식당의 트렌드를 잘 나타낸다. 복층 구조로 되어 있는데 점심과 저녁 시간에는 항상 자리가 꽉 차기 때문에 일찍 서둘러야 한다. 스페셜 샐러드와 로파비에하는 이 집의 인기 요리.

주소 Teniente Rey, 457A bajos, Plaza El Cristo Habana Vieja 전화 7 801 4915
영업 13:00~24:00
예산 음료 2~4CUC$, 음식 4~13CUC$
찾아가기 중앙 공원에서 도보 15분 지도 P.58-F

팔라다르 로스 메르카데레스
Paladar Los Mercaderes

분위기 있는 식사를 할 수 있는 식당

정중한 서빙과 함께 식사할 수 있는 고급 식당으로, 쿠바 전통 음식을 현대적으로 재해석한 음식이 주 메뉴다. 당장 춤을 춰야 할 것 같은 쿠바 음악 대신 밴드가 키보드와 트럼펫만으로 재즈나 스탠더드 팝을 들려준다. 연인과 함께 분위기를 내고 싶다면 반드시 찾아야 할 식당. 제대로 된 와인 리스트가 있다.

주소 Calle Mercaderes No. 207 entre lamparilla y amargura 전화 7 801 2437 영업 11:30~23:00 예산 9~28CUC$
찾아가기 아르마스 광장에서 도보 10분 지도 P.60-D

레스토란테 파리스
Restaurante Paris

야외 테라스에서 라이브 음악과 칵테일 한잔

대성당 광장의 아과스 클라라스 후작의 대저택(Palacio de los Marqueses de Aguas Claras)이 현재 레스토랑으로 영업하고 있다. 아바나 비에하의 중심지이기 때문에 야외 테라스는 항상 사람으로 꽉 차 있다. 건물 안에 넓은 중정이 있는데 이곳의 분위기도 좋다. 종일 밴드의 음악이 흐르는 곳으로, 잠시 쉬어 가며 시원한 칵테일 한 잔하기에 더할 나위 없다. 직원의 친절은 바라지 말고 음악과 광장의 분위기만 즐겨 보자.

주소 San Ignacio 54 | Plaza De La Catedral
전화 7 867 1034
영업 12:00~24:00
예산 7~29CUC$
찾아가기 대성당 광장 바로 옆. 도보 1분
지도 P.60-A

TOUR TIP 기다리는 줄의 끝 사람 찾기

쿠바에서는 공공기관이든 길에서든 뭘 하려면 길게 줄을 서야 할 때가 많다. 그런데 줄이 워낙 길다 보니 어수선하고 어디에 서야 할지 고민이 된다. 이때 영어로 'Last'라는 뜻의 스페인어인 '울티모(Ultimo)'라고 말하면 맨 뒷사람이 손을 든다. 그 사람 뒤에 서면 된다. 혹여나 늦게 온 사람이 내 앞에 선다면 손을 들며 '울티모'라고 해보자. 아무 말 없이 내 뒤로 설 테니까. 워낙 기다리는 일이 많기 때문인지 암묵적인 약속이 있다.

🍽 라 보데기타 델 메디오
La Bodeguita del Medio

헤밍웨이의 모히토를 맛볼 수 있는 곳

'나의 모히토는 보데기타 델 메디오에서(Mi Mojito, En La Bodeguita del Medio).' 헤밍웨이가 사랑한 그곳. 헤밍웨이의, 헤밍웨이에 의한, 헤밍웨이를 위한 모히토 술집이다. 끊임없이 밀려드는 손님들로 인해 안팎은 장사진을 이루지만 모히토를 만드는 바텐더의 손놀림은 한 치의 오차가 없다. 쿠바 어디서나 같은 재료로 모히토를 만들지만 이곳의 모히토는 이상하리만치 더 맛있다. 따로 주문할 것도 없이 바텐더와 눈을 마주치고 몇 잔인지만 알려주면 된다. 돈은 모히토를 받을 때 주면 된다. 마이클 만 감독의 영화 '마이애미 바이스'에서 주인공인 콜린 파렐과 공리가 세상에서 가장 맛있는 모히토를 마시겠다면서 요트를 타고 떠나는 목적지가 바로 이곳이다.

주소 Empedrado No. 207 | e/ Cuba y San Ignacio
전화 7 867 1374 **영업** 08:00~24:00
예산 모히토 5CUC$
찾아가기 대성당 광장에서 도보 3분 **지도** P.60-A

🍽 엘 플로리디타 El Floridita

나의 다이키리는 플로리디타에서

'나의 다이키리는 플로리디타에서(Mi Daiquiri, En El Floridita).' 헤밍웨이가 사랑한 또 하나의 술, 다이키리. 헤밍웨이가 이곳에 출근 도장을 찍을 당시 전담 바텐더는 그가 자리에 앉자마자 항상 프로즌 다이키리 2잔을 만들어 주었다고 한다. 첫 잔을 단숨에 마셔 버리고 바로 다음 잔을 주문했기 때문이라고. 헤밍웨이가 유명해지면서 덩달아 바텐더도 유명해져서 관광객들이 주고 간 팁으로 칵테일 바를 차렸다는 일화는 유명하다. 식당 왼편 구석에 프로즌 다이키리 한 잔을 놓고 행복한 웃음을 짓고 있는 헤밍웨이 흉상이 있다. 관광객들로 인해 북새통인 매장 입구는 밴드까지 진을 치고 있어 그야말로 정신이 없다. 바 안쪽에는 식당도 있다.

주소 Obispo No.557 esq. a Monserrate
전화 7 867 1300 **영업** 11:00~24:00
예산 다이키리 6CUC$, 식사 12~26CUC$
찾아가기 중앙 광장에서 도보 10분 오비스포 거리 초입
지도 P.58-F

몬세라테 바 Monserrate Bar

헤밍웨이의 유명세는 없더라도 맛은 좋다

반(反) 헤밍웨이를 표방한 식당 겸 바. '이곳에는 헤밍웨이가 찾아오지 않았습니다'라는 캐치프레이즈로 영업하는 용감한 식당이다. 엘 플로리디타에서 한 블록 떨어져 있다. 모히토, 다이키리, 쿠바 리브레 등의 칵테일 가격은 라 보데기타 델 메디오나 엘 플로리디타에 비하면 반 정도밖에 되지 않는다. 샌드위치 등 간단한 식사와 스테이크, 랍스터 등 제대로 된 요리도 있다. 노련한 바텐더와 웨이터의 서빙은 즐겁다.

주소 Monserrate No. 401, La Habana Vieja
전화 7 860 9761 **영업** 09:00~01:00
예산 칵테일 3~5CUC$, 식사 4~15CUC$
찾아가기 중앙 공원에서 도보 15분 **지도** P.58-F

5 에스키나스 트라토리아
5 Esquinas Trattoria

제대로 된 이탈리아 레스토랑

오거리에 있기 때문에 '오거리 골목 식당'이라는 상호를 쓰는 음식점. 이곳은 화덕에서 직접 구운 피자와 토마토소스를 듬뿍 올린 파스타를 먹을 수 있는 아바나 최고의 이탈리아 식당이다. 이탈리아 볼로냐 지방에서 음식을 배워온 셰프는 자부심이 대단하며 자부심만큼 음식 솜씨도 믿어도 좋다. 저녁이 되면 은은한 조명이 비치는 야외에 테이블을 놓고 영업을 한다.

주소 Habana No. 104 Esq Cuarteles Habana Vieja
전화 7 860 6295 **영업** 08:00~23:30 **예산** 5~13CUC$
찾아가기 중앙 공원에서 말레콘 방향으로 도보 20분
지도 P.58-B

아바나 61 Habana 61

신선한 해산물 요리가 맛있는 곳

주소를 상호로 쓰는 곳으로, 정통 쿠바 요리와 퓨전 요리를 선보인다. 세련된 인테리어와 비에하에 위치한 프리미엄 탓에 음료 값은 비에하 지역의 다른 곳보다 비싸지만 음식 값은 적당하다. 랍스터, 새우, 생선 등의 해산물 요리가 맛있는데 재료가 굉장히 신선해서 추천할 만하다.

주소 Calle Habana No. 61 | entre las calles Cuarteles y Peña Pobre
전화 7 801 6433 **영업** 12:00~24:00
예산 음료 3.5~4.5CUC$, 식사 6~20CUC$
찾아가기 아르마스 광장에서 도보 15분
지도 P.58-B

카페 엘 에스코리알 Cafe El Escorial

쿠바 커피의 모든 것이 여기에

비에하 광장이 한눈에 보이는 위치 좋은 카페다. 원두를 직접 로스팅해서 만든 커피는 아바나 최고의 맛을 자랑한다. 쿠바산 커피를 베이스로 한 모든 음료를 맛볼 수 있으며, 비에하 광장이라는 좋은 위치의 프리미엄에 비해 요금은 저렴한 편이다. 광장의 야외 테이블도 좋고 2층 테라스 자리도 좋다.

로스팅한 쿠바산 원두도 판매하며 원하는 양 만큼 개별 포장도 가능하다. 매일 아침 모카 포트에 에스프레소를 직접 만들어 마실 정도로 쿠바인들의 커피 사랑은 유별난데, 씁쓸한 맛과 보디감이 일품인 쿠바 커피는 사탕수수와 더불어 쿠바 수출의 효자 품목이다.

주소 Mercaderes No. 317
전화 7 868 3545 **영업** 09:00~21:00
예산 2~3CUC$
찾아가기 비에하 광장 바로 옆. 도보 1분
지도 P.59-G

알 카푸치노 아바나 Al Cappuccino Havana

점심 식사하기 좋은 곳

아르마스 광장에 면한 3개의 식당 중 하나로 노란색 건물의 반을 쓰고 있지만 바로 옆의 '라 미나(La Mina)' 식당과 같은 집이다. 식당 겸 카페인 알 카푸치노 아바나, 라 미나, 디저트 카페인 도나 테레사가 차례대로 있다. 이 집의 메뉴와 상호의 카푸치노와는 아무 상관 없다.

오래된 나무로 둘러싸인 아르마스 광장의 한적하고 넉넉한 분위기와 식당은 은근히 잘 어울린다. 각종 커피, 칵테일, 음료, 주류, 스테이크, 로파비에하, 랍스터 등 쿠바 스타일 식사까지 없는 것이 없으니 점심 식사에 적당한 곳이다. 다른 곳보다 가격은 비싸지만 위치가 주는 프리미엄이라고 생각한다면 문제없다. 음식 맛은 흠 잡을 데 없다. 식사 시간에는 밴드가 음악도 들려주니 여유롭게 아바나를 즐겨 보자.

주소 Calle Obispo No. 109 esq Oficios y Mercaderes
전화 7 862 0216 **영업** 10:00~22:30
예산 음료 2~4.5CUC$, 식사 10~35CUC$
찾아가기 아르마스 광장 바로 옆. 도보 1분 **지도** P.60-B

🍴 라 타베르나 델 페스카도 La Taberna del Pescado

가성비 최고의 맛집

각종 물고기 박제 모형이 한쪽 벽면을 가득 채운 이곳은 로파비에하(Ropavieja)를 좀 더 세련되고 깔끔하게 요리하는 가성비 좋은 맛집이다. 닭고기, 돼지고기, 소고기, 새우, 랍스터 등을 먹기 좋게 요리해서 샐러드와 밥 등을 한 접시에 담아준다. 식당 입구에 영어-스페인어 메뉴와 사진이 붙어 있으며, 주문하기 어려우면 사진으로 된 메뉴판을 가져다준다.

그릴드 랑고스타(Grilled Langosta)는 랍스터 1마리를 통째로 구워 밥과 샐러드가 같이 나오며, 믹스드 브로체(Mixed Broche)는 채소, 파인애플, 랍스터, 새우 등을 꼬치에 끼워 구워 밥, 샐러드와 같이 한 접시에 담아 나온다. 신선한 재료를 주문과 동시에 굽기 때문에 재료 본연의 맛을 즐길 수 있는 강력 추천 메뉴다. 단, 음식은 주문 후 적어도 20분 이상은 기다려야 한다.

주소 San Ignacio 260A e/ Amargura y Lamparilla
전화 5 3343 537 **영업** 11:00~23:00
예산 음료 2~3CUC$, 식사 7~18CUC$
찾아가기 아르마스 광장에서 도보 10분
지도 P.60-C

🍴 레스토랑 반 반 Restaurant Van Van

골목에 숨겨져 있는 맛집

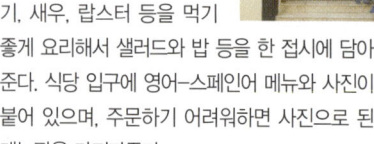

겉모습은 흔히 볼 수 있는 아바나의 일반 가정집이지만, 파란 간판이 식당임을 알려준다. 파스타부터 쿠바의 가정식인 로파비에하 등이 주 메뉴이지만, 일본의 선술집처럼 그날그날 가능한 메뉴를 메뉴판에 꽂아두고 영업한다. 모히토, 다이키리 같은 칵테일은 맛도 아주 좋다. 음료 메뉴판은 오래된 레코드판을 이용한다. 맛집을 찾는 여행자라면 찾아가 볼 만하다.

주소 58 San Juan de Dios | e/ Habana y Compostela
전화 7 860 2490 **영업** 11:00~24:00
예산 음료 1~3CUC$, 식사 2.5~9CUC$
찾아가기 대성당에서 중앙 광장 방면으로 도보 15분
지도 P.58-F

센트로 아바나

여행자를 위한 식당보다는 현지인을 위한 작은 카페와 바가 많다. 센트로 골목에 영업을 시작한 지 얼마 안 되는 식당이 늘어나는 추세.

레스토란테 티엔 탄
Restaurante Tien Tan

익숙한 요리와 매콤한 맛이 그립다면

센트로의 차이나타운에 있는 중국 식당 중 하나. 차이나타운 골목 안으로 들어서면 각 식당 종업원들이 격렬한 환대(?)로 호객을 한다. 이 집은 영어를 하는 직원과 영어 메뉴가 있어 주문하기 편하다. 뜨거운 완탕 수프와 탕수육, 볶음밥 등은 그동안 간이 약한 쿠바 음식을 먹으며 느낀 아쉬움을 채우기에 적당하다.

주소 Cuchillo No. 17 전화 7 863 2081
영업 10:30~23:00 예산 요리 1.5~10CUC$, 음료 2~3CUC$
찾아가기 차이나타운. 카피톨리오에서 도보 10분
지도 P.58-E

도스 펠로타스 Dos Pelotas

싸고 맛있는 식당을 찾는다면 바로 이곳

주거 지역 골목에 있어서 낮에는 그냥 지나치기 쉽지만, 화려하고 큰 간판 덕에 저녁에는 멀리서도 찾기 쉽다. 저렴하고, 맛있고, 양이 충분한 보석 같은 식당이다. 센트로나 말레콘 부근에 숙소가 있다면 일부러 찾아가서 식사를 해도 좋다. 특히 아침 식사는 여행지 기분을 내기에 그만이다. 쿠바 페소와 태환 페소 모두 사용 가능하다.

주소 Calle Colon No. 78 | Aguila y Crespo
전화 5 25 07 708 영업 08:00~24:00
예산 음료 0.5~2CUC$, 아침 세트 메뉴 5CUC$, 식사 7CUC$
찾아가기 중앙 광장에서 도보 20분, 말레콘에서 도보 5분
지도 P.58-B

🍴 슬로피 조스 바 Sloppy Joe's Bar

시원한 에어컨 아래, 맥주와 샌드위치는 찰떡궁합

1904년에 오픈한 식당으로 건물의 1층 전체를 식당으로 쓰고 있다. 길가에 있기 때문에 항상 눈에 띄는 식당으로 미국식 펍을 연상시킨다. 1920년대 미국에서 금주령이 한창이던 시절 이곳을 방문한 프랭크 시나트라 등 유명인의 사진이 걸려 있다. 손님이 들어가도 호들갑스러운 응대와 친절한 서비스는 없다. 쿠바 혁명 이후 국가에서 운영하고 있기 때문이다. 샌드위치가 특히 맛있으니 세련된 조명과 시원한 실내에서 맥주와 함께 즐겨 보자.

주소 Calle Zulueta No. 252 | E Animas y Virtudes
전화 7 866 7157 **영업** 11:00~24:00
예산 음료 2~4CUC$, 샌드위치 5~7CUC$
찾아가기 중앙 공원에서 도보 10분 **지도** P.58-F

🍴 카페 아르캉헬 Cafe Arcángel

바리스타가 만드는 달콤한 라테 한잔

한적한 센트로의 서민 주택가 골목에 위치한 카페다. 트립 어드바이저 등의 여행 평가 사이트에서 강력한 지지를 받고 있다. 깔끔하고 맛있는 아침 식사와 바리스타가 만들어 주는 각종 커피, 케이크, 쿠바의 칵테일 등이 메뉴에 있다. 오래된 커피 잔과 컵 받침, 대리석으로 장식한 분위기 있는 테이블은 기품 있으면서도 소박한 멋을 지녔다. 마치 오래된 유럽의 작은 골목 카페에 있는 것 같다. 벽에는 세계 여러 나라의 스타벅스에서 수집한 머그잔이 29개 걸려 있다. 앞으로 이곳을

방문할 여러분은 머그잔이 몇 개나 늘었는지 확인해 보시기를.

주소 Concordia No. 57 **전화** 5 26 85 451
영업 월~토요일 08:15~18:00, 일요일 08:15~13:00
예산 1~3CUC$ **찾아가기** 중앙 광장에서 동쪽으로 도보 15분
지도 P.58-E

예거 불 Jager Bull

아바나의 밤을 밝혀주는 보석 같은 곳

검은 창문의 입구가 위협적이지만 문을 열고 들어서면 친절한 직원들이 밝은 웃음으로 반겨 준다. 센트로 지역에 오픈한지 얼마 안 된 식당 겸 바로, 복층 구조의 깔끔한 인테리어가 특징이다. 샌드위치 등의 간단한 식사부터 한 접시 가득 나오는 다양한 종류의 로파비에하까지 만나볼 수 있는데, 비에하 지역에 비해 가격은 저렴하지만 맛은 아바나의 어떤 식당과 견주어도 뒤지지 않는다. 시원한 에어컨이 항상 작동해 더위를 식히면서 칵테일 한잔해도 좋은 곳이다. 특히 매일 저녁 10시부터 새벽 3시까지 살사와 카주바 공연을 하는 것으로 유명해, 아바나의 밤을 즐기기에 손색이 없다. 주말 밤에는 멋지게 차려 입은 쿠바인들도 많이 온다.

주소 Nepunto 555 e/ Lealted y Escobar
전화 7 866 6988
영업 12:00~03:00, 공연 22:00~03:00
예산 음료 3.5~5CUC$, 요리 3~8CUC$
찾아가기 중앙 광장에서 도보 20분
지도 P.58-E

레스토란테 아 프라도 이 넵투노 Restaurante A Prado y Neptuno

아바나 시민이 즐겨 찾는 맛집

식당이 위치한 거리명을 상호로 쓰는 오래된 이탈리아 식당. 마르티 거리에 있고 대극장, 중앙공원, 카피톨리오 등과 가까워 식사 시간에는 항상 손님이 가득 차 있다. 특히 대극장에서 공연이 끝나는 시간이 되면 잘 차려 입은 남녀들이 늦은 저녁을 먹는 모습도 보인다. 주 메뉴는 피자, 파스타 등의 이탈리아 요리이며, 점심에는 '오늘의 요리'를 7~8CUC$ 정도에 먹을 수 있다. 특히 15종류 이상의 다양한 피자는 쿠바의 어떤 식당에서 찾아보기 힘든 이 집의 큰 장점. 식당 안쪽에 긴 바가 있어 칵테일 한잔하기에도 좋다. 식당에서 30년 이상 근무한 종업원들의 단골도 많은 집이다.

주소 Prado y Neptuno
전화 7 860 9636 영업 12:00~24:00
예산 음료 2~3CUC$, 식사 6~20CUC$
찾아가기 중앙 광장, 대극장, 카피톨리오에서 도보 5분
지도 P.58-E

엘 파르탈 El Partal

시설은 낡았지만 전망은 최고

말레콘 해변과 모로 요새, 아바나 시내를 한꺼번에 바라볼 수 있는 조그만 식당 겸 바. 건물이 워낙 낡아 깔끔한 내부 인테리어와 세련된 서비스는 기대할 수 없지만 말레콘을 지나가는 차와 사람들 그리고 전망을 바라보며 맥주나 커피 한잔하기에는 좋은 곳이다. 해질 무렵이 되면 말레콘의 야경을 즐기러 나온 사람들이 맥주와 각종 음료를 사러 오는 매점 역할도 한다. 샌드위치 같은 간단한 식사도 만나볼 수 있다.

주소 Av. Antonio Maceo(Malecon) 29
영업 10:00~22:00
예산 커피 1.5CUC$, 칵테일 4CUC$, 식사 4~7CUC$
찾아가기 말레콘 입구
지도 P.58-B

테라사스 데 프라도 Terrazas de Prado

생맥주를 마실 수 있는 귀한 곳

덥고 습한 카리브의 섬나라 쿠바에서는 시원한 생맥주 한잔이 무엇보다 그립다. 2년 전부터 비에하 광장 주변에 생맥주집들이 생기기 시작했지만, 여전히 유통과 물자 부족으로 쿠바에서 생맥주 찾아보기란 쉬운 일이 아니다. 그런 면에서 테라사스 데 프라도는 매우 독특한 식당. 병맥주는 찾아볼 수 없고 생맥주만 판매한다. 보기만 해도 눈이 즐거워지는 대형 피처 잔 아래 꼭지가 있어서 각자 잔에 맥주를 따라 마시게 된다. 안주로는 한국의 통닭과 비슷한 그릴에 구운 닭이 있다. 관광객보다 아바나 시민이 더 많이 찾는 곳이라 어울려 즐겁게 맥주 한잔할 수 있다.

주소 Prado 27
영업 10:00~22:00
예산 생맥주 피처 10CUC$, 식사 4~10CUC$
찾아가기 중앙 광장, 대극장, 카피톨리오에서 도보 15분
지도 P.58-F

베다도

여행자보다는 쿠바 시민들이 찾는 식당이 더 많다. 카예 23 거리를 따라 여행자들이 좋아할 만한 식당이 몇 개 있다. 고급 식당과 서민 식당이 적당히 어울려 있어 기호에 맞게 고를 수 있다.

🍴 팔라다르 라 모랄레하
Paladar La Moraleja

고급 주택가에 있는 고급 식당

깔끔한 주택가에 위치한 정통 이탈리안 식당이다. 주택을 개조한 식당 입구에 건장한 경비원이 서 있어 고급 식당임을 알려준다. 직원 모두 영어가 유창하며 서비스도 5성급 호텔 못지않다. 이탈리안 오너 셰프가 직접 요리하며 맛은 두말 할 것도 없이 좋다.

주소 Calle 25 e/ J e I, 454 Calle 25
전화 7 832 0963 **영업** 12:00~23:00
예산 7~19CUC$
찾아가기 호텔 아바나 리브레에서 도보 15분 **지도** P.61-F

🍴 부오나 세라 Buona Sera

싸다고 무시하지 말 것

파스타, 피자, 케이크 등 간단한 음식을 저렴하게 먹을 수 있는 식당이다. 카예 23번 대로에 노란 간판이 크게 있어 찾기도 쉽다. 음식을 먹는 사람이 없다면 이곳이 식당인지 의심할 만큼 내부 장식은 밋밋하지만 음식 맛은 좋다. 관광객보다는 현지인들이 즐겨 찾는 맛집이지만, 영문 메뉴판이 있어 음식 주문하기도 쉽다.

주소 Calle 23e/ J e I **영업** 09:00~24:00
예산 2~4CUC$
찾아가기 호텔 아바나 리브레에서 도보 10분 **지도** P.61-F

🍴 라 카사 델 페로 칼리엔테
La Casa Del Perro Caliente

24시간 영업하는 맛집

근처에 극장, 대형 호텔, 아바나 대학교, 주택가 등이 밀집해 있어 유동 인구가 많은 카예 23 거리의 명물 핫도그집이다. 이 거리를 걸어가는 사람들이 손에 들고 있는 핫도그는 모두 이곳의 핫도그라 할 정도로 항상 줄이 길다. 테이블은 없고 테이크아웃만 가능하다. 24시간 영업을 하기 때문에 언제든 들러 맥주 한잔하기에도 좋다. 쿠바 페소만 사용 가능하다.

주소 Calle 23 No. 311 e/ Calle H & Calle I
영업 24시간 **예산** 핫도그 10CUP$, 맥주 18CUP$
찾아가기 호텔 리브레 아바나에서 도보 10분, 혁명 광장에서 택시 10분 **지도** P.61-F

🍴 호텔 카프리 Hotel Capri

눈으로는 아바나의 야경을, 입으로는 쿠바의 맛을

영화 〈대부 2〉의 배경으로 유명해진 옥상의 바는 현재 풀 사이드 바로 운영되고 있고, 그 옆에는 전망 좋은 식당이 있다. 호텔 주위에 큰 건물이 없어 아바나 최고의 전망을 즐기며 호사스럽게 식사를 할 수 있다. 특히 저녁 식사를 한다면 아바나 시내와 말레콘의 석양은 덤이다.

주소 Calle 21 and O | Vedado
전화 7 836 3564
영업 점심 12:30~15:30, 저녁 19:00~01:00

예산 음료 3~6CUC$, 식사 8~30CUC$
찾아가기 혁명 광장에서 도보 20분, 택시 5분
지도 P.61-F

🍴 아바나 피자 Habana Pizza

아바나 No.1 피자

식탁도 테이블도 문도 없는 길거리의 식당이다. 길을 걷다가 유난히 많은 사람들이 줄을 서서 피자를 기다리는 곳이 있다면 바로 이곳이다. 쿠바의 셰프도, 캐나다에서 식당을 경영하는 오너 셰프도 이곳의 피자 맛을 보려고 긴 줄을 서서 기다리는 수고를 마다치 않는다. 주문할 때 이름을 알려 주면 음식이 다 되었을 때 이름을 부르고, 얇은 종이 위에 피자를 싸준다. 얇은 도우 위에 치즈를 아끼지 않고 뿌려 구운, 오븐에서 막 나온 피자는 일부러 찾아와서 먹을 만하다. 주문과 동시에 만들기 때문에 주문 후 5~10분 정도 기다려야 받을 수 있다. 쿠바 페소, 태환 페소 모두 사용 가능.

주소 Calle 23 No. 460 e/ Calle H & Calle I
영업 11:00~23:00 예산 대형 피자 8~15CUP$, 소형 피자 3~10CUP$ 찾아가기 호텔 리브레 아바나에서 도보 10분, 혁명 광장에서 택시 10분 지도 P.61-F

엘 부리토 아바네로
El Burrito Habanero

매운맛이 그립다면 여기로

타코, 부리토, 케사디야 등을 먹을 수 있는 멕시코 식당으로, 멕시코 음식 외에도 샌드위치, 로파비에하 등 다양한 요리가 있다. 푸짐하고, 맛있고, 저렴하다. 특히 모든 요리에 매운 소스를 같이 주는데 간이 약한 쿠바 음식과 같이 먹으면 아주 좋다. 식당 근처의 회사원, 학생들이 많이 찾으며 점심과 저녁 식사 시간에는 빈자리가 없을 정도로 인기 있어 약간의 기다림이 필요하다. 쿠바 페소를 사용하는 식당이지만 태환 페소도 받는다.

주소 Calle 23 No. 506 e/ Calle G & Calle H
영업 11:00~24:00
예산 식사 10~100CUP$
찾아가기 호텔 리브레 아바나에서 도보 10분, 혁명 광장에서 택시 10분 **지도** P.61-C

파 코메르 이 예바르
Pa Comer y Llevar

아바나 직장인들 틈에서 커피 한잔

각종 커피, 음료, 칵테일과 피자, 파스타, 샌드위치 등과 쿠바식 로파비에하 등을 먹을 수 있는 식당 겸 카페테리아. 깔끔하고 단정한 야외 정원이 있는 곳으로 바로크식 석조 기둥이 인상적이다. 식탁은 모두 야외에 있다. 고급 주택가와 각종 사무실이 근처에 있어 점심과 저녁 시간에는 자리가 없다. 오가며 커피 한잔하기에도 좋다.

주소 Calle 23 & Calle H
영업 09:00~24:00
예산 음료 1~4CUC$, 식사 3~7.5CUC$
찾아가기 호텔 리브레 아바나에서 도보 15분, 혁명 광장에서 택시 10분 **지도** P.61-D

넬리스 Nely's

저렴하지만 양 많고 맛있는 식당

젊은 학생과 외국인 유학생 사이에서 압도적인 지지를 받는 카페테리아. 아침 8시부터 12시까지 판매하는 세트 메뉴가 5~8CUC$ 정도 하는데 양도 많고 맛도 있어 좌석은 항상 만원이다. 특히 햄버거는 제대로 된 패티로 만들어 보고만 있어도 눈이 즐거워진다. 맛과 양에서 만족스러운 식당.

주소 Calle 23 No. 508 e/ Calle H & Av. Presidente
영업 08:00~24:00
예산 음료 1~4CUC$, 식사 3~8CUC$
찾아가기 호텔 리브레 아바나에서 도보 15분, 혁명 광장에서 택시 10분 지도 P.61-D

엘 콰르토 데 툴라
El Cuarto de Tula

아바나 멋쟁이들의 핫 플레이스

쿠바의 식당이라고 믿어지지 않게 현대적인 인테리어와 스페인 요리로 무장한 음식점. 2017년 6월에 문을 열었다. 스페인 전통 음식인 파에야부터 스테이크, 로파비에하, 샌드위치 등의 요리와 전 세계 브랜드를 망라하는 30여 가지 칵테일까지 쾌적하고 기분 좋게 먹고 취할 수 있다. 문을 여는 순간부터 영업을 마치는 시간까지 빈자리가 없을 정도로 아바나의 유명 식당으로 벌써 자리 잡았다. 식당 2층은 시설이 훌륭한 카사로 운영 중이다.

주소 San Lazaro No. 1063 e/ San Francisco & Espada
전화 7 873 1177 영업 08:00~23:00
예산 음료 1.5~4CUC$, 식사 6~18CUC$
찾아가기 아바나 대학교에서 아멜 거리 가는 중간. 아바나 대학교에서 도보 10분 지도 P.61-F

라스 델리시아스 델 마르
Las Delicias del Mar

생선의, 생선을 위한, 생선을 위한 식당

식당 전체가 파란 배 모양으로 인테리어가 된 식당으로, 생선 요리 전문점이다. 그날 들어온 생선, 새우, 랍스터 등을 튀기거나 그릴에 구워 밥, 샐러드, 바나나튀김 등과 함께 접시에 내온다. 생선도 신선하고 양도 충분하다. 고급 식당은 아니지만 카리브해의 정취를 기분 좋게 느낄 수 있는 좋은 식당이다.

주소 Calle G 351, Esquina 15 Vedado
영업 12:00~24:00
예산 음료 1~3CUC$, 식사 15~18CUC$
찾아가기 호텔 리브레 아바나에서 도보 10분, 혁명 광장에서 택시 10분 지도 P.61-D

아바나 나이트라이프

근사한 무대와 화려한 조명이 없어도 아바나 곳곳에서는 수준 높은 연주를 들을 수 있고 이에 맞추어 시민 누구나 살사를 준다. 식사를 하면서 연주를 즐길 수 있는 식당도 많다.

카페 파리스 Cafe Paris

쿠바 음악이 걸음을 멈춰 세우는 곳

샌드위치, 파스타, 피자 등의 간단한 식사와 전통 쿠바 음식인 로바비에하 등을 파는 식당 겸 카페, 바. 비쌀 것 같은 위치에 있지만 의외로 착한 가격이 큰 장점이다. 여행자 거리인 오비스포 거리의 종점이자 시작인 아르마스 광장 근처에 있기 때문에 항상 많은 사람들이 들락거리는 인기 식당이다. 길가 테이블에서 시원한 맥주 한잔하기도 좋다.

주소 Corner of Obispo & San Ignacio St.
전화 7 862 0466
영업 08:00~01:00
예산 음료 3~4CUC$, 식사 10~25CUC$
찾아가기 아르마스 광장 도보 2분, 암보스 문도스 호텔 바로 앞 지도 P.60-A

엘 메종 데 라 플로타 El Meson de la Flota

먹고, 마시고, 즐기자

수준 높은 연주와 플라멩코를 볼 수 있는 식당 겸 바. 쿠바의 칵테일뿐만 아니라 와인도 즐길 수 있다. 특히 저녁 시간에는 아바나항에 정박한 크루즈에서 내린 손님들이나 단체 관광객들로 자리가 없을 때도 있다. 음악과 춤, 술과 음식의 호화로운 조화를 한꺼번에 즐길 수 있는 기분 좋은 곳이다.

주소 Calle Mercaderes No. 257 | Entre Amargura y Teniente Rey 전화 7 863 3838
영업 07:00~22:00
예산 음료 3~4CUC$, 식사 10~25CUC$
찾아가기 비에하 광장에서 도보 3분 지도 P.60-D

라 유비아 데 오로 La Lluvia de Oro

모히토와 살사 외에 무엇을 더 바랄까?

오비스포 거리 정중앙에 있는 오래된 식당 겸 바로, 바텐더의 수다가 정겨운 곳이다. 항상 흥겨운 연주가 넘쳐나는데 창문과 문이 없어 밖에서 안을 훤히 들여다볼 수 있다. 피자와 샌드위치부터 랍스터까지 다양한 종류의 식사를 즐길 수 있으며, 럼을 베이스로 한 다양한 칵테일을 바텐더가 만드는 모습을 바로 볼 수 있다. 비에하에 있는 식당치고 가격도 저렴하다.

주소 Calle Obispo No. 316
전화 7 862 9870
영업 10:00~23:30
예산 칵테일 3CUC$, 식사 3~12CUC$
찾아가기 오비스포 거리 정중앙. 비에하 광장에서 도보 15분
지도 P.60-C

재즈 클럽 라 소라 이 엘 쿠에르보 Jazz Club la Zorra y El Cuervo

럼에 취하고, 재즈에 취하고

명실공히 아바나 최고의 재즈 카페다. 빨간색 공중전화 박스 모양의 문을 열고, 어둡고 좁은 계단을 내려가면 재즈의 세상으로 들어설 수 있다. 맥주와 럼의 향에 한 번 취하고, 최고의 뮤지션들에게서 뿜어져 나오는 열기에 두 번 취하고, 그들이 연주하는 음악에 한 번 더 취한다. 밤 10시가 돼야 문을 열기 때문에 이곳을 찾는 사람들은 진정한 마니아들이다. 재즈를 좋아한다면 반드시 가보자.

주소 Calle 23 e/ Calle N & Calle o
전화 7 662 402
영업 22:00~02:00
예산 10CUC$(칵테일 두 잔 포함)
찾아가기 호텔 아바나 리브레에서 말레콘 방향으로 도보 15분
지도 P.61-F

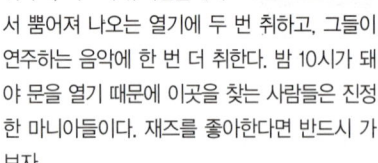

아바나 쇼핑

쿠바를 대표하는 기념품으로는 시가, 하바나 럼, 체 게바라 사진이 들어간 모자, 티셔츠 등이 있다. 단, 이곳에 관광객을 위한 쇼핑센터 같은 곳은 없다. 비에하 거리를 걷다 보면 수많은 호객꾼들이 '좋은 시가가 있다'며 어디론가 같이 가자고 한다. 십중팔구 커미션을 노리는 호객꾼들이니 주의가 필요하다. 오비스포 거리 곳곳에 소박한 기념품 가게들이 있고, 비에하 곳곳에 시가 전문 판매점과 럼을 살 수 있는 상점이 있다.

롱히나 무시카 Longina Müsica

아바나의 귀한 기념품 상점

쿠바 정부에서 운영하는 기념품점으로 주로 쿠바 음악인의 CD를 팔았으나 요즘에는 머그잔, 물병, 열쇠고리, 안경, 티셔츠 등의 기념품도 판매한다. 음악 CD 종류가 많지 않아서 실망할 수 있지만 정작 이곳이 아니면 음악 CD를 살 수 있는 곳이 없기 때문에 어쩌면 귀한 상점이라 할 수 있다. 오비스포 거리를 걸을 때 들러 보자.

주소 Obispo No. 360, Habana & Compostela
전화 7 862 8371 **영업** 월~토요일 10:00~19:00, 일요일 10:00~13:00 **예산** CD 10CUC$
찾아가기 오비스포 거리 정중앙, 아르마스 광장에서 도보 10분 **지도** P.60-A

파티오 데 로스 아르테사노스 Patio de Los Artesanos

아바나를 여행한다면 쇼핑은 이곳에서

쿠바의 예술가들이 만든 기념품, 수제품을 살 수 있다. 악기, 액세서리, 모빌, 그림 등 각 상점들마다 특색 있는 수제품이 있으니 천천히 둘러보고 사면 된다. 정가는 있으나 관광객들은 대부분 흥정을 원한다. 많이는 아니어도 약간은 양보를 해주니 너무 많이 깎지는 말자.

주소 Obispo No. 502, Villegas & Bernaza
영업 10:00~18:00
찾아가기 오비스포 거리, 아르마스 광장에서 도보 15분, 엘 플로리디타에서 도보 5분 **지도** P.60-C 밖

아바나 1791 Habana 1791

쿠바 여행의 향기를 사러 가자

아바나를 대표하는 향수 전문점이다. 직원이 취향에 맞춰 원하는 향으로 직접 향수를 제조해 준다. 향수뿐만 아니라 방향제도 있으니 쿠바의 향을 기억하고 싶거나 혹은 나만의 향수를 가지고 싶다면 사도 좋다.

주소 156 Mercaderes
전화 7 861 3525
영업 09:300~18:00 예산 10~30CUC$
찾아가기 아르마스 광장에서 도보 5분
지도 P.60-D

리브레리아 베네치아
Libreria Venecia

오래된 책방

오피스포 거리에 있는 헌책방이다. 주로 체 게바라에 관한 책이나 피델 카스트로, 체 게바라의 포스터와 액자, 사진, 엽서 등을 판다. 체 게바라를 좋아한다면 그의 일대기를 다룬 사진첩은 좋은 기념품이 될 것이다.

주소 Obispo No. 502 e/ Villegas y Aguacate
전화 7 862 6620 영업 10:00~18:00
찾아가기 아르마스 광장에서 도보 15분 지도 P.58-F

플라사 데 아르마스 : 세컨드 핸드 북 마켓 Plaza de Armas: Second Hand Book Market

잘 고르면 멋진 기념품을 살 수 있는 중고 시장

오래된 우표, 카메라, 훈장, 옛날 화폐, 이제는 필요 없어진 책 등 이름은 북 마켓이지만 사실은 골동품 마켓이 더 어울려 보인다. 체 게바라에 관한 책과 사진, 쿠바 혁명의 역사를 다룬 책 등이 주를 이루지만 아주 오래된 물건들도 가끔 나온다. 물건 파는 것에는 관심이 없는 듯 손님과 대화에 열을 올리는 사람들의 모습이 정겹다.

주소 Obispo & Tacón 영업 09:00~19:00
찾아가기 아르마스 광장
지도 P.60-B

아바나 호텔

카사(Casa)는 스페인어로 집이라는 뜻인데, 쿠바에서는 일반 가정집에 남는 방을 외국 손님에게 빌려주는 숙소를 말하기도 한다. 아바나에는 허가받은 카사만 800개가 넘으며, 비에하, 센트로, 베다도 골목마다 카사로 가득하다. 또한 5성급부터 3성급까지 다양한 레벨의 호텔이 있으며 특히 대저택을 개조해 고급 호텔로 쓰는 곳도 많다. 말레콘에는 오바마 전 대통령의 관계 개선 정책으로 인해 자본이 유입되면서 5성급의 대규모 리조트와 고급 호텔이 공사 중이다.

올드 아바나

유명한 관광지이다 보니 고급 호텔, 저택을 개조한 고급 카사, 골목마다 있는 평범한 카사까지 다양한 형태의 숙소가 있다. 카사는 오비스포 거리, 산 이그나시오 거리, 메르카데레스 거리 등에 많다.

호텔 플로리다 Hotel Florida

오래된 것에서 나오는 편안함

아바나 비에하 지역에는 오래된 저택을 개조해 고급 호텔로 쓰는 곳들이 몇 군데 있는데 그 중 한 곳이다. 오비스포 거리는 많은 사람들로 혼잡하고 떠들썩하지만 호텔 안은 다른 세상처럼 조용하며 평화롭기까지 하다. 로비에 들어서면 공원처럼 잘 가꾸어진 정원이 있고, 정원 지붕에서는 태양빛이 들어와 2층으로 된 건물 내부에 자연 채광이 된다. 방은 굉장히 크고, 편안한 매트리스는 단연코 쿠바 최고다. 비싼 골동품 수준의 고가구가 기품 있고 과하지 않게 적절히 배치되어 있다. 1층의 식당에서 매일 저녁 살사 공연과 춤을 선보이니 놓치지 말도록.

주소 Calle Obispo esq. a Cuba
전화 7 862 4127
예산 싱글 룸 310~340CUC$, 더블 룸 420~480CUC$
홈페이지 www.hotelfloridacuba.com
찾아가기 아르마스 광장에서 도보 5분 지도 P.60-A

호텔 암보스 문도스 Hotel Ambos Mundos

헤밍웨이의, 헤밍웨이를 위한, 헤밍웨이에 의한 호텔

아바나 비에하의 여행자 거리인 '오비스포 거리'에서 가장 유명한 호텔이다. 왜냐하면 소설가 어니스트 헤밍웨이가 이 호텔 511호에서 약 7년간 머무르면서 소설을 집필했기 때문이다. 비단 헤밍웨이가 아니더라도 오래된 호텔이 가지고 있는 관록과 좋은 위치가 아바나 최고의 호텔이라 부르기에 손색이 없다. 호텔 주변으로 센트로와 비에하 지역의 거의 모든 관광지가 걸어서 30분 이내에 있다. 6층의 옥상에는 플라사 아르마스(Plaza Armas)라는 전망 좋은 레스토랑이 있으니 이곳에서 모히토 한잔하며 아바나의 분위기에 취해 보자. 헤밍웨이 방을 찾는 관광객이 많이 들락거리므로 방문은 꼭 닫고 다니자.

주소 Calle Obispo No. 153
전화 7 860 9529
예산 더블 룸 US$180
홈페이지 www.hotelambosmundoshabana.com
찾아가기 아르마스 공원 바로 앞. 도보 1분
지도 P.60-B

카사 콜로니알 1715 Casa Colonial 1715

태극기가 걸려 있는 카사

거실을 지나 식당으로 쓰고 있는 정원에 가면 누가 가져다 놨는지 커다란 태극기가 걸려 있다. 1750년에 지은 저택을 2001년에 새롭게 개조해 카사로 영업하고 있다. 호기심 많은 주인아주머니의 과하지 않은 친절이 사람을 기분 좋게 한다. 총 4개의 방이 있으며 방마다 에어컨이 완비되어 있다. 3인실은 가족이 쓰기에 적당하다.

주소 Lamparilla No. 324, e/ Aguacate y Compostela
전화 7 864 4914 예산 더블 룸 30CUC$, 트리플 룸 40CUC$, 아침 식사 5CUC$ 이메일 rozol99@gmail.com
찾아가기 아르마스 광장에서 도보 20분 지도 P.60-C

그린하우스 Greenhouse

앤티크 장식이 돋보이는 카사

발을 들여 놓는 순간 타임머신을 타고 쿠바 혁명 이전으로 돌아간 것 같은 기분이 드는 곳. 20년 동안 카사를 운영한 주인의 안목이 뛰어나다. 거실과 복도는 앤티크 제품으로 화려하게 장식해 놓았고, 옥상에도 의자와 테이블이 있어 한가하게 올드 아바나의 정취를 즐길 수 있다. 총 7개 방이 있으며 그 중 방 2개는 화장실을 같이 써야 한다. 풍성한 과일이 나오는 아침 식사는 맛있고 양도 충분하다. 아바나 비에하의 번잡함이 싫다면 적극 추천하며, 비에하 지역에 비해 저렴하고 시설이 좋아 몇 개월 전 예약은 필수.

주소 San Ignacio 656 전화 7 862 9877
예산 30CUC$, 아침 식사 5CUC$
이메일 fabio.1uintana@infomed.sid.cu
찾아가기 비에하 광장에서 도보 20분 지도 P.60-F

호스탈 콘데 데 비야누에바 Hostal Conde de Villanueva

오래된 것과 새로운 것의 조화를 이룬 호텔

옛 저택을 개조한 호텔이다. '호스탈'이라는 이름을 하고 있지만 아바나 시내의 5성급 호텔보다 더 좋은 방과 시설에 깜짝 놀란다. 보통 스페인 식민 시대에 지어진 저택은 2층이 대부분이나 이곳은 3층으로 지어졌다. 로비를 지나 안으로 들어가면 햇볕이 잘 드는 정원이 여행자의 마음을 편안하게 해준다. 방은 현대적으로 꾸며졌지만 오래된 집의 아늑함과 조화를 이룬다. 방은 4명이 사용해도 될 만큼 넓고, 욕실에는 2명이 들어가도 충분한 크기의 월풀 욕조가 있다. 아침 식사는 신선한 채소, 다양한 종류의 과일, 잘 구운 빵과 바로 요리해 주는 달걀 요리 등 세계적 체인 호텔 부럽지 않다. 좋은 시설만큼 요금은 만만치 않다. 호텔 예약 사이트를 이용하면 정상 요금보다 저렴하게 예약할 수 있다.

주소 Calle de los Mercaderes No. 202 esq. a Lamparilla
전화 7 862 9293
예산 싱글 룸 310~340CUC$, 더블 룸 420~480CUC$
찾아가기 비에하 광장에서 도보 5분
지도 P.60-D

🏠 호스탈 라스 말레타스 Hostal Las Maletas

소박한 가정집 콘셉트의 호스텔

깔끔한 주인아주머니의 섬세한 인테리어가 인상적인 호스텔이다. 호스텔 입구 장식장에는 그녀의 할머니부터 사용했을 것 같은 찻잔, 찻잔 받침, 찻주전자 등이 진열되어 있고 바닥의 타일은 스페인의 어느 소박한 가정집에 온 것처럼 집안 분위기와 잘 어우러진다. 일반 카사와는 다르게 방이 12개나 있어 호스텔로 영업하는데, 인기 있는 숙소이니 만큼 항상 방이 꽉 차 있다. 홈페이지나 이메일을 통해 미리 예약을 하고 오는 것이 좋다.

주소 Calle Empedrado 409 e/Aguacate y Compostela
전화 7 867 1623 예산 45CUC$, 아침 식사 6CUC$
홈페이지 www.hostallasmaletas.com
이메일 reservas@hostallasmaletas.com
찾아가기 아르마스 광장에서 도보 10분 지도 P.58-F

🏠 카사 벨렌 1850 Casa Belen 1850

새소리에 잠이 깨는 아름다운 카사

출입구 벽면에 체 게바라 그림이 있는 멋진 카사. 새로 단장한 내부의 거실은 웬만한 호텔의 로비보다 크고 깔끔하다. 거실에서 복도로 이어진 방은 총 5개다. 특이하게 각 방의 문 앞에는 새장이 걸려 있는데, 아침에 일어나 지저귀는 새소리를 들을 수 있다. 아침을 주문하면 원하는 시간에 복도에 있는 작은 테이블에 정성스럽게 차려준다. 카사 주위가 조용하기 때문에 오비스포 거리의 혼잡함이 싫다면 적극 추천한다.

주소 Calle San Ignacio No. 506
전화 7 867 4556
예산 60CUC$, 아침 식사 5CUC$
홈페이지 www.casabelen1850.com
이메일 casabelen1850@gmail.com
찾아가기 아르마스 광장에서 도보 20분 지도 P.60-F

🛏 카사 오비스포 307(레오 & 밀라그로) Casa Obispo 307(Leo & Milagro)

고급스럽고 아늑한 카사

아바나 비에하의 중심인 오비스포 거리 정중앙에 위치한 숙소. 집 주소인 오비스포 307번지가 숙소명이 되었다. 건물의 2층은 총 3가구가 나누어 살고 있는데, 모든 집이 카사를 운영하고 있다. 계단을 올

라와 오른쪽으로 들어가면 작은 철창문이 있고, 이 문 뒤로 낡은 건물 분위기와는 다르게 고급스럽게 꾸며진 카사가 있다. 이곳이 레오와 밀라그로 부부가 운영하는 진짜 카사 오비스포 307이다. 가격은 일반 카사와는 비교가 안 될 정도로 비싸지만, 오비스포 거리를 볼 수 있는 테라스가 있고 방이 크다. 방은 3인실 2개, 2인실 2개 총 4개가 있다. 트립 어드바이저 등의 여행 사이트에서 후한 점수를 받는 곳이다. 100% 예약해야 하며 결제도 홈페이지에서 미리 해야 한다.

주소 Calle Obispo entre Aguiar y Habana Edificio 307 apto 2 전화 7 866 0092
예산 더블 룸 85CUC$, 트리플 룸 95CUC$, 아침 식사 5CUC$
홈페이지 www.casaobispo307.com
이메일 info@casaobispo307.com
찾아가기 비에하 광장에서 도보 10분
지도 P.60-C

🛏 카사 오비스포 307(리시) Casa Obispo 307(Lisy)

오비스포 거리의 저렴한 카사

오비스포 307번지 계단을 올라오면 허름하고 어두운 주방이 보인다. 물론 주방 앞에는 카사 간판이 있다. "이곳이 카사 오비스포 307입니까?"라고 물어보면 "네, 맞아요"라는 답이 돌아온다. 위에서 소개한 레오와 밀라그로 부부의 집은 100% 예약하고 찾아오기 때문에 '방 있어요?'라는 질문은 할 필요가 없다. 혹시 예약을 하지 않고 왔다면 리시 아주머니의 집에 묵어 보자. 방은 넓고 에어컨도 잘 나온다. 거기다 오비스포 거리라는 프리미엄을 없앤 저렴한 가격도 이 집의 큰 장점이다. 물론 아침 식사도 포함되어 있으니 금상첨화. 단, 방은 2개밖에 없다. 리시 아주머니는 옆집의 레오 & 밀라그로 부부와도 허물없이 지내

는 이웃사촌이다.

주소 Calle Obispo entre Aguiar y Habana Edificio 307 apto 2 전화 7 867 3812
예산 35CUC$(아침 식사 포함)
이메일 simaracuba@nauta.cu
찾아가기 비에하 광장에서 도보 10분
지도 P.60-C

센트로 아바나

아바나 서민이 몰려 살고 있는 센트로는 4층 이상의 낡고 오래된 건물이 많다. 이곳 역시 건물마다 카사 영업을 알리는 간판을 쉽게 찾을 수 있다. 현재 말레콘 해변에는 고급 호텔을 짓는 중이라 머지않아 미국의 여느 해변처럼 관광객들로 차고 넘치는 날이 오리라. 그러나 여전히 센트로는 아바나 서민의 삶의 중심이다.

🛏 카사 콜로니알 야딜리스 이 호엘 1 Casa Colonial Yadilis y Joel 1

가성비 좋은 카사

아바나 센트로에 있는 깔끔하고 저렴한 카사 중 한 곳. 건물은 금방이라도 무너질 것 같이 낡았지만 계단을 올라 2층 카사로 들어서면 깔끔한 실내와 편안한 인테리어가 반겨준다. 영어가 유창한 주인아주머니와 대화를 나누면 금방 수다쟁이가 된다.

총 4개의 방은 크고 천장이 높다. 호텔처럼 이불과 타월에 신경을 썼다. 특히 숙박비에 아침 식사가 포함되어 있는데 빵, 잼, 커피, 버터, 달걀 요리, 과일 등을 정성스럽게 차려 준다. 주인아주머니가 카사 경영에 눈을 떴는지 말레콘 부근에 2호점을 운영하고 있다. 따라서 1호점에 예약을 했더라도 예약 상황에 따라 2호점에 묵을 수도 있다.

주소 Industria No. 120 / Trocadero y Colon
전화 7 863 1300
예산 35CUC$(아침 식사 포함)
홈페이지 www.casacolonialyadilisyyoel.com
찾아가기 중앙 광장에서 도보 15분
지도 P.58-B

🛏 호스탈 페레그리노 콘술라도
Hostal Peregrino Consulado

쿠바 여행의 모든 정보는 이곳에서

아바나에서 카사 영업을 하는 곳 중, 가장 전문적으로 비즈니스를 벌이는 곳이다. 소아과 의사인 훌리오(Julio)와 그의 부인 엘사(Elsa)가 방 2개짜리 카사에서 시작해, 지금은 온 가족이 동원되어 센트로에 2개, 비에하와 베다도에 각각 1개씩 총 4개의 카사를 운영 중이다. 유창한 영어로 무장한 엘사와 훌리오는 투숙객의 어떠한 질문에도 막힘이 없고, 적극적으로 발 벗고 해결해 준다. 각종 투어를 예약해주는 것은 물론, 카사 소유인 7대의 차량으로 공항 픽업과 센딩, 비냘레스, 바라데로, 트리니다드 등으로 차량 운행을 하고 있다. 그리고 쿠바의 카사에서 보기 힘든 세탁 서비스를 제공하며 칵테일 등을 마실 수 있는 바까지 있어 호텔 수준으로 서비스 품질을 높이고 있다. 카사 내의 컴퓨터로 인터넷을 쓸 수 있다는 것도 장점인데 인터넷 카드가 있으면 공원이나 5성 호텔의 로비에 가지 않아도 간단한 이메일 체크나 지도 검색을 할 수 있다.

주소 Consulado, 152-1st floor-between Colón and Trocadero 전화 7 860 1257 예산 35CUC$, 아침 식사 5CUC$
홈페이지 www.hostalperegrino.com
이메일 info@hostalperegrino.com / hostalperegrino@gmail.com 찾아가기 중앙 공원에서 도보 20분 말레콘과 프라도 거리에서 도보 5분 지도 P.58-B

카사 콜로니알 야딜리스 이 호엘 2
Casa Colonial Yadilis y Joel 2

옥상에서 바라보는 아바나 앞 바다의 전경

앞에서 소개한 카사 1호와 주인이 같은 곳으로 말레콘 뒷길인 산 라사로(San Lazaro)에 있다. 러시아 이민 2세인 블라디미르라는 청년이 매니저이며, 각종 여행 정보를 제공하고 아침 식사를 챙겨준다. 특히 옥상에서는 말레콘 너머 아바나 앞바다가 환상적으로 보인다. 물론 아바나 센트로와 비에하 일대도 눈에 들어온다. 해 질 녘 시원한 부카네로 맥주 한 병 들고 옥상에 올라가 시간을 보내기 좋다. 방은 더블 룸이 4개 있다. 각 방의 작은 냉장고에는 물, 청량음료, 맥주가 채워져 있는데 호텔의 미니 바처럼 이용하고 체크아웃할 때 계산하면 된다.

주소 San Lazaro No. 64 전화 7 863 1300
예산 35CUC$(아침 식사 포함)
홈페이지 www.casacolonialyadilisyyoel.com
찾아가기 중앙 공원 도보 25분 말레콘이 시작되는 곳
지도 P.58-B

카사 라파엘라 Casa Rafaela

작은 카사, 소박한 방

작고 아담한 가정집을 사용하는 진정한 의미의 민박집이자 카사. 도로에 면한 문을 열고 들어가면 집주인 라파엘라의 성품이 그대로 묻어나는 아기자기한 거실이 귀엽다. 방은 총 4개로 침대, 에어컨, 테이블, TV 등이 놓여 있는데 단순하지만 굉장히 깔끔하다. 단, 창문이 없는 것이 흠이다. 라파엘라의 발랄한 목소리와 유쾌한 웃음은 여행의 피로를 풀어 줄 정도로 기분 좋다.

주소 Colon 207, Consulado y Industria
전화 7 862 4933 예산 30CUC$, 아침 식사 5CUC$
이메일 rafaela20@gmail.com
찾아가기 중앙 공원 도보 20분 콜론 거리 초입 지도 P.58-B

호스탈 페레그리노 레알타드 Hostal Peregrino Lealtad

논스톱 쿠바 여행과 정보는 이곳에서

호스탈 페레그리노 콘술라도의 주인이 운영하는 숙소로 콘술라도에서 걸어서 20분 정도 떨어진 레알타드(Lealtad) 거리에 있다. 방은 총 4개로 콘술라도보다 조금 넓고 분위기는 차분하다. 엘사와 훌리오는 콘술라도와 이곳을 번갈아 가며 들르고, 그들 대신 상주하는 직원들이 유창한 영어로 투숙객에게 적극적으로 응대한다. 엘사는 네트워크를 키워 쿠바 전역에 호스탈 페레그리노를 만들고 싶다는데, 미국과의 관계가 개선되고 경제가 조금 좋아진다면 머지않아 호스탈이 아니라 호텔 페레그리노를 만나게 될 수도 있겠다.

주소 Lealtad No. 203 e/ Concordia y Virtudes
전화 7 860 1257 예산 35CUC$, 아침 식사 5CUC$
홈페이지 www.hostalperegrino.com
이메일 info@hostalperegrino.com / hostalperegrino@gmail.com 찾아가기 중앙 공원과 카피톨리오에서 도보 15분
지도 P.58-E

호스탈 발코네스 Hostal Balcones

흔들의자에 앉아 발코니 너머 거리를 바라보자

호스탈 페레그리노 콘술라도와 같은 건물을 쓰는 카사로, 건물 3층에 있다. 거실과 주방의 푸근한 조명과 인테리어는 오래 머물고 싶은 기분이 든다. 거실의 흔들의자에서 발코니를 통해 센트로의 거리를 바라보는 것은 매우 즐거운 일이다. 숙박비에 아침은 포함되어 있지 않지만 따로 주문하면 주부 특유의 넉넉함으로 정성스럽게 차려 준다. 중앙 공원은 물론이고 비에하, 말레콘과도 가까워 항상 방이 꽉 차니 예약은 필수다. 단, 엘리베이터가 없어서 짐은 3층까지 직접 들고 올라가야 한다.

주소 Consulado, 152-2st floor-between Colón and Trocadero **전화** 7 860 1843 **예산** 35CUC$, 아침 식사 5CUC$
홈페이지 www.hostalbalcones.com
이메일 info@hostalbalcones.com
찾아가기 중앙 공원에서 도보 10분 **지도** P.58-F

카사 칼데론 Casa Calderon

풍성한 아침이 좋은 카사

외과 의사인 칼데론과 그의 부인이 운영하는 카사. 주위의 집보다 약간 새것 느낌이 나는 건물 2층인데, 개조된 만큼 모든 것이 깨끗하다. 크고 웅장한 거실이 있고 안으로 통하는 거실을 따라 방이 늘어서 있다. 거실만큼 큰 방이 4개가 있다. 이웃인 호스탈 페레그리노의 영향으로 카사 영업에 적극적으로 나서려는 칼데론 씨는 각종 컨퍼런스 참석차 한국(남북 모두)을 여러 차례 방문해 남한과 북한에 대한 이해도 남다르다. 아침 식사가 다른 카사보다 풍성하니 꼭 먹어 보자.

주소 industria No. 57 e/ Colon y Refugio
전화 7 863 0449 **예산** 40CUC$, 아침 식사 5CUC$
이메일 gdcalderon@infomed.sld.cu
찾아가기 중앙 광장에서 도보 25분 말레콘에서 도보 5분
지도 P.58-B

카사 렌디 Casa Randy

건물 외관만 보고 판단하지 마시라

2014년 영업을 시작한 카사로 웅장하지만 낡은 건물 4층에 있다. 굉장히 오래되어 움직이기나 할까 싶은 골동품 엘리베이터가 있기는 한데, 투숙객들은 엘리베이터를 타지 않고 짐을 들고 4층까지 올라오는 수고를 한다고. 벽면을 정갈하고 밝은 타일로 꾸민 거실과 쿠바 작가가 그린 강렬한 색상의 그림이 걸려 있는 방들이 특징. 3개의 방 모두 넓고 거리를 내다볼 수 있는 발코니가 있어 답답하지 않아 좋다. 햇빛이 잘 들어 편안하고 기분 좋게 숙박할 수 있는 카사다.

주소 Calle Colon No. 164 entre l Prado y Soledad, Havana **전화** 7 866 3057 **예산** 35CUC$(아침 식사 포함)
홈페이지 casarandyhavana.weebly.com
찾아가기 중앙 공원에서 도보 25분, 말레콘에서 도보 5분
지도 P.58-B

베다도

아바나의 신시가지인 베다도에는 아바나 혁명의 역사와 함께하는 유명한 호텔이 많다. 아바나 비에하와 센트로에 비해 여행객이 비교적 뜸하기 때문에 카사가 많지 않은 것이 특징이다.

호텔 아바나 리브레 Hotel Habana Libre

쿠바 역사를 고스란히 간직한 호텔

1959년 개장 당시에는 세계적인 호텔 체인 힐튼의 아바나 지점이어서 이름도 아바나 힐튼이었다. 그런데 얼마 후 혁명이 일어나면서 혁명군이 호텔을 접수했고, 이름도 아바나 리브레 호텔로 바뀌었다. 혁명의 주인공인 피델 카스트로가 호텔 24층의 스위트룸을 혁명군 사무실로 사용했다고 한다. 현재 약 300개의 객실을 운영하고 있으며 외국의 단체 관광객들이 주로 숙박한다. 로비에는 쿠바 혁명 당시의 역사적인 사건들이 사진으로 정리되어 전시되고 있다. 1층에는 쿠바산 럼, 시가 등을 판매하는 매장이 있다.

주소 Calles L, Calles 23 & 25
전화 7 834 6100
예산 싱글 룸 US$200, 더블 룸 US$260
홈페이지 www.hotelhabanalibre.com
찾아가기 혁명 광장에서 도보 20분, 택시 5분
지도 P.61-F

알킬레르 데 카사 Alquiler de Casa

4명 이상 소규모 단체에게 추천

분홍색으로 칠한 외관이 눈에 띄는 카사. 방이 2개 있는데 특이하게도 방 2개를 모두 빌려야 숙박할 수 있다. 침대는 더블 베드 1개, 싱글 베드 2개. 가족이나 소규모 단체의 여행객에게 추천하고 싶은 카사다.

주소 Paseo No. 507 A e/ Calle 21 & Calle 23
전화 7 830 3457 예산 방 2개 60CUC$, 아침 식사 5CUC$
이메일 isarenta@nauta.cu
찾아가기 호텔 아바나 리브레에서 도보 25분 지도 P.61-C

호텔 카프리 Hotel Capri

새롭게 개보수한 유서 깊은 호텔

1957년에 미국 마피아가 지은 호텔이다. 우리에게는 영화 <대부 2>에서 마이클 콜레오네가 하이먼 로스를 만났던 옥상으로 잘 알려진 호텔이다 (당시 미국의 쿠바 봉쇄 정책으로 인해 실제 촬영은 도미니카 공화국에서 했고, 똑같은 바를 이곳에 만들었다고 한다). 1959년 피델 카스트로의 쿠바 혁명 이후 급격히 쇠락해 낡고 볼품없는 호텔이 되었으나, 얼마 전 개보수를 거쳐 명성을 되찾고 있다. 현대식 인테리어와 방은 나무랄 데 없다. 높은 층에서 바라보는 아바나의 전망은 이곳만의 프리미엄이다.

주소 Calle 21 Entre Calle N y O
전화 7 839 7200
예산 싱글 룸 US$150, 더블 룸 US$180(아침 식사 포함)
찾아가기 혁명 광장에서 도보 20분, 택시 10분
지도 P.61-C

호텔 콜리나 Hotel Colina

아바나를 조용하게 느껴 보고 싶다면

아바나 대학교 바로 옆에 있는 호텔이다. 누군가에게 호텔 위치를 설명한다면 이보다 좋을 수 없다. 호텔 외관이나 방은 별 특징이 없지만 직원들은 아바나에서 가장 친절하고 서비스 정신으로 똘똘 뭉쳐 있다. 호텔 로비와 주변은 인터넷 와이파이가 굉장히 잘 터지기 때문에 1층에 있는 식당과 바는 항상 사람들이 넘친다.

주소 Calle L e/ 27 y Jovellar
전화 7 836 4071
예산 싱글 룸 67CUC$, 더블 룸 78CUC$(아침 식사 포함)
찾아가기 혁명 광장에서 도보 25분, 택시 5분
지도 P.61-F

카사 플람보얀 Casa Flamboyán

진정한 민박집 카사 플람보얀

베다도의 한적한 주택가에 위치해 있다. 작은 퀸 사이즈 침대가 있는 방 3개, 2층 침대가 있는 방 1개 총 4개의 방이 있다. 퀸 사이즈 침대는 성인 남자 2명이 같이 쓰기에는 작지만 연인끼리라면 넉넉할 것이다. 완벽한 영어를 구사하는 알렉스 (Alex)는 쿠바 여행에 관한 정보를 제공하며 각종 예약도 대신해준다. 아침 식사는 전날 주문해야 하며, 작은 정원에는 흔들의자가 있어 아침에 커피 한잔 들고 나와 지나가는 동네 주민을 보는 재미가 있다. 이메일을 보내면 빠른 시간 안에 답장이 오기 때문에 예약에 속 끓일 일이 없다.

주소 Calle 19 # 459 E y F 전화 7 835 3963
예산 35CUC$, 아침 식사 5CUC$
이메일 reservation@lacasaflamboyan.com
찾아가기 호텔 아바나 리브레에서 도보 20분
지도 P.61-D

🛏️ 엘 쿠아르토 데 툴라 게스트 하우스 El Cuarto de Tula Guest House

아침이 맛있는 게스트 하우스

2017년 6월에 문을 연 개인 소유의 식당 겸 게스트 하우스다. 1층은 식당 겸 바로 쓰고 2층은 게스트 하우스로 영업 중이다. 오픈한 지 얼마 되지 않은 식당은 맛과 서비스가 좋기로 소문나 아바나의 유명 식당으로 자리 잡았다. 5성급 호텔의 아침이 부럽지 않을 정도로 맛이 좋고 양이 풍성해 아침 식사만 하러 찾는 손님도 많다.

방은 총 4개로 넓고 깨끗하다. 특히 카사에서 흔히 볼 수 없는 세탁 서비스와 자체 인터넷 와이파이 시스템이 있어 와이파이 카드가 있으면 숙소에서 바로 사용 가능하다. 식당의 소음이 들릴 수도 있지만 저녁 시간에는 식당도 영업을 마치기

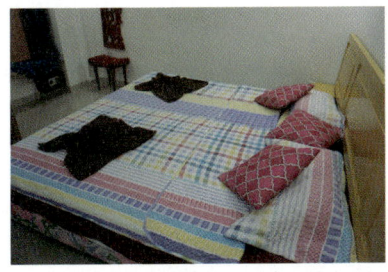

때문에 전혀 불편하지 않다.

주소 San Lazaro No. 1063 e/ San Francisco & Espada
전화 7 873 1177 **예산** 35CUC$, 아침 식사 5CUC$
찾아가기 아바나 대학교에서 아멜 거리로 가는 중간. 아바나 대학교에서 도보 10분 **지도** P.61-F

🛏️ 카사 사르데그나 Casa Sardegna

베다도 지역의 유명 카사

거실 벽에 그동안 숙박했던 손님들이 준 각 나라의 화폐를 걸어 놓은 광경이 인상적이다. 입구부터 거실, 방 모든 것이 넓다. 방은 총 4개로 커넥팅 룸이 있어 가족끼리 와도 좋다. 아침은 물론이고 저녁도 가능한데, 각종 고기 요리와 랍스터, 새우, 생선 메뉴가 가능하다. 주인아주머니의 넉넉한 인심이 우리 할머니의 마음과 비슷해서 무척이나 정겹다. 출장이나 스페인어 공부를 위해 장기간 묵는 손님도 많은데 이때 요금은 이메일로 조정 가능하니 문의하면 된다.

주소 Calle 21 No. 704 e/ Paseo & Calle A
전화 7 832 0401 **예산** 40CUC$, 아침 식사 5CUC$
이메일 ailynavaldesr@gmail.com
찾아가기 호텔 아바나 리브레에서 도보 25분
지도 P.61-C

🛏️ 카사 라 에스키나 Casa La Esquina

조용하게 지내고 싶다면 이곳으로

베다도의 조용한 주택 2층에 있는 카사. 방은 총 3개이며, 고풍스런 가구와 안락한 침대가 이 집의 분위기를 말해준다. 방과 방이 모두 문으로 연결되어 있고 2개의 욕실은 공용으로 사용한다. 풍성한 과일과 달걀 요리가 있는 아침 식사는 이 집의 트레이드마크. 조용하게 쉬어 가기에 좋다.

주소 Paseo 469 e/ Calle 21
전화 7 833 9988
예산 35CUC$, 아침 식사 5CUC$
찾아가기 호텔 아바나 리브레에서 도보 25분
지도 P.61-C

어니스트 헤밍웨이의 발자취를 따라
아바나 근교

하얀 백사장과 숨 막히게 파란 코발트빛 바다, 헤밍웨이가 미국으로 추방당하기 전까지 20여 년 동안 살던 집과 소설 〈노인과 바다〉의 배경이 된 작은 해변 마을, 아바나 시내를 내려다볼 수 있는 오래된 성에 쿠바 혁명의 전사 체 게바라가 살았던 집까지. 이 모든 것을 아바나에서 반나절, 혹은 한나절만 투자하면 직접 볼 수 있다. 특히 짧은 시간에 쿠바를 돌아보고 싶은 여행자라면 반드시 핀카 비히아 & 코히마르, 카사블랑카, 그리고 산타마리아 해변을 일정에 넣도록 하자. 가격 대비 만족도가 높은 대표적인 여행지다. 대중교통을 이용하거나 여행사의 투어 프로그램에 참여할 수도 있으니 각자의 예산과 시간에 맞추어 다니면 된다.

핀카 비히아 & 코히마르
Finca Vigia & Cojimar

미국 일리노이주 시카고 교외 태생의 세계적인 소설가 어니스트 헤밍웨이. 그는 쿠바의 작은 마을 코히마르(Cojimar)의 핀카 비히아(Finca Vigia)라는 집에서 20여 년을 살았고, 집 근처의 바닷가에 있는 작은 카페 '라 테라사(La Terraza)'를 배경으로 대표작 〈노인과 바다(A Old Man and the Sea)〉를 집필했다. 〈노인과 바다〉는 거대한 녹새치를 낚은 후 집으로 돌아오다가 상어들에게 빼앗기고 마는 쿠바의 늙은 어부에 대한 이야기이다. 그는 이 작품으로 노벨 문학상을 수상했다. 핀카 비히아와 코히마르에는 1960년 쿠바 혁명이 일어나 헤밍웨이가 미국으로 추방당할 때까지의 숨결과 흔적이 고스란히 남아 있다. 무척 소박한 동네지만 그의 소설을 읽어본 독자라면 방문해 볼 만한 가치가 있다.

핀카 비히아(헤밍웨이 박물관)
Finca Vigia(Museo Hemingway)

헤밍웨이가 살았던 전망 좋은 집

아바나에서 남동쪽으로 15km 떨어진 작은 마을, 코히마르. 어니스트 헤밍웨이는 이 동네의 언덕 위 집에서 약 20년을 살았다. 현재 이 집은 '헤밍웨이 박물관'으로 지정되어 보존·관리되고 있는데, 헤밍웨이가 쿠바를 떠나던 당시 모습이 그대로 남아 있다. 다독가였고 사냥을 즐겼으며 음악 애호가였던 헤밍웨이답게 어마어마한 양의 책, 박제 동물, 레코드판과 축음기들이 그대로 있다. 특히 지하실에는 미발표한 원고가 남아 있고, 헤밍웨이의 손때가 묻어 있는 물건들이 집안을 채우고 있다. 집안으로 입장할 수는 없고 열려 있는 창문을 통해서 안을 들여다볼 수만 있는데, 비가 오는 날은 창문을 닫으므로 방문하기 전에 일기예보를 체크하자.

박물관 밖 정원에는 낚시를 좋아했던 헤밍웨이가 타고 다녔던 낚싯배 '엘 필라르(El Pilar)'가 전시되어 있다. 작은 수영장은 미국 여배우 에바 가드너(Ava Lavinia Gardner)가 나체로 수영했던 곳이라고 한다. 에바 가드너는 헤밍웨이의 원작 소설을 영화화한 〈킬리만자로의 눈〉에도 출연했다. 헤밍웨이가 키우던 4마리 개의 묘지도 있다. 참고로 '핀카 비히아'는 '전망 좋은 망루'라는 뜻이다.

주소 Finca Vigia km 12 1/2, Museo Hemingway
운영 월~토요일 10:00~17:00
휴무 일요일
요금 5CUC$
찾아가기 아바나에서 남동쪽으로 15km

가는 방법

버스
센트로 아바나 카피톨리오에서 P-7 버스를 타고 운전사에게 '핀카 비히아' 혹은 '무세오 헤밍웨이'라고 말하면 된다. 요금은 1CUC$. 내리는 정류장 이름은 산 미겔 델 파르드론(San Miguel del Pardron)이다. 대로변에 위치한 정류장에 내리면, 중앙 도로인 칼사다 데 기네스(Calzada de Guines)에서 동쪽 방향으로 약 200m 정도를 걸어가야 한다. 관람 후 아바나로 돌아가려면 내렸던 정류장 건너편에서 P-7 버스를 타면 된다.

택시
아바나에서 합승 택시 혹은 택시를 타고 헤밍웨이 박물관으로 올 수 있다. 박물관 관람을 마치고 아바나로 돌아가야 하므로 택시 기사에게 기다려 달라고 한다. 합승 택시는 아바나 시내의 지정된 장소에서 탈 수 있으나 말이 안 통하면 찾아가기가 만만치 않다. 숙소의 주인에게 택시를 불러 달라고 부탁하자. 요금은 편도 20CUC$.

코히마르
Cojimar

〈노인과 바다〉의 항구

소설 〈노인과 바다〉를 읽어본 사람이라면 어부와 배로 북적이는 항구와 노인의 단골 선술집을 알고 있을 것이다. 그리고 그 모습을 상상해 보았을 것이

다. 코히마르를 방문한다면 그동안 상상했던 모습은 가슴 속에 묻어두고, 눈앞에 있는 부두와 선술집 '라 테라사(La Terraza)'를 눈에 담아 보자. 소설의 배경인 코히마르는 지나치게 한가하고 작은 바닷가 마을이다. 헤밍웨이의 흉상이 서 있는 바닷가에는 바와 레스토랑이 있고, 한가롭게 걸으면서 〈노인과 바다〉를 읽는 여행자들이 많다. 헤밍웨이는 부둣가에서 혹은 직접 배를 몰고 나가 낚시를 즐겼다고 한다. 그리고 라 테라사에서 다이키리를 즐겨 마셨다고 한다. 라 테라사의 한쪽 구석 자리는 헤밍웨이를 기리기 위해 늘 비워져 있다.

찾아가기 아바나에서 동쪽으로 10㎞

가는 방법

메트로 버스
아바나 센트로의 카피톨리오 앞에서 P-8 버스를 타고 판 아메리카노 도로(Pan Americano) 중간에 있는 호텔 판 아메리카노(Hotel Pan Americano)에서 내린다. 운전사에게 '호텔 판 아메리카노' 혹은 '코히마르'라고 하면 알아서 세워준다. 요금 1CUC$. 이곳에서 마을길을 따라 2㎞ 정도 걸어간다. 아바나로 돌아올 때에는 호텔 판 아메리카노 건너편 정류장에서 P-8버스를 타면 된다.

택시
숙소의 주인에게 택시를 부탁하는 것이 제일 편하고 쉽다. 요금은 편도 15CUC$.

TOUR TIP 헤밍웨이 투어

아바나에서 운영되는 패키지 투어 중 가장 인기 있는 상품이다. 코스는 아바나 출발(09:00) → 헤밍웨이 박물관 → 코히마르 → 암보스 문도스 호텔 511호 → 라 보데기타 델 메디오 → 엘 플로리타 순으로 진행되며, 보통 코히마르에서 점심과 다이키리 등 칵테일 한잔이 포함되어 있다. 여행사마다 인원, 차량의 크기 등에 따라 조금씩 요금 차가 있으니 확인 후 결정하면 된다.

추천 여행사
쿠바나칸 37CUC$(점심 포함)/30CUC$(점심 불포함), 인원 7~8명
아바나 투르 40CUC$(점심 포함)/35CUC$(점심 불포함), 인원 7~8명

택시 타고 다니기
중앙 공원 주변에 있는 노란색 쿠바 택시를 타고 헤밍웨이 하우스와 코히마르를 다녀올 수 있다. 시간은 2시간~2시간 30분 정도, 요금은 택시 1대에 45~50CUC$ 정도.

카사블랑카
Casablanca

아바나 비에하에서 말레콘이 시작되는 아바나 항구 건너편, 손에 잡힐 듯 작은 마을이 보인다. 흰 예수상이 언덕 위에 서 있고, 바닷가로 이어지는 해안가에는 성벽이 연결되어 있다. 언덕 위에 올라서면 아바나 시내 전경과 말레콘 해변까지 이어지는 그림 같은 풍광이 펼쳐진다. 이곳은 아바나 최고의 전망을 자랑하기에, 해가 지는 저녁나절에는 많은 쿠바 시민과 관광객들이 시간을 보낸다.

예수님 상과 체 게바라의 집
Christo de la Habana & Casa Che

아바나 시내가 보이는 멋진 전망대

말레콘 해변에서 아바나 항구 건너 언덕 위를 바라보면 하얀 예수상이 우뚝 서 있는 마을이 보인다. 이 예수상은 쿠바의 여성 조각가 힐마 마데라(Jilma Madera)가 1958년에 완공한 것으로, 높이 20m, 총 무게 320톤에 달하는 쿠바 최대의 예수상이다. 예수상을 바라보고 오른쪽을 보면 작은 집이 한 채 있다. 이 집은 체 게바라가 쿠바 혁명 후 약 1년 동안 살았던 곳으로, 지금은 체 게바라 박물관(Museo Che)으로 쓰인다. 체 게바라의 사진과 그가 쓰던 소품, 집기 등이 소박하게 전시되어 있다.

운영 10:00~16:00
찾아가기 아바나 비에하의 산페드로 & 산타클라라 교차점 무예스 루스(Mulles Luz) 선착장에서 보트가 30분 간격으로 출발(5분 소요, 1CUC$), 도보 10분
보트 스케줄 아바나 → 카사블랑카 04:45, 05:45, 06:15~23:45 매시 30분 간격 / 카사블랑카 → 아바나 05:00, 06:00, 06:30~24:00 매시 30분 간격
요금 6CUC$

모로 - 카바냐 군사 역사 공원
Parque Histórico Militar Morro-Cabaña

말레콘 해변이 시작되는 올드 아바나에서 아바나만 건너편에 보이는 요새들 중, 만 안으로 들어온 것이 카바냐 요새고 바닷가에 면한 것이 모로 요새이다. 요새에 올라가면 보이는 말레콘 해변과 아바나의 전경은 이곳에 반드시 와야 하는 이유다. 해질 무렵에는 저녁노을과 카뇨냐(Canōna, 대포 발포 의식)를 보기 위해 여행객들로 북적거린다. 이 두 요새는 유네스코 세계문화유산에 등재되어 있다.

가는 방법

버스
P-8, 11, 15번 메트로 버스를 타고 터널을 지나자마자 있는 정류장에서 내려 요새까지 걸어간다. 아바나로 돌아올 때는 반대편 정류장에서 버스를 타서 터널을 지난 후 내린다.

택시
아바나 비에하, 혹은 센트로 아바나에서 택시를 타고 요새 입구에 내린다. 편도 10CUC$.

카바냐 요새
Fortaleza de San Ca los de la Cabaña

길이 700m, 면적 10ha에 달하는 거대 요새 카바냐는 1774년 스페인 군대가 완공했다. 본디 해적과 외국 군대의 침략에 맞서기 위해 지어졌으나, 19세기 들어서 마차도와 바티스타 등 쿠바의 독재자들이 반정부 시민군과 지도자들을 가두는 감옥으로 이용했다. 체 게바라는 이곳에 사령부를 설치하기도 했다. 요새 안에는 무기 박물관, 사령부 박물관이 있다. 카페, 레스토랑, 기념품숍 등의 시설이 있고 시가 상점에는 세계에서 가장 긴 시가가 있다. 매일 저녁 9시경, 18세기 군사 복장을 갖춘 전문 배우들이 아바나 항구를 향해 대포 발사를 재현하는 행사를 연다.

운영 08:00~23:00 요금 주간 6CUC$, 야간 8CUC$
찾아가기 아바나 비에하에서 택시로 15분

모로 요새 Castillo de los Tres Santos Reyes Magos del Morro

아바나 최초의 요새
아바나는 중남미와 유럽을 오가는 선박의 중간 기착지자 좋은 무역항이었던 탓에 카리브해의 수많은 해적과 외국 군대로부터 공격을 받았다. 모로 요새는 이들을 막기 위해 1630년에 완성한 막강한 요새이다. 3m 두께의 성벽과 깊게 패인 해자 등은 르네상스 시대 건축 양식의 특징을 보인다. 요새에서 바라보는 말라콘 해변과 아바나 시내 실루엣은 특히 아름다워 최고의 전망대이자 관광객에게 사랑받는 포토 존이 되었다. 1884년에 완공된 등대 또한 아바나 전망을 언급할 때 나오는 곳으로, 반드시 가 봐야 하는 곳이다.

운영 08:00~23:00 요금 6CUC$
찾아가기 아바나 비에하에서 택시로 15분

산타마리아 해변
Santa Maria del Mar

카리브해에 둘러싸인 쿠바섬은 흰 백사장과 코발트빛 바다를 품은 해변이 곳곳에 펼쳐진다. 굳이 멀리 가지 않더라도 아바나에서 차로 1시간만 달리면 카리브해의 전형적인 아름다운 해변이 우리를 맞이한다.

시간이 없지만 카리브해를 느끼고 싶을 때

아바나 인근에는 총 9km에 걸쳐 6개의 해변이 점점이 흩어져 있다. 이 해변 모두 변변한 호텔은커녕 제대로 된 식당도 없지만 깨끗한 모래사장과 코발트빛 바다가 시설의 불편함 따위를 잊게 해준다. 그나마 산타마리아 해변에 리조트가 드문드문 보여 비치파라솔, 선 베드 정도는 빌릴 수 있다.

더위가 한창 극성인 7~8월에는 많은 쿠바인들이 해변에서 더위를 식히고 간다. 더욱이 이곳은 아바나에서 1시간 거리에다 T3 노선 시티 투어 버스가 다니므로 아바나 센트로에서 버스를 타고 와 한나절 놀고 가기에 좋다. 식당은 버스 정류장 근처에 있는 바나 레스토랑에서 해결할 수 있다. 탈의실이 없기 때문에 아바나에서 수영복을 입고 오든지, 인근 식당 화장실을 이용하는 수밖에 없다. 대부분의 쿠바 시민들은 간편한 반바지 차림으로 찾아온다.

찾아가기 아바나에서 동쪽으로 18km, 시티 투어 버스 40분

가는 방법

시티 투어 버스
아바나 센트로 중앙 공원에서 T3 시티 투어 버스를 타면 해안가에서 내려준다. 비야 메가노(Villa Megano), 호텔 트로피코코(Hotel Tropicoco), 호텔 아틀란티코(Hotel Atlantico) 세 정거장 중 아무 데서나 내리면 된다. 보통 종점인 호텔 아틀란티코에서 내린다. 약 40~50분 소요. 아바나로 돌아올 때는 시티 투어 버스 티켓이 있어야 하므로 보관에 유의하고, 내렸던 정류장 반대편에서 타면 된다. 대부분 아바나에서 아침에 출발해 오후 2~3시경에 돌아오거나 오후에 출발해 5시경 돌아온다.

AREA 02

바라데로 Varadero

에메랄드빛 카리브해를 보고 싶다면, 그리고 그 속에 몸을 담그고 싶다면, 바라데로로 가야 한다. 호텔 안에서 모든 것을 해결할 수 있는 올 인클루시브 호텔부터 일반적인 카사까지 다양한 숙소도 매력적이다. 여기에서는 바쁘게 움직이지 말고 느긋하게 카리브해를 즐겨 보자.

기초 정보

지역번호 45
인구 약 2만 8,000명
위치 아바나에서 동쪽으로 약 140㎞ 지점
기후 열대성 기후이나 평균 기온은 섭씨 25℃로 온화한 편이다. 무역풍과 따뜻한 앞바다의 조류, 5~11월 사이의 우기 때문에 카리브해의 다른 도시들보다 한결 온화한 날씨가 나타난다. 연간 강수량은 약 1,200㎜로 우기에는 습도가 높다. 특히 쿠바는 많은 태풍이 지나가는 통로여서 매년 큰 피해를 입는다. 2017년 9월에 태풍 이마(Ima)가 강타해 아바나를 비롯해 카리브해와 멕시코만 일대의 나라들이 막대한 피해를 입었다.
여행 적기 해변에서 일광욕과 해수욕을 즐기기 좋은 12~4월이 최고 성수기다. 특히 12월이 되면 '템포라다 알타(Temporada Alta)'라는 성수기 요금이 적용되며 바라데로 숙소의 가격이 2~3배 이상 올라간다.

가는 방법

항공

후안 괄베르토 고메스 국제공항(Juan Gualberto Gomez International Airport, 전화 45 61 30 16, 45 24 70 15)은 다운타운에서 약 20㎞ 떨어져 있다. 국제선은 유럽 노선이 주를 이룬다. 영국 런던과 맨체스터, 독일 뒤셀도르프, 네덜란드 암스테르담 등 총 7개 노선이 유럽과 바라데로를 연결하며 캐나다 몇몇 도시들도 바라데로와 연결된다. 국내선은 전세기 외에는 거의 운항하지 않는다. 공항이 작고 단순한 관계로 체크인 2시간 전에 도착해도 충분하다.

공항 ↔ 시내

후안 괄베르토 고메스 국제공항은 바라데로에서 아바나 방향으로 20㎞ 떨어져 있다. 운행하는 항공편이 많지 않고 대부분이 국제선이기 때문에 여행사, 호텔이나 숙소에서 픽업하러 나온 차량이 많다. 버스 같은 대중교통이 없기에 호텔이나 카사에서 픽업을 나오지 않는 이상 택시를 타야 한다. 공항 터미널 밖으로 나오면 대기하는 택시가 있으며, 공항에서 바라데로의 타운이나 호텔 지구까지 요금은 35CUC$, 시간은 30분 정도 걸린다. 바라데로 버스 터미널을 출발해 아바나로 가는 비아술 버스가 공항을 경유한다. 시내에서 공항으로 갈 경우 숙소에서 택시를 불러 달라고 요청하거나, 거리의 택시를 잡아타도 된다.

비아술 버스 Viazul Bus

아바나 ↔ 바라데로 구간은 쿠바 최고 인기 노선이라 당일에 표를 사는 것은 불가능하다. 바라데로 여행할 계획이라면 먼저 버스표부터 사자.

비아술 버스 터미널
주소 Calle 36 & Autopista Sur, Varadero
전화 45 61 48 86
운영 월~일요일 07:00~12:00, 13:00~19:00

비아술 버스 터미널 ↔ 시내

비아술 버스 터미널은 바라데로 서쪽의 타운에 있다. 타운에 숙소가 있다면 걸어가도 무방한 거리다. 동쪽의 호텔 지구에서도 택시를 타면 멀어도 10분이면 도착할 수 있다(요금 5CUC$).

코넥탄도 Conectando

바라데로의 호텔과 아바나의 호텔을 1일 1회 왕복한다. 예매는 필수. 약 3시간 30분 걸리며, 편도 요금 11CUC$.

택시

택시를 이용해 각 도시에서 바라데로로 들어올 수도 있다. 아바나에서 약 1시간 30분 걸리며 요금은 40~50CUC$, 산타클라라에서는 3시간 걸리며 요금은 50~60CUC$ 정도이다.

시내 교통

택시

호텔 주변에서 미터기를 단 택시를 탈 수 있으나 대부분은 오피셜이라는 이름의 비싼 담합 요금을 요구한다. 특히 노란색 쿠바 택시는 깎아 주지 않

는다. 길거리에 다니는 클래식 카 택시는 먼 거리를 갈 경우 얼마간의 요금 조정이 가능하다. 혹시 흥정할 경우에는 도착지에서 말이 달라질 수 있으니 출발 전에 요금을 확실히 못 박아 두어야 한다. 코코 택시도 일반 택시와 요금은 같다. 한낮에는 덥지만 해 질 무렵 시원한 카리브해의 바람을 맞으며 해안 도로를 달리는 기분이 좋다.

바라데로 비치 투어 버스
Varadero Beach Tour Bus

지붕이 없는 2층짜리 시티 투어 버스. 바라데로 반도 전체를 다니는 셔틀 버스 개념으로, 바라데로를 돌아보기에 가장 효율적인 수단이다. 반도 전체에 총 49개의 정류장이 있고 바라데로 타운을 비롯해 모든 호텔, 쇼핑몰, 해변 등을 다닐 수 있다. 이용 방법은 일반 시티 투어 버스와 동일하고, 09:30~21:00 사이에 7분 간격으로 운행한다. 버스 정류장에는 정류장 번호가 있어 내리려는 곳의 번호만 알면 타고 내리기 쉽다. 티켓은 버스에 탑승해서 사면 된다.

1일권 티켓 요금 5CUC$

스쿠터
바라데로를 구석구석 누비기에 스쿠터만 한 것이 없다. 조작이 간단하고 기동력이 좋기 때문에 여행자에게 인기 있다. 시내 곳곳의 쿠바 카(Cuba Car) 사무실에서 대여 가능.

요금 2시간 15CUC$, 3시간 20CUC$, 4시간 25CUC$, 24시간 35CUC$, 보증금 50CUC$

추천 일정

전형적인 카리브해의 휴양 도시인 바라데로에서는 올 인클루시브 호텔의 시설을 이용하며 시간을 보내거나 조용히 휴식을 취해도 좋다. 카리브해를 진하게 느끼고 싶다면 스노클링, 스쿠버다이빙을 추천한다. 택시를 타고 사투르노, 베야마르 동굴을 다녀오면 한나절 기분좋게 놀 수 있다.

여행 안내소(인포투르, Infotur)
바라데로의 대형 호텔, 리조트에는 쿠바 투르(CubaTur), 쿠바나칸(Cubanacan) 등 국영 여행사의 출장소가 있다.
● 바라데로 본점
주소 Av. 1 & Calle 13, Varadero 전화 45 66 29 61
운영 09:30~12:00, 12:30~17:00 홈페이지 www.infotur.cu 찾아가기 호텔 아쿠아술 (Hotel Acuazul).

이민국(인미그라시오, Inmigracio)
바라데로에는 국제공항이 있어 많은 여행객이 방문한다. 아바나 소재 이민국 사무소는 사람도 많고 일 처리도 느려서 일부러 바라데로 이민 사무소로 오는 사람도 있어 꽤 붐빈다. 아침 일찍 서두르는 것이 좋다.
주소 Av. 1 & Calle 39, Varadero 운영 월·수·금요일 08:00~19:00, 화요일 08:00~17:00, 목·토요일 08:00~12:00

에텍사 & 텔레푼토(Etecsa & Telepunto)
바라데로의 호텔은 대부분 무선 인터넷 와이파이 서비스를 제공하므로 리셉션 데스크에서 와이파이 카드를 구입해 사용할 수 있다. 인터넷을 제공하지 않는 경우에는 에텍사 텔레푼토에서 카드를 사서 사용하면 된다.
● 에텍사 텔레푼토
주소 Av. 1 & Calle 30, Varadero
운영 월~일요일 08:30~19:30

우체국(코레오, Correo)
우체국 역시 4성급 이상의 호텔 내에 설치되어 있다.
● Post Office 1
주소 Calle 64, Av.1 & 2, Varadero 운영 월~금요일 08:00~12:00 13:00~17:00, 토요일 08:00~12:00

병원, 약국
● Clinica Internacional Servime(내과, 외과 진료 가능. 왕진 가능. 24시간)
주소 Calle 60, Av. 1, Varadero 전화 45 66 77 11
● Plaza America(약국)
주소 Autopista Sur km 7, Varadero
전화 45 66 80 42 운영 월~일요일 09:00~21:00

은행(방코, Banco)
● Banco Financiero Internacional
주소 Av. 1 & Calle 32, Varadero 운영 월~금요일 08:30~12:00 13:00~16:00, 토~일요일 09:00~18:00

환전소(카데카, Cadeca)
바라데로에서는 호텔과 식당 등에서 달러와 유로가 통용되며, 거스름돈은 태환 페소로 준다.
주소 Av. de la Playa & Calle 41, Varadero
운영 월~토요일 08:30~18:00, 일요일 08:30~12:00

바라데로 관광

바라데로는 볼거리는 거의 없는 편이나 시설이 좋은 리조트나 호텔에 묵으며 휴식을 취하고 자체 해변에서 시간을 보낼 수 있다. 바라데로 해변, 본토의 마탄사스 부근의 코랄 해변, 사투르노 동굴, 베야마르 동굴 등이 인기 관광지다. 택시, 자전거, 렌터카 등을 이용해서 개인적으로 방문해도 되고, 투어 프로그램을 이용해도 좋다. 대부분의 숙소에서 투어를 알선한다.

📷 사투르노 동굴 Cueva de Saturno ★★★

동굴 속의 시원한 호수

거대한 동굴 안에 맑고 투명한 호수가 있다면 믿겠는가? 호수의 수온은 20℃ 정도로 한낮의 더위를 식혀줄 만큼 시원하다. 조그만 매점이 있어 스노클링 장비와 구명조끼 등은 빌릴 수 있으며, 인기가 좋아 내외국인 가리지 않고 항상 붐빈다. 고속도로를 지나기 때문에 택시나 스쿠터로만 갈 수 있는데, 만일 택시를 이용한다면 1시간 정도 기다려 달라고 했다가 다시 돌아오는 방법을 추천한다. 수온이 낮아 10분 이상 수영하는 것은 추천하지 않는다.

주소 Airport Road, Carbonera, Matanzas
전화 45 25 38 33 **개방** 08:00~17:20
예산 5CUC$(스노클링 장비 포함) **찾아가기** 공항으로 가는 고속도로 분기점에서 남쪽으로 1km 지점. 타운에서 30km, 택시로 20분(요금 55~60CUC$) **지도** P.124-A

📷 베야마르 동굴 Cuevas de Bellamar ★★★

쿠바에서 가장 오래된 동굴

'쿠바에서 가장 오래된 동굴'이라는 닉네임이 붙은 베야마르 동굴은 30만 년 정도 되었다고 한다. 1861년 사탕수수 농장에서 일하는 중국인 노동자가 발견한 후 지금은 관광지로 개방되었다. 반드시 전문 가이드가 동행하는 동굴 투어에 참가해야 돌아볼 수 있으며, 투어는 약 45분 동안 진행된다. 동굴 바닥을 흐르는 강, 다양한 종유석, 수정으로 덮인 벽을 구경한다. 다른 동굴과는 달리 길이 안전하게 정비되어 있고, 비교적 밝게 조절되어 있어 아이와 함께해도 안전하다. 동굴 밖에 식당이 두 곳 있어 점심 식사를 할 수 있다.

주소 Carretera A Las Cuevas, Matanzas
전화 45 26 16 83 **개방** 09:00~17:00, 동굴 투어 시작 09:30
예산 5CUC$, 사진 촬영 5CUC$
찾아가기 바라데로 타운에서 택시로 40분(60km, 택시 요금 70CUC$ 정도) **지도** P.124-A

📷 바라데로 비치 Varadero Beach ★★★

카리브해를 즐기겠는가? 이곳으로 오라!

바라데로반도의 카리브해 방향으로 약 20㎞ 이어지는 해변 중에서 특히 호텔 존 근처의 바라데로 비치는 전형적인 아름다운 해변이다. 뜨거운 태양과 흰 백사장, 잔잔하고 푸른 카리브해에 더 이상 무슨 말이 필요하겠는가? 비치파라솔과 선베드를 빌려주는 천막이 흔하고, 해변을 따라 바, 레스토랑 등이 영업 중이다. 모히토, 다이키리, 부카네로 등 쿠바의 술 한 잔과 함께 카리브해를 즐기기만 하면 된다.

찾아가기 바라데로반도의 카리브해 방향(북쪽) 약 20㎞ 해변 지도 P.124-B

📷 코랄 해변 Playa Coral ★★★

카리브해의 속살을 볼 수 있는 스노클링 포인트

마탄사스와 바라데로를 연결하는 해안 도로 중간에 있는 해변으로, 특히 파도가 잔잔해 스노클링, 스킨스쿠버의 주요 포인트로 알려져 있다. 어종이 300여 종이나 있으며, 평균 시계(視界)가 15~20m 정도로 해양 액티비티를 하기에 안성맞춤이다. 호텔에서 스킨스쿠버 투어를 신청하면 주로 여기서 진행된다.

찾아가기 바라데로 타운에서 택시로 10분 지도 P.124-A

TOUR TIP 추천 다이빙 숍

바라쿠다 스쿠버 다이빙 센터 Barracuda Scuba Diving Center

물놀이에 자신이 없더라도 카리브해의 바닷속을 보고 싶으면 이곳을 찾아가면 된다. 바라데로에서 가장 크고 믿을 만한 다이빙 숍이다. 여러 언어를 구사하는 매우 친절한 스텝들의 안내를 받아 스노클링, 스쿠버다이빙을 할 수 있다.

주소 Av. Kawama, Calles 2 &3 , Varadero
전화 45 61 34 81 영업 08:00~17:00
예산 1회 35CUC$, 5회 145CUC$, 10회 270CUC$, 20회 445CUC$, 오픈 워터 320CUC$, 펀 다이빙 60CUC$
찾아가기 바라데로 서쪽 지도 P.124-B

바라데로 식당

바라데로는 쿠바에서도 식당 물가가 가장 비싼 곳이지만 다행히도 연륜과 실력으로 승부하는 맛있는 식당이 꽤 있다. 올 인클루시브 호텔의 뷔페식에 질렸다면 이 식당들을 찾아가 보자.

살사 수아레스 레스토랑 이 바 Salsa Suarez Restaurant y Bar

바라데로의 파스타 맛집

파스타 면을 직접 뽑아 더 맛있는 이탈리안 식당이다. 파스타 외에도 피자, 스테이크, 각종 시푸드, 채식주의 메뉴도 있어 다양한 맛을 즐길 수 있다. 국영 식당답게 직원들의 연령이 높고 무뚝뚝하지만 서빙이 노련하다. 올 인클루시브의 음식에 질렸다면 적극 추천하는 맛집.

주소 Calle 31 No103, Av. 1&3, Varadero **전화** 45 61 41 94
영업 수~월요일 09:00~02:00 **휴무** 화요일
예산 식사 6~22CUC$, 칵테일 3~6CUC$, 음료 2~4CUC$
찾아가기 비아술 버스 터미널에서 도보 15분 **지도** P.124-C

와코스 클럽 Waco's Club

골목에 위치한 맛집 중의 맛집

정통 바비큐를 필두로 랍스타 바비큐까지 취급하며 풍부한 양과 맛으로 바라데로를 평정한 고급 식당. 직원들의 정중하며 절제된 서비스도 식당의 품격을 올리는데 한몫한다. 바라데로 현지인들도 엄지를 척 올리는 식당이다. 주중, 주말을 가리지 말고 예약하고 가는 것이 좋다.

주소 #212 e/ y, Av. Tercera, Varadero
전화 45 61 21 26 **영업** 12:00~23:00
예산 20~40CUC$, 음료 3~7CUC$
찾아가기 비아술 버스 터미널에서 도보 25분
지도 P.124-E

엘 카네이 El Caney

메뉴의 선택이 즐거운 식당

다양한 가격대의 식사를 할 수 있는 가비오타(Gaviota) 여행사 계열 식당이다. 햄버거부터 랍스터까지 메뉴가 육해공을 망라한다. 바라데로의 식당 중에서 특이하게 아침 식사를 판매한다. 한국의 통닭과 똑같은 포요 프리토 오 아사도(Pollo Frito o Asado)는 맥주 안주로 최고다.

주소 Av. Playa E/ 41, Varadero
영업 식사 11:00~23:00, 바 09:00~23:00
예산 식사 5~8CUC$, 아침 식사 3.2~3.8CUC$
찾아가기 비아술 버스 터미널에서 도보 15분
지도 P.125-D

바라데로 60 Varadero 60

랍스터와 화이트 와인으로 풍부해지는 여행

스페인에서 음식을 배운 쿠바인 요리사가 내놓는 요리들로 영업 5년 만에 바라데로 최고의 식당이 되었다. 테이블 세팅 하나하나에 세심한 정성을 들이고, 신선한 재료와 셰프의 실력이 더해진 요리는 여행자들의 입맛을 사로잡는다. 바다가 가까운 만큼 생선 요리와 그릴에 구운 랍스터는 고민할 필요 없이 맛있다. 고급 식당임을 증명하듯 제대로 된 와인 리스트가 있고, 웨이터가 적당한 와인도 추천해 준다.

주소 Calle 60 Esquina a 3ra Avenida, Varadero
전화 45 61 39 86
영업 화~일요일 12:00~23:00 **휴무** 월요일
예산 식사 10~30CUC$, 와인(병) 30~120CUC$
찾아가기 비아술 버스 터미널에서 도보 25분 **지도** P.124-E

비틀스 바 Beatles Bar

쿠바에서 비틀스를 만나다

이름 그대로 비틀스가 주인공인 바다. 입구에는 비틀스 멤버 4명의 동상이 반겨주고, 바에서는 하루 종일 비틀스 음악만 나온다. 또 저녁에는 비틀스 음악만 연주하는 밴드가 공연을 한다. 쿠바와 비틀스, 카리브해와 비틀스. 공감대가 쉽게 형성되지 않지만 음악을 들으며 맥주 한잔하고 있노라면 이곳이 영국의 펍처럼 느껴진다.

주소 Av. 1 & Calle 59 교차점
전화 45 66 73 29
영업 13:00~01:00

카예 62 Calle 62

쿠바에서도 말이 필요 없는 치맥

콰트로 팔마스(Cuatro Palmas) 호텔 바로 앞에 있는 바. 오랜 경력의 바텐더가 시원한 칵테일을 내놓는다. 햄버거, 핫도그는 양과 맛이 풍부한데다 가격도 저렴해서 관광객과 현지인도 즐겨 찾는다. 밤 8시부터 새벽 1시 반에는 숯불에 오래 구운 통닭을 단돈 2CUC$에 판매한다. 카리브해의 끈적한 바닷바람을 맞으며 마시는 시원한 맥주와 방금 구워 나온 통닭은 말이 필요 없을 정도다.

주소 Av. 1 & Calle 62, Varadero **영업** 08:00~02:00
예산 칵테일 2~4CUC$, 맥주 2CUC$, 햄버거 2CUC$
찾아가기 비아술 버스 터미널에서 도보 30분 **지도** P.124-E

예산 칵테일 3CUC$, 맥주 1.5~2.5CUC$
찾아가기 비아술 버스 터미널에서 도보 15분
지도 P.124-E

🍴 라 보데기타 델 메디오
La Bodeguita Del Medio

쿠바 전통 음식을 모히토와 함께

아바나의 모히토 바 라 보데기타 델 메디오의 바라데로 분점. 아바나와는 달리 이곳은 식당 영업에 집중하기 때문에 쿠바 전통 음식을 코스 요리로 먹을 수 있다. 식당 벽, 간판, 메뉴판 등 곳곳에 손님들이 적어 놓은 낙서와 메모가 가득하다. 잘 보면 한국인 관광객이 쓴 메모도 보인다. 코스 식사 외에 단품 요리도 훌륭한데 특히 쿠바 전통 음식인 로파비에하 스타일의 음식이 주를 이룬다. 물론 아바나처럼 모히토도 맛있다.

주소 Av. de la Playa, Calles 40 & 41, Varadero
전화 45 66 77 84
영업 10:30∼23:30
예산 코스 요리 12∼28CUC$, 단품 6∼9CUC$
찾아가기 비아술 버스 터미널에서 도보 30분
지도 P.125–D

🍴 라 비카리아 La Vicaria

카리브의 바람과 함께 즐기는 식사

쿠바의 전통 음식을 비교적 저렴하게 먹을 수 있는 야외 식당이다. 나무 기둥과 야자수 지붕 덕에 시원한 느낌이 든다. 랍스터 정식(14.9CUC$)과 튀긴 돼지고기 정식(4CUC$)이 주방장 추천 요리. 튀긴 돼지고기 정식은 로파비에하 스타일로 나오는데 커다란 접시에 바삭하게 튀긴 큼직한 고기 두 덩이와 채소·바나나가 곁들여 나온다. 부담 없는 가격에 맛있는 음식을 먹을 수 있는 착한 식당이다.

주소 Av. 1, Calles 37 & 38, Varadero
전화 45 61 47 21
영업 12:00∼22:30
예산 식사 4∼15CUC$, 음료 2∼4CUC$
찾아가기 비아술 버스 터미널에서 도보 10분
지도 P.125–D

라 그루타 엘 비노
La Gruta el Vino

동굴 식당에서 근사한 정찬

쿠바 전통 꼬치구이인 브로체타를 제대로 요리하는 식당으로 호소네 공원(Praque Josone) 안에 있다. 동굴을 식당으로 쓰기 때문에 실내자연 와인 저장고가 될 만큼 시원하다. 주방은 환기를 위해 밖에 위치한 구조인데, 꼬치 굽는 냄새가 식욕을 당긴다. 각종 여행 평가 사이트에서 바라데로 최고의 맛집으로 여러 차례 추천받은 집이다.

주소 Av. Calle 56 inside Josone Park, Varadero
전화 45 66 72 28
영업 15:30~23:00
예산 8~23CUC$
찾아가기 비아술 버스 터미널에서 도보 25분. 호소네 공원(Praque Josone) 안. 식당 간판이 보이는 문을 들어가 이탈리아 식당 단테(Dante)를 지나, 다리를 건너면 바로 보인다.
지도 P.125-D

함부르게사스닷컴
Hamburguesas.com

바라데로 시민의 사랑방 같은 곳

바라데로 메인 도로인 1번 도로와 해안 도로인 애비뉴 플라야(Av. Playa)의 갈림길에 위치한 스낵바. 주로 햄버거, 맥주, 탄산음료 등을 판매하며 24시간 영업한다. 저녁 시간에는 수준급의 밴드가 나와 연주와 노래를 하는 지역 명소로, 바라데로 시민들도 약속 장소로 많이 애용한다. 햄버거 속의 두터운 패티와 푸짐하게 곁들여 나오는 감자튀김은 보는 것만으로도 행복하다. 간단하게 한 끼 해결하기 좋은 곳이다. 쿠바 페소도 사용 가능하다.

주소 Calle 1ra esquina a Calle 31, Varadero
영업 24시간 **예산** 1.5~2.5CUC$
찾아가기 비아술 버스 터미널에서 도보 15분
지도 P.125-C

레스토란테 에스키나 쿠바
Restaurante Esquina Cuba

역사와 연륜이 있는 식당

바라데로 시내에서 가장 큰 야외 식당이다. 오래된 식당답게 일하는 웨이터, 바텐더, 요리사들이 모두 백발이 성성한 분들이다. 메인 요리, 쌀밥, 샐러드, 바나나튀김이 함께 나오는 로파비에하 스타일 메뉴가 주를 이룬다.

주소 Av. 1 & Calle 36, Varadero
전화 45 61 40 19
영업 12:00~23:00
예산 식사 7~23CUC$, 음료 3~3.5CUC$
찾아가기 비아술 버스 터미널에서 도보 5분
지도 P.125-C

바라데로 쇼핑

휴양 도시답게 쇼핑을 즐길 수 있는 시장과 쇼핑센터가 잘 갖추어져 있다. 수공예품 등은 바라데로 스트리트 마켓에서, 공산품이나 술 등은 쇼핑센터에서 사면 좋다.

바라데로 스트리트 마켓
Varadero Street Market

기념품 쇼핑은 여기에서 한번에

16번과 17번 도로 사이를 각종 수제품과 가죽 제품, 체 게바라 관련 제품, 쿠바 야구용품 등을 파는 상점이 꽉 채우고 있다. 쿠바에서 기념품을 살 수 있는 마켓 중 규모가 큰 축에 속한다. 손뜨개질한 비치용 숄, 뜨거운 카리브의 태양을 가릴 모자, 원색의 비키니 등 비치용품도 다양하다. 소가죽으로 만든 가방, 지갑, 모자, 허리띠 등도 인기 아이템이다. 정찰제이니 흥정의 스트레스 없이 쇼핑을 즐기자. 태양이 뜨거운 한낮보다는 더위가 한풀 꺾인 저녁나절에 가면 좋다.

주소 Av. 1ra e/ Calle 16 y Calle 17, Varadero
영업 11:00~21:00 찾아가기 Calle 16번과 Calle 17번 사이. 투르 버스 46번 정류장 지도 P.125-C

플라사 아메리카 Plaza America

바라데로에서 가장 큰 쇼핑센터

쿠바 최대 규모의 슈퍼마켓에 약국, 서점, 기념품 상점, 식당, 바, 카페, 은행, 우체국, 와이파이 존까지, 이곳에 들어오면 생활에 필요한 모든 것을 일사천리로 해결할 수 있다. 해변이 바로 이어져 물놀이 차림으로 와서 시간을 보내는 여행자도 많다.

주소 Autopista Sur km 7, Varadero
전화 45 66 81 81 영업 10:00~20:30
찾아가기 멜리아 바라데로(Melia Varadero) 호텔과 멜리아 라스 아메리카스(Melia Las Americas) 호텔 사이
지도 P.125-H

센트로 코메르시알 이카코스
Centro Comercial Hicacos

작지만 알찬 쇼핑센터

쿠바에서 쉽게 보기 어려운 현대적인 쇼핑센터. 쇼핑센터라고 하기엔 규모가 턱없이 작지만 시가 판매점, 기념품점, 슈퍼마켓, 헬스장 등의 시설이 갖춰져 바라데로 시민도 즐겨 찾는 곳이다. 쇼핑센터 주위에 식당이 많아서 올 인클루시브 호텔의 뷔페에 질린 여행자들이 저녁나절에 식사 혹은 쇼핑을 하기에 좋다.

주소 Parque de las 8000 Taquillas, Varadero
전화 5 61 46 10 영업 10:00~22:00
찾아가기 투르 버스 36번 정류장 지도 P.125-D

바라데로 호텔

비아술 버스 터미널을 나와 주택가를 30m만 걸어가면 수없이 많은 카사 간판을 볼 수 있다. 게다가 체크인을 하면 호텔 안에서 모든 것이 해결되는 올 인클루시브 호텔은 바라데로에서 누릴 수 있는 호사이니 이왕이면 4성급 이상에 묵자. 호텔의 시설과 호텔에서 제공하는 음식의 질은 반도의 끝 쪽으로 갈수록 좋다.

추천 카사

대부분의 카사는 방이 2~5개이고, 대부분 성수기에도 방은 있다. 요금은 성수기 35~50CUC$, 비수기 30~45CUC$(아침 식사 별도, 요금 5CUC$) 정도다.

비야스 선셋

카사 이름	주소	전화
카사 마리 이 앙헬 Casa Mary y Angel	Calle 43 & Av. 1 교차점	45 61 23 83
카사 마를렌 이 하비에르 Casa Marlen y Javier	Av. 2, Calles 46 & 47 사이	45 61 32 86
메르시 이 로베 Mercy y Robe	2da Avenida e/41 y 42, No 4106	45 61 23 93
카사 알바 Casa Alba	Calle 55, Avs 1 & 2 사이	없음
베니스 하우스 Beny's House	Calle 13, Avs 1 & Camino del Mar 사이	45 61 17 00
비야스 선셋 Villas Sunset	Calle 13, Avs 1 & Camino del Mar 사이	45 61 21 39

호텔 바르셀로 아레나스 블랑카스 Hotel Barcelo Arenas Blancas

조금 낡았지만 저렴한 호텔

호텔 바르셀로 솔리마르(Hotel Barcelo Solymar)와 같은 계열 호텔이다. 4성급이라지만 방이 좀 작을 뿐 뷔페식당의 음식 종류와, 호텔 서비스의 수준은 별반 차이가 없다. 비수기에는 호텔 바르셀로 솔리마르와 가격 차이가 10~15CUC$ 정도다. 투르 버스의 8번 정류장에 내려서 5분 정도 걸어야 한다.

주소 Carretera Las Americas Km. 3 전화 45 61 44 50
찾아가기 호텔 바르셀로 솔리마르 바로 옆. 비아술 버스 터미널에서 택시 10분 지도 P.124-E

TOUR TIP 올 인클루시브 호텔

바라데로 호텔들의 시설과 전망은 본토와 이어지는 다리를 건너면서부터 바라데로반도 끝으로 갈수록 좋아진다. 1년 내내 관광객으로 몸살을 앓는 바라데로에서 숙박하려면 반드시 예약을 해야 한다. 방법은 많이 알려진 호텔 예약 사이트를 통하거나 쿠바나칸 투르, 아바나 투르 등 쿠바 현지 여행사에서 예약하는 것이다. 이럴 경우 정상 요금에서 많게는 50%에서 적어도 30% 이상 할인된 요금으로 올 인클루시브 호텔을 이용할 수 있다. 호텔 홈페이지나 직접 방문해서 예약하면 제 요금을 다 주고 숙박해야 한다. 요금은 5성급 호텔이 성수기에(정상 요금) 175~400CUC$ 등으로 다양하다.

호텔 바르셀로 솔리마르
Hotel Barcelo Solymar

떠들썩하고 유쾌한 분위기의 호텔

방이 800개 있는 5성급 대규모 호텔이다. 바라데로반도 정중앙에 위치하며 수영장 2개, 뷔페식당 2개, 바, 사우나, 짐, 쿠바 투르 투어 데스크 등의 편의 시설이 있다. 방은 전형적인 오래된 국영 호텔 방으로, 크고 단순하다. 주로 캐나다, 남미 등에서 단체 관광객이 오기 때문에 분위기는 항상 떠들썩하고 활기차다. 해변이 이어져 있어서 방에서 바다로 가기도 편하다. 쿠바 현지 여행사를 통하면 저렴하게 예약할 수 있다. 투르 버스의 8번 정류장이다.

주소 Carretera Las Americas, Km 3
전화 45 61 44 99
찾아가기 비아술 버스 터미널에서 택시 10분
지도 P.124-E

기타 추천 호텔

번호	호텔명	성급	구분	요금	홈페이지
1	로열톤 이카코스 바라데로 리조트 & 스파 Royalton Hicacos Varadero Resort & Spa	5	All	US$350~	www.royaltonhicacosvaraedro.com
	바라데로 최고의 리조트 중 한 곳으로 어른만 투숙할 수 있다. 활처럼 휜 조용한 전용 해변이 좋다. 다양한 종류의 스파 프로그램을 운영하고 있다.				
2	멜리아 바라데로 Melia Varadero	5	All	US$250~	www.hotelmeliavaradero.com
	대규모 올 인클루시브 호텔로, 넓고 깔끔한 객실에서 보이는 카리브해의 전망이 좋은 호텔.				
3	호텔 도스 마레스 Hotel Dos Mares	5	H	US$50~	www.islazul.cu
	가성비 좋은 3성급 호텔로 수영장도 넓고, 아침 식사도 훌륭하다. 올 인클루시브 스타일로도 이용 가능하다.				
4	멜리아 페닌술라 바라데로 Melia Peninsula Varadero	5	All	US$250~	www.melia.com
	커다란 3개의 수영장과 해변은 시간을 보내기에 더할 나위 없다. 방이 넓고 방마다 테라스가 있다.				
5	이베로스타 바라데로 호텔 Iberostar Varadero Hotel	5	All	US$450~	www.iberostar.com
	바라데로 최고의 올 인클루시브 호텔이다. 객실, 식사, 직원들의 서비스 모두 흠잡을 곳 없다. 특히 잔잔하고 얕은 전용 해변은 호텔의 자랑.				

※ All-올 인클루시브, H-호텔

AREA 03

비냘레스 Viñales

쿠바를 방문하는 여행자들은 아바나와 더불어 필수 여행 코스로 비냘레스를 방문한다. 비냘레스 최고의 전망대인 로스 하스미네스 호텔에서 바라본 전망은 마치 영화 '쥐라기 공원'의 세트장 같다. 우뚝 솟은 돌산과 계곡은 나무로 빽빽하다. 어디선가 공룡이 튀어 나올 것 같고 하늘에서는 익룡이 금방이라도 눈 앞에 보일 것 같다. 아바나와 가까워 당일 투어로도 많은 관광객이 이곳을 찾는다. 특히 쿠바 최고의 시가를 찾는다면 이곳 비냘레스가 정답이다.

기초 정보

지역번호 48
인구 59만 5,000명(비냘레스가 속한 피나르델리오주의 인구)
치안 사람이 저지르는 범죄보다는 각종 야외 활동(자전거, 오토바이, 트레킹, 암벽 등반)을 하다 부상을 당하는 일이 많다.
위치 쿠바의 수도 아바나에서 서북쪽으로 약 150km에 위치한다.

가는 방법

비아술 버스 Viazul Bus
아바나 ↔ 비냘레스 구간은 최고 인기 노선이므로 적어도 2~3일 전에는 예약하는 것이 좋다.

비아술 버스 터미널
주소 Salvador Cisneros No 63A, Viñales
운영 매표소 월~일요일 08:00~12:00, 13:00~15:00

비아술 버스 터미널 ↔ 시내
비아술 버스 터미널은 마을의 메인 도로인 살바로드 시스네로스(Salvador Cisneros) 서쪽 끝에 있다. 마을이 작기 때문에 걸어 다니면 된다. 마을 외곽에 숙소가 있다면 택시를 불러 달라고 해서 타고 오자. 요금은 5~10CUC$.

코넥탄도 Conectando
아바나와 비냘레스를 1일 1회 왕복하며, 요금은 14CUC$. 피나르 델 리오(Pinar del Rio)에서 출발하는 버스가 비냘레스, 시엔푸에고스를 거쳐 트리니다드로 간다. 비냘레스-시엔푸에고스 구간 36CUC$, 비냘레스-트리니다드 구간 41CUC$.

택시
아바나에서 택시로 비냘레스까지 올 경우 약 1시간 30분 걸리며 요금은 40~50CUC$ 정도 나온다. 시엔푸에고스나 트리니다드 등의 도시에서 비냘레스까지 택시로 이동하면 시간도 오래 걸리고 요금도 100CUC$ 이상으로 비싸기 때문에 인원이 많은 경우가 아니면 추천하지 않는다.

시내 교통

쿠바 택시 Cuba Taxi
택시는 시내보다는 비냘레스 계곡 투어를 할 때 이용하는 것이 대부분이다. 요금은 로스 히메네스 호텔 전망대 6CUC$, 산미겔 동굴-인디오 동굴, 무랄 데 라 프레이스토리아 대절 25CUC$, 아바나 40~50CUC$, 아바나 호세 마르티 공항까지 50CUC$ 정도 한다.

비냘레스 버스 투어 Vinales Bus Tour

비냘레스와 비냘레스 계곡의 주요 관광지를 돌아보기에 가장 효율적인 수단으로, 호세 마르티 공원에서 09:00, 10:30, 12:00, 13:30, 15:00, 16:30에 출발한다. 코스는 로스 하스미네스 호텔 전망대, 인디오 동굴, 무랄 데 라 프레이스토리아 등을 거쳐 호세 마르티로 돌아온다. 총 18개의 정류장을 운행하며, 버스가 한 바퀴 순환하는데 약 1시간 5분 걸린다. 버스 정류장에는 버스 노선 지도와 각 정류장 간의 거리가 적혀 있다. 티켓은 버스에 탑승해서 사면 된다(1일권 티켓 5CUC$).

추천 일정

반일 코스
호세 마르티 광장 → 차량 5분 → 라 에르미타 호텔 전망대 → 차량 10분 → 인디오 동굴 → 차량 10분 → 무랄 데 라 프레이스토리아 → 차량 10분 → 카사 델 베게로 → 차량 5분 → 로스 하스미네스 호텔 전망대 → 차량 20분 → 호세 마르티 광장

1일 코스
호세 마르티 광장 → 차량 10분 → 로스 하스미네스 호텔 전망대 → 차량 10분 → 인디오 동굴 → 차량 10분 → 무랄 데 라 프레이스토리아 → 차량 10분 → 산미겔 동굴 → 차량 10분 → 카사 델 베게로 → 차량 10분 → 라 에르미타 호텔 전망대 → 차량 5분 → 호세 마르티 광장

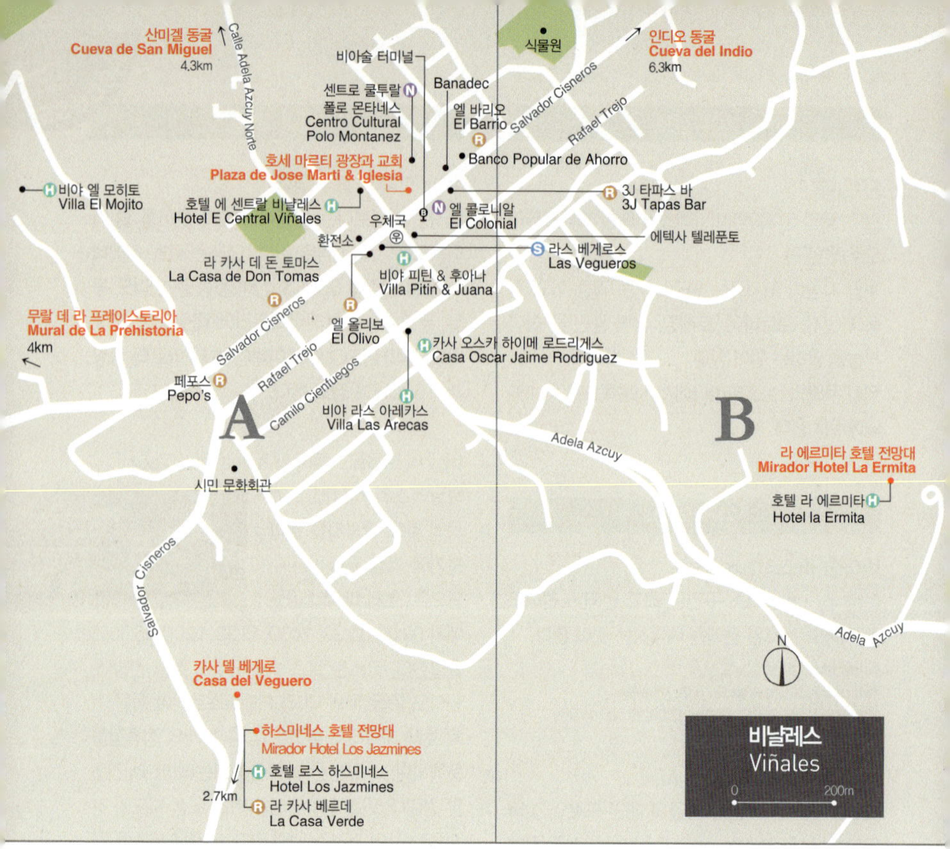

비날레스 지도

- 산미겔 동굴 Cueva de San Miguel 4.3km
- 인디오 동굴 Cueva del Indio 6.3km
- 비아술 터미널
- 식물원
- 센트로 쿨투랄 폴로 몬타네스 Centro Cultural Polo Montanez
- Banadec
- 엘 바리오 El Barrio
- 호세 마르티 광장과 교회 Plaza de Jose Marti & Iglesia
- Banco Popular de Ahorro
- 비야 엘 모히토 Villa El Mojito
- 호텔 에 센트랄 비날레스 Hotel E Central Viñales
- 엘 콜로니알 El Colonial
- 3J 타파스 바 3J Tapas Bar
- 우체국
- 환전소
- 라 카사 데 돈 토마스 La Casa de Don Tomas
- 라스 베게로스 Las Vegueros
- 에텍사 텔레푼토
- 비야 피틴 & 후아나 Villa Pitin & Juana
- 무랄 데 라 프레이스토리아 Mural de La Prehistoria 4km
- 엘 올리보 El Olivo
- 카사 오스카 하이메 로드리게스 Casa Oscar Jaime Rodriguez
- 페포스 Pepo's
- 비야 라스 아레카스 Villa Las Arecas
- 라 에르미타 호텔 전망대 Mirador Hotel La Ermita
- 시민 문화회관
- 호텔 라 에르미타 Hotel la Ermita
- 카사 델 베게로 Casa del Veguero
- 하스미네스 호텔 전망대 Mirador Hotel Los Jazmines
- 호텔 로스 하스미네스 Hotel Los Jazmines 2.7km
- 라 카사 베르데 La Casa Verde

비날레스 Viñales 0 ~ 200m

● 여행 안내소(인포투르, Infotur)
● 비날레스 지점
주소 Salvador Cisneros No 63B, Viñales
전화 48 79 62 63 운영 09:30~17:30

이민국(인미그라시온, Inmigracion)
주소 Salvador Cisneros y Ceferino Fernandez, Viñales
운영 월·수·금요일 08:00~19:00, 화요일 08:00~17:00, 목·토요일 08:00~12:00 위치 비날레스 공원

에텍사 & 텔레푼토
주소 Ceferino Fernandez No 3, Viñales
운영 월~토요일 08:30~19:00, 일요일 08:30~17:00

우체국(코레오, Correo)
주소 Salvador Cisneros와 Ceferino Fernandez 14의 교차점 운영 월~토요일 09:00~18:00

병원, 약국
● Clinica Internacional(외국인 전용 진료 공간 있음, 영어 사용 가능)
주소 Salvador Cisneros interior s/n, Viñales
전화 48 79 33 48

● Farmacia Internacional(약국)
주소 Hotel Los Jazmines, Carretera a Pinar del Rio, Viñales(호텔 하미네스 내에 위치) 전화 48 79 64 11

은행(방코, Banco)
● Banco de Credito y Comercio
주소 Salvador Cisneros No 58, Viñales
운영 월~금요일 08:30~12:00 13:30~15:00, 토요일 08:00~11:00

환전소(카데카, Cadeca)
주소 Salvador Cisneros & Adela Azcuy의 교차점
운영 월~토요일 08:30~16:00

비냘레스 관광

비냘레스 시내에는 볼거리가 별로 없다. 차를 타거나 자전거를 타고 외곽으로 나가야 한다. 관광지를 바쁘게 돌아 다녀도 좋지만 비냘레스의 특이한 지형을 느끼며 쉬어가도 좋다.

호세 마르티 광장과 교회 Plaza de Jose Marti & Iglesia ★

비냘레스 관광의 시작점

센트로의 한가운데 있는 광장 겸 공원으로 비냘레스의 관광의 시작점이다. 주변에 비아술 버스 터미널, 쿠바 택시 회사, 여행사, 여행 안내소가 있어 비냘레스에 도착하거나 비냘레스를 떠나려면 반드시 이 광장을 거치게 되어 있다. 비냘레스 시민의 쉼터이자 모임의 장소이기도 하고, 저녁이 되면 광장 주변의 클럽에서 라이브 공연을 하는데 연주 소리가 광장까지 들린다. 음악 소리를 배경으로 너나 할 것 없이 몸을 흔드는 주민의 모습은 정겹기 그지없다.

광장 한쪽에는 1880년에 지은 작은 교회가 있다. 밤새 음악 소리에 맞춰 몸을 흔들던 주민들도 주일이면 소박하고 깔끔한 옷으로 갈아입고 교회에 가서 예배를 드린다. 파스텔톤 푸른 지붕이 이국적이며 종탑으로 올라가는 계단길은 좁고 낡았다. 비냘레스 시티 투어 버스는 광장을 기점으로 발착한다. 알아보기 쉽게 버스 정류장과 안내 표지판이 있다.

주소 Salvador Cisneros Plaza de Jose Marti, Viñales
찾아가기 비냘레스 메인 도로 살바도르 시스네로(Salvador Cisnero)의 가운데
지도 P.138-A

무랄 데 라 프레이스토리아 Mural de La Prehistoria ★★

만들어진 선사 시대 벽화

한국어로는 '선사 시대 벽화'라는 뜻인데, 선사 시대에 그려진 것이 아니라 그림 속 형상이 바다괴물, 달팽이, 공룡, 인간의 진화를 나타냈기 때문에 이런 이름이 붙었다. 잘 가꾸어진 잔디 사이를 걸어가다 보면 모고테 벽에 노란색, 파란색, 빨간색으로 칠해진 벽화가 멀리서부터 보인다. 이것은 1961년 쿠바 혁명이 완성된 후, 피델 카스트로의 지시로 레오비힐도 곤살레스 모리요(Leovigildo Gonzalez Morillo)가 로스 오르가노스산맥에서 가장 높은 비냘레스산(Sierra de Vinales, 617m) 절벽에 18명의 인원을 동원해 총 4년에 걸쳐 완성한 것이다. 그림의 수직 길이는 120m에 달한다. 입장료가 있는데 벽화 근처의 식당에서 식사

를 하면 면제된다.

주소 Salvador Carretera al Moncada km 3, Viñales
개방 09:00~18:00 **예산** 3CUC$
찾아가기 호세 마르티 공원에서 차량 20분. 비냘레스 마을에서 서쪽으로 약 4㎞ 지점 **지도** P.138-A

로스 하스미네스 호텔 전망대 Mirador Hotel Los Jazmines ★★★

모고테가 내려다보이는 호텔 전망대

여러 안내 책자나 브로슈어에 실린 쿠바의 사진 속 풍경이 바로 이 로스 하스미네스 호텔 전망대에서 바라본 모습이다. 석회암 지역의 약한 지반이 침식되고 붕괴될 때 단단한 지반은 그대로 남아 둥글둥글한 산처럼 봉우리가 된다. 이를 모고테(Mogote)라고 하는데, 비옥한 빨간 토지와 푸른 나무를 배경으로 많은 모고테가 어우러진 모습이 마치 공룡이 번성하던 쥐라기를 연상케 한다. 호텔 2층에 식당이 있는데 점심시간이 되었다면 이곳에

서 경치를 감상하며 점심 한 끼 하는 것도 좋다.

주소 Carretera de Vinales 25km, Viñales
찾아가기 호세 마르티 공원에서 차량 20분. 비날레스 마을에서 남쪽으로 약 4km 지점 **지도** P.138-A

인디오 동굴 Cueva del Indio ★★★

원주민이 살았던 집의 모형과 유물

1920년에 발견된 동굴. 쿠바 서쪽에 살았던 원주민 과나아타베(Guanahatabey)족의 생활 흔적과 유골이 발견되었다고 한다. 공원 안으로 들어가면 원주민이 살았던 집의 모형과 유물 복제품이 전시되어 있으며 가이드를 따라 동굴 안으로 들어가면 석회 동굴에서 나타나는 종유석, 석순, 석주 등을 차례로 볼 수 있다. 보트를 타고 동굴 밑바닥에 흐르는 강을 5분 정도 내려가면 동굴 투어도 끝난다. 막상 투어를 해보면 유명세에 비해 시시하게 느껴질 수도 있다. 스낵바에서 럼 베이스에 사탕수수와 오렌지주스를 넣어 만든 칵테일을 판매한다. 더위에 지쳤다면 시원한 칵테일 한 잔하면서 쉬어 가자.

주소 Carretera a Puerto espanza 38km, Viñales
개방 09:00~17:00

예산 5CUC$(보트 투어 포함), 칵테일 3CUC$
찾아가기 호세 마르티 공원에서 차량 25분. 비날레스 마을에서 북쪽으로 약 5.5km 지점 **지도** P.138-B

📷 라 에르미타 호텔 전망대 Mirador Hotel La Ermita ★★

비냘레스의 훌륭한 전망대

비냘레스 마을이 내려다보이는 작은 언덕 위에 라 에르미타 호텔이 있다. 전망대에는 나무 그늘과 벤치가 있고, 발코니가 멋진 호텔도 아름답다. 칵테일을 마시며 여유롭게 비냘레스 마을의 전망을 즐겨 보자. 시티 투어 버스를 타고 첫 번째 정류장에서 내리면 된다.

주소 Carretera de la 2km, Viñales
찾아가기 호세 마르티 공원에서 차량 10분. 비냘레스 마을에서 남쪽으로 약 2㎞ 지점 **지도** P.138-B

📷 산미겔 동굴 Cueva de San Miguel ★

흑인 노예의 아픔이 담긴 동굴

인디오 동굴이 원주민의 삶의 터전이라면, 이곳은 사탕수수 농장과 담배 농장에서 일하던 흑인 노예들이 힘든 노동과 박해를 피해 동굴로 도망을 와서 몸을 숨겼던 곳이다. 동굴 안에는 노예들이 몸을 숨기며 지냈던 흔적을 재현해 놓았고, 동굴에서 생을 마감한 노예들의 무덤을 알리는 나무 십자가가 몇 개 있다.

동굴은 산 빈센트 계곡의 초입에 있는데 이곳에 엘 팔렌케 데 로스 시마로네스 레스토란테(El Palenque de los Cimarrones Restaurante)가 있다. 저녁 10시가 되면 떠들썩한 음악과 음악에 맞추어 춤을 추는 클럽으로 변신한다.

주소 Carretera a Puerto esperanza 36km, Viñales
개방 09:00~16:00 **예산** 3CUC$ **찾아가기** 호세 마르티 공원에서 차량으로 20분. 인디오 동굴에서 남쪽으로 2㎞ 지점, 비냘레스 마을에서 북쪽으로 약 3.5㎞ 지점 **지도** P.138-A

📷 카사 델 베게로 Casa del Veguero ★★★

시가의 공정을 볼 수 있는 담배 농장

쿠바하면 시가를 떠올릴 만큼 쿠바의 담배는 유명하다. 비냘레스는 특히 토양이 비옥해 세계 최고의 담뱃잎 재배지로 알려져 있으며 시내를 조금만 벗어나면 담배 농장을 쉽게 볼 수 있다. 이 농장은 담뱃잎의 재배, 수확, 건조, 숙성, 가공, 완제품까지 모든 공정을 볼 수 있는 곳이다. 담배에 관한 설명과 함께 농장을 둘러보고, 담뱃잎을 말아서 시가를 완성하는 과정도 볼 수 있다. 여행사의 투어 프로그램에 참여해도 되고, 개인적으로 방문해도 된다. 물론 시가도 살 수 있지만 품질 좋은 시가는 아바나의 전문 판매점에서 사는 편을 추천한다.

주소 Carretera a Pinar del Rio 24km, Viñales
개방 10:00~17:00 **찾아가기** 호세 마르티 공원에서 자전거로 20분. 비냘레스 마을에서 남쪽으로 약 1㎞ 지점 **지도** P.138-A

비냘레스 식당

전형적인 관광 도시이기 때문에 특별한 음식은 없다. 예전에 번창하던 국영 식당은 쇠퇴해가고 개인이 문을 연 식당들이 빠른 속도로 성장하고 있다. 비냘레스의 메인 도로인 살바도르 시스네로스(Salvador Cisneros)에 식당이 몰려 있다.

엘 바리오 El Barrio

비냘레스 최고의 피자는 엘 바리오에서

작고 소박한 외관과는 달리 식사 시간이 되면 자리가 꽉 차는 것은 물론이고 줄을 서서 기다리는 경우도 종종 있다. 두툼한 도우에 치즈와 토핑이 잔뜩 올라가는데, 치즈의 쫀득함과는 별개로 도우의 쫀득하고 리치한 식감은 다른 어느 식당에서도 따라 할 수 없다. 여행자뿐만 아니라 비냘레스 시민들도 즐겨 찾는다. 피자, 샌드위치, 전통 쿠바 음식 등 다양한 메뉴가 있지만 피자가 인기.

주소 Salvador Cisneros 58A, Viñales
전화 48 54 89 31
영업 10:00~22:30
예산 피자 3~8CUC$, 아침 식사 3.5CUC$, 음료 2~4CUC$
찾아가기 비아술 버스 터미널에서 도보 10분
지도 P.138-A

3J 타파스 바 3J Tapas Bar

분위기 좋은 비냘레스의 핫 플레이스

오픈 3년 만에 비냘레스 최고의 식당으로 자리 잡은 바. 이곳은 원래 사장의 이름인 장 피에르(Jean Pierre)를 따서 'JP Tapas Bar'였는데, 지금은 두 아들의 이름을 더해 JP를 3J로 바꿨다고 한다. 종일 손님으로 꽉 차지만 특히 밤 9시 이후부터는 여행자와 비냘레스의 멋쟁이들이 자리를 차지하고 여행지 특유의 흥겨운 분위기를 연출한다. 셰프이자 바텐터였던 사장의 노하우와 그만의 칵테일 배합이 어우러진 모히토는 한 번 마셔볼 만하다.

주소 Salvador Cisneros No 45, Viñales
전화 5 3311658 **영업** 08:00~02:00
예산 칵테일 2~5CUC$, 타파스 3~12CUC$, 샌드위치 3~5.5CUC$
찾아가기 비아술 버스 터미널에서 도보 10분 **지도** P.138-A

페포스 Pepo's

사장의 이름을 건 자신만만 식당

피자 전문점이지만 닭고기 요리도 맛있는 집이다. 사장의 이름이 식당 간판이 되었을 정도로 본인의 음식에 자부심이 대단한 페포(Pepo) 씨의 요리 실력에, 넉넉한 인심이 더해져 식당은 빈자리가 없을 정도로 성업 중이다. 닭튀김인 프리타 포요(Frita Pollo)는 맥주 안주로도 그만이다.

주소 Salvador Cisneros No 115, Viñales
전화 5 256 8125 **영업** 10:30~22:30
예산 식사 2~3.5CUC$, 음료 1~2CUC$
찾아가기 비아술 버스 터미널에서 도보 15분 **지도** P.138-A

라 카사 베르데 La Casa Verde

전망이 좋아 일부러 찾아갈 만한 식당

시내에서 가려면 비냘레스 투어 버스를 타거나 택시를 이용하는 수밖에 없으나 전망 때문에라도 찾아가 볼 가치가 있는 곳이다. 호텔 로스 하스미네스(Hotel Los Jazmines) 바로 옆에 있어 찾기도 쉽다. 메뉴는 닭, 생선이 주재료가 된 요리로 특히 숯불에 구워 감자튀김을 곁들인 그릴드 페스카도(Grilled Pescado), 그릴드 포요(Grilled Pollo) 등이 맛있다. 가격도 전망에 대한 프리미엄 없이 시내보다 저렴하다. 특히 데크로 연결된 안쪽 테이블이 명당이다.

주소 Hotel Los Jazmines 50m, Viñales
전화 48 69 57 76 **영업** 08:00~24:00 **예산** 7~8CUC$
찾아가기 호텔 로스 하미네스(Hotel Los Jazmines) 바로 옆
지도 P.138-A

엘 올리보 El Olivo

해산물 파에야 맛집

스페인 전문 음식점으로 현재 비냘레스에서 가장 핫한 식당이다. 예약하지 않으면 줄을 길게, 오래 서야 한다. 스페인 전통 음식인 해산물 파에야(Paella)가 특히 맛있는데, 새우와 오징어 등의 메인 재료를 아끼지 않고 듬뿍 넣어 비주얼도 훌륭하다. 여행 평가 사이트에서도 높은 평점을 받고 있다.

주소 Salvador Cisneros No89, Viñales
전화 48 69 66 54
영업 12:00~22:00
예산 식사 6~13CUC$, 음료 2~5CUC$
찾아가기 비아술 버스 터미널에서 도보 10분
지도 P.138-A

🍽 라 카사 데 돈 토마스 La Casa de Don Tomas

비냘레스에서 가장 오래된 식당

1889년에 지은 대저택을 개조한, 비냘레스에서 가장 오래된 식당. 얼마 전부터 우후죽순 생겨나는 개인 식당 때문에 인기가 주춤하긴 하지만 국영 식당의 장점인 베테랑 요리사의 손맛으로 굳건히 자리를 지키고 있다. 쿠바 전통 메뉴인 로파 비에하는 이 집의 메인 메뉴.

주소 Salvador Cisneros No 140, Viñales
전화 48 79 63 00 **영업** 10:00~22:00
예산 식사 4.9~11CUC$, 음료 1~2.5CUC$
찾아가기 비아술 버스 터미널에서 도보 20분 **지도** P.138-A

＼ 비냘레스 🎁 쇼핑 ／

쇼핑센터나 시장 등은 없지만 비냘레스의 특산품인 양질의 시가를 저렴하게 살 수 있다.

🎁 라스 베게로스 Las Vegueros

좋은 시가와 럼을 저렴하게

카사 델 베게로(Casa del Veguero)에서 운영하는 시가와 럼 판매점이다. 최고 품질의 시가는 아바나로 보내진다지만 이곳에서도 괜찮은 품질의 상품을 저렴하게 판매하기 때문에 항상 붐비는 곳이다. 저녁 6시면 문을 닫기 때문에 쇼핑을 하려면 서둘러야 한다.

주소 Salvador Cisneros No 57, Viñales
영업 09:00~18:00
찾아가기 비아술 버스 터미널에서 도보 5분 **지도** P.138-A

비냘레스 나이트라이프

비냘레스의 메인 도로인 살바도르 시스네로스(Salvador Cisneros)는 뜨거운 음악으로 넘쳐난다. 수준 높은 밴드의 라이브 음악으로 몸 안의 흥을 깨워 보자.

센트로 쿨투랄 폴로 몬타네스
Centro Cultural Polo Montanez

뜨겁게 즐기는 비냘레스의 밤

비냘레스의 밤을 책임지는 공연장이자 무도장. 저녁 9시부터 새벽 2시까지 수준급 밴드가 연주와 노래를 이어간다. 살사, 룸바 등 주로 라틴 음악을 들려주는데 퇴근하고 오는 비냘레스의 흥부자들이 합류하는 밤 10시경이면 홀에는 음악에 몸을 맡기고 춤을 추는 이들로 발 디딜 틈이 없다. 호세 마르티 광장까지 음악 소리가 들려 광장에서 춤을 추는 이들도 많다.

주소 Salvador Cisneros & Joaquin Perez, Viñales
영업 24시간(공연 21:00~02:00)
예산 입장료 1CUC$, 음료 2~4CUC$
찾아가기 호세 마르티 광장 바로 옆
지도 P.138-A

엘 콜로니알 El Colonial

비냘레스의 밤은 짧다

호세 마르티 공원 맞은편에 있는 바 겸 공연장. 영업시간 내내 라이브 밴드의 연주와 노래가 이어진다. 길가에 있고 오픈되어 있기 때문에 굳이 자리에 앉지 않고 길에서 음악을 들으며 몸을 흔드는 이들도 많다. 밴드의 실력이 상당해서 음악만 들어도 기분이 좋아진다.

주소 Salvador Cisneros No 61, Viñales
영업 월~금요일 10:30~23:00, 토~일요일 14:00~01:00
예산 음료 2~4CUC$
찾아가기 호세 마르티 광장 바로 옆
지도 P.138-A

비냘레스 호텔

비냘레스에서는 거의 모든 집들이 카사 영업을 하고 있기 때문에 숙소는 걱정하지 않아도 된다. 라파엘 트레호 (Rafael Trejo) 거리, 아델라 아스쿠이(Adela Azcuy) 거리 주변으로 카사가 많다. 카사 이름과 방의 개수, 빈 방의 유무를 알리는 간판이 함께 붙어 있으니 둘러보다가 마음에 드는 곳에 들어가면 된다. 대부분의 카사는 방이 2개 정도지만 장사가 잘 되는 곳은 5~9개로 큰 규모도 있다. 가격은 비아술 터미널에서 멀면 20~25CUC$, 가까우면 25~30CUC$ 정도 한다. 카사에서는 비냘레스에서 할 수 있는 모든 종류의 투어 프로그램, 아바나, 바라데로 등 쿠바 전역으로 가는 차량 예약도 가능하다.

비야 피틴 & 후아나 Villa Pitin & Juana

Top of Top 카사

비냘레스에서 가장 장사가 잘 되는 카사. 모든 가족이 카사 경영에 참여한다. 위치와 방의 크기, 청결도 한몫하지만 영어를 한마디도 못하는데도 항상 여행자의 안부를 걱정하며 챙겨주는 주인의 관심과 친절이 가장 큰 인기의 비결일 것이다. 겉으로는 방도 몇 개 없어 보이는 단층 건물이지만, 문을 열고 들어가면 3개의 건물이 이어진다. 방 3개로 시작했지만 옆집을 연결해 사용하고 있다. 방은 총 9개.

주소 Carretera a Pinar del Rio No2 Km 25, Viñales
전화 48 79 33 38
예산 25CUC$, 아침 식사 5CUC$, 저녁 식사 10~12CUC$
이메일 emilitin2009@yahoo.es
찾아가기 비아술 버스 터미널에서 도보 15분
지도 P.138-A

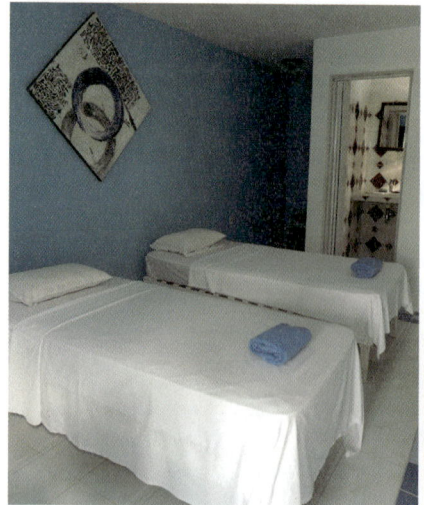

🛏 카사 오스카 하이메 로드리게스 Casa Oscar Jaime Rodriguez

카사 경영에 눈을 뜬 깨끗한 카사

매우 인기 있는 카사로, 가족이 쓰는 집의 빈 방에서 시작해 지금은 집 뒤로 새로 지은 건물에 방이 5개로 늘어난 성공한 카사의 표본이다. 가족이 쓰는 집과 게스트용 집이 분리되어 있어(들어가는 문이 다르다) 사생활이 어느 정도 보장된다. 비냘레스의 모든 투어 프로그램을 친절한 설명과 함께 예약해준다. 집 주변이 무척 조용하다. 미리 주문하면 저녁 식사도 가능하다.

주소 Adela Azcuy No 43, Viñales
전화 48 69 55 16
예산 30CUC$, 아침 식사 5CUC$, 저녁 식사 8~12CUC$
이메일 oscar.jaime59@gmail.com
찾아가기 비아술 버스 터미널에서 도보 15분
지도 P.138-A

🛏 호텔 로스 하스미네스 Hotel Los Jazmines

비냘레스 최고의 호텔에서 최고의 전망을

전망대에서 바라보고만 갈 것이 아니라 호텔에 숙박해 보는 것도 좋은 여행 방법이다. 하스미네스 호텔 전망대에서 바라본 비냘레스의 모습은 여러 안내 책자나 브로슈어에 실려 있다. 주로 단체 관광객이 많아서 조용히 쉬기에는 불편하지만 비냘레스 최고 전망대이기 때문에 하룻밤 지낼 만한 가치가 있다.

주소 Carretera de Pinar del Rio km 25, Viñales
전화 48 79 64 11
예산 싱글 룸 88CUC$, 더블 룸 138CUC$(아침 식사 포함)
찾아가기 비냘레스 마을에서 남쪽으로 약 4km 지점. 호세 마르티 공원에서 차량으로 20분
지도 P.138-A

비야 라스 아레카스 Villa Las Arecas

분홍색 벽이 눈길을 사로잡는 카사

벽면 전체를 분홍색으로 칠해 놓아 지나가는 사람들이 한 번은 눈길을 주게 되는 카사이다. 손님은 가족이 생활하는 본채 옆으로 난 문을 열고 들어가기 때문에 독립적인 생활이 보장된다. 게스트용 방은 2개로, 작은 마당을 볼 수 있는 창이 있어 안락한 분위기가 있다. 침구류, 수건, 화장실 등이 주인의 섬세한 성격처럼 깨끗하며 무엇보다도 방이 조용하기 때문에 소음에 민감한 사람이라면 묵어볼 만하다. 근처의 다른 카사보다 저렴하다.

주소 Adela Azcuy No 23B, Viñales
전화 48 69 55 16
예산 20CUC$, 아침 식사 5CUC$
이메일 92nesty@gmail.com
찾아가기 비아술 버스 터미널에서 도보 15분
지도 P.138-A

비야 엘 모히토 Villa El Mojito

쿠바 최고의 모히토와 하룻밤을

주인이 모히토를 너무 사랑한 나머지 카사 이름도 모히토로 지어버린 재미있는 카사. 주인이 직접 만든, 자칭 쿠바 최고의 모히토를 1.5CUC$에 즐길 수 있다. 쿠바 최고의 모히토를 만들기 위해 정원에 직접 허브를 재배하고, 2층 테라스에는 레몬 나무를 키우고 있다. 1층 바에서 만든 모히토를 전망 좋은 테라스에서 바로 마실 수 있게 모히토 운반용 도르래까지 설치했다.

주소 Adela Azcuy Norte No 43, Viñales
전화 48 69 55 15
예산 25CUC$, 아침 식사 5CUC$, 모히토 1.5CUC$
찾아가기 비아술 버스 터미널에서 도보 15분
지도 P.138-A

🛏 호텔 에 센트랄 비냘레스 **Hotel E Central Viñales**

깔끔한 4성급 호텔

호세 마르티 공원 바로 옆. 비아술 터미널 길 건너편에 자리한 호텔. 2017년 12월에 문을 열었다. 23개 방과 자체 무선 인터넷 와이파이 시스템, 바 겸 레스토랑이 있다. 방은 넓고 쾌적한데다 4성급에 걸맞게 매트리스가 편안하고 욕실의 어메니티도 충실하다. 자체 와이파이 시스템이 있어서 와이파이 카드가 있다면 2층의 방에서도(일부) 인터넷을 쓸 수 있다. 1층 바에서 칵테일이나 커피 한잔하며 인터넷을 즐기는 투숙객과 여행자가 많다. 호텔 주위에는 항상 택시가 대기하고 있어서 다른 곳으로 가기에도 편하다. 쿠바 내 여행사를 통해 예약하면 저렴하게 숙박할 수 있다.

주소 Calle Salvador Cisneros con Rafael Trejo, Viñales
전화 48 69 58 05 **예산** 120CUC$(아침 식사 포함)
홈페이지 www.cubanacan.cu
이메일 reserva@vinales.tur.cu
찾아가기 비아술 버스 터미널에서 도보 2분
지도 P.138-A

🛏 호텔 라 에르미타 **Hotel La Ermita**

전망만으로도 묵어볼 만한 가치가 있는 호텔

비냘레스를 대표하는 전망 좋은 호텔 중 한 곳으로, 모든 방에 발코니가 있다. 시설은 낡은 감이 있지만 방에서 보이는 전망이 최고다. '라 테레사(La Tereza)'라는 식당에서 보이는 전망은 더욱 근사하다. 투숙객이 아니어도 식사가 가능하니 방문해보자. 조용히 휴가를 즐기러 온 개인 여행자가 주요 고객이다. 쿠바의 모든 여행사에서 예약 가능하며 호텔로 직접 예약하는 것보다 훨씬 저렴하게 숙박할 수 있다.

주소 Carretera de La Ermita, Km 1.5, Viñales
전화 48 79 61 22
예산 싱글 룸 88CUC$, 더블 룸 138CUC$(아침 식사 포함)
찾아가기 호세 마르티 공원에서 차량으로 10분. 비냘레스 마을에서 남쪽으로 약 2km 지점 **지도** P.138-B

AREA
04

트리니다드 Trinidad

트리니다드는 스페인 식민지 시대의 건물과 거리가 완벽하게 보존되어 있는 도시다. 19세기 초 사탕수수 농장과 설탕 무역으로 이룬 막대한 부가 이 도시를 형성하는 기초가 되었다. 1988년 유네스코 세계 문화유산으로 지정되었으며 오래되고 아름다운 야외 도시 박물관으로서 많은 관광객들이 몰려드는 곳이다. 도시를 걷다 보면 19세기 유럽의 거리 어딘가에 와 있는 것 같은 행복한 착각이 든다.

기초 정보

지역번호 41
인구 5만 3,000명
위치 아바나에서 남동쪽으로 300㎞ 떨어진 해변에 위치한 트리니다드는 아바나 다음으로 관광객이 많이 찾는 곳이다. 19세기 초 센트럴주의 주도가 되고, 아이티에서 넘어온 프랑스인들이 세운 설탕 공장은 트리니다드에 막대한 부를 안겨주었다. 해변이라는 지정학적 장점으로 인해 예로부터 스페인, 프랑스 등에서 건너온 침략자들이 정착해 살면서 만든 아름다운 해안 도시가 지금까지 이어져 오고 있다.

역사 17세기에는 열악한 통신과 교통 사정으로 아바나와 완전히 단절되어 불법 노예 무역 업자와 해적들의 주요 기지가 되었으나, 19세기에 막대한 양의 사탕수수 생산을 바탕으로 빠르게 성장하게 된다. 한때 독립 전쟁으로 인해 공장들이 파괴되기도 했다. 쿠바의 독재자 바티스타가 트리니다드의 도시 가치를 인정하는 도시 보존 법령을 통과시켜 트리니나는 혼돈의 역사 속에서도 비교적 잘 보존되었으며, 1988년 유네스코 세계문화유산으로 등재되기에 이른다.

여행 적기 1월 둘째 주부터 트리니다드 문화 주간이 열린다. 매년 6월에는 마부들이 말을 몰고 거리를 전속력으로 질주하는 산후아네라스(Sanjuaneras) 축제가 있다.

치안 관광객이 많이 몰리는 트리니다드에는 호객꾼들이 유난히 많다. 이들은 비아술 버스 터미널, 마요르 광장 주변에서 주로 활동하며, 카사를 소개해주거나 여행지를 안내해 준다며 호객을 한다. 물론 소개하는 카사는 시설과 위치가 좋지 않은 경우가 많다.

가는 방법

항공
하이메 곤살레스 공항(Jaime Gonzales Airport)은 트리니다드 센트로에서 북동쪽으로 5㎞ 떨어진 곳에 있다. 캐나다의 몇몇 도시들과 미국의 마이애미에서 연결되는 직항편은 11~4월까지(카리브해 성수기) 시엔푸에고스에서 이용 가능하다. 국내선은 아바나에서 쿠바나 항공(Cubana De Aviacion, www.cubana.cu)만 운항한다. 공항이 작고 단순해 체크인은 국제선 2시간 전, 국내선 60분 전에 도착해서 수속하면 충분하다.

비아술 버스 Viazul Bus
쿠바의 대표적인 장거리 버스 비아술 버스를 타고 트리니다드로 올 수 있다. 비아술 버스 매표소는 버스 터미널에서 한참 뒤로 더 들어가야 한다.

소요시간 및 요금

출발지	소요시간	요금
아바나	6시간 20분	25CUC$
바라데로	6시간 25분	20CUC$
시엔푸에고스	1시간 40분	6CUC$
산타클라라	2시간 45분	8CUC$
산티아고 데 쿠바	12시간	3CUC$

비아술 버스 터미널
주소 Calle Prio Guinart No 224, Sancti Spiritus
전화 41 99 44 8
운영 월~일요일 08:00~11:30, 13:00~17:00

비아술 버스 터미널 ↔ 시내
비아술 버스 터미널은 트리니다드 북쪽 센트로에 있다. 마요르 광장에서 약 200m 떨어져, 타운에 숙소가 있다면 걸어가도 무방한 거리다. 터미널 주변에는 택시가 항상 대기하고 있다. 시내까지 택시 요금은 2CUC$ 정도.

코넥탄도 Conectando
아바나에서 출발하는 코넥탄도가 시엔푸에고스

를 거쳐 트리니다드까지 간다. 요금은 아바나-시엔푸에고스 22CUC$, 아바나-트리니다드 27CUC$.

택시

택시 한 대 탑승 인원이 되면 편하게 이동할 수 있다. 시엔푸에고스나 산타클라라 등의 도시는 비교적 가깝기 때문에 이용할 만하다. 시엔푸에고스에서 약 1시간 걸리며 요금은 20~30CUC$, 산타클라라에서 약 1시간 30분 걸리며 요금은 30~40CUC$.

시내 교통

택시

비아술 버스 터미널 주변, 쿠바 투르 사무소 앞에 택시가 많다. 목적지를 말하고 탑승하면 되고, 간혹 미터기를 단 택시도 있다. 주로 장거리 이동할 때 이용하면 좋다.

코코 택시 CoCo Taxi

골목이 많은 트리니다드에 적합한 교통수단이다. 비아술 버스 터미널 주변, 쿠바 투르 사무소 앞에 많이 대기하고 있다. 거리 곳곳에 많이 다니니 손을 들어 탑승하면 된다. 시내 이동 시 2CUC$, 앙콘 해변까지는 8CUC$ 정도 한다.

자전거 택시 Bici Taxi

트리니다드의 마요르 광장 주변 골목길은 경사가 많고, 울퉁불퉁한 자갈길이 도처에 널려 있어 자전거 택시가 다니기 어렵다. 마요르 광장을 벗어나면 상황이 나은 편. 자전거 택시는 주로 시내에서 운행되고 요금은 2~3CUC$ 정도도. 흥정은 필수.

트리니다드 투어 버스 Trinidad Tour Bus

1일 탑승권으로 하루 동안 원하는 곳에서 내리고 다시 타면 된다. 마요르 광장 부근과 카리요 광장 주변의 쿠바 투르(Cuba Tur) 사무실 앞에서 발착하며, 09:00, 11:00, 14:00, 17:00에 운행한다. 요금은 5CUC$. 트리니다드 시내, 라 보카 해변(La Boca), 바리사 호텔(Barisa Hotel), 호텔 클럽 아미고 앙콘(Hotel Club Amigo Ancon), 코코 바(Coco Bar) 순으로 도는데, 트리니다드 시내보다는 앙콘 해변으로 갈 때 탑승하면 편리하다.

추천 일정

1일차

마요르 광장 주변 박물관(약 2시간 소요) → 도보 10분 → 마요르 광장 골목 → 도보 30분 → 카리요 광장 주변 → 도보 10분 → 카사 데 라 무시카에서 살사 구경(저녁 10시 이후) → 도보 1분 → 팔렌케 데 로스 콩고스 레알레스에서 콩가 공연 구경

2일차

앙콘 해변에서 카리브해를 만끽(차량 30분)

3일차

앙헤니오스 계곡(사탕수수 농장-기차 투어 5시간, 버스 투어 6시간)

여행 안내소(인포투르, Infotur)
● Infotur 1
주소 Gustavo Izquierdo, Piro Guinart & Camilo Cienfue-gos, Sancti Spíritus
전화 41 99 82 57 운영 09:00~20:00

여행사
● 쿠바 투르 Cuba Tur
주소 Antonio Maceo No 447, Sancti Spíritus
전화 41 99 63 14 운영 09:00~20:00
● 파라디소 Paradiso
주소 Calle Lino Perez No 306, Sancti Spíritus
전화 41 99 64 86 운영 월~토요일 10:00~18:00
● 아바나 투르 Habana Tur
주소 Calle Lino Perez No 368 e/Francisco Cadahia, Sancti Spíritus
전화 41 99 63 17 운영 월~토요일 10:00~18:00
● 아헨시아 데 비아헤스 쿠바나칸 Agencia de Viajes Cubanacan
주소 Calle Colon esq. del Came, Sancti Spíritus
전화 41 99 63 20
운영 월~토요일 10:00~18:00
● 에 코투르 Eco Tur
주소 Simon Bolivar No 424, Sancti Spíritus
전화 41 99 64 56 운영 월~토요일 10:00~22:00

이민국(인미그라시온, Inmigracion)
주소 Julio Cueva Diaz, Sancti Spíritus
운영 월·수·금요일 08:00~19:00, 화요일 08:00~17:00, 목·토요일 08:00~12:00

에텍사 & 텔레푼토
● 에텍사 Etecsa
주소 General Lino Perez & Francisco Pettersen, Sancti Spíritus
운영 월~일요일 08:30~19:00
● 둘시네아 Dulcinea
주소 Simon Boliver 코너
운영 월~일요일 09:00~20:30
● 에텍사 텔레푼토 Etecsa Telepunto
주소 General Lino Perez & Francisco Pettersen, Sancti Spíritus
운영 월~일요일 08:30~19:00
요금 인터넷 1시간 4.5CUC$, 와이파이 1시간 2CUC$

우체국(코레오, Correo)
주소 Antonio Maceo No 418, Colon & Zerquera, Sancti Spíritus 운영 월~토요일 09:00~18:00

병원, 약국
● Servimed Clinica Internacional Cubanacan(긴급 진료, 약국 운영. 24시간)
주소 General Lino Perez No 103. Anastasio Cardenas, Sancti Spíritus
전화 41 99 62 40
● International Medical Service
주소 Jose Marti No 164 e/parque Cespedes y Camilo Cienfuegos, Sancti Spíritus
운영 월~토요일 08:30~20:00, 일요일 09:00~18:00

은행(방코, Banco)
● Banco de Credito y Comercio, Sancti Spiritus(ATM 있음)
주소 Jose Marti No 264
운영 월~금요일 09:00~15:00

환전소(카데카, Cadeca)
주소 Jose Marti No 164 parque Cespedes y Camilo Cienfuegos, Sancti Spíritus
운영 월~토요일 08:30~20:00, 일요일 09:00~18:00

TOUR TIP 카리브해를 즐겨 보자

마리아 아길라르 해변 Playa Maria Aguilar

투어 버스를 타고 가다 바리사 호텔(Barisa Hotel)에서 내려 라 보카 해변 방향으로 10~15분 정도 걸어야 한다. 앙콘 해변에 비해 규모가 작지만 교통이 불편해 사람이 없고 물이 깨끗하다. 스노클링 하기에는 이곳이 좋다. 비치파라솔과 선 베드는 빌려준다 (2CUC$).

트리니다드 153

트리니다드 관광

스페인 식민 시대에 깔아 놓은 도로와 지어진 건물 사이를 걷다 보면 이 도시가 왜 유네스코 세계문화유산으로 지정되었는지 금세 알 것이다.

📷 마요르 광장 Plaza Mayor ★★★

트리니다드의 중심 광장

트리니다드의 중심 역할을 하는 광장이다. 광장보다는 공원이라고 불러야 할 정도로 작지만 트리니다드 여행은 무조건 여기서 시작한다고 보면 된다. 광장 주변에 트리니다드의 볼거리가 몰려 있고 맛있다고 이름난 식당도 많다.

주소 Plaza Mayor, Trinidad
찾아가기 비아술 버스 터미널에서 동쪽으로 도보 10분
지도 P.154-B

📷 시립 역사박물관 Museo Historico Municipal ★★

박물관 옥상에서 바라보는 트리니다드 전망

독일인 사탕수수 농장주의 저택을 박물관으로 개조해 시민에게 개방하고 있다. 박물관에는 주로 가구, 식기, 피아노 등이 전시되어 역사박물관이라기에는 부족한 면이 있다. 많은 관광객이 오는 이유는 따로 있는데 바로 박물관 건물의 옥상에서 바라보는 트리니다드 시내 전망 때문이다. 트리니다드 시내의 북쪽 구시가지와 멀리 해안까지 한 번에 보이기 때문에 압도적인 방문객 수를 기록하고 있다. 점심 무렵부터 많은 관광버스가 밀려오므로 비교적 한가한 오전이나 오후 4시 정도에 가면 여유롭게 감상할 수 있다.

주소 Simon Bolivar 423, Sancti Spíritus
전화 41 99 44 60 **영업** 토~목요일 09:00~17:00
휴무 금요일 **예산** 2CUC$, 사진 촬영 5CUC$
찾아가기 마요르 광장에서 서쪽으로 도보 5분
지도 P.154-A

로만티코 박물관 Museo Romantico ★★

박물관으로 개방한 첫 번째 개인 대저택

18세기 사탕수수 농장주였던 브루넷(Brunet)의 대저택이 박물관으로 바뀌었다. 쿠바에서 개인 저택을 박물관으로 개방한 첫 번째 사례라고 한다. 박물관 내부는 농장주가 살았던 시대의 가구, 도자기, 샹들리에, 생활용품과 그림 등을 전시한다. 특히 도자기와 그림은 소장 가치가 높은 훌륭한 작품들이라고 한다. 1층의 상점에서는 각종 사진과 엽서 서적 등을 판매한다. 현재(2019년 1월) 보수를 하기 위해 휴관 중이다.

주소 52 Calle Cristo, Sancti Spíritus 전화 41 94 36 33
개방 화~일요일 09:00~17:00 휴무 월요일
예산 2CUC$, 사진 촬영 5CUC$
찾아가기 마요르 광장 북서쪽 면, 도보 3분 지도 P.

건축 박물관 ★★
Museo de Arquitectura Colonial

부자들의 생활상을 볼 수 있는 박물관

19세기 사탕수수 농장주였던 이스나가(Iznaga)의 대저택을 건축 박물관으로 쓰고 있다. 이 박물관은 한마디로 '당시 힘 있고 돈 있는 재력가는 어떻게 살았나'라는 것을 잘 보여준다. 건물 외관은 물론이고 내부의 장식, 계단, 벽, 벽돌, 손잡이, 가구, 샹들리에 등 부자들의 생활상을 적나라하게 볼 수 있다.

주소 Plaza Mayor – Lato Rispalda No 83, Sancti Spíritus
전화 41 99 32 08 개방 토~목요일 09:00~17:00
휴무 금요일 예산 1CUC$, 카메라 5CUC$
찾아가기 마요르 광장 동쪽 면 지도 P.154-B

산티시마 트리니다드 삼위일체 교구 교회 Iglesia Parroquial de la Santisima Trinidad ★

엽서에 단골로 등장하는 교회

아이보리색의 단순한 외형만 보면 평범하다 못해 지루하기까지 하다. 하지만 막상 문을 열고 안으로 들어가면 웅장하고 화려한 내부에 한 번 놀라고, S자로 휘어진 철 계단에 두 번 놀란다. 특이하게 교단에는 목조 예수상이 있다. 이 목조 예수상(Senor de la Vera Cruz)은 원래 멕시코 베라크루스의 교회로 가던 중이었는데 폭풍으로 트리니다드의 항구에 발이 묶이게 된다. 폭풍우가 잦아들고 몇 번을 출항하려 했지만, 매번 실패하고 예수상을 항구에 내리자 배가 움직였다고 한다.

주소 Agramonte 58, Sancti Spíritus 전화 41 20 06 80
개방 일요일 예배 시간(09:00~12:00) 예산 무료
찾아가기 마요르 광장 북서쪽 로만티코 광장 옆, 도보 3분
지도 P.154-B

트리니다드 국립 혁명 역사박물관 ★★
Museo Nacional de la Lucha Contra Bandidos

트리니다드의 랜드마크

산 프란시스코 데 아시스 수녀원(San Francisco de Asis Convent)의 일부였던 종탑을 1986년부터 혁명 역사박물관으로 쓰고 있다. 트리니다드 어디서나 잘 보여 랜드마크 역할을 하며 기념 엽서에도 단골로 출연하는 인기 건축물이다. 전시는 피델 카스트로와 그 동지들이 쿠바 혁명의 불꽃을 피울 때의 자료와 사진이 주를 이룬다. 정원에 전시되어 있는 혁명 당시 상륙에 사용했던 보트와 화물트럭이 눈길을 끈다. 전시실보다는 종탑이 더 인기가 좋은데, 트리니다드에서 가장 높은 건물이므로 꼭대기에서 보는 전망은 당연히 멋지다. 종탑에 매달려 있는 종은 1853년에 만들어진 것으로, 낡을 대로 낡아 깨지고 녹슬었다.

주소 Echerri No 59, Sancti Spiritus **전화** 41 20 06 80
개방 화~일요일 09:00~17:00 **휴무** 월요일
예산 1CUC$ **찾아가기** 마요르 광장에서 북쪽으로 도보 8분
지도 P.154-B

트리니다드 모형 박물관 Maqueta de Trinidad ★

옛날 트리니다드의 모형을 찾아

트리니다드 구시가를 보고 싶다면 이곳을 찾아가 보자. 구시가의 축소 모형이 정교하게 제작되어 전시 중이다. 얇은 지휘봉을 들고 있는 직원에게 원하는 건물이나 지역을 말하면 바로 찾아 주며, 구시가의 지형과 위치를 설명해 주기도 한다.

주소 cnr Colón & Maceo, Sancti Spíritus
전화 41 99 43 08 **개방** 월~토요일 09:00~17:00
휴무 일요일 **예산** 1CUC$
찾아가기 마요르 광장에서 남쪽으로 도보 10분
지도 P.154-D

📷 카리요 광장 Plaza Carrillo ★

트리니다드 시민 생활의 중심지

예전 이름 세스페데스 광장(Plaza Cespedes)으로도 알려져 있다. 마요르 광장이 여행의 중심라면, 카리요 광장은 트리니다드 시민 생활의 중심지이다. 특히 무선 인터넷 와이파이가 잘 잡혀 시민, 여행자 등이 모두 모여 와이파이로 하나됨(?)을 보여주는 곳이다. 인터넷 카드를 살 수 있는 에텍사 역시 카리요 광장 바로 옆에 있다.

주소 Calle Jose Marti, Sancti Spíritus
찾아가기 마요르 광장에서 시몬 볼리바르 도로를 따라가서, 호세 마르티 거리를 만나면 남쪽으로 도보 15분
지도 P.154-D

📷 산테리아 예마야 사원 ★
Casa Templo de Santeria Yemaya

아프리카 전통 종교와 쿠바 가톨릭이 결합한 사원

바다의 여신인 예마야(Yemaya)를 모신 산테리아 사원. 산테리아는 쿠바로 팔려온 아프리카 노예들이 자기네 전통 종교를 쿠바식으로 변형한 것이다. 이 사원은 겉에서 보면 흔한 가정집이다. 사원이라고 하기엔 의아할 정도라 주의 깊게 봐야 한다. 24시간 개방되어 있고, 집안으로 들어가면 색 바랜 노란 드레스를 입은 흑인 노파가 책상 앞에 앉아 있다. 벽면 한쪽 제단에는 시민들이 바친 공물, 과일, 과자, 꽃이 가득하다.

주소 Martinez Villena No 59, Sancti Spíritus
개방 자주 변동 **예산** 무료 **찾아가기** 마요르 광장에서 서쪽으로 도보 5분 **지도** P.154-A

📷 앙콘 해변 Playa de Ancon ★★★

카리브해는 멀지 않다

트리니다드에서 하루만 투자하면 카리브해를 즐길 수 있다. 트리니다드의 쿠바 투르 여행사 앞에서 출발하는 투어 버스를 타면 30분 만에 카리브해가 반기는 해변에 도착한다. 거리는 12km 정도로, 택시를 타면 15분(편도 10CUC$), 자전거를 타도 30~40분이면 갈 수 있다. 쿠바의 해변이 으레 그렇듯 샤워 시설, 화장실 등 편의 시설은 없지만 푸른 바다와 자유로움이 불편함도 잊게 해준다. 스노클링은 파도가 비교적 잔잔한 오전 시간대를 추천한다.

찾아가기 트리니다드 투어 버스 이용. 호텔 클럽 아미고 앙콘 하차 **지도** P.154-E

SPECIAL

트리니다드에서 꼭 체험해 보자
이색 투어

트리니다드에서는 옛 사탕수수 농장을 느린 기차 혹은 사륜구동 지프차를 타고 다녀오거나, 말을 타고 밀림 속을 돌아보는 액티비티를 즐길 수 있다. 이 투어들은 스페인 식민 식대의 흔적과 에메랄드빛의 바다와 더불어 트리니다드를 인기 여행지로 만든 일등 공신이다.

말타기 투어
Horse Riding

트리니다드의 인기 투어
보통 오전 9시경에 투어 안내자가 숙소로 픽업을 하러 온다. 말이 있는 농장이나 공터로 가서 말을 타면 가이드가 말을 이끌고 숲과 산길을 따라 천천히 1시간 정도 간다. 그러다 자연 수영장이 있는 폭포에 도착하면 물속에 뛰어들어 뜨거워진 몸을 시원하게 식힐 수 있다. 점심은 포함되어 있지 않으니 배고프면 식당이나 카페를 지날 때 세워서 먹고 가면 된다.
투어 신청은 카사의 주인이나 말타기 투어를 권유하는 동네 청년들에게 할 수 있는데, 프로그램과 가격을 비교하고 신청하면 된다.
예산 25CUC$(약 3시간) **포함 사항** 픽업(센딩), 말, 가이드

잉헤니오스 계곡 - 버스 투어
Valle de los Ingenios

잉헤니오스 계곡을 돌아보는 또 하나의 방법
쿠바 국영사인 쿠바 투르(Cubar Tur)에서 운영하는 투어. 오전 9시에 트리니다드를 출발해, 4륜구동 지프나 구소련식 지프를 타고 사탕수수 계곡의 마나카 이스나가(Manaca Iznaga)에서 감시탑 등을 보고 점심 식사를 한다. 돌아오는 길에 트리니다드의 오래된 가문 중 하나인 산탄데르 집안의 빌리지 등을 방문하고 트리니다드로 오는 일정이다.
예산 2인 지프는 1인당 35CUC$, 3인 이상 구소련 지프는 1인당 41CUC$
포함 사항 차량, 감시탑 입장료, 점심 식사

잉헤니오스 계곡 - 기차 투어
Valle de los Ingenios

시속 30km의 슬로우 기차 투어

기차를 타고 잉헤니오스 계곡에 있는 사탕수수 농장의 흔적을 좇는 투어. 트리니다드 남쪽 간이 기차역에서 출발한 기차는 끝없는 사탕수수 밭 가운데를 천천히 달리며 과거로의 여행을 떠난다. 기차표는 9시 10분부터 기차역에서 현장 판매하며 시내 여행사에서도 살 수 있다. 좌석은 자유석이며, 기차 진행 방향 왼쪽에 앉으면 전망이 좋다.
첫 번째 정거하는 마나카 이스나가(Manaca Iznaga)에는 사탕수수 농장 주인의 대저택이 있다. 47m 높이의 탑은 노예들이 도망가지 못하게 감시하던 용도였고 지금은 전망대가 되었다. 두 번째 정차역인 페네타에서 내려 점심을 먹는다. 약 1시간 정도 자유 시간을 주니 각자 준비해 온 음식을 먹으며 자유롭게 시간을 보낼 수 있다. 페네타에는 사탕수수를 정제해 설탕을 만들었던 공장이 있다.

트리니다드 기차역
↓ 09:30 트리니다드 출발, 10:30 마나카 이스나가 도착
마나카 이스나가(Manaca Iznaga)
↓ 11:30 마나카 이스나가 출발, 12:10 페네타 도착
페네타(Feneta)
↓ 13:00 페네타 출발, 14:30 트리니다드 도착
트리니다드 기차역
예산 기차 요금 15CUC$(식사, 가이드 별도), 마나카 이스나가 감시탑 1CUC$

트리니다드 식당

쿠바에서 제일 잘 나가는 관광지인 트리니다드에는 독특한 인테리어와 분위기로 유명한 식당이 특히 많다.

레스토란테 플라사 마요르 Restaurante Plaza Mayor

트리니다드를 대표하는 국영 식당

트리니다드를 대표하는 대형 식당으로 마요르 광장에서 매우 가깝다. 매일 12~14시에 운영하는 점심 뷔페는 음식 종류도 다양하고 맛도 있어 단체 관광객을 비롯해 많은 여행자들의 사랑을 받는다. 해가 지면 라이브 공연을 보며 식사를 할 수 있다. 밴드의 수준이 상당해 공연만 보러 오는 사람도 있다. 단, 국영 식당이니 종업원들의 친절한 서비스는 기대하지 말 것.

주소 Calle Ruben Martinez Villena, Sancti Spíritus
전화 41 93 18 0 영업 12:00~23:00
예산 점심 뷔페 12CUC$, 식사 6~12CUC$, 음료 2~3CUC$
찾아가기 마요르 광장에서 도보 2분 지도 P.154-D

레스토란테 엘 도라도 Restaurante El Dorado

트리니다드의 최고급 식당

스페인계 이민자인 마델레네(Madelene) 가문의 식당이다. 크리스털 잔이 물잔으로 나오는 최고급 식당으로 칠레, 스페인, 이탈리아산 와인 리스트를 보유하고 있다. 유명 관광지 식당답게 피자, 파스타, 샌드위치 등 가벼운 메뉴부터 닭고기, 돼지고기, 소고기, 양고기, 생선, 새우, 랍스터 등 메인 메뉴, 그리고 채식 메뉴까지 다양한 종류의 식사를 즐길 수 있다. 웨이터의 성실한 서비스도 빛을 발한다.

주소 Piro Guinart No 226, Between Maceo a Gustavo Izquierdo, Sancti Spíritus
전화 41 99 38 49 영업 12:00~23:00
예산 식사 8~23CUC$, 음료 2~3CUC$
찾아가기 마요르 광장에서 도보 10분 지도 P.154-A

카페 돈 페페 Cafe Don Pepe

나무, 분수, 꽃이 반기는 야외 정원 카페

오래된 저택의 야외 정원을 그대로 사용하는 특이한 카페 겸 바. 커다란 아름드리나무가 그늘을 만들어 주고 정원 곳곳에 꽃과 나무를 심어 놓은 모습이 잘 가꾼 식물원 같기도 하다. 스페인 세비야 양식의 우물과 벽에서 나오는 분수는 사진 촬영의 명소. 해 지기 전에 가면 나무에 앉아 쉼 없이 울어대는 새 소리를 들으며 커피와 맥주를 마실 수 있다. 커피와 럼을 베이스로 한 커피 칵테일로 유명하다.

주소 Piro Guinart, Frente al Museo de Lucha contra Bandidos, Sancti Spíritus 전화 41 99 35 73
영업 08:00~23:00 예산 커피 1~2CUC$, 커피 칵테일 1.5~3CUC$, 스낵 1.5~3CUC$
찾아가기 마요르 광장 뒤 도보 3분 지도 P.154-B

🍴 레스토란테 산호세
Restaurante San Jose

트리니다드 넘버 원 맛집

트리니다드에서 줄 서서 먹는 딱 2개의 식당 중 하나. 분위기와 인테리어도 중요하지만 무엇보다도 맛이 있다. 피자, 파스타, 햄버거 등은 맛도 좋고 양도 충분하니 쿠바의 밋밋한 음식이 질렸다면 여기서 토핑을 듬뿍 올린 피자와 바삭바삭한 감자튀김을 먹어 보자. 항상 대기 인원이 많으니 식사 시간에 여유를 두고 와야 한다.

주소 Maceo No 382 | Colon y Smith, Sancti Spíritus
전화 41 99 47 02 **영업** 11:00~23:00
예산 식사 7~15CUC$, 음료 2~3CUC$
찾아가기 마요르 광장에서 도보 15분
지도 P.154-D

🍴 타베르나 라 칸찬차라
Taberna La Canchanchara

트리니다드에서만 마실 수 있는 칵테일

칸찬차라(Canchanchara)는 혹독한 노동에 시달리던 사탕수수 농장 노동자들이 뜨거운 태양과 배고픔을 잊고자 독한 럼에 꿀을 타서 마셨던 것에서 유래한 음료. 지금은 트리니다드의 전통 칵테일이 되어 관광객들에게 인기를 끌고 있다. 하루 종일 라이브 밴드의 음악이 넘쳐 나는 이곳에서 달콤한 칸찬차라를 마시며 여행의 피로를 잊어 보자. 긴 정원에 의자가 벽 옆으로 길게 있어 서로 마주 보고 앉아야 하는 특이한 구조의 바로, 칸찬차라는 붉은 흙으로 구운 테라코타 잔에 내준다. 단체 관광객들도 많다.

주소 Calle Real del Jigue 90, Sancti Spíritus
영업 24시간 **예산** 칸찬차라 3CUC$
찾아가기 마요르 광장에서 도보 10분 **지도** P.154-B

🍴 라 세실리아 La Cecilia

생과일주스는 언제, 어디서나 옳다

신선한 과일을 직접 갈아 마시는 생과일주스는 언제, 어디서 먹어도 정답이다. 특히 습도가 높고 햇살 뜨거운 트리니다드에서 과일 주스는 오아시스처럼 귀하게 느껴진다. 라 세실리아는 제철 과일 주스와 간단한 샌드위치를 먹을 수 있기에 많은 여행자와 트리니다드 시민의 사랑을 받고 있는 보석 같은 가게다.

주소 Maceo 514 | Entre Desengaño y Callejón Del Olvido,

Sancti Spíritus **전화** 5 34 19 163
영업 08:00~22:00
예산 샌드위치 2CUC$, 과일 주스 1~2CUC$
찾아가기 마요르 광장에서 도보 10분 **지도** P.154-A

쿠비타 레스토란테 바 산탄데르 Cubita Restaurante Bar Santander

맛도 분위기도 잡은 식당

산탄데르 가문이 운영하는 고급 식당으로 2011년에 오픈했다. 양고기를 비롯한 각종 고기를 채소와 함께 쇠꼬치에 꽂아 구운 믹스드 브로체(Mixed Broche)와 튀긴 바나나, 샐러드, 밥이 함께 나오는 양고기 스테이크는 양도 푸짐하고 맛도 좋다. 이 외에도 생선, 새우, 랍스터 등 해안 도시의 장점을 살린 요리도 좋다. 플루트를 비롯한 각종 악기 연주를 들으며 식사할 수 있는 멋진 곳이다.

주소 Maceo No 471 E/Simon Bolivar | Y Francisco Javier

Zerquera, Sancti Spiritus
전화 5 271 1479 영업 11:00~23:00
예산 식사 10~15CUC$, 음료 3~3.5CUC$
찾아가기 마요르 광장에서 도보 13분 지도 P.154-C

팔라다르 솔 이 손
Paladar Sol y Son

고급스러운 분위기, 맛까지 다 잡은 식당

트리니다드의 개인 식당 중 가장 호화롭고 고급스러운 곳. 식당 입구에는 박물관을 방불케 하는 고가구가 전시되어 있고 거실을 지나면 식민 시대풍의 방이 있는데, 당시의 가구와 침대, 세면도구 등을 볼 수 있다. 이곳에서는 세 번 놀란다. 첫째, 잘 가꾼 정원에 놀란다. 중앙의 분수와 분수 주위의 나무와 꽃의 배치가 과하지도 모자라지도 않다. 둘째, 적어도 80년 이상 된 골동품을 그대로 쓰고 있음에 놀란다. 식당에서 쓰는 모든 식기와 접시는 쿠바 혁명 전 사탕수수 농장에서 큰돈을 번 부자들이 스페인, 이탈리아, 프랑스 등에서 수입해온 것들이다. 마지막으로 음식 맛에 놀란다. 로파비에하 스타일 쿠바 전통 음식과 스테이크 등의 서양 음식이 모두 맛있다.

주소 Simon Bolivar No 283 | E / Frank Pais and Jose Marti, Sancti Spiritus 전화 41 99 29 26
영업 12:00~23:00 예산 식사 8~25CUC$, 음료 2~4CUC$
찾아가기 마요르 광장에서 도보 15분 주소 P.154-C

레스토란테 몬테 이 마르
Restaurante Monte y Mar

맛으로 승부하는 신흥 강자

인테리어와 분위기는 평범하지만 신선한 재료와 맛으로 진검 승부를 하는 멋진 식당. 트리니다드에 생긴 개인 식당 중 비교적 안정적으로 성장하고 있다.

1층에는 테이블이 1개만 있어서 이곳이 식당이 맞나 싶지만 2층 계단을 올라가면 넓고 시원한 테라스가 있다. 테이블이 10개 넘게 있으니 좁다는 말은 안 나온다. 매일 바뀌는 '오늘의 요리' 격인 스페셜 푸드가 인기 메뉴다.

주소 Simon Bolivar No 297 e/ Frank Pais and Jose Marti, Sancti Spiritus 전화 5 412 6983
영업 12:00~23:00 예산 식사 10~25CUC$, 음료 2~3CUC$
찾아가기 마요르 광장에서 도보 8분 주소 P.154-C

둘시네아 Dulcinea

트리니다드의 오아시스 디저트 바

쿠비타 레스토란데 바 산탄데르 건너편에 위치한 집으로 조각 케이크와 디저트, 달콤한 빵을 팔며 인터넷 카페도 겸하고 있다. 트리나다드 현지인들은 축하할 일이 있을 때 이 집에서 케이크를 사 가지고 간다. 커피와 간단한 음료도 판매하니 출출하거나 단것이 먹고 싶을 때 가 보자. 아침 일찍 영업을 시작하기 때문에 커피와 빵으로 아침식사를 하러 와도 좋다.

주소 Maceo No 473 E/Simon Bolivar | Y Francisco Javier Zerquera, Sancti Spiritus
영업 07:30~22:00
찾아가기 쿠비타 레스토란데 바 산탄데르 길 건너. 마요르 광장에서 도보 13분
지도 P.154-C

둘세 크림 Dulce Cream

무더위를 날리는 과일 맛 아이스크림

공장에서 나온 여러 종류의 아이스크림을 판매하는 아이스크림 가게이자 각종 과자, 음료수 등도 파는 스낵바다. 과일 맛이 나는 아이스크림은 새콤달콤한 맛이 일품이다. 30℃를 오르내리는 무더위 속에서 걷다가 과일 혹은 초콜릿 아이스크림을 입에 물고 다니는 사람을 흔히 볼 수 있다. 맥주, 콜라 등 시원한 음료 한 잔 시켜 놓고 더위를 식히는 트리니다드 시민의 휴게소 같은 곳이다.

주소 Maceo No 475 E/Simon Bolivar | Y Francisco Javier Zerquera, Sancti Spiritus 영업 10:00~22:00
찾아가기 쿠비타 레스토란데 바 산탄데르 옆집. 마요르 광장에서 도보 13분
주소 P.154-C

피자리아 레스토란테 아디타 카페
Pizzeria – Restaurante ADITA Cafe

트리니다드의 떠오르는 핫 플레이스

오픈 키친에서 요리하는 모습을 보며 식사할 수 있는 이탈리안 식당이다. 깔끔한 인테리어와 맛으로 인기몰이를 하고 있다. 피자, 파스타, 샌드위치, 리소토 등의 메뉴가 있다. 양과 맛, 그리고 가격 모두 합격점. 이대로 간다면 조만간 줄 서서 대기표를 받아야 할지 모를 일이다.

주소 Maceo No 452-B, Sancti Spiritus 전화 41 99 75 38
영업 11:00~23:00 예산 식사 5~11CUC$, 음료 2~4CUC$
찾아가기 마요르 광장에서 도보 10분 주소 P.154-D

레스토란테 재즈 카페 Restaurante Jazz Cafe

재즈 연주와 함께 즐기는 저녁 식사

쿠바하면 흔히 연상되는 살사, 룸바 등의 음악이 아니라 젊은 층으로 구성된 밴드가 수준 높은 재즈 연주와 노래를 들려준다. 메인 메뉴를 주문하면 애피타이저, 과일, 채소, 디저트 등의 뷔페 바를 이용할 수 있다. 맛과 뷔페 구성 모두 만족스러운 수준이다.

주소 Francisco Javier Zerquera No 361 e/ Gloria y Media Luna, Sancti Spíritus **전화** 41 99 80 04
영업 12:00~23:00(재즈 밴드 연주 19:30~23:00)
예산 식사 6~13CUC$, 음료 2~3CUC$
찾아가기 마요르 광장에서 도보 8분 **지도** P.154-D

라 보티하 La Botija

맛집 중의 맛집

트리니다드에서 대기표를 받아야 먹을 수 있는 식당 2곳 중 하나. 햄버거, 피자, 파스타와 스테이크 등의 요리는 양도 많고 맛도 좋다. 도자기 머그에 내오는 맥주와 따뜻한 조명이 고향 술집에서 친구들과 맥주 한잔하는 친숙한 분위기를 떠올리게 한다. 전자 바이올린으로 연주하는 재즈와 블루스, 소울 음악 역시 여행자의 향수를 자극한다. 밴드의 음악은 트리니다드 최고라고 평가받는다.

주소 Amargura 71-B | esq. Boca, Sancti Spiritus
전화 5 28 30 147 **영업** 24시간
예산 식사 3.5~10CUC$, 맥주 2CUC$
찾아가기 마요르 광장에서 도보 5분 **지도** P.154-B

트리니다드 나이트라이프

카사 데 라 무시카 Casa de la Musica

트리니다드의 밤은 여기서 시작

낮에 보면 일상을 조용히 담아내는 한적한 거리와 건물, 계단뿐이지만 저녁이 되면 지킬 박사와 하이드처럼 숨겨 두었던 흥을 내보인다. 저녁 8시경부터 사람들이 모이기 시작해서 9시가 넘으면 발 디딜 틈이 없을 정도가 된다. 계단 앞 작은 무대에서는 음악이 계속 연주되고, 사람들은 그에 맞추어 춤을 춘다. 계단 위쪽으로 올라가면 테이블이 있다. 인파 속에서 자리를 잡고 앉으면 웨이터가 귀신같이 알고 와 주문을 받아 간다. 망설이

지 말고 먹고 마시고 춤추는 분위기 속에서 놀자.

주소 Calle Cristo, Sancti Spiritus **전화** 41 93 41 4 **영업** 20:00~02:00 **예산** 입장료 1CUC$, 음료 1~3CUC$ **찾아가기** 마요르 광장에서 교회 우측 뒤편으로 올라가 보이는 계단. 도보 2분 **지도** P.154-B

팔렌케 데 로스 콩고스 레알레스 Palenque de los Congos Reales

룸바, 살사, 숨. 흥이 터져 나오는 곳

트리니다드에 왔다면 반드시 가봐야 할 곳. 룸바

와 타악기 연주가 심장을 뛰게 만드는 공연장이다. 아프리카 노예들의 춤인 룸바는 격동적이면서 애절하다. 룸바 외에도 살사, 숨 등 다양한 장르의 음악이 연주된다. 저녁 10시부터 시작되는 콩가 연주는 놓치지 말 것.

주소 Cnr Echerri & Av Jesus Menendez, Sancti Spiritus **영업** 19:00~02:00 **예산** 입장료 1CUC$, 음료 1~3CUC$ **찾아가기** 카사 데 라 트로바 건너편. 마요르 광장에서 도보 5분 **지도** P.154-B

카사 데 라 트로바 Casa de la Trova

수준 높은 연주를 내세운 바

라이브 밴드 음악에 맞추어 건물 안 마당에서 자유롭게 춤을 추며 노는 분위기다. 무엇보다 밴드의 연주 수준이 수준급이어서 음악을 듣는 것만으로도 충분히 만족스러운 곳이다. 요일과 시간별로 출연하는 밴드의 시간표가 입구에 있다. 무대 장치라고는 전혀 없는 단상에서 연주하는 음악은 어디에 내놔도 손색없는 실력이다. 손님들은 의자에 앉거나 서서 감상하다 흥이 나면 무대 앞까지 나와 춤을 춘다. 홀 안쪽의 매점에서 파는 칵테일 한두 잔이면 분위기를 즐기기에 충분하다.

주소 Fernando H, Echerri 29, Sancti Spiritus **전화** 41 96 44 5 **영업** 21:00~02:00 **예산** 입장료 1CUC$, 음료 1~3CUC$ **찾아가기** 팔렌케 데 로스 콩고스 레알레스 건너편 **지도** P.154-D

트리니다드 호텔

트리니다드시에는 공식 등록된 카사가 300개가 넘을 정도로 많다. 한 집 건너 한 집이 카사인 셈. 인기 있는 숙소는 미리 예약을 해야 하지만 트리니다드에서는 숙소 때문에 걱정할 일은 없다고 보면 된다.

카사 엘 셰프 Casa El Chef

여행 프로그램에 출연 후 유명세를 탄 카사

'세상의 모든 여행'이라는 여행 프로그램의 출연자와 스텝이 이곳에 숙박한 후 입소문이 나서 유난히 한국 여행자가 많이 찾는 카사. 사장이 국가공인 셰프라서 카사 이름도 '카사 엘 셰프(Casa El Chef)'다. 안주인 도나(Dona)는 앙콘 해변에 있는 고급 호텔의 리셉션 데스크에서 근무한 경험이 있어 유창한 영어를 구사한다.

카사 외관은 아무 특색 없는 평범한 시멘트 건물이다. 방은 총 4개로 1층에 1개, 나머지는 2층에 있으며 모두 넓고 깨끗하다. 공사를 계속해서 카사의 규모를 늘려가고 있다. 간판도 없지만 골목 이름과 번지수만 있으면 찾을 수 있다. 센트로에서 떨어져 있어 다른 카사보다 숙박비와 아침 식사가 저렴하다.

주소 Colon No 179 e/Frank Pais y Miguel Calzade, Sancti Spiritus 전화 41 99 68 90 예산 25CUC$, 아침 식사 4CUC$
이메일 hostal_el_chef@yahoo.com
찾아가기 카리요 광장에서 도보 10분, 마요르 광장에서 도보 25분 지도 P.154-C

카사 힐 레메스 Casa Gil Lemes

트리니다드 최초의 카사

1997년 트리니다드에서 가장 먼저 영업을 시작한 곳이다. 한적한 주택가에 있고 간판이 없어 그냥 지나치기 쉽지만, 저택의 벽이 온통 연한 연두색 페인트로 칠해져 있기 때문에 주소만 있으면 찾기 쉽다. 겉에서 보면 트리니다드에서 흔히 볼 수 있는 조금 넓은 가정집이지만, 현관문을 열고 들어가면 발을 들여놓기가 황송할 정도로 화려한 대리석 장식이 분위기를 압도한다. 박물관에 온 것 같은 착각이 들 정도로 품격 있는 오래된 가구와 소품들에서 역사를 느낄 수 있다. 파티오의 분수와 정원은 한낮의 더위를 식혀준다. 오래된

저택이 그렇듯 방은 넓고 차분하다. 방이 1개밖에 없기 때문에 숙박하려면 반드시 예약을 해야 한다.

주소 263 Calle Jesús María, Sancti Spíritus
전화 41 99 3 142 예산 30CUC$, 아침 식사 5CUC$
찾아가기 카리요 광장에서 도보 5분 지도 P.154-D

호텔 클럽 아미고 앙콘
Hotel Club Amigo Ancon

카르브해를 바라보는 호텔

앙콘반도에 있는 3개의 올 인클루시브 호텔 중 가장 내륙 쪽에 위치한 3성급 호텔이다. 건물과 시설은 낡았지만 방이 넓고 호텔과 붙어 있는 해변이 매력적이다. 객실이 297개나 되는 대형 호텔이기 때문에 웬만하면 원하는 날짜에 예약 가능하다. 쿠바 내의 모든 여행사에서 저렴하게 예약할 수 있다.

주소 Carretera Maria Aguiar, Playa Ancon
전화 41 99 61 27
예산 싱글 룸 89CUC$, 더블 룸 142CUC$(아침·점심·저녁 식사 포함) 홈페이지 www.hotelancon-cuba.com
찾아가기 앙콘 해변 제일 안쪽
지도 P.154-E

카사 무노스 훌리오 이 로사
Casa Munoz-Julio y Rosa

트리니다드의 인기 카사

2000년에 영업을 시작한 비교적 젊은 축에 속하는 카사. 각종 여행 평가 사이트에서 좋은 평가를 받으며, 트리니다드에서 장사가 가장 잘 되는 카사 중 한 곳이다. 거실은 조금 낡았지만 가족 같은 분위기와 사진작가인 훌리오(Julio) 씨의 친절이 여행자의 긴장을 풀어준다. 방은 총 4개로, 트리니다드의 카사에서 보기 힘든 평면 TV와 소음 없는 에어컨이 있다. 특히 거실과 붙어 있는 1번 방은 복층 구조의 아파트먼트 스타일로 가족 여행객이나 커플들에게 절대적인 지지를 받고 있다. 현재 2층에 방을 증축하고 있어서 좀 더 많은 여행객들이 이곳을 찾게 되길 기대하고 있다. 각종 투어 예약도 가능.

주소 Jose Marti No 401, Sancti Spíritus
전화 41 99 36 73
예산 30CUC$, 40CUC$, 50CUC$, 아침 식사 5CUC$
홈페이지 www.trinidadphoto.com, www.trinidadrent.com
이메일 trinidadjulio@yahoo.com
찾아가기 마요르 광장에서 도보 10분
지도 P.154-C

호텔 라 론다 Hotel La Ronda

새로 지어 깨끗한 4성급 호텔

카리요 광장 근처에 있는 4성급 호텔. 오픈한 지 5년 된 비교적 새 호텔로, 겉에서 보이는 규모와는 달리 객실이 17개뿐이다. 부대시설은 없지만 전반적으로 관리가 잘 돼 깨끗하고, 방 또한 군더더기 없이 편안하다. 모든 방에 테라스가 있어 광장과 거리 풍경을 즐기기에 좋다. 호텔 자체 무선 인터넷이 있으며 와이파이 카드를 사면 사용할 수 있다. 호텔 웹사이트와 쿠바나칸(Cubanacan), 아바나 투르(Habana Tur) 등의 여행사에서 정상가보다 조금 저렴하게 예약할 수 있다. 아바나와 연결되는 쿠바나칸 투어의 코넥탄도 버스가 이곳에서 발착하며 티켓은 호텔 로비에서 살 수 있다.

주소 Jose Marti No 238, Sancti Spiritus
전화 41 99 61 33
예산 싱글 룸 144CUC$, 더블 룸 172CUC$
찾아가기 카리요 광장 바로 옆. 마요로 광장에서 도보 20분
지도 P.154-D

이베로스타 그랜드 호텔 Iberostar Grand Hotel

트리니다드 최고의 호텔

2016년에 오픈한 자타공인 트리니다드 최고의 호텔이다. 스페인의 세계적인 호텔 이베로스타(Iberostar)의 체인점이라 본사에서 엄격하게 관리, 운영하고 있다. 직원들의 노련미와 친절함은 쿠바 최고라 할 수 있다. 방은 총 40개로 5개의 주니어 스위트룸이 있다. 9개의 방에만 광장이 보이는 테라스가 있는데 예약 시 요구해야 한다. 자체 와이파이 존을 갖추고 있으며 체크인 시 와이파이를 1시간 사용할 수 있는 카드를 준다. 그 후에는 와이파이 카드를 추가로 사면 호텔 로비에서 와이파이를 쓸 수 있다. 호텔 예약 사이트와 쿠바나칸 여행사를 통해 전 세계 어디서든 예약할 수 있다.

주소 Jose Marti y Lino Perez, Sancti Spiritus
전화 41 99 60 70
예산 싱글 룸 260CUC$, 더블 룸 390CUC$(아침 식사 포함)
홈페이지 www.iberostar.com
찾아가기 카리요 광장 바로 옆. 호텔 라 론다 바로 옆. 마요로

광장에서 도보 20분
지도 P.154-D

카사 브리사스 데 알라메다
Casa Brisas de Alameda

카사의 개념을 업그레이드한 고급 카사의 표본

트리니다드 주정부로부터 오래된 건물 보존과 재개발에 기여한 증명서를 받은 카사. 1850년에 완공된 스페인 식민지풍 집을 2007년에 사서 뼈대와 내부는 그대로 두고 기능만 현대적으로 바꾸었다. 총 3개의 방은 모두 크고 깔끔하고, 샤워룸과 화장실이 분리되어 고급 리조트 분위기가 난다. 방 앞 정원에 걸린 하얀 해먹이 여유로움을 선사한다. 주인이 현직 셰프이기 때문에 아침 식사는 5성급 호텔보다도 정성스럽고 맛있다. 식민지풍 트리니다드 전통 하우스를 경험하고 싶다면 적극 추천하는, 정말 친한 사람에게만 소개하고 싶은 보석 같은 곳이다.

주소 Jesus Menendez No 84 | E/ Agustin Bernaz and Colon, Sancti Spiritus
전화 5 27 11 480
예산 55CUC$(아침 식사 포함)
찾아가기 마요르 광장에서 도보 20분
지도 P.154-D

호스탈 카사 콜로니알 엘 파티오
Hostal Casa Colonial el Patio

18~19세기가 엿보이는 카사

1745년에 완공된 건물을 개보수해 카사로 사용하는 박물관 같은 곳. 마치 타임머신을 타고 과거로 돌아간 것 같은 느낌을 준다. 거실과 연결된 1번 방 벽에는 건설 당시 그린 벽화가 아직도 남아있고, 집 주인만 바뀌었을 뿐 집 곳곳에 배치된 가구는 오랜 세월 동안 예전 자리를 지키고 있다. 파티오 중앙에는 거대한 망고 나무가 있고 모든 방이 정원과 연결되어 있다. 아침저녁으로 지저귀는 새소리를 들을 수 있다. 모든 방은 4명이 사용해도 될 만큼 넓다.

주소 Ciro Redondo 274 | La Calle del Museo, Sancti Spiritus 전화 5 35 92 371 예산 60CUC$(아침 식사 포함)
찾아가기 마요르 광장에서 도보 10분 지도 P.154-B

호스탈 카사 호세 이 파티마 Hostal Casa Jose y Fatima

토박이가 전하는 이야기가 있는 카사

방은 총 5개이며, 1층은 가족 공간, 2층은 게스트 룸으로 주거 공간과 분리되어 사생활이 보장된다. 모든 방에 테라스가 있는데 특히 1번 방 테라스가 넓고 정원이 내려다보인다. 1번 방을 원한다면 체크인이나 예약할 때 말해 두자. 방은 넓고 관리가 잘 되며, 방에 우산이 비치되어 있는 섬세함까지 보인다. 카사 주인 호세(Jose)는 이 집에서 나고 자란 트리니다드 토박이다.

주소 Francisco Javier Zerquera(Rosario) No 159 | e/ Frank País y Francisco Peterssen, Sancti Spíritus
전화 41 99 66 82
예산 30CUC$, 아침 식사 5CUC$
찾아가기 마요르 광장에서 도보 10분
지도 P.154-C

호스탈 부리 이 네스티 Hostal Buri y Nesti

콜로니알 스타일의 카사에서 트리니다드의 정취를

안주인 네스티(Nesti)의 성격을 보여주듯 집안 곳곳에 먼지 한 톨 없다. 방은 굉장히 크고, 오래된 가구로 채워져 있다. 욕실은 최신식으로 수압이 굉장히 좋다. 옥상에는 선 베드가 있어 여유로운 시간을 보내기 좋다. 주인이 영어를 못하는 것이 약간의 흠이지만 불편할 정도는 아니다.

주소 A. Maceo No 390 | between Colon and Lino Perez, Sancti Spíritus
전화 41 99 39 16
예산 30CUC$, 아침 식사 5CUC$
찾아가기 마요르 광장에서 도보 15분 **지도** P.154-D

🛏️ 카사 후안 카를로스 오르베아 이 라 치나 Casa Juan Carlos Orbea y La China

동양인 손님이 많은 카사

특징 없는 건물 외관과는 달리 풍성한 아침과 가족 같은 분위기로 인기 몰이를 하고 있는 카사. 주인아주머니는 원래 이름이 이사벨(Isabel)이지만 얼굴이 동양인을 닮았다고 별명이 중국 사람인 치나(China)가 되었다고 한다. 그래서 그런지 카사 이름만 보고 중국인이 운영하는 줄 알고 찾아오는 동양 손님들이 많다고 한다. 1층은 주인이 쓰고, 1층을 통해 올라가는 2층에는 게스트 룸이 3개 있다. 창을 통해 보는 전망이 없어 답답한 면이 있지만 대신 옥상에 올라가면 트리니다드 주변 자연 전망이 훌륭하니 저녁 무렵 꼭 올라가 보자.

주소 Francisco Peterssen No 183(Chinchiquirá) e/ Mario Guerra y Rosario, Sancti Spíritus 전화 41 99 34 42
예산 30CUC$, 아침 식사 5CUC$, 저녁 식사 10~15CUC$
홈페이지 www.casajuancarlosorbeaylachina.com
찾아가기 마요르 광장에서 도보 15분 지도 P.154-C

🛏️ 아미고스 델 문도 Amigos del Mundo

작고 소박한 카사

대학 교수인 마리아가 운영하는 작은 카사다. 전문적으로 운영하는 카사처럼 화려하진 않지만 남는 방을 여행객에게 빌려주는 카사 본래의 의미에 가장 적합한 곳이라 할 수 있다. 거실은 대학 교수의 집답게 책상과 컴퓨터, 그리고 책으로 가득하다. 방은 새로 수리해 깨끗하고, 스펀지가 아닌 매트리스 침대가 있다. 게스트 룸은 2개로, 방이 1층에 있어 전망이 없고 어두운 단점이 있다. 식구들 모두 영어가 유창하다.

주소 San Jose No 269 e/Real y Amargura, Sancti Spíritus
전화 41 99 47 80
예산 30~35CUC$, 아침 식사 5CUC$
이메일 mariaelenatrinidd@yahoo.com
찾아가기 마요르 광장에서 도보 10분 지도 P.154-B

AREA 05

산타클라라 Santa Clara

체 게바라와 카밀로 시엔푸에고스가 혁명군을 이끌고 마지막 전투를 치른 곳이자 체 게바라의 유해가 묻힌 곳이다. 이 사실만으로도 산타클라라를 여행하는 목적은 분명해진다. 명실상부 쿠바 제2의 대학에서 많은 학생들이 공부하는 교육의 도시이며, 쿠바에서 유일한 여장 남자 공연인 드랙 쇼(Drag Show)와 흔치않은 록 페스티벌(Ciudad Metal)도 매년 이곳에서 열린다. 젊고 떠들썩한 도시 산타클라라에서 체 게바라와 쿠바 혁명을 만나 보자.

기초 정보

지역번호 42
인구 24만 명
위치 쿠바섬 가운데에 있으며 비야클라라주의 주도이다. 산타클라라 남쪽으로는 시엔푸에고스와 트리니다드가 있다. 서쪽 약 242㎞ 떨어진 곳에 수도 아바나가, 동쪽 615㎞ 떨어진 곳에는 산티아고 데 쿠바가 있다.
역사 산타클라라는 1689년 인근의 레메디오스 출신 13가구가 해적의 침략에서 벗어나려고 만든 도시로, 쿠바 혁명 전에는 미국의 코카콜라 공장이 들어설 정도로 성장했었다. 1958년 체 게바라가 바티스타 정부군을 물리침으로써 쿠바 혁명이 마무리된 곳이기도 하다. 쿠바섬 정중앙에 위치한 지리적인 이점 때문에 스페인 침략자, 해적, 쿠바 혁명의 게릴라, 바티스타 정부군 등 쿠바를 두고 이권을 다투었던 모든 이들에게 중요한 거점이 되었다. 현재는 쿠바 교통의 중심지다.
여행 적기 드랙 쇼와 록 페스티벌이 열리는 젊은 도시인만큼 크리스마스와 연말연시는 산티클라라 최고의 시즌이다. 거리마다 춤과, 음악이 넘쳐 흐르는 축제가 연일 계속된다.
치안 크리스마스와 연말연시에는 많은 인파와 축제로 크고 작은 사고가 일어난다. 많은 경찰들이 근무를 한다고 해도 소매치기나 술 취한 시민과의 다툼은 조심해야 한다.

가는 방법

항공
산타클라라에는 국제선이 취항하는 아벨 산타마리아 공항(Aeropuerto Abel Santa Maria, 전화 42 22 75 25)이 있다. 산타클라라 센트로에서 약 10㎞ 떨어진 곳에 있다.
국제선은 주로 캐나다의 몬트리올, 토론토, 캘거리 등과 파나마시티를 오간다. 산타클라라 북쪽의 카요 산타마리아(Cayo Santa Maria)라는 휴양지에는 주로 캐나다인들이 휴가를 보내러 온다. 현재 국내선은 운항하지 않고 있다.

공항 ↔ 시내
아벨 산타마리아 공항에서 시내로 이동할 수 있는 대중교통은 택시뿐이다. 공항에서 산타클라라의 타운이나 호텔 지구까지 요금은 15CUC$이며, 25분 정도 걸린다. 반대로 시내에서 공항으로 갈 때는 비달 공원 주변의 택시를 잡아타거나 숙소에 부탁해 불러달라고 하면 된다.

비아술 버스 Viazul Bus
쿠바의 대표적인 장거리 버스 비아술 버스가 아바나, 산타클라라, 시엔푸에고스, 산티아고 데 쿠바, 카마게이, 바라데로, 비냘레스 등으로 운행한다.

비아술 버스 터미널
주소 Carretera Central km 383 esq Oquendo, Santa Clara
전화 42 20 34 70

비아술 버스 터미널 ↔ 시내
비아술 버스 터미널은 산타클라라 비달 공원을 기준으로 약 1.8㎞ 서쪽에 있다. 터미널 주위에 모여 있는 택시를 타면 시내의 숙소까지 4~5 CUC$ 정도 든다. 마차를 타고 시내까지 이동하면 2~3CUC$이다. 자전거 택시는 일반 택시와 요금이 같다.
반대로 숙소에서 버스 터미널로 가려면 마르타 아브레우 성당으로 가서 마차를 이용하자. 자전거 택시는 비달 공원 근처에 많다.

코넥탄도 Conectando
아바나에서 카요 산타 마리아(Cayo Santa Maria)까지 가는 코넥탄도가 산타클라라를 경유한다. 약 3시간 걸리며 요금은 18CUC$.

시외버스

산타클라라 인근 교외 지역을 주로 운행한다. 무조건 정원을 초과해 탑승하며, 발착 시간은 정해지지 않았다.

시외버스 터미널 Intermunicipal Bus Station
주소 Calle Marta Central

택시

시엔푸에고스, 트리니다드는 산타클라라에서 비교적 가깝기 때문에 택시로 이동할 만하다. 시엔푸에고스에서 약 1시간 30분 걸리며 요금은 20CUC$, 트리니다드에서 약 1시간 30분 걸리며 요금은 30~40CUC$.

시내 교통

택시

호텔 주변에서 미터기가 있는 택시를 탈 수 있다. 기본요금 1CUC$부터 시작해서 1km당 1CUC$가 올라간다. 주간과 야간 요금이 동일하다. 자전거 택시는 일반 택시와 요금은 같지만, 미터기가 없기 때문에 탑승 전에 흥정을 해야 한다.

마차

산타클라라와 시엔푸에고스의 명물이다. 말 뒤에 사람이 앉을 수 있는 컨테이너를 달아 서로 마주보고 앉아 가는 방식이다. 지나가는 마차를 손들

어 세우고 목적지를 말하고 타면 되고, 목적지에 도착하면 마부가 내리라고 알려준다. 요금은 시내에서 1회 탑승에 1CUC$이다.

추천 일정

도시가 작고 볼거리들은 비달 광장과 광장 주변 2km 반경에 있다. 모두 걸어 다녀도 되지만 마차와 비시 택시를 타면 재미있게 다닐 수 있다.

오전

비달 공원 → 도보 1분 → 카리다드 대극장 → 도보 10분 → 콘스탄티노 페레스 카로데아 담배 공장 → 도보 20분 → 카페 무세오 레볼루시온 → 도보 5분 → 화물 열차 기념관 → 도보 10분 → 에스타투아 체 이 니뇨

오후

비달 공원 → 택시 10분 → 체 게바라 기념관 → 택시 20분 → 카피로 전망대 → 택시 10분 → 비달 공원

TOUR TIP 찾아가기

거리 이름이 바뀌었으나 지도와 현지인들은 여전히 예전의 이름으로 쓰고 있다. 혼동하지 말자.

구 도로명	신 도로명
칸델라리아 Candelaria	마에스타 니콜라사 Maesta Nicolasa
카리다드 Caridad	헤네랄 롤로프 General Roloff
나사레노 Nazareno	세라핀 가르시아 Serafin Garcia
산미겔 San Miguel	누에브 데 아브릴 거리 Calle 9 de Abril
신디코 Sindico	모랄레스 Morales
유니온 Union	페드로 에스테베스 Pedro Estevez

여행 안내소(인포투르, Infotur)
- Infotur
주소 Machado & Maestra Nicolasa No 68, Santa Clara 전화 42 20 13 52 운영 월~일요일 09:00~17:00

여행사
- 쿠바 투르(Cuba Tur)
주소 Marta Abreu No 10 2 / Meximo, Santa Clara
전화 42 21 29 80
운영 월~토요일 09:00~20:00
- 비아헤 쿠바나칸(Viaje Cubanacan)
주소 Maestra Nicolasa & Colon, Santa Clara
전화 42 20 51 89 운영 월~토요일 08:00~20:00
- 아바나 투르(Habana Tur)
주소 Calle Maximo Gomez s/n, Santa Clara
전화 42 20 40 02 운영 월~토요일 08:00~20:00

이민국(인미그라시온, Inmigracion)
주소 Av Sandino & 6TA, Santa Clara
운영 월·수·금요일 08:00~19:00, 화요일 08:00~17:00, 목·토요일 08:00~12:00

에텍사 & 텔레푼토
주소 Marta Abreu No 55, Maximo Gomez & Villuendas, Santa Clara
운영 월~일요일 08:30~19:00

우체국(코레오, Corroo)
주소 Colon No 10, Santa Clara
운영 월~토요일 08:00~18:00

DHL
주소 Cuba No 7, Rafael Trista & Eduardo Machado, Santa Clara
전화 7 832 2112
운영 월~토요일 08:00~18:00, 일요일 08:00~12:00

병원, 약국
- Hospital Arnaldo Milian Castro(Hospital Nuevo)
주소 Circumvalacion & Av 26 de Julio, Santa Clara
전화 42 27 01 26
- Farmacia Internacional(약국)
주소 Colon No 106, Maestra Nicolasa & Calle 9 de Abril(Hotel Santa Libre 내에 있음)
운영 월~일요일 09:00~18:00
- 플라사 아메리카 Plaza America(약국)
주소 Autopista Sur km 7, Santa Clara
전화 45 66 80 42
운영 월~일요일 09:00~21:00

은행(방카, Banco)
- Banco Financiero Internacional
주소 Cuba No 6, Rafael, Santa Clara
운영 월~금요일 08:30~12:00, 13:00~16:00, 토~일요일 09:00~18:00

환전소(카데카, Cadeca)
주소 Rafael Trista & Colon, Santa Clara
운영 월~토요일 08:30~19:30, 일요일 08:30~11:30

TOUR TIP 부에나비스타 소셜 클럽(Buena Vista Social Club)

1995년, 70세가 훨쩍 넘은 기타리스트 콤파이 세군도(Compay Segundo), 엘리아데스 오초아(Eliades Ochoa), 피아니스트 루벤 곤살레스(Rubén González) 보컬 이브라힘 페레르(Ibrahim Ferrer), 오마라 포르투온도(Omara Portuondo) 이렇게 5명이 아바나의 허름한 스튜디오에 모인다. 미국의 유명 음반 프로듀서인 라이 쿠더(Ry Cooder)가 쿠바 전역에 흩어져 있던 왕년의 음악 거장들을 수소문해서 역사적인 음반을 녹음하려는 것. 바로 〈부에나비스타 소셜 클럽(Buena Vista Social Club)〉의 첫 번째 음반이다.

부에나비스타 소셜 클럽은 원래 쿠바 음악의 전성기로 불리는 1930~1940년대 아바나에 있던 고급 사교 클럽이었다. 쿠바 음악의 황금기를 일군 당대 음악가들이 모두 이 클럽에서 음악을 연주했는데, 위의 5명도 멤버였다. 그러나 황금기도 잠깐. 쿠바 혁명이 성공하면서 카스트로 정권이 들어서자, 미국의 경제 봉쇄 정책에 따라 클럽에서 연주하던 음악가들도 뿔뿔이 흩어지고 쿠바 음악은 침체기에 빠지게 된다. 현재 대다수가 알고 있는 〈부에나비스타 소셜 클럽〉은 바로 이 옛 클럽의 이름을 딴 밴드이다. 노장들이 다시 모여 만든 이 음반은 출시와 동시에 600만 장 이상이 팔렸다. 이들의 대표곡으로는 찬찬(Chan Chan), 아스타 시엠프레-코만단테 체 게바라(Hasta Siempre-Comandante Che Guevara) 외 다수가 있다. 지금도 쿠바 전역에는 평생을 음악만 하며 살았지만 생계를 위해 낮에는 다른 일을 하고 저녁에는 허름한 식당이나 작은 공연장에서 연주 활동을 하는 제2, 제3의 부에나비스타 소셜 클럽의 멤버들이 많다.

산타클라라 관광

산타클라라는 사실 체 게바라의 흔적을 빼면 특별한 볼거리나 인상 깊은 장소는 없다. 크게 비달 공원을 중심으로 하는 센트로 지역과 체 게바라 묘지와 기념관 등이 있는 지역으로 나눌 수 있는데, 센트로에서 체 게바라 기념관 지역으로 가려면 마차나 택시 등을 이용해야 한다.

비달 공원 Parque Vidal ★

산타클라라의 중심

쿠바 독립 전쟁 당시 이곳에서 사살당한 레온시오 비달 이 카로 대령(Colonel Leoncio Vidal Y Caro)의 이름을 따서 공원 이름을 지었다. 비달 대령의 흉상과 더불어 산타클라라 출신 자선 사업가 마르타 아브레우(Marta Abreu)의 동상, 오른손에 부채를 든 아이의 동상까지 공원 곳곳에 조각상이 있다. 매주 목요일과 일요일 저녁 8시에는 1902년부터 이어온 시립 오케스트라의 공연이 열리니 놓치지 말자. 공원은 와이파이 존이기 때문에 항상 많은 시민과 관광객이 휴대폰과 노트북에 열중하고 있는 모습을 볼 수 있다.

주소 Calle Colon, Santa Clara **개방** 24시간
찾아가기 호텔 산타클라라 리브레 호텔 바로 앞. 도보 3분
지도 P.176-C

카리다드 대극장 Teatro La Caridad ★

산타클라라 예술의 본거지

심플한 외관과는 달리 내부는 화려하며 사치스럽다. 쿠바의 국립 기념물로 식민 시대에 지어진 극장 중 지금까지 남아 있는 8개 중 하나다. 카리다드 극장은 산타클라라에서 태어난 사업가이자 자선가인 마르타 아브레우(Marta Abreu)가 기증한 것으로, 시엔푸에고스의 토마스 테리 극장과 내부 장식과 양식이 똑같다. 극장 천장의 프레스코화가 아름다우니 꼭 감상해보자.

주소 Maria Abreu & Maximo Gomez, Santa Clara
개방 월~토요일 09:00~16:00 **휴무** 일요일
예산 1CUC$ **찾아가기** 비달 공원 북쪽 왼쪽 끝. 도보 2분
지도 P.176-D

📷 인데펜덴시아 거리 Calle Independencia ★

산타클라라의 보행자 거리

차가 다니지 않는 보행자 거리다. 잘 정비된 거리에는 상점, 슈퍼, 기념품 가게, 식당, 카페, 호텔 등 여행자와 시민들의 생활에 필요한 것들이 밀집되어 있다. 해가 지면 시민과 학생들이 거리로 몰려 나와 떠들썩한 분위기가 만들어진다.

주소 Boulevard & el Bulevar, Santa Clara
찾아가기 비달 공원 북쪽으로 도보 5분
지도 P.176-D

📷 화물 열차 기념관 Monumento a la Toma del Tren Blindado ★★

쿠바 혁명의 방점을 찍은 곳

1958년 12월 29일, 갓 30대가 된 체 게바라는 바로 이곳에서 20명의 혁명 동지들과 함께 전투를 시작했다. 그들은 불도저를 타고 직접 만든 화염병을 던져 350명의 무장한 정부군이 탄 기차를 탈선시켰다. 이 전투에서 혁명군이 승리를 거두면서 바티스타 독재 정권이 종식되고 피델 카스트로의 시대가 열리게 되었다. 박물관에서는 당시의 사진을 볼 수 있으며, 역사적인 전투가 있던 장소를 재구성해 놓았는데 당시 체 게바라가 탔던 불도저와 정부군이 탔던 기차를 복원해 전시한다.

주소 Av Liberación, Santa clara
개방 월~토요일 09:00~17:30 **휴무** 일요일
요금 1CUC$
찾아가기 비달 공원에서 인데펜덴시아 거리를 따라 서쪽으로 직진 후 다리 건너 우측. 도보 20분
지도 P.176-D

콘스탄티노 페레스 카로데과 담배 공장
Fabrica de Tabacos Constantino Perez Carrodegua ★★

최상품 쿠바산 시가를 생산하는 공장

몬테크리스토(Montecristos), 파르타가스(Partagas), 로미오와 줄리엣(Romeo y Julieta), 로바이나(Robaina) 등 쿠바산 시가 중 가장 최상품을 생산하는 공장 중 하나다. 쿠바 각지에서 수확해 1차로 건조, 가공한 담뱃잎이 이곳으로 넘어와 몇 차례 가공을 거쳐 시가로 탄생한다. 가공 단계를 여러 번 거칠수록 품질이 좋아진다고 한다.

비달 공원 근처에 있는 아바나 투르(Habana Tur)에서 티켓을 산 후 공장에 가면, 1시간마다 안내원의 안내(스페인어, 영어 동시 사용)와 함께 공장 내부를 돌아볼 수 있다. 사진 촬영은 엄격히 금지한다. 담뱃잎 가공과 건조, 담뱃잎을 말아 시가를 만드는 과정, 포장 단계까지 한눈에 볼 수 있는데, 아바나의 담배 공장과 비교해보면 극성스럽지 않고 여유롭다. 담배 공장 건너편에 '라 베기타(La Veguita)'라는 시가 판매 상점이 있어 기념품이나 선물용으로 품질 좋은 시가를 살 수 있다.

주소 Maceo No 181, calles Julio Jover & Berenguer
전화 42 20 22 11 **개방** 09:00~13:00
요금 4CUC$ **찾아가기** 비달 공원 북쪽으로 도보 10분
지도 P.176-D

카피로 전망대 Loma del Capiro ★

산타클라라 최고의 전망대

1958년 산타클라라 해방 전투에서 체 게바라와 카밀로 시엔푸에고스의 군대가 승리해 점령한 고지. 지금은 산타클라라 최고의 전망대로 조성되어 시민과 여행자에게 사랑받는 명소가 되었다. 전망대 정상에는 당시 전투를 기념하는 기념탑이 있다. 기념탑에는 깃발과 금속 말뚝으로 장식한 체 게바라의 얼굴이 조각되어 있다. 기념탑을 지나 계단을 오르면 산타클라라 시내가 내려다보이는 전망대가 있다.

주소 Aguiler para Fiestas y cumpleanos, Santa clara
개방 24시간
찾아가기 에스타투아 체 이 니뇨에서 동쪽으로 간 다음, 우측으로 전망대 방향으로 500m. 또는 비달 공원에서 도보 40분, 비시 택시 20분(왕복 4CUC$)
지도 P.176-F

📷 체 게바라 기념관(콘훈토 에스쿨토리코 코만단테 에르네스토 체 게바라)
Conjunto Escultorico Comandante Ernesto Che Guevara ★★★

체 게바라 사망 20주년 기념관

들어가자마자 만나는 것은 군복을 입고 정면을 응시하는 체 게바라의 동상. 그를 받치는 왼쪽 기둥에는 함께했던 혁명 동지들의 전투 장면을 그린 부조가 있고, 오른쪽 기둥에는 체 게바라가 볼리비아로 떠나기 전 피델 카스트로에게 보낸 마지막 편지의 글귀가 새겨져 있다. 동상 뒤쪽으로 돌아가면 체 게바라 전시관으로 이어진다.

먼저 추모관으로 들어가게 되면 체 게바라와 볼리비아 정글에서 함께한 동료 38인의 얼굴이 조각되어 있다. 체 게바라는 볼리비아 정글에서 미국 CIA와 연합한 볼리비아 정부군에게 총살당했다. 체 게바라의 시신은 볼리비아의 비밀 묘지에 묻혔고, 1997년이 되어서야 체 게바라와 동지 17인의 시신은 이곳 산타클라라로 이장되었다. 피델 카스트로는 1997년 10월 17일, 영원히 꺼지지 않는 불을 지펴 그와 동지들을 기렸다.

추모관을 나와 우측으로 들어가면 기념관이다. 체 게바라가 피 끓는 심정으로 쓴 편지, 실제로 입었던 옷가지, 전투복, 모자, 무기, 생활용품, 사진 등 모든 것을 볼 수 있다. 기념관과 추모관 내부로는 가방과 사진기 등은 일체 반입할 수 없으며, 주차장 근처의 보관소에 맡겨야 한다.

주소 Rafael Trist y Av de los desfiles, Santa clara
전화 42 20 58 78 **개방** 08:00~21:00 **요금** 무료
찾아가기 비달 공원에서 서쪽으로 2㎞. 도보 30분. 또는 마차 10분(2CUC$), 택시 5분(3CUC$) **지도** P.176-A

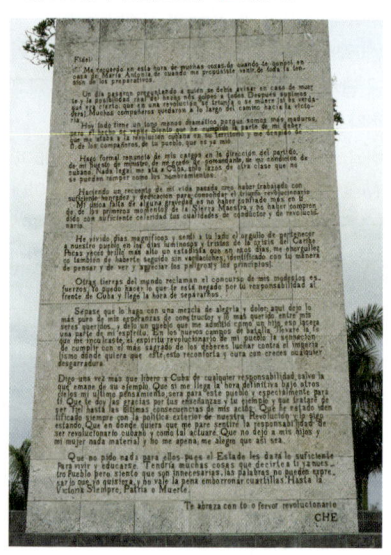

📷 에스타투아 체 이 니뇨 Estatua Che y Niño ★

쿠바의 과거와 미래

체 게바라가 어린아이를 왼팔로 안고 있는 동상인데, 아이는 다음 세대를 뜻한다고 한다. 체 게바라의 허리 벨트에는 볼리비아 정글에서 생사를 함께하다 전사한 38명의 동지들의 모습이 숨어 있으니 꼼꼼히 찾아 보자. 동상 뒤에 있는 건물은 공산당 지방위원회 산타클라라 본부인데 건물 안으로는 들어갈 수 없다. 동상만 보러 가기에는 허탈할 수도 있지만 체 게바라의 도시 산타클라라에서 반드시 들러야 할 곳이다.

주소 Av Liberación
찾아가기 화물 열차 기념관에서 도보 10분. 또는 비달 공원에서 자전거 택시로 10분(2CUC$)
지도 P.176-F

그 이름만으로 가슴 뛰는 혁명가
체 게바라의 생애

에르네스토 라파엘 게바라 데 라 세르나(Ernesto Rafael Guevara de la Serna). 우리는 흔히 그를 체 게바라(Che Guevara)라고 부른다. 전 세계 젊은이들은 베레모를 쓰고 시가를 물고 있는 체 게바라에 열광한다.

그는 1928년 6월 14일 아르헨티나의 로사리오 지방에서 태어났고 1967년 10월 9일 볼리비아의 정글에서 사망했다.

체 게바라는 아르헨티나의 중산층 가정에서 태어나 부에노스아이레스 의과 대학을 다니던 평범한 청년이었다. 1951년, 그는 친구 알베르토 그라나다와 함께 낡은 모터사이클 포데로사를 타고 8,000km의 긴 여정을 떠난다. 이 여행을 통해 라틴아메리카 역사와 민중들의 삶에 깊은 이해를 하게 되었으며, 사회주의 혁명가들의 영향을 받았다. 1953년에는 친구 카를로스 페레로와 함께 두 번째 남미 여행을 떠난다. 이 여행 후 그는 의사의 길을 포기하고 본격적인 혁명가의 길을 걷게 된다.

1955년 멕시코에서 운명적으로 피델 카스트로와 그의 동생 라울 카스트로를 만나 쿠바 혁명에 뛰어들었다. 멕시코에서 쿠바 혁명군을 조직해 1957년 반군 부대의 대장을 맡았고 쿠바 바티스타 정부군과 싸웠다. 1959년 드디어 쿠바 혁명이 성공하고 카스트로가 정권을 잡자 쿠바 시민이 되어 사령관, 국가토지개혁위원회 위원장, 중앙은행 총재, 공업 장관 등을 역임하며 쿠바 정권의 기초를 세워나갔다.

쿠바를 사이에 두고 소련과 미국이 힘겨루기를 하는 사이, 체 게바라는 자신의 역할을 쿠바에서 성공한 사회주의 혁명을 라틴아메리카 전역에 확산하는 것으로 목표를 삼고 다시 게릴라로 돌아가기로 결심하게 된다. 1965년 "쿠바에서는 모든 일이 끝났다"라는 한통의 편지를 남기고 쿠바를 떠나 콩고, 앙골라, 볼리비아 등지에서 혁명을 지원하며 중추적인 역할을 한다. 하지만 볼리비아의 정글에서 정부군과 전투를 벌이던 중 포위되어 종아리에 총상을 입고 생포되었고, 다음날 미국 CIA 요원에게 총살당했다. 볼리비아 정부군은 사살 확인과 신원 확인을 위해 그의 손목을 잘라 쿠바로 보냈다고 한다. 그의 유해는 사망한 지 30년이 지나 1997년 6월 볼리비아의 비밀 묘지에서 발견되었으며 그해 10월, 전사한 당시의 동지 17인과 함께 쿠바 산타클라라에 위치한 그의 기념관에 매장되었다.

체 게바라의 'Che'는 동지, 친구를 부를 때 쓰는 의성어로, 혁명을 하면서 얻은 별명이다. 그가 즐겨 피우던 시가, 베레모 등은 투쟁의 아이콘이 되어 쿠바의 머스트 쇼핑 아이템이 되었다.

산타클라라 식당

산타클라라는 관광객보다 현지인 비중이 높아 쿠바 페소로 계산하는 식당이 곳곳에 있다. 학생이 많아 저렴하면서 양 많고 맛 좋은 피자와 햄버거를 파는 카페테리아도 적지 않다. 카사에서 식사하는 여행객도 많다.

사보레아테 Saboreate

산타클라라에서 가장 큰 식당

주로 닭과 해산물로 만드는 쿠바 전통 요리 식당이다. 간판이 작고 벽과 문 어디에도 식당임을 알리는 표시가 없어 그냥 지나칠 수 있지만, 영업시간에는 문을 항상 열어 놓으니 문 열린 집을 찾으면 된다. 입구의 작은 공간에는 기다리는 사람을 위한 벤치가 있다. 우측으로 난 문을 통해 안으로 들어가면 족히 50~60명이 한꺼번에 식사를 해도 될 만한 넓은 홀이 있고 홀 안쪽으로 다시 2개의 공간이 있다. 밖에서 보는 것과 달리 굉장히 큰 식당으로 산타클라라에서 가장 크다고 한다. 메뉴판에는 쿠바 페소(MN, CUP$)로 표기되어 있으나 태환 페소(CUC$)로도 계산 가능하다.

주소 Maceo No. 7 | E/ Independencia y Cespedes, santa clara **전화** 5 28 34 749
영업 09:00~23:00 **예산** 75~360CUP$
찾아가기 비달 광장에서 도보 10분 **지도** P.176-D

레스토란테 엘 솔 Restaurante El Sol

맛 좋고 양도 푸짐한 식당

노란 건물이 인상적인 식당으로 쿠바 페소를 사용하지만 격식을 갖춘 곳이다. 1층에는 주방과 테이블이 2개 있고 2층에 테이블이 6개 있다. 샌드위치, 피자, 파스타부터 쿠바 가정식인 로파비에하 정식까지 한국의 분식점처럼 없는 것이 없다. 맛도 좋고 양이 푸짐한데, 무엇보다 저렴한 가격이 더 좋아 보석 같은 식당이다.

주소 Maceo No 52 Entre Buen Viaje y Gloria | Maceo No 52, santa clara
전화 5 31 24 139 **영업** 09:00~23:00
예산 50~120CUP$
찾아가기 비달 광장에서 도보 5분 **지도** P.176-C

🍴 엘 알바 1993 El Alba 1993

산타클라라 시민들이 꼽은 맛집

닭고기, 돼지고기, 소고기 등 육류와 새우, 생선 등 해산물을 쿠바 스타일로 요리한다. 조명과 인테리어 모두 평범하지만 음식 맛이 좋아 식당은 늘 붐빈다. 산타클라라 시민에게도 유명해 음식을 포장해 가려는 사람들이 입구에 늘 북적이는 인기 식당이다. 간을 극도로 배제하고 재료 본연의 맛을 최대한 살렸기 때문에 한국인 입맛에는 약간 심심할 수도 있다.

주소 Buen Viaje 26 y Maceo, santa clara
전화 42 20 39 35 **영업** 11:00~23:00
예산 음료 1~3CUC$, 식사 3~6CUC$
찾아가기 비달 공원에서 도보 10분
지도 P.176-D

🍴 엠파이어 Empire

밤과 낮이 다른 식당

엘 알바 1993(El Alba 1993) 바로 앞에 있는 레스토랑이다. 간판에는 'Cafe, Snack Bar'라고 되어 있으나 한국의 닭강정과 비슷한 안주류부터 돼지고기, 소고기 스테이크 등 제대로 된 식사까지 있다. 저녁 식사 시간이 지나면 조명이 어두워지고 신나는 음악과 반짝이는 조명으로 한껏 분위기를 끌어올려 클럽으로 변신한다. 산타클라라의 선남선녀가 모이는 시간이다.

주소 Buen Viaje 25 y Maceo, santa clra
영업 11:00~23:00
예산 음료 1~2.5CUC$, 식사 2.5~7CUC$
찾아가기 비달 공원에서 도보 10분
지도 P.176-D

라 투람 La Turam

늦은 밤 출출함을 채워줄 피자집

호스탈 아우텐티카 페르골라(Hostal Autentica Pergola) 건너편에 있는 이탈리안 식당이다. 오픈된 주방에서 토핑을 풍부하게 올려 구워낸 피자, 방금 튀긴 감자튀김을 곁들이고 패티가 두툼한 햄버거까지 맛볼 수 있다. 보통 쿠바의 피자는 치즈와 토핑이 빈약하다. 그런데 라 투람의 피자는 기본으로 치즈가 많고 추가 요금을 내면 토핑도 추가해준다. 새벽 1시까지 문을 열기 때문에 피자를 포장해가는 여행자가 많다.

주소 Luis Estevez No. 62 | e/ Independencia y Marti, santa clara **전화** 42 28 11 88 **영업** 10:00~15:00, 18:00~01:00 **예산** 음료 1~2CUC$, 식사 2.5~3CUC$
찾아가기 비달 공원에서 도보 5분 **지도** P.176-D

엘 라피도 El Rapido

쿠바식 패스트푸드

비달 광장 바로 앞에 있는 쿠바식 패스트푸드 전문점. 온갖 종류의 음료, 맥주, 와인, 샌드위치, 햄버거, 닭튀김, 감자튀김까지 있어 패스트푸드점이 아니라 음식계의 슈퍼마켓 같은 느낌이 드는 곳이다. 종일 사람들로 북적이지만, 특히 주말에는 비달 광장으로 놀러 나온 현지인 가족들로 발 디딜 틈이 없다. 새벽 3시까지 영업하기 때문에 출출하거나 맥주 한잔하고 싶은 여행자들에게도 큰 호응을 얻고 있다.

주소 58 Lorda, Santa Clara
영업 07:00~03:00 **예산** 0.25~2CUC$
찾아가기 비달 공원 바로 옆
지도 P.176-D

드 쿠바 D'Cuba

쿠바에 뷔페식당이라니!

4성급 이상의 호텔에서나 제공하는 뷔페 식사가 가능한 곳. 수프, 10여 종의 샐러드, 15개 이상의 메인 메뉴, 그리고 4개 이상의 디저트와 아이스크림, 주스까지 구색을 갖췄다. 물자가 부족하고 유통도 불편한 쿠바에서, 특히 산타클라라에 있다는 것만으로도 놀라운 제대로 된 뷔페식당이다. 단조로운 쿠바의 음식에 질려 무엇을 먹을지 고민이었던 여행자에게는 그야말로 빛과 같은 식당이다.

주소 Maceo No 109 e/ Mujica y Gloria
전화 5 817 0298 **영업** 11:00~23:00
예산 식사 6CUC$, 음료 1CUC$
찾아가기 비달 공원에서 체 게바라와 아이의 동상 가는 인데펜덴시아 거리 맨 끝. 비달 광장에서 도보 15분
지도 P.176-C

🍴 카페 무세오 레볼루시온 Cafe-Museo Revolucion

카페테리아 겸 박물관

체 게바라, 피델 카스트로 등이 활동했던 쿠바 혁명기의 오리지널 사진 150컷과 당시 물품, 골동품 300여 점이 쿠바의 여느 박물관보다 풍성하게 전시되어 있다. 자칫하면 그저 그런 카페에 불과했겠지만 수집품의 질과 보관 상태가 좋아 박물관보다 좋은 평가를 받고 있다. 골동품도 전시 중이다. 특히 60년도 더 된 냉장고는 지금도 본연의 임무를 다하며 카페에서 판매하는 맥주와 탄산음료를 보관하고 있다.

매일 저녁 21:00~23:00에는 무료 와이파이를 제공한다. 체 게바라와 아이의 동상으로 가는 인데펜덴시아 거리 맨 끝에 있으니 반드시 들러 칵테일 한 잔 마셔 보자.

주소 Independencia No 313 3/ San Isidro y La cruz, santa clara **전화** 42 21 61 45 **영업** 11:00~23:00
예산 맥주 1.5CUC$, 칵테일 2.5~3CUC$, 샌드위치 1.5~2CUC$
찾아가기 비달 공원에서 체 게바라와 아이의 동상으로 가는 인데펜덴시아 거리 맨 끝. 비달 광장에서 도보 15분
지도 P.176-D

🍴 레스토랑 비스타 델 카피로 Restaurant Vista del Capiro

전망대 입구에 있는 카페

카피로 전망대는 산타클라라 시민이 친구, 연인, 가족과 방문해 시원한 전망과 여유를 즐기는 장소다. 시간의 여유가 있다면 바로 시내로 돌아가지 말고 이곳에서 식사를 해보자. 샌드위치, 햄버거 등 가벼운 식사부터 비프스테이크까지 다양한 메뉴가 있다. 야외 식당인 관계로 비가 오거나 하면 영업하지 않는다.

주소 Aguiler para Fiestas y cumpleanos, santa clara
영업 10:00~20:00
예산 음료 1CUC$, 식사 1~6CUC$
찾아가기 카피로 전망대 입구. 에스타투아 체 이 니뇨에서 동쪽으로 간 다음. 우측 전망대 방향으로 500m. 비달 공원에서 도보 40분, 비시 택시 20분(왕복 4CUC$)
지도 P.176-D

🍴 코로나 Corona

생과일 주스 한 잔의 행복

쿠바에서 만나기 힘든 과일 주스 가게다. 즉석에서 갈아 주는 것은 아니고 미리 갈아둔 주스를 냉장 보관하다 주문하면 따라 준다. 장거리 유통이 불편한 나라이기 때문에 귤, 구아바, 파인애플, 코코넛 등 가까운 곳에서 생산되고 비교적 오래 보관할 수 있는 과일이 주를 이룬다. 유리잔은 깨끗이 세척하지만 불안하다면 개인 물병을 가져가 담아 달라고 하면 된다. 가격이 3CUP$ 정도로 한국 돈 200원이 안 되는 저렴한 가격도 장점이다.

주소 Independencia No 126 e/ Union y San Isidro, santa clara **영업** 07:00~16:30 **예산** 3CUP$
찾아가기 비달 공원에서 도보 10분 **지도** P.176-D

🍴 라 마르케시나 La Marquesina

쿠바인의 일상을 바라보기에 좋은 바

라 카리다드 극장과 붙어 있는 바 겸 카페테리아. 비달 공원을 바라볼 수 있고 큰길 격인 마시모 고메스(Maximo Gomez) 거리와 교차하기 때문에 항상 사람이 많다. 시원한 맥주와 각종 칵테일은 물론이고 커피도 인기 품목이다. 야외 테이블은 물론이고 카페 안의 테이블까지 항상 빈자리가 없다. 칵테일 한잔 시켜 놓고 체 게바라와 카스트로가 만들어 놓은 쿠바 시민의 표정을 바라보기에 좋다.

주소 Parque Vidal, Corner Maximo Gomez
전화 42 22 48 48 **영업** 09:00~01:00
예산 음료 1CUC$, 칵테일 2.5CUC$
찾아가기 라 카리다드 극장. 호텔 산타클라라 리브레에서 도보로 2분 **지도** P.176-D

산타클라라 쇼핑

시내 곳곳에서 체 게바라 아이템의 티셔츠, 가방, 엽서, 책 등을 살 수 있다. 쿠바산 최상급의 시가, 럼을 살 수 있는 상점도 있다.

라 베기타 La Veguita

쿠바 최고의 시가를 사러 가자

콘스탄티노 페레스 카로데과 담배 공장 바로 앞에 있는 상점으로 공장에 들렀다면 당연히 이곳으로 오게 된다. 몬테크리스토, 로바이나, 로메오 이 줄리에타 등의 세계 최상급의 시가를 살 수 있다. 시가와 더불어 하바나 럼, 쿠바 커피와 수입 양주 등도 판매한다. 매장 안쪽에는 바가 있는데 럼을 스트레이트 샷으로 판매한다.

주소 Calle Maceo No 176A, Julio Jover & Berenguer
전화 42 20 89 52
영업 월~토요일 09:00~19:00, 일요일 09:00~14:00
예산 몬테크리스토 100CUC$~, 로바이나 135CUC$~, 아바나 럼 7~350CUC$
찾아가기 콘스탄티노 페레스 카로데과 담배 공장 바로 앞. 비달 광장에서 도보 15분
지도 P.176-D

산타클라라 나이트라이프

아마추어 밴드, 정상급의 프로 밴드 등이 매일 연주하는 클럽 엘 메훈헤뿐만 아니라 광장 주변의 식당과 바 등은 살사 음악과 춤이 차고 넘친다.

클럽 엘 메훈헤 Club el Mejunje

산타클라라에 왔다면 반드시 가야 할 곳

담장도 허물어진 허름한 빈 집이 저녁만 되면 살사, 맘보 등이 흘러나오고 흥에 겨워 춤을 추는 최고의 놀이터로 변한다. 정식 음반을 내고 데뷔한 밴드부터 쿠바 전역을 순회하는 진짜 프로까지 다양한 레퍼토리의 연주자와 밴드가 매일 산타클라라의 밤을 밝힌다. 현지인들은 모두 친구 아니면 아는 사람들이라 분위기가 자연스럽고 꾸밈이 없다. 무대와 관객의 거리가 3m도 안 되기 때문에 흥이 배가된다. 입장료는 없으며, 음료, 칵테일, 럼 스트레이트 샷 1~2CUC$. 아바나 럼을

통째로 사와 홀짝홀짝 마시는 사람도 많다.

주소 Marta Abreu No 107
영업 16:00~01:00
예산 음료, 칵테일, 럼 스트레이트 샷 1~2CUC$
찾아가기 비달 광장에서 도보 5분
지도 P.176-C

산타클라라 호텔

관광지는 아니지만 체 게바라의 흔적을 좇아 많은 사람이 찾아오고, 쿠바 제2의 대학을 끼고 있어 도시 곳곳에서 카사를 찾아볼 수 있다.

호텔 산타클라라 리브레 Hotel Santa Clara Libre

산타클라라의 랜드마크

산타클라라에서 가장 높은 건물로, 랜드마크 역할을 한다. 시내 어디서건 이 호텔이 보이기 때문에 길을 잃었다면 이 민트색 건물을 보고 방향을 잡으면 된다. 1958년 쿠바 혁명 당시 체 게바라가 이끄는 게릴라 군과 바티스타 정부군이 벌인 시가전의 총알 자국이 호텔 벽에 여전히 선명하게 남아 있다. 방은 낡았고 단조롭다. 비달 광장 쪽으로 난 방에서는 약하게 광장의 와이파이 신호가 잡힌다. 국영 호텔이므로 직원의 신속한 일처리, 친절한 서비스, 웃음은 기대할 수 없다. 로비에 아바나 투르 데스크가 있어 호텔과 투어 등을 예약할 수 있다. 1층에 극장이 있다.

주소 Parque Leoncio Vidal No. 6 e/ Trista y Padre Chao, Santa Clara
전화 42 20 51 71
예산 싱글 룸 62CUC$, 더블 룸 70CUC$
찾아가기 비달 광장 바로 옆. 카리다드 대극장에서 도보로 2분
지도 P.176-C

호텔 아메리카 Hotel America

위치 좋고, 서비스 좋은 호텔

비달 공원 근처에 위치한 3성급 호텔. 영업을 시작한 지 5년 된 최신식 호텔이다. 쿠바 국영 여행사인 쿠바나칸(Cubanacan)에서 운영함에도 불구하고, 서비스나 친절도가 여행 평가 사이트 등에서 최고의 평가를 받는 수준이다. 방은 총 27개로 모두 깨끗하고 군더더기 없이 단정하며 욕실 어메니티도 잘 갖추고 있다. 소박한 수영장도 있다. 예약은 호텔로 직접 연락하거나 쿠바나칸 여행사를 통하면 되고, 여행사를 통하는 편이 저렴하다.

주소 Calle Mujica No.9 e/ Colon y Maceo, santa clara
전화 42 20 15 85
예산 싱글 룸 95CUC$, 더블 룸 140CUC$(저녁 6시 이후 남은 방이 있는 경우에만, 워크인 고객에게 싱글 룸 35CUC$, 더블 룸 45CUC$에 판매)
이메일 reservas@caneyes.vcl.tur.cu
찾아가기 비달 공원 남쪽 끝. 도보 2분
지도 P.176-C

호스탈 드코르데로
Hostal D'Cordero

호텔 같은 서비스의 카사

1997년 9월 처음으로 카사를 시작한 코르데로(Cordero) 씨는 4년 전 지금의 장소로 이전해 비약적인 발전을 이루었다. 거실의 모든 가구는 스페인, 프랑스, 미국 등에서 가져왔고 쿠바의 유명 화가가 그린 진품 그림이 집안 곳곳에 걸려 있다. 방은 크고 침대는 스프링 매트리스를 사용한다. 평면 텔레비전, 금고, 우산까지 방 안에 비치되어 있다. 욕실은 대리석으로 꾸며 호텔보다 시설이 좋다. 물소리가 기분 좋게 들리는 분수가 있는 파티오에서 아바나 럼으로 만든 시원한 칵테일을 언제든지 주문해 마실 수 있다. 미리 주문하면 저녁 식사도 가능하다.

주소 Leoncio Vidal Street 61 / Maceo y Union, santa clara
전화 42 20 64 56 **예산** 30~35CUC$, 아침 식사 5CUC$, 저녁 식사 10~15CUC$
홈페이지 www.hostaldcordero.com
이메일 hostaldecoredo@gmail.com
찾아가기 비달 광장에서 도보 8분 **지도** P.176–D

카사 메르시
Casa Mercy

넉넉한 공간에서 나오는 여유

1층 주거 공간과 2층 객실이 분리되어 사생활이 어느 정도 보장되는 카사. 방이 2개뿐이라는 것이 단점이라면 단점이다. 방마다 넓은 테라스가 있고 3층의 옥상에는 의자와 식탁이 있어 맥주 한잔하면서 여행지의 여유를 충분히 느끼며 지낼 수 있다. 특히 그간 카사에 투숙했던 손님들이 남기고 간 책을 교환해서 볼 수 있는 것은 이 집만의 전통. 거실, 방, 집주인의 친절과 영어 실력 등 뭐 하나 빠지는 게 없다. 인기가 좋은 집이니 예약은 필수. 미리 주문하면 점심과 저녁 식사도 할 수 있다.

주소 Calle E Machado 4 | Cuba y Colón, santa clara
전화 42 21 69 41
예산 30CUC$, 아침 식사 5CUC$, 점심 · 저녁 식사 10~14CUC$
이메일 casamercy@gmail.com
찾아가기 비달 공원에서 남쪽으로 도보 10분
지도 P.176–C

카사 메르시 1938 Casa Mercy 1938

대저택에서 보내는 하룻밤

카사 메르시의 2호점 개념으로, 형제가 운영한다. 산타클라라에 유행하는 스페인 식민지풍의 대저택을 카사로 개조한 좋은 예로, 이름은 1938년에 지어진 대저택이라는 뜻이다. 웅장한 거실을 지나면 스페인 세비야 스타일의 벽면 분수가 있는 사랑스러운 정원이 나온다. 카사 메르시와 방 구조나 스타일이 비슷하고 방은 역시 2개. 카사 메르시와 예약 상황을 공유하기 때문에 예약한 곳과 다른 곳에서 묵을 수도 있지만, 어디에 묵더라도 만족스러울 것이다.

주소 Independecia No 253 e/ Union y San Isidro, santa clara **전화** 42 22 55 55 **예산** 30CUC$, 아침 식사 5CUC$, 점심·저녁 식사 10~14CUC$
이메일 omeliomoreno@gmail.com
찾아가기 비달 공원에서 도보 10분
지도 P.176-D

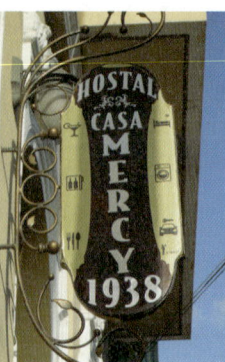  

호스탈 아우텐티카 페르골라 Hostal Autentica Pergola

산타클라라 최고의 카사

산타클라라 최고의 카사라고 평가해도 아깝지 않은 곳. 잘 가꾼 정원과 파티오가 인상적이다. 긴 복도를 따라 이어진 5개의 방은 모두 크고, 욕실도 방 사이즈에 맞게 넓다. 미리 예약을 하면 2층 식당에서 점심과 저녁 식사도 가능한데 애피타이저, 메인 디시, 후식의 순으로 진행되는 정통 코스 요리를 먹을 수 있다. 여느 카사와 달리 대문과 창문을 항상 활짝 열어 놓고 친절한 직원이 응대한다. 거실도 밝게 불을 밝히고 있어 따뜻한 느낌을 준다.

주소 Luis Estevez No. 61 | e/ Independencia y Marti, santa clara **전화** 42 20 86 86
예산 25~30CUC$, 아침 식사 5CUC$, 점심·저녁 식사 10~15CUC$
홈페이지 hostalautenticapergola.blogspot.com
이메일 camenrt64@yhoo.es
찾아가기 비달 공원에서 도보 5분 **지도** P.176-D

호스탈 비스타 파크 Hostal Vista Park

비달 공원의 와이파이가 사용 가능

숙박한 모든 사람이 최고의 찬사를 남기는 곳으로 개구쟁이 같은 미겔(Miguel)의 환한 웃음이 인상 깊은 카사다. 와이파이 존인 비달 공원 바로 옆에 있으므로 2층 테라스와 옥상에서 와이파이를 사용할 수 있다(와이파이 카드 필요). 방 3개가 모두 4명이 써도 될 정도로 넓다. 특히 3층 옥상의 방은 시원한 바람과 야경을 통째로 전세 낸 것처럼 즐길 수 있다. 호텔 부럽지 않은 아침 식사와, 메뉴판이 따로 준비되어 있는 점심·저녁 식사도 훌륭하다.

주소 Calle Leoncio Vidal No 1 y Maceo, santa clara
전화 42 21 97 27
예산 25~30CUC$, 아침 식사 5CUC$, 점심·저녁 식사 10~15CUC$ 홈페이지 www.hostalvistapark-cuba.com
이메일 hostalpark@yahoo.com
찾아가기 비달 공원 바로 옆 지도 P.176-C

호스탈 파노라마 Hostal Panorama

소박하고 정감 있는 카사

넓은 가정집의 남는 방을 숙소로 쓰는 카사 본래 의미에 맞는 조용하고 소박한 집이다. 대저택을 개조한 카사의 방은 혼자 쓰기 부담스러울 정도로 크지만 이 집은 방 크기가 적당하다. 화려하지 않지만 청결함과 가족 같은 분위기가 좋다. 옥상 테라스에서 먹는 아침 식사도 굉장히 풍성하다. 화려한 카사에 지쳤다면 추천한다.

주소 Julio Jover No 32A e/ Luis Estevez y Mximo Gomez, santa clara
전화 42 22 58 00
예산 25CUC$, 아침 식사 5CUC$
이메일 manuel.linares@nauta.cu
찾아가기 비달 공원에서 도보 10분
지도 P.176-D

AREA 06

시엔푸에고스 CienFuegos

쿠바섬 남부 해안가에 위치한 시엔푸에고스는 1819년에 프랑스인들이 첫 발을 디뎠다. 당시 건축 양식은 유럽 계몽주의의 영향을 받아 신고전주의 양식을 바탕으로 호화롭고 단정하게 건설되었다. 그 영향으로 지금까지 시엔푸에고스는 쿠바의 다른 도시보다 밝고 화려한 분위기를 유지하고 있다.

기초 정보

지역번호 43
인구 16만 5,000명
위치 아바나에서 남서쪽으로 224km 떨어진 해변에 위치한 시엔푸에고스는 트리니다드, 산타클라라와 가깝다. 카리브해를 병풍처럼 둘러싼 만을 통과하면 천혜의 항구인 시엔푸에고스가 있다. 지정학적인 장점으로 인해 예로부터 스페인, 프랑스 등에서 건너온 침략자들이 정착해 살면서 건설한 아름다운 해안 도시가 지금까지 이어져 오고 있다.

역사 1494년 콜럼버스가 발견한 천혜의 만(灣), 시엔푸에고스. 1508년에는 스페인 귀족 세바스티안 데 오캄포(Sebastian de Ocampo)가 이곳에 정착했다. 16세기와 17세기에는 해적의 침략으로 약탈과 파괴가 빈번했다. 이에 스페인은 만 곳곳에 철통같은 요새를 세워 해적에 대항했다. 1819년에 프랑스인 돈 루이 드클루에(Don Louis D'Clouet)가 도시의 기반을 세우기에 이른다. 그런데 곧바로 허리케인이 몰아쳐 겨우 마련된 숙소나 시설이 파괴되었지만, 돈 루이 드클루에와 이민자들은 다시 도시 재건에 힘을 쏟았다. 그리고 도시의 이름을 당시 쿠바의 장군이자 지도자였던 시엔푸에고스(Cienfuegos)의 이름을 따 지었다.

여행 적기 베니 모레(Benny More)를 추모하는 음악 축제가 격년마다 9월에 열린다. 쿠바를 대표하는 세계적인 가수 베니 모레의 고향이 시엔푸에고스이기 때문. 그는 '시엔푸에고스'라는 노래를 발표했을 정도로 고향을 사랑하고 자랑스럽게 여겼다. 그는 1963년 43세의 나이에 간경화로 요절했는데, 1980년부터 그를 기리는 사람들이 2년마다 9월에 '베니 모레 축제(International Benny More Festival)'를 열고 있다. 축제가 열리는 해의 9월에 시엔푸에고스로 여행을 간다면 무척이나 흥겨운 음악 축제를 즐길 수 있다. 쿠바의 카리브해를 즐기려면 건기인 1~4월에 찾으면 좋다. 시엔푸에고스시의 홈페이지(www.cienfuegoscity.org)를 참고하면 도시에 대한 여러 정보를 얻을 수 있다.

치안 차 없는 여행자 거리인 불러바드에서는 저녁에 술취한 젊은이들이 "치노, 치노(Chino, 중국인)"라며 비아냥거리기도 한다.

가는 방법

항공
국제선이 부정기적으로 운항하는 하이메 곤살레스 공항(Jaime Gonzales Airport)이 시엔푸에고스에서 북동쪽으로 5km 떨어진 곳에 있다. 아바나와 연결되는 국내선은 현재 운항하지 않는다.

공항 ↔ 시내
하이메 곤살레스 공항(Jaime Gonzales Airport)은 시엔푸에고스에서 북동쪽으로 5km 떨어져 있다. 공항에서 시내로 이동할 수 있는 대중교통은 택시뿐이다. 공항에서 시엔푸에고스 시내까지 약 10분 걸리며, 요금은 10~13CUC$ 정도다. 시내에서 공항으로 갈 때도 택시를 이용하면 된다.

비아술 버스
쿠바의 대표적인 장거리 버스 비아술 버스가 아바나 등의 주요도시와 트리니다드를 잇는다. 아바나에서 4시간 45분 걸리며 요금은 20CUC$, 바라데로에서 4시간 30분 걸리며 요금은 15CUC$이다. 비교적 가까운 트리니다드에서는 1시

간 35분 걸리며 요금은 6CUC$.

비아술 버스 터미널
주소 Calle 49, Avs 56 & 58, Cienfuegos
전화 43 51 57 20, 43 51 81 14

비아술 버스 터미널 ↔ 시내
비아술 버스 터미널은 시엔푸에고스 센트로에 있다(길 건너편에는 기차역이 있다). 타운에 숙소가 있다면 걷기에도 무방한 거리다. 푼타 고르다에 숙소가 있다면 거리는 3㎞ 내외다. 택시를 타면 늦어도 5분 안에 도착할 수 있다(3~5CUC$).

코넥탄도
트리니다드와 아바나를 연결하는 코넥탄도가 시엔푸에고스를 경유한다. 각 노선이 매일 1회 운행하며, 트리니다드에서 아침 8시경 출발해 시엔푸에고스까지 약 2시간 걸린다. 아바나에서도 아침 8시경 출발하며 시엔푸에고스까지 약 3시간 걸린다. 요금은 트리니다드-시엔푸에고스 22CUC$, 아바나-시엔푸에고스 27CUC$. 예매는 필수이며 호텔 리셉션 데스크에서 신청하면 된다.

택시
아바나에서 시엔푸에고스까지 택시로 올 경우 약 3~4시간 걸리며, 요금은 80~100CUC$이다. 시엔푸에고스에서는 약 1시간 소요되며, 요금은 25~30CUC$. 산타클라라에서는 약 2시간 소요되며 요금은 약 30~40CUC$.

시내 교통
시엔푸에고스 센트로의 호세 마르티 공원에서 푼타 고르다의 라 푼타까지 3㎞가 조금 넘는다. 블록으로 도시가 정비되어 있어 방향만 알면 천천히 걸어서 다녀도 된다. 날이 뜨겁다면 마차나 인력거 택시를 타고 다녀 보자.

택시
호텔 하과(Hotel Jagua), 호텔 라 유니온(Hotel la Union) 주변, 비아술 버스 터미널 주위에 택시가 많다. 센트로에서 푼타 고르다까지 요금은 3CUC$ 정도.

자전거 택시
자전거 택시는 주로 말레콘 주변에 대기하고 있다. 주로 관광객들이 이용한다. 말레콘에서 푼타 고르다까지 일반 택시와 비슷한 요금인 4CUC$ 정도 나온다. 바닷바람을 맞으며 달리는 것도 기분 좋다.

마차
시엔푸에고스 센트로, 푼타 고르다, 레이나 묘지 등을 다닐 때 편하다. 요금은 현지인이라면 10CUP$이지만, 여행객은 1CUC$를 내라고 하기도 한다. 시엔푸에고스를 무척 잘 아는 것처럼, 얼마인지 물어보지 말고 10CUP$만 내고 내려도 된다.

추천 일정

볼거리들이 호세 마르티 공원 근처에 모여 있다. 걸어 다녀도 되지만 푼타 고르다까지는 거리가 좀 되니 마차, 자전거 택시 등을 적절히 이용해 다니는 편을 추천한다.

1일차

호세 마르티 공원 주변(호세 마르티 공원, 아르코 데 트리운포, 시 청사, 주립 박물관, 성모 수태 대성당, 토마스 테리 극장, 호텔 라 유니온, 불러바드 거리, 프라도 거리)을 걸어서 다닌다.

호세 마르티 공원 → 마차 5분 → 레이나 묘지 → 마차 5분 → 무에예 레알

2일차

호세 마르티 공원 → 택시 10분 → 팔라시오 데 바예 → 도보 10분 → 호스탈 팔라시오 아술 → 도보 10분 → 말레콘 산책

여행 안내소(인포투르, Infotur)
● Infotur 1
주소 Av. 56 e/ Calle 33 y Calle 31, Cienfuegos
전화 43 51 46 53 운영 09:30~12:00, 12:30~17:00
● Infotur 2
주소 Calle 37 e/ Av 14. y Av. 16, Cienfuegos
전화 43 55 16 31 운영 09:30~12:00, 12:30~17:00

여행사
● 쿠바 투르(Cuba Tur)
주소 Calle 37 No 5399, Avs 54 & 56, Cienfuegos
전화 43 55 12 42
운영 월~토요일 09:00~18:00
● 파라디소(Paradiso)
주소 Av 54 No 3301, Calles 33 & 35, Cienfuegos
전화 43 51 18 79 운영 월~토요일 09:00~18:00
● 아바나 투르(Havana Tur)
주소 Av 54 E, 29 & 31, Cienfuegos
전화 43 51 11 50 운영 월~토요일 09:00~18:00

이민국(인미그라시온, Inmigracion)
주소 Av 46 Y Calle 29, Cienfuegos
운영 월·수·금요일 08:00~19:00, 화요일 08:00~17:00, 목·토요일 08:00~12:00

에텍사 & 텔레푼토
주소 Calle 43, Cienfuegos
운영 월~일요일 08:30~19:30

우체국(코레오, Correo)
● Post Office 1
주소 Av 56 No 3514, Calles 35 & 37, Cienfuegos
운영 월~금요일 08:00~17:00

병원, 약국
● Clinica Internacional(긴급 진료, 치과 진료 가능. 24시간)
주소 Av 10, Calles 37 & 39, Cienfuegos
전화 43 55 16 22
● Hotel La Union Pharmacy(외국인 전용 약국, 24시간)
주소 Calle 31 & Av 54, Cienfuegos
전화 43 55 10 20
운영 월~일요일 09:00~21:00

은행(방코, Banco)
● Banco de Credito y Comercio
주소 Av 56 & Calle 31, Cienfuegos
운영 월~금요일 09:00~17:00

환전소(카데카, Cadeca)
● 카데카(Cadeca)
주소 Av 56 No 3316, Calles 33 & 35, Cienfuegos
운영 월~금요일 09:00~17:00
● 카데카 데 라 칼사다(Cadesa de la Calzada)
주소 Calles 59, Av 64, Cienfuegos
운영 월~금요일 09:00~17:00

시엔푸에고스 관광

시엔푸에고스의 볼거리는 호세 마르티 광장 주변과 푼타 고르다의 말레콘 주변에 밀집되어 있어 동선 짜기가 쉽다.

호세 마르티 공원 Parque Jose Marti ★★

시엔푸에고스의 중심 광장

라틴아메리카의 도시에 아르마스 광장이 있다면, 쿠바의 도시에는 호세 마르티 공원이 있다. 호세 마르티 공원은 시엔푸에고스의 중심이다. 호세 마르티를 기념하는 작은 조각상을 중심으로 두 블록이 공원으로 조성되어 있고, 공원 주위를 개선문, 시 청사, 대성당, 주립 박물관, 토마스 테리 극장, 카사 델 푼타도르 등 오래된 건물과 바, 레스토랑, 상점, 호텔 등이 둘러싸고 있다. 호세 마르티 동상 주변은 잘 자란 세이바 나무가 만든 그늘 아래 벤치가 있어 시민들의 휴식처로 사랑받는다.

주소 Av 54 & 56, Calle 25 & 29, Cienfuegos
찾아가기 비아술 버스 터미널에서 서쪽으로 도보 30분, 또는 택시로 5분
지도 P.196-B

아르코 데 트리운포 Arco de Triunfo ★

쿠바 독립을 기념하는 개선문

쿠바 유일의 개선문. 1902년 5월 20일, 쿠바의 독립을 기념하기 위해 벽돌공과 부두 노동자 등 많은 노동자들이 자발적으로 만들었다고 한다. 비록 작고 소박하지만 독립을 향한 민초들의 열정과 자부심을 느낄 수 있다. 문을 지나면 비로소 호세 마르티의 대리석 조각상을 만날 수 있다.

주소 Av 54 & 56, Calle 25 & 29, Cienfuegos
찾아가기 호세 마르티 공원 서쪽 끝 광장. 도보 2분
지도 P.197-K

📷 시 청사 Palacio de Gobierno ★

시엔푸에고스에서 가장 화려한 건물

크고 둥근 지붕이 광장 어디에서나 잘 보인다. 1957년 9월 5일, 쿠바 혁명 동지들이 이곳에서 회동을 했고, 정면 테라스에서 피델 카스트로가 연설을 했다고 한다. 현재는 시엔푸에고스의 지방 정부 청사로 쓰이고 있다. 내부로는 들어갈 수 없다.

주소 Av 54, Calle 27 & 29, Cienfuegos
찾아가기 호세 마르티 공원 서쪽 면. 아르코 데 트리운포에서 도보로 5분 지도 P.197-K

📷 주립 박물관 Museo Provincial ★

시엔푸에고스의 역사가 한눈에

시엔푸에고스의 역사를 소개하는 알찬 박물관이다. 컬렉션은 쿠바에서 살았던 프랑스 상류층의 가구들, 생활용품 등이 주를 이루고 있으며, 시엔푸에고스의 선사 시대 유물과 쿠바 혁명이 관한 기록과 사진 등도 전시되어 있다. 특히 2층의 전시실에서는 잠망경과 같은 원리의 거울인 '코모 벤 로스 움브레스 테 라 게라(Como Ven Los Hombres de la Guerra)'을 통해 천장 벽화를 볼 수 있으니 확인해 보자.

주소 Av 54 & Calle 27, Cienfuegos
개방 화~토요일 10:00~18:00, 일요일 09:00~13:00
휴무 월요일 예산 2CUC$
찾아가기 호세 마르티 공원 남쪽 면. 도보 3분
지도 P.197-K

📷 성모 수태 대성당 Catedral la Purisima Concepcion ★

시엔푸에고스 시민의 마음의 고향

1869년에 공사를 시작해 1917년에 완공된 성모 수태 대성당은 시엔푸에고스 시민에게는 마음의 고향이다. 화려함과 웅장함과는 거리가 먼 단순함과 밋밋함이 특징이다. 흥미로운 점은 기둥 복원 공사 중 1870년대에 쓴 것으로 추정되는 한문이 발견되었다는 사실인데, 아직까지 누가, 왜 적었는지는 밝혀지지 않았다. 글씨도 흐릿해 정확히 무슨 글자인지 분간이 안 되고 있다. 성당 미사 시간에는 항상 문이 열려 있어 누구나 와서 기도나 미사를 드릴 수 있다.

주소 Av 56 No 2902, Cienfuegos
개방 월~금요일 07:00~12:00(미사 화~금요일 07:15, 토요일 08:00 15:00, 일요일 09:00) **예산** 무료
찾아가기 호세 마르티 공원 북동쪽 코너. 도보 3분
지도 P.197-K

📷 토마스 테리 극장 Teatro Tomas Terry ★★

쿠바를 대표하는 극장

1895년 베르디의 <아이다(Aida)> 초연을 시작으로 약 120년의 역사를 가진 극장이다. 베네수엘라 출신 설탕 사업가 토마스 테리를 기념하기 위해 1887~1899년에 걸쳐 건설되었다. 극장 입구 정면 위쪽의 금박 모자이크는 극장을 건설할 당시의 부를 보여주며, 내부 또한 전형적인 화려한 극장의 모습이다. 천장의 누드화와 벽화는 120년의 세월 속에서도 잘 보존되어 있다. 언뜻 보기에 작아 보이지만 약 950석 규모의 대형 극장이다. 공연을 관람하려면 극장 입구의 스케줄 표를 참조하면 되며, 티켓은 현장에서 살 수 있다.

주소 Av 56 No 270, Calles 27 & 29, Cienfuegos

전화 43 51 33 61, 43 55 17 72
개방 09:00~18:00 **예산** 2CUC$, 사진 촬영 5CUC$
찾아가기 호세 마르티 공원 북쪽. 도보 5분 **지도** P.197-K

카사 델 푼다도르 Casa Del Fundador

시엔푸에고스의 역사와 함께한 건물

이 건물을 한마디로 정의한다면 '시엔푸에고스에서 가장 오래된 건물'이다. 건물 입구의 안내문이 이 건물의 역사를 말해 준다. 원래 이 도시를 건설한 돈 루이 드클루에(Don Louis D'Clouet)의 저택이었으나 현재는 기념품 상점으로 이용되고 있다. 시엔푸에고스의 쇼핑 거리인 불러바드 거리가 이곳에서 시작되어 프라도 거리와 만난다.

주소 Calles 29 & Av 54, Cienfuegos
개방 09:00~18:00
찾아가기 호세 마르티 공원 동남쪽. 도보 5분 **지도** P.197-K

레이나 묘지 Cementerio La Reina

조각 공원 같은 묘지

쿠바 독립 전쟁 당시 전사한 스페인군이 잠들어 있는 묘지. 1837년에 건립되었다. 특이한 점은 시신을 지상의 벽 안에 묻었다는 점인데, 이 방식은 쿠바 내에서 유일한 것이다. 묘지라고 느껴지지 않을 정도로 아름답고 정교한 조각과 다양한 부조가 마치 조각 공원에 온 것 같은 느낌이 든다. 특히 1907년, 실연으로 괴로워하다 24살의 젊은 나이에 죽은 여인을 기리는 〈잠자는 숲속의 미녀(Bella Durmiente)〉라는 대리석 조각이 유명하다. 가이드를 겸한 관리인이 있는데 관람객과 함께 묘지 이곳저곳 다니며 묘지와 조각상을 안내해 준다. 스페인어를 몰라도 따라다니면 효율적으로 둘러볼 수 있다

주소 Av 50 & Calle 7, Cienfuegos
전화 43 52 15 89 **개방** 08:00~17:00 **예산** 무료
찾아가기 호세 마르티 공원에서 서쪽으로 약 600m. 도보 15분 또는 마차로 5분 **지도** P.196-A

📷 불러바드 거리 El Boulevard ★

차 없는 여행자 거리

호세 마르티 공원의 동남쪽 끝에 있는 카사 델 푼다도르(Casa Del Fundador)에서 시작해 시엔푸에고스의 메인 도로라 할 수 있는 프라도 거리까지 다섯 블록을 불러바드 거리라고 부른다. 양쪽에는 상점, 식당, 카페, 호텔, 은행, 슈퍼마켓, 와이파이 존 등 현지인과 여행객의 편의를 위한 모든 것이 있는 차 없는 거리다. 이 거리는 유난히 깨끗하게 정비되어 천천히 다니며 쇼핑하기 좋다. 저녁이 되면 거리의 음악 연

주자와 흥겨운 리듬에 맞춰 춤을 추는 쿠바인들로 가득 찬다.

주소 Av 54, Cienfuegos
찾아가기 호세 마르티 공원의 카사 델 푼다도르에서 프라도 거리까지 도보 8분 **지도** P.197-K

TOUR TIP 베니 모레여 영원하라!

베니 모레(Benny More)를 빼고 쿠바 음악을 이야기하는 것은 불가능하다. 잘 알려진 밴드 '부에나비스타 소셜 클럽'의 보컬 이브라임 페레(Ibrahim Ferrer)도 베니 모레 밴드의 보컬 출신이다. 베니 모레는 단순히 쿠바 국민들뿐만 아니라 쿠바에서 음악 활동을 했던 가수와 연주자들에게도 스타다. 그가 등장하기 전까지만 해도 쿠바 음악은 아프리카 요소와 스페인 색깔이 각기 따로 소리를 냈으나, 베니 모레가 그 두 요소를 하나로 통합하여 말 그대로 '쿠바 음악이라는 것은 이런 것이다'라는 것을 탄생시켰기 때문이다. 그는 1919년 8월 24일 시엔푸에고스에서 태어나 1963년 43세의 젊은 나이로 요절했다. 독학으로 악기를 공부했는데, 악보를 볼 줄 몰랐음에도 불구하고 작곡까지 했으며 고음과 저음을 넘나드는 독특하고 드라마틱한 목소리로 혁명의 격변에 휘말렸던 쿠바 국민의 마음을 사로잡았다.

'보니타 이 사브로소(Bonito Y Sabroso)', '산 페르난도(San Fernando)', '돈데 에스타바스 투(Dónde Estabas Tú)', '케 부에노 바일라 우스테드(Qué Bueno Baila Usted)', '코모 푸에(Cómo fue)', '프란시스코 과야발(Francisco Guayabal)' 같은 명곡은 여러 가수들이 리메이크하기도 했다. 쿠바 국민들은 오늘도 베니 모레와 함께, 흥이 오르는 몸으로 음악을 표현하며 살아가고 있다.

📷 프라도 거리 Paseo del Prado

쿠바에서 가장 긴 거리

시엔푸에고스의 프라도 거리는 북쪽의 리오 엘 잉글레스(Rio el Ingles)에서부터 남쪽 끝인 푼타 고르다(Punta Gorda)까지 직선으로 시원하게 뻗어 있다. 거리 양옆으로 오래된 건물과 새로 지은 건물이 사이좋게 공존하고 상점, 식당, 상가, 주택 등이 늘어서 있다. 거리의 중간 지점에는 이 고장이 낳은 세계적인 음악가인 베니 모레(Benny More)의 동상이 서 있다.

주소 Calle 37, cienfuegos
찾아가기 호세 마르티 공원의 카사 델 푼다도르에서 동쪽으로 만나는 도로
지도 P.197-K

베니 모레 동상
Statue de Benny More

쿠바인이 가장 사랑한 가수

베니 모레는 쿠바인이 가장 사랑하는 가수이자 기타 연주자이다. 1919년 시엔푸에고스주의 산타 이사벨라 데 라스 라하스에서 태어난 그는 오케스트라 밴드를 직접 만들어 볼레로, 맘보, 과라차(Guaracha) 등의 음악을 소화해 낸 천재 음악가다. 비록 1963년 43세의 젊은 나이로 요절했지만, 그의 장례식에는 전국 각지에서 몰려온 100만 명의 팬이 모였다고 한다. 시엔푸에고스 곳곳에는 그의 음악이 지금도 흘러나온다. 중심 거리인 프라도 거리 한복판에는 그를 기리는 동상이 젊은 모습 그대로 여전히 팬들과 함께하고 있다.

주소 Calle 37 & Av 54, Cienfuegos
찾아가기 프라도 거리 중간
지도 P.197-K

📷 무에예 레알 Muelle Real ★

시엔푸에고스 최고의 석양 감상 포인트

무에예 레알은 파도가 잔잔한 항구로, 해가 지는 오후가 되면 많은 시민과 관광객이 나와 석양을 보는 곳으로 유명하다. 선착장에 가지런히 정박한 배들과 한가로운 낚시꾼의 모습, 가족 혹은 연인끼리 해변에 앉아 각자의 방법으로 오후를 보내는 모습은 여유가 어떤 것인지 느끼게 해준다. 숙소에서 낚싯대를 빌려 시간을 보내는 것도 좋다. 물론 부카네로 맥주 한 캔은 잊지 말자.

주소 AV 46 & Calle 25, Cienfuegos
찾아가기 호세 마르티 공원에서 남쪽 해변으로 도보 10분
지도 P.196-F

📷 말레콘 Malecon ★★

긴 해변을 따라 펼쳐지는 시민의 일상

쿠바 아바나의 말레콘과 마찬가지로 시엔푸에고스의 말레콘도 시민들의 휴식처이다. 아침저녁으로 조깅을 즐기는 사람, 낚싯대를 드리우고 담배를 피우는 사람, 연인 혹은 친구, 가족끼리 나와 대화를 나누는 사람들 등, 다양하고 평화로운 모습으로 일상을 즐기는 시민을 만나기 가장 좋은 장소다. 바다에 바로 접해 있는 아바나와는 달리 시엔푸에고스의 말레콘은 만 안에 위치해 악천후에도 파도가 방파제 위로 넘어오지 않는다. 역동성은 떨어지는 편이지만, 고요하게 지는 석양이 아름다워 해 질 녘이 되면 열심히 카메라의 셔터

를 눌러대는 여행객도 많이 찾는다.

주소 Paseo el Prado, Cienfuegos
찾아가기 프라도 거리를 따라 남쪽으로 이동. 푼타 고르다 방향 지도 P.196-F

📷 팔라시오 데 바예 Palacio de Valle ★★★

쿠바의 국립문화유산

고딕, 바로크, 스페인, 이슬람 등 여러 건축 양식이 조합된 시엔푸에고스의 상징적인 건물. 1917년에 지어졌으며 국립문화유산으로 지정되었다. 건축 당시 땅 주인 중 1명인 바예(Valle)의 이름을 따 붙였다. 건축은 이탈리아 건축가인 알프레 콜리가 맡아 1913년부터 시작해 4년 만에 완공했다. 건물을 짓는데 사용한 모든 자재를 유럽에서 들여왔는데, 아치형의 벽과 기둥, 건물 안의 조각, 부조, 대리석 장식, 벽화, 계단 등 하나하나 예술적 감성을 최대한 녹여냈다. 건물 상층부에는 3개의 탑이 있는데 각각 권력, 종교, 사랑을 뜻한다. 탑은 무료로 개방되어 정상까지 올라갈 수 있고 시엔푸에고스 시내를 조망하기 좋은 전망대 노릇을 한다. 1층에는 레스토랑, 2층에는 기념품을 파는 작은 상점이 있고, 3층은 루프 톱 바로 운영되고 있다.

주소 Calle 37, Avs 0 & 2, Cienfuegos
전화 43 55 10 03
개방 09:30〜02:00
예산 무료
찾아가기 말레콘 끝. 호세 마르티 공원에서 도보 40분, 또는 마차로 15분
지도 P.196-J

📷 클럽 시엔푸에고스 ★
Club Cienfuegos

시엔푸에고스 시민들의 스포츠 센터

클럽 시엔푸에고스라는 이름과 초록색 지붕의 웅장한 건물만 봐서는 문턱이 높아 보이지만 입장료를 내면 누구나 이용할 수 있는 스포츠 센터다. 1920년대에는 호화 요트 클럽으로 이용되었다고 하는데 당시 쿠바와 시엔푸에고스의 호화로운 생활상을 조금이나마 들여다 볼 수 있다. 수영장, 테니스, 요트, 카약, 윈드서핑 등을 할 수 있으며 스케줄은 로비에서 체크해야 한다.

주소 Calle 37 e / Av 8 & 12, Cienfuegos
전화 51 28 91 **영업** 11:00〜18:00
예산 입장료 1CUC$, 수영장 3CUC$
찾아가기 말레콘 따라 남쪽. 호세 마르티 공원에서 도보 45분, 또는 마차로 20분 **지도** P.196-J

📷 센트로 레크레아티보 라 푼타
Centro Recreativo la Punta ★

시엔푸에고스의 남쪽 끝 지점

남쪽 끝에 있는 작은 공원. 볼 것은 없으나 산책 겸 걸어보는 것도 좋다. 공원 주변에 야외 바가 있다. 시엔푸에고스 시민들은 주말에 이곳에 와서 많은 시간을 보낸다.

주소 Calle 35, Cienfuegos
개방 일~금요일 09:00〜22:00, 토요일 09:00〜24:00
휴무 없음 **예산** 무료
찾아가기 말레콘 끝. 호세 마르티 공원에서 도보 50분, 또는 마차로 20분 **지도** P.196-J

시엔푸에고스 식당

크루즈가 정박하는 시엔푸에고스에는 맛과 분위기가 뛰어난 식당이 많다. 바다가 가까워 신선한 해산물 메뉴가 특히 인기가 좋다.

테아트로 카페 테리
Teatro Cafe Terry

야외 테이블에서 맥주 한잔

토마스 테리 극장과 붙어 있는 카페 겸 바. 저녁에는 항상 밴드의 공연이 열리는 아름다운 곳이다. 나무줄기가 얽혀 지붕처럼 되어 버린 야외 카페에는 항상 손님들이 가득 차 앉을 자리가 없다. 특히 공연이 한창인 저녁에는 카페 밖에서도 맥주 한잔 들고 자유롭게 흥을 즐기는 사람이 많다.

주소 Av 56 No 2703, Calle 27, Cienfuegos
전화 43 51 33 61 영업 09:00~22:00
예산 칵테일 3~4CUC$, 맥주 3CUC$, 커피 2CUC$
찾아가기 토마스 테리 극장 바로 옆 지도 P.197-K

엘 팔라티노 El Palatino

시엔푸에고스의 인기 바

호세 마르티 광장의 주립 박물관 바로 옆에 있는 바 겸 카페테리아. 실력 있는 밴드의 연주와 노래가 지나가던 사람들마저 자리에 앉게 한다. 연주가 열리지 않을 때

에도 야외 테이블에 앉아 호세 마르티 공원과 사람 풍경을 즐기는 것도 좋다. 위치와 전망에 비해 가격도 비싸지 않다. 단, 주문을 하면 서빙이 굉장히 늦거나 잊어버리는 경우가 꽤 있으니 바에 가서 직접 주문하고 받아오는 것이 좋다.

주소 Av 54 No 2514 e/ Calle 25 y Calle 27, Cienfuegos
영업 09:00~22:00 예산 칵테일 3CUC$, 맥주 3CUC$, 커피 1CUC$, 샌드위치 3CUC$
찾아가기 호세 마르티 공원 바로 옆 지도 P.197-K

🍽 팔라다르 아체 Paladar Ache

그릴에 구운 모든 것을 먹을 수 있는 식당

쿠바에서 보기 힘든 귀한 식당이다. 돼지다리구이와 돼지고기 스테이크 등 바비큐의 진수를 이곳 시엔푸에고스에서 맛볼 수 있다. 돼지고기 외에 양고기, 소고기, 새우, 생선, 랍스터 등도 바비큐로 요리한다. 동물 가죽으로 만든 의자가 분위기를 한껏 돋운다. 칵테일 중 파인애플을 직접 갈아 주는 피나 콜라다를 꼭 마셔 보자.

주소 Av 38 No 4106, Calle 41 & 43, Cienfuegos
전화 43 52 61 73 영업 월~토요일 12:00~22:00
휴무 일요일 예산 음료 2~5CUC$, 식사 8~10CUC$
찾아가기 호세 마르티 공원에서 도보 20분
지도 P.196-F

🍽 카페 말레콘 Cafe Malecon

생맥주를 마실 수 있는 귀한 바

38번 도로(Av. 38)의 코너에 있는 카페 말레콘은 쿠바 페소만 받는 내국인용 식당이지만, 시원한 생맥주를 맛볼 수 있다. 생맥주는 1회용 플라스틱 컵에 주며 한 잔에 15CUP$이다. 닭튀김, 생선튀김, 샌드위치 같은 식사류도 있다. 여행지의 분위기에 취해 밤늦도록 맥주잔을 기울이고 싶지만 안타깝게도 저녁 8시면 문을 닫는다. 말레콘과 푼타 고르다 지역을 오가다 들러 목을 축이기 좋다.

주소 Av. 38, Cienfuegos
영업 09:00~20:00
예산 닭튀김 26CUP$, 생선튀김 26CUP$
찾아가기 호세 마르티 공원에서 도보 20분
지도 P.196-F

🍴 레스토랑 도나 노라 Restaurant Dona Nora

꼬치구이에 시원한 쿠바 맥주 한잔

인테리어만 보면 굉장히 고급 식당 같지만 가격은 의외로 저렴하다. 중국식 소스로 맛을 낸 새우 요리와 쿠바식 꼬치 요리인 브로체테(Brochette)를 추천한다. 매일 저녁 통기타 가수가 공연을 하는데 레퍼토리는 우리에게 익숙한 팝 위주로 구성되어 있다. 프라도 거리 2층에 위치해 테라스에서 바깥을 보며 식사를 할 수도 있다.

주소 Calle 37 No 4219, Avs 42 & 44, Cienfuegos
전화 43 52 33 31 **영업** 08:00~15:00, 18:00~23:00
예산 음료 1~2CUC$, 식사 4~8CUC$
찾아가기 호세 마르티 공원에서 도보 15분 **지도** P.196-F

🍴 팔라시오 데 바예 Palacio de Valle

멋과 맛이 함께하는 식당

시엔푸엔고스의 메인 도로인 프라도 거리(Paseo El Prado)가 끝나는 해안에 위치한 식당으로 열려 있는 문과 창문을 통해 바다에서 불어오는 시원한 바람을 맞으며 식사를 할 수 있다. 오래된 건물 팔라시오 데 바예의 1층에 있는 식당이다. 오래된 건물이 주는 분위기만으로도 훌륭한 식사를 한 것 같다. 식당은 따로 문이 없어 일반 관광객들이 드나들기 때문에 분위기는 어수선하다. 주로 해산물 요리가 많다.

주소 Calle 37, Avs 0 & 2,Cienfuegos
전화 43 55 10 03 **영업** 10:00~22:00
예산 음료 2~6CUC$, 식사 15~25CUC$
찾아가기 팔라시오 데 바예 1층
지도 P.196-J

🍴 가토 베르데 Gato Verde

시엔푸에고스 최고의 칵테일을 마실 수 있는 곳

테이블은 몇 개 안 되지만 다양하고 맛있는 칵테일을 마실 수 있는 칵테일 전문 바. 늦은 시간 출출해지면 샌드위치도 먹을 수 있다. 시엔푸에고스의 젊은 연인들도 즐겨 찾는 인기 바로 간단히 한잔하기에 좋다. 자리가 부족하면 바깥까지 나와 한잔하는 풍경을 자주 볼 수 있다.

주소 Calle 37 NO 4808, Cienfuegos
전화 53 5 42 67 434 **영업** 11:00~02:00
예산 칵테일 3CUC$, 샌드위치 2.5~4CUC$
찾아가기 호세 마르티 공원에서 도보 15분 **지도** P.196-F

🍴 빅 뱅 Big Bang

신선한 재료는 맛집의 기본

해산물 파에야, 스테이크 등을 전문으로 하는 유명 식당으로, 항구 도시답게 해산물 요리가 주를 이룬다. 점심과 저녁 모두 당일 들어온 신선한 재료로 만드는 오늘의 요리를 추천한다. 항구에서 새벽에 들어온 생선 종류가 오늘의 요리의 재료가 된다. 식사 시간에는 빈자리가 없을 정도로 인기 있다.

주소 Calle 37 No 4222, Avs 42 & 44, Cienfuegos
영업 12:00~22:30
예산 음료 1~3CUC$, 식사 6~10CUC$
찾아가기 호세 마르티 공원에서 도보 15분 **지도** P.196-F

🍴 레스토란테 라스 맘파라스 Restaurante Las Mamparas

유명인의 사진이 벽면을 가득 채운 맛집

신선한 해산물 요리가 자랑인 집이다. 근처의 다른 식당과 비교했을 때 규모가 약간 작은 감이 있지만 그 대신 종업원들이 더 섬세하게 서빙해서 좋다. 해산물이 잔뜩 들어간 파에야가 이 집의 메인 메뉴. 주문과 동시에 요리를 시작하기 때문에 좀 기다려야 하지만 그만큼 맛으로 보상해준다.

주소 Calle 37 No 4004, Cienfuegos **전화** 43 51 89 92
영업 12:00~22:30 **예산** 음료 1~3CUC$, 식사 6~10CUC$
찾아가기 호세 마르티 공원에서 도보 15분 **지도** P.196-F

🍴 레스토란테 바이아 Restaurante Bahia

시엔푸에고스 최고의 맛집

현지인뿐만 아니라 시엔푸에고스를 찾는 여행자들이 즐겨 찾는 유명 식당이다. 멋있고 삭막한 문을 열고 들어가면 정식으로 유니폼을 차려 입은 웨이터의 정중한 안내가 기다리고 있다. 첫인상과는 달리 식당 안은 은은한 조명과 좋은 음악이 흐르는 로맨틱한 분위기다. 스테이크, 생선 요리, 스파게티 등이 호평을 받는데, 두툼한 스테이크는 육즙을 그대로 품고 있으며, 새우튀김은 바삭하며 양도 충분하다. 식사 시간에 가면 빈자리가 없어 기다려야 할 수도 있다.

주소 Av 40 No 3713, Calle 37 & 39, Cienfuegos
전화 43 51 69 71 **영업** 12:00~24:00
예산 음료 1~3CUC$, 식사 8~15CUC$
찾아가기 호세 마르티 공원에서 도보 20분
지도 P.196-F

카사 프라도 팔라다르
Casa Prado Paladar

가성비가 좋은 인기 식당

국가에서 운영하는 국영 식당이지만 성능 좋은 에어컨이 쾌적하고 시원하게 실내 온도를 유지하고 있다. 유니폼을 차려 입은 웨이터는 정중하고 매우 친절하게 자리를 안내하고 음식을 서빙해 준다. 손님이 메뉴를 고르는데 어려워 한다는 느낌이 들면 유창한 영어로 음식에 대해 설명도 아끼지 않는다. 메뉴는 돼지고기, 소고기, 닭고기, 새우, 랍스터 등을 총 망라해 쿠바 전통 스타일인 로파비에하 스타일이 주를 이루며, 파에야, 피자 등의 음식도 맛있으며 양도 푸짐하다. 서양에서 온 단체 관광객, 크루즈 승객 등도 많이 찾는다.

주소 Calle 37 Nro. 4626 E/ 46 y 48, Cienfuegos
전화 52 62 38 58 영업 11:00~23:30
예산 음료 1~3CUC$, 식사 4~10CUC$
찾아가기 호세 마르티 공원에서 도보 18분 지도 P.196-F

엘 오카소
El Ocaso

2층의 전망이 좋은 곳

말레콘의 시작 부분이라 바다가 보이는 곳에 위치한 엘 오카소는 화려하지는 않지만 깔끔한 서비스와 음식 맛이 좋은 식당이다. 좁은 계단을 올라가면 시야가 탁 트인 널찍한 2층 테라스가 나온다. 점심도 좋지만 해 질 무렵 석양에 기대어 신선한 랍스터 요리와 시원한 맥주 한잔을 즐겨보자. 식사 후에 말레콘을 산책하는 것도 즐거운 일이다.

주소 Paseo El Prado/ Entre 38 y 40, Cienfuegos
전화 43 51 66 38
영업 10:30~24:00 휴무 금요일
예산 음료 1~3.5CUC$, 식사 4~15CUC$
찾아가기 호세 마르티 공원에서 도보 20분
지도 P.196-F

시엔푸에고스 나이트라이프

쿠바인이 가장 사랑하는 가수인 베니 모레의 영향인지 해가 지면 보행자 거리인 불러바드 거리에서 음악이 넘쳐난다.

바 테라사스 Bar Terrazas

야경을 바라보며 라이브 음악을

호텔 라 유니온의 옥상에 있는 바로, 호텔과 역사를 함께하는 곳이다. 낮에는 멋진 전경을, 저녁에는 분위기 있는 야경을 시엔푸에고스 최고의 칵테일과 함께 즐길 수 있다. 매일 저녁 10시부터 부에나비스타 소셜 클럽을 연상시키는 밴드의 연주와 노래를 감상할 수 있다. 밴드의 실력은 시엔푸에고스 최고라고 한다. 호텔의 깊은 역사와 멋진 야경, 칵테일 그리고 최고 실력의 연주와 노래가 있으니 꼭 한번 찾아볼 가치가 있다.

주소 Calle 31 esq. A 54, Cienfuegos
전화 43 55 10 20 영업 10:00~23:00
예산 칵테일 3~4CUC$ 찾아가기 호텔 라 유니온 옥상
지도 P.197-K

시엔푸에고스 호텔

시엔푸에고스 센트로의 숙소가 푼타 고르다보다 저렴하다. 거리마다 카사 운영을 알리는 간판이 많고, 카사에서 운영하는 식당도 심심치 않게 볼 수 있다.

호텔 라 유니온 Hotel la Union

시엔푸에고스 최고의 호텔이자 랜드마크

1869년에 개장한 호텔로, 오래된 것이 주는 믿음과 편안함이 곳곳에 묻어 있다. 방은 총 46개로 호텔 규모와 역사로 볼 때 많지 않다. 방은 푸근하며 잘 정돈되어 있고 무엇보다 집에서 쓰는 것 같은 화장대, 옷장, 침대 등 앤티크 가구가 인상적이다. 방 어디에서나 아늑한 정원을 내려다볼 수 있으며 인테리어가 훌륭한 수영장과 자쿠지도 좋다. 1층 레스토랑과 옥상의 바는 시엔푸에고스 최고의 명성을 자랑한다. 호텔 라 유니온에서 출발하는 쿠바나칸 여행사의 코넥탄도는 아바나의

플라사 호텔까지 연결된다.

주소 Calle 31 esq. A 54, Cienfuegos 전화 43 55 10 20
예산 싱글 룸 145CUC$, 더블 룸 215CUC$(아침 식사 포함)
홈페이지 www.hotellaunion-cuba.com
찾아가기 호세 마르티 공원 동쪽 끝. 도보 2분 지도 P.197-K

호텔 하과 Hotel Jagua

시엔푸에고스에서 가장 큰 호텔

말레콘의 맨 끝 푼타 고르다에 우뚝 서 있는 당당한 7층 호텔이다. 쿠바 혁명 전, 부정부패의 상징과도 같았던 바티스타 대통령이 건설했다고 한다. 바다가 보이는 수영장이 5성급 호텔임을 알려준다. 주로 단체 관광객들이 숙박한다. 호텔 로비는 식물원처럼 잘 가꾼 화분과 나무로 장식되어 있으며 갤러리로 사용된다. 방은 깔끔한 현대식이고, 모든 방이 바다 전망이다. 호텔 예약 사이트를 통해 예약하면 정상가보다 저렴하게 예약할 수 있다.

주소 Calle 37 No 1, Cienfuegos
전화 43 55 10 03
예산 싱글 룸 115CUC$, 더블 룸 170CUC$(아침 식사 포함)
찾아가기 말레콘 맨 끝. 호세 마르티 광장에서 택시로 15분
지도 P.196-J

호스탈 이반 이 릴리
Hostal Ivan y Lili

쿠바인의 정을 느낄 수 있다

2012년 오픈 당시부터 지금까지 여러 인터넷 평가 사이트에서 최고 평점을 받고 있는 곳으로, 모든 것이 단정하고 깨끗하다. 여기서 묵

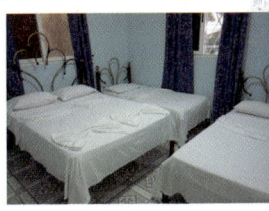

고 간 여행자들이 기록해 놓은 게스트 북은 좋은 가이드북이다. 그러나 무엇보다도 사장인 이반(Ivan)의 환한 웃음과 수준급의 영어, 말로는 표현 안 되는 '정(情)'이 이곳을 최고의 카사로 만든 원동력이 아닐까 한다. 손님들에게 필요한 것이 무엇인지 먼저 찾아 더 주고 더 알려주려 한다. 방은 총 3개. 인기 있는 집이니 예약은 필수다.

주소 Calle 47 No 5604 e/ Av 56 y Av 58, Cienfuegos
전화 43 59 72 45 예산 30CUC$, 아침 식사 5CUC$
이메일 ivanlili71@nauta.cu, ivanlili7109@gmail.com
찾아가기 비아술 버스 터미널에서 호세 마르티 광장 방향으로 도보 5분 지도 P.197-C

🛌 호스탈 팔라시오 아술 Hostal Palacio Azul

100년 넘게 쿠바의 역사를 묵묵히 지켜본 호텔

1912년에 세워진 저택을 호텔로 쓰고 있다. 시엔푸에고스 클럽 바로 옆에 있는데, 클럽의 현대적인 모습과 대조되어 작은 궁전 같다. 바텐더 겸 바리스타인 호텔 매니저 카포티(Capoti)의 유창한 영어와 친절한 응대는 대접받는 기분을 느끼게 한다. 객실이 7개뿐인 소박한 규모로, 꽃 이름으로 방 번호를 대신한다. 방은 새 단장하긴 했지만 오래된 분위기는 그대로 유지하고 있다. 100년 넘게 쿠바의 역사를 한자리에서 묵묵히 지켜온 호텔에서의 하룻밤은 아깝지 않다. 호텔에 바로 예약하는 것보다 쿠바 트래블 네트워크(www.cubatravelnetwork.com)를 이용하면 저렴하다.

예산 싱글 룸 128CUC$, 더블 룸 134CUC$(아침 식사 포함)
찾아가기 시엔푸에고스 클럽 바로 옆. 호세 마르티 광장에서 택시로 10분 지도 P.196-J

주소 Calle 37 NO 1201, Cienfuegos 전화 43 55 10 20

🛌 베야 페를라 마리나 Bella Perla Marina

시엔푸에고스 최고의 카사

단언컨대 시엔푸에고스 최고의 방이 있는 카사. 2개의 더블 룸은 평범하나, 복층 구조로 된 스위트룸은 5성급 호텔 버금가는 인테리어와 시설이라 여기가 정말 카사가 맞나 하는 의심이 들 정도다. 옥상에는 쿠바에서는 찾아보기 힘든 당구대가 있고 주인의 아들이 직접 요리하는 멋진 저녁 식사도 즐길 수 있다.

주인 왈도(Waldo)는 원래 대학 교수였으나 지금은 오직 카사 경영에 전념하고 있다. 시엔푸에고스 시내에 그의 형과 누나가 운영하는 카사가 2개 더 있다. 왈도의 형제가 운영하는 카사는 여러 인터넷 평가 사이트에서 최고점을 받고 있으며 친절과 센스로 많은 인기를 얻고 있다. 스위트룸은 호텔 예약 사이트를 거치지 않고 직접 예약하는 편이 많이 저렴하다. 참고로, 경우에 따라 이 집에 예약을 했지만 주인의 형과 누나가 운영하는 옆 카사에 묵게 될 수도 있다.

주소 Calle 39 No. 5818 Av 58 & 60, Cienfuegos
전화 43 51 89 91
예산 더블 룸 30CUC$, 스위트룸 70CUC$(직접 예약), 아침 식사 5CUC$, 저녁 식사 6~15CUC$
이메일 bellaperiamarina@yahoo.es
찾아가기 호세 마르티 광장에서 도보 15분 또는 비아술 버스 터미널에서 도보 5분 지도 P.196-B

🛏 카사 라스 골론드리나스 Casa Las Golondrinas

고풍스런 가구가 잘 어울리는 카사

당당한 기둥이 집을 받치고 있는 카사로 긴 복도를 따라 방이 3개가 있다. 방은 모두 넓고 2인용 침대와 1인용 침대가 들어가 있다. 넓은 거실과 고풍스런 가구가 잘 어울린다. 의사 부부가 운영하는데, 바로 옆집인 베야 페를라 마리나의 주인과 친형제 사이다. 저녁 식사를 주문하면 옆집의 옥상의 테라스에서 저녁 하늘을 바라보며 즐길 수 있다.

주소 Calle 39 No 5816, Av 58 & 60, cienfuegos
전화 43 51 57 88
예산 30CUC$, 아침 식사 5CUC$, 저녁 식사 6~15CUC$
이메일 drvictor61@yahoo.es
찾아가기 호세 마르티 광장에서 도보 15분, 또는 비아술 버스 터미널에서 도보 5분
지도 P.196-B

🛏 아우텐티카 페를라 Autentica Perla

고풍스런 대저택에서의 하룻밤

베야 페를라 마리나의 주인 왈도의 친누나 셀리아 소유의 카사. 넓고 고풍스런 거실에 그랜드 피아노가 놓여 있는 것이 인상적이다. 긴 복도를 따라 방이 5개 있는 대저택이다. 배드민턴을 쳐도 될 만큼 넓은 정원이 있으며, 정원 중간에는 작은 분수가 있다. 방은 크고 2인용과 1인용 침대가 있다. 깔끔하고 넓은 방과 욕실이 훌륭하다. 카사의 운영은 왈도가 전담하고 있어 베야 페를라 마리나, 카사 라스 골론드리나스, 아우텐티카 페를라 셋 중에 한 곳에 예약을 하면 상황에 따라 숙소가 바뀌기도 한다.

주소 Calle 45 No 5401, Av 54 & 56, Cienfuegos
전화 43 51 89 91
예산 30CUC$, 아침 식사 5CUC$, 저녁 식사 6~15CUC$
이메일 autenticaperla@yahoo.es, bellaperiamarina@yahoo.es
찾아가기 호세 마르티 광장에서 도보 15분, 비아술 버스 터미널에서 도보 5분
지도 P.197-C

🛏 카사 솔레 이 프레디 Casa Sole y Freddy

집처럼 편하고 아늑한 카사

변호사인 솔레 여사와 도시공학자인 프레디 부부가 운영하는 아파트형 카사다. 부부가 영어를 잘 못하지만 의사소통에는 큰 무리가 없다. 방 2개 모두 큰 더블 침대 2개를 갖추었고 간단한 음식을 해먹을 수 있는 작은 주방이 있다. 원하는 시간에 아침을 먹을 수 있는데, 양과 맛 모두 좋다. 카사 자체에서 와이파이를 제공해서 하루 1시간 무료로 사용할 수 있는 것 역시 큰 장점이다. 비아술 버스 터미널에서 5분 거리이고, 호세 마르티 광장에서 도보 10분 거리. 쿠바인의 순수한 웃음을 보고 싶다면 이곳에서 확인해보자.

주소 Calle 45 No 5613 A e/ Av 56 y Av 58, Cienfuegos
전화 43 55 51 38
예산 30CUC$, 아침 식사 5CUC$
이메일 sole7105@nauta.com.cu
찾아가기 비아술 버스 터미널에서 호세 마르티 광장 방향으로 도보 5분
지도 P.197-C

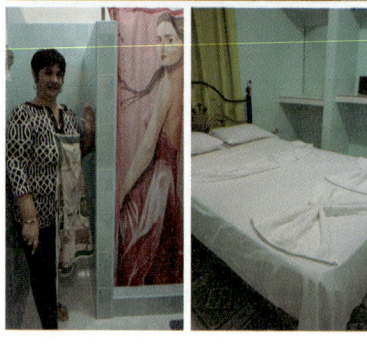

🛏 카사 엘리사 이 미겔 앙헬 Casa Eliza y Miguel Angel

인심 좋은 엘리사 아주머니네 카사

초록색이 인상적인 3층 단독 주택을 카사로 사용하고 있다. 1층에는 주인이 살고 2층이 카사다. 깔끔한 방이 총 3개. 방마다 2인용 침대와 1인용 침대가 들어가 있다. 특히 3층 옥상에서 보는 전망이 좋아 해 질 무렵 시원한 바람을 안주 삼아 부카네로 맥주 한잔하기 좋다. 10년 동안 카사를 운영해온 엘리사(Eliza)의 마음 씀씀이가 우리네 인심 좋은 보통 아줌마 같다.

주소 Av 50 No 4508 e/ Calle 45 y Calle 47, Cienfuegos
전화 43 51 19 20
예산 30CUC$, 아침 식사 5CUC$
이메일 elizamigue4508@gmail.com, elizamigue4508@nauta.cu
찾아가기 비아술 버스 터미널에서 호세 마르티 광장 방향으로 도보 10분 **지도** P.197-G

🛏 카사 라 프라테르니다드
Casa La Fraternidad

가족 단위 여행객이 숙박하기에 좋은 카사

1층 거실에서는 소박한 가정집의 분위기를 느낄 수 있고, 손님방이 있는 2층 카사는 들어가는 문이 따로 있어 편리하다. 총 3개의 방은 깔끔하게 정리되어 있으며 특히 1번 방은 2인용 침대가 2개 들어가 있어 가족 여행객이 숙박하기에 좋다. 시내에서 약간 떨어진 덕에 요금은 5CUC$ 싸다.

주소 Av 66 No 3711 e/ Calle 37 y Calle 39, Cienfuegos
전화 43 52 14 14 예산 25CUC$, 아침 식사 5CUC$
이메일 rosadelys@jagua.cfg.sid.cu
찾아가기 호세 마르티 광장에서 비시 택시로 10분, 또는 비아술 버스 터미널에서 도보 15분
지도 P.196-B

🛏 호스탈 로스 마레스
Hostal los Mares

바다에 면해 최고의 전망을 자랑하는 카사

푼타 고르다 지역에서 한창 주가를 올리고 있는 카사. 시내의 번잡함이 싫다면 이곳을 강력 추천한다. 바다를 바로 마주하고 있어 최고의 전망을 자랑하며, 더불어 잘 정돈된 정원도 인기에 한몫한다. 방은 총 3개 있고, 조용하고 아늑한 만큼 장기 투숙객도 많다. 어중간한 식당보다 맛있고 양도 풍부한 저녁 식사도 강점. 가끔 정원에서 바비큐 파티도 열린다.

주소 Av 10 No 4106, 41 & 43, Cienfuegos
전화 43 51 50 38 예산 30CUCC$, 아침 식사 5CUC$, 저녁 식사 10~18CUC$
찾아가기 팔라시오 데 아술에서 도보 10분, 또는 호세 마르티 공원에서 택시로 15분 지도 P.196-J

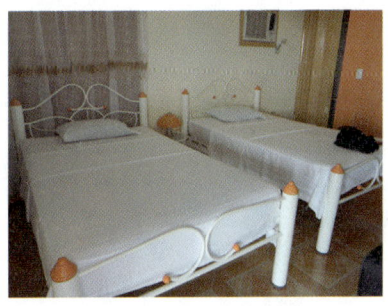

🛏 비야 알론드라 Villa Alondra

장기 임대가 가능한 카사

카사보다 게스트 하우스에 가까운 느낌으로, 자리를 옮긴 지 2년밖에 안 돼 건물부터 모든 것이 새것이다. 방은 총 3개로 장기 임대가 가능하다. 간단한 음식을 해먹을 수 있는 주방도 딸려 있다. 호세 마르티 공원까지 걸어서 20분이면 갈 수 있다. 주인인 오스벨 알폰소는 군대 교관으로 중국에서 5년간 근무한 경험이 있어 아시아에 대한 이해와 호기심이 많다.

주소 Av 42 / 55 and 57 No 5503, Cienfuegos

전화 43 52 40 52 예산 더블 룸 35CUC$, 트리플 룸 40CUC$, 아침 식사 5CUC$, 저녁 식사 8~13CUC$
찾아가기 호세 마르티 공원에서 도보 20분, 또는 택시로 10분
지도 P.197-G

AREA
07

산티아고 데 쿠바 Santiago de Cuba

쿠바섬 동쪽에 있는 산티아고 데 쿠바는 아바나에서 870km 떨어져 있다. 고속버스를 타면 16시간 이상 걸리는 먼 거리임에도 불구하고 아바나 다음으로 많은 여행자가 찾는 곳이다. 자메이카와 아프리카 대륙에서 건너온 문화가 스페인 식민 시대를 거치면서 발전해 특유의 독특한 문화를 지니고 있다.
산티아고 데 쿠바는 16세기에 쿠바의 수도였으며, 쿠바 혁명 당시 피델 카스트로와 동지들이 '몽카다 병영 습격 사건'로 혁명의 불길을 당긴 역사적인 곳이기도 하다. 쿠바 음악을 세계에 알린 〈부에나비스타 소셜 클럽(Buena Vista Social Club)〉의 기타리스트 콤파이 세군도(Compay Segundo) 역시 이곳 출신이다.

기초 정보

지역번호 22
인구 44만 5,000명
위치 쿠바에서 동쪽으로 870㎞ 떨어진 산티아고 데 쿠바는 카리브해 연안의 자메이카와 아프리카 대륙의 문화가 쿠바섬으로 들어오는 관문 역할을 했다. 아바나보다 아이티나 도미니카 공화국 히스파니올라섬과 더 가깝고, 아프리카에서 끌려온 노예들도 이곳으로 많이 들어왔다. 덕분에 동서양, 아프리카의 인종과 문화가 섞여 있는 곳이다. 쿠바에서 가장 높은 산맥인 시에라마에스트라(Sierra Maestra)가 지나가기 때문에 도시에는 많은 언덕이 있다.
역사 514년 디에고 벨라스케스 데 쿠에야르(Diego Velázquez de Cuéllar)가 세운 산티아고 데 쿠바는 1515년 쿠바의 수도가 되며 구리 채굴과 노예 무역으로 전성기를 맞이했다. 그러나 1556년, 수도가 쿠바섬 서쪽 아바나로 옮겨가고 해적이 자주 침입하면서 명맥만 유지하는 마을로 전락했다. 이후 스페인 식민 시대를 거치년서는 아바나보다 문화적으로 앞서며 1722년 신학대학이 들어서기도 했다. 1953년 7월 26일 피델 카스트로와 동지들이 산티아고 데 쿠바의 몽카다 병영을 습격하면서 쿠바 혁명의 불씨를 당겼고, 1959년 1월 1일 산티아고 데 쿠바를 '쿠바 공화국 영웅의 도시'로 선포했다. 현재는 관광과 건설 호황으로 빠르게 성장하며 쿠바 제2의 도시로서 당당한 위치에 서 있다.

여행 적기 3~6월 남부 카리브해는 특히 물이 맑고 파랗다. 매년 3월 '페스티발 인테르나시오날 데 트로바(Festival Internacional de Trova)'와 7월의 '페스티발 델 카리베(Festival del Caribe)' 등 도시 전체가 들썩이는 축제가 열린다. 음악과 춤, 카리브해가 어우러진 축제를 즐겨보자.
치안 호객꾼이 유난히 많으며, 도로가 좁아 인도가 없거나 있어도 굉장히 좁다. 특히 쉴 새 없이 경적을 울리며 달리는 오토바이는 한적한 산책이나 도보 여행을 방해하기도 한다.

가는 방법

항공
산티아고 데 쿠바의 안토니오 마세오 국제공항(Antonio Maceo International Airport)은 센트로에서 남쪽으로 약 10㎞ 떨어져 있다. 국제선은 캐나다의 토론토, 몬트리올, 도미니카 공화국, 아이티, 마이애미 등을 연결하는 노선을 운항한다. 국내선은 아바나와 올긴 등으로 운항 중이다.

안토니오 마세오 국제공항

안토니오 마세오 국제공항(Antonio Maceo International Airport)
주소 Carretera del Morro, km 2.5, Santiago de Cuba
전화 22 69 10 14

공항 ↔ 시내
공항에서 택시를 타고 시내의 센트로까지 이동할 경우 요금은 10CUC$ 정도. 택시에는 미터기가 있지만 잘 켜지 않는다. 종종 10CUC$로 흥정을 하고 타도 목적지에 도착하면 추가 요금을 요구하기도 하는데, 단칼에 거절하면 된다.
공항 입구 오른쪽의 주차장 한쪽의 버스 정류장에서 212, 213번 버스가 센트로로 간다. 시내에서 공항까지 택시를 이용할 경우에는, 탑승 전 반드시 흥정을 해야 한다. 요금은 10CUC$ 정도다. 로스 리베르타도레스 거리(Av. de los Libertadores)의 마테르니다드 병원(Hospital de Maternidad) 건너편 정류장에서 212, 213번 버스를 타면 공항까지 간다. 소요 시간은 30분 정도. 요금은 1MN(CUP$)이지만 거스름돈을 안 준다. 기사가 외국인에게는 1CUC$를 요구하기도 한다.

비아술 버스 Viazul Bus

아바나, 바라데로, 산타클라라, 트리니다드는 물론 카마게이(Camaguey), 관타나모(Guanta namo) 등의 도시에서 비아술 버스를 타고 산티아고 데 쿠바로 올 수 있다. 요금은 아바나-산티아고 데 쿠바 구간 51CUC$, 바라데로-산티아고 데 쿠바 49CUC$, 트리니다드-산티아고 데 쿠바 33CUC$, 관타나모-산티아고 데 쿠바 6CUC$.

비아술 버스 터미널
주소 Paceo de Marti Estacion, Santiago de Cuga
전화 22 62 84 84

비아술 버스 터미널 ↔ 시내

비아술 버스 터미널은 시티 센터 세스페데스 공원을 기준으로 북서쪽으로 4㎞ 떨어진 기차역에 함께 있다. 터미널 주변에는 항상 택시가 대기하고 있다. 센트로까지 15분쯤 걸리며, 요금은 4~5CUC$.

코넥탄도 Conectando

아바나에서 출발하는 코넥탄도가 시에고 데 아빌라(Ciego de Avila), 카마게이, 라스 투나스(Las Tunas), 올긴(Holguin) 등을 경유해 산티아고 데 쿠바로 온다. 아바나에서 산티아고 데 쿠바까지 14시간 30분 정도 걸리며, 요금은 51CUC$.

택시

아바나, 산타클라라, 트리니다드 등에서 택시로 오는 것은 거리가 너무 멀어 추천하지 않는다. 근교 도시인 관타나모 정도는 택시로 갈 만하다.

시내 교통

택시

멜리아 산티아고 데 쿠바(Melia Santiago de cuba) 호텔 주변과 세스페데스 공원(Parque Cespedes) 근처에서 미터기를 단 택시를 탈 수 있다. 기본요금 1CUC$부터 시작해 1㎞당 1CUC$씩 올라간다. 센트로의 평평한 곳에는 어김없이 비시 택시, 시내 · 외를 가리지 않고 골목골목을 누비는 오토바이 택시도 있다. 모로성으로 갈 때 오토바이 택시를 타고 바람을 맞으며 달리는 기분은 썩 괜찮다. 왕복 10CUC$.

마차

시엔푸에고스와 산타클라라처럼 시내에서는 볼 수 없고, 약 20㎞ 떨어진 항구 마을에는 마차 택시가 있다. 지나가는 마차를 손들어 세우고 목적지를 말하고 타면 되며, 관광객은 흥정을 해야 한다.

추천 일정

쿠바 제2의 도시 산티아고 데 쿠바는 센트로와 외곽에 볼거리가 나뉘어 있기 때문에 도보와 탈 거리를 적절히 이용해 다녀야 한다.

반일 코스

세스페데스 공원 → 택시 5분 → 에밀리오 바카르디 지역 박물관 → 택시 5분 → 몽카다 병영 박물관 → 택시 15분 → 모로 요새

1일 코스
오전
세스페데스 공원 → 도보 2분 → 디에고 벨라스케스의 집 → 도보 3분 → 아순시온 대성당 → 도보 5분 → 벨라스케스 전망대 → 도보 10분 → 지하 투쟁 박물관 → 도보 10분 → 에밀리오 바카르디 지역 박물관 → 도보 10분 → 럼 박물관 → 도보 10분 → 카르나발 박물관

오후
택시 5분 → 몽카다 병영 박물관 → 택시 10분 → 산타 이피헤니아 묘지 → 택시 10분 → 모로 요새

여행 안내소(인포투르, Infotur)
● 그란 호텔 지점
주소 General Lacter 701 Heredia, Santiago de Cuba
전화 22 66 94 01 운영 월~일요일 09:00~17:00

여행사
● 쿠바 투르(Cuba Tur)
주소 Av. Victoriano Garzon No 364, Calle 4, Santiago de Cuba
운영 월~토요일 09:00~18:00
● 비아헤 쿠바나칸(Viaje Cubanacan)
주소 General Lacter 201 Heredia Hotel Casa Grande 전화 22 64 34 45, 64 2202
운영 월~토요일 08:00~20:00
● 에코투르(Eco Tur)
주소 General Lacter No 701 Heredia, Santiago de Cuba
전화 22 68 72 79 운영 월~토요일 08:00~20:00
● 파라디소(Paradiso)
주소 Calle Ignacio Agramonte No 413, Santiago de Cuba
전화 22 28 60 59 운영 월~토요일 08:00~20:00
● 아바나 투르(Havana Tur)
주소 Calle Republica No 271, Santiago de Cuba
전화 22 28 15 64 운영 월~토요일 08:00~20:00

이민국(인미그라시온, Inmigracion)
주소 Av. Pujol No 10 e/calle 10 y 1RA, Santiago de Cuba
운영 월·수·금요일 08:00~19:00, 화요일 08:00~17:00, 목·토요일 08:00~12:00

에텍사 & 텔레푼토
● Etecsa
주소 Hartmann & Tamayo Fleties 운영 월~일요일 08:30~19:30
● Etecsa
주소 Heredia & Felix Pena
운영 월~일요일 08:30~19:30

우체국(코레오, Correo)
● Post Office 1
주소 Aguilera No 519, Santiago de Cuba
운영 월~토요일 08:00~20:00
● Post Office 2
주소 Av General Cebreco, Santiago de Cuba
운영 월~토요일 08:00~20:00
● Post Office 3
주소 Calle 9, Ampliacion de Terrazas, Santiago de Cuba
운영 월~토요일 08:00~20:00

병원, 약국
● Clinica Internacional Cubanacan Servimed(영어 스텝 상주, 치과 가능, 24시간)
주소 Av Raul Pujol & Calle 10, Santiago de Cuba
전화 22 64 25 89 운영 24시간
● Farmacia Clinica Internacional
주소 Av Raul Pujol & Calle 10, Santiago de Cuba
전화 22 64 25 89 운영 24시간
● Farmacia Internacional
주소 Melia Santiago de Cuba, Av de las America & Calle M, Santiago de Cuba(멜리아 호텔 로비에 위치)
전화 22 68 70 70 운영 월~일요일 08:00~18:00

은행(방코, Banco)
● Banco de Credito y Comercio
주소 Felix Pena No 614, Santiago de Cuba
운영 월~금요일 09:00~15:00
● Banco Financiero Internacional
주소 Av las America & Cale 교차점, Santiago de Cuba
운영 월~금요일 09:00~15:00
● Bandec
주소 Felix Pena & Aguillera 교차점, Santiago de Cuba
운영 월~금요일 09:00~15:00
● Bandec
주소 Jose A Saco & Mariano Corona 교차점, Santiago de Cuba
운영 월~금요일 09:00~15:00

환전소(카데카, Cadeca)
● 멜리아 산티아고 데 쿠바 지점
주소 Melia Santiago de Cuba, Av de las America & Calle M, Santiago de Cuba
운영 월~일요일 07:30~19:30
● 호텔 라 아메리카스 지점
주소 Avs de las Americas & General Cebreco 교차점, Santiago de Cuba
운영 월~일요일 07:30~19:30
● Cadeca
주소 Jose A Saco No 409, Santiago de Cuba
운영 월~금요일 08:30~16:00, 토요일 08:30~11:30

산티아고 데 쿠바 관광

마르티 광장을 비롯해 센트로의 관광지는 거리 한 곳에 몰려 있어 돌아보기 편하다. 센트로에서 벗어난 관광지는 차로 10~30분 정도는 가야 볼 수 있다. 낮에 혁명의 흔적을 보고, 해가 진 후 저녁이 되면 음악과 춤으로 가득 차는 도시를 즐겨 보자.

세스페데스 공원 Parque Cespedes ★

산티아고 데 쿠바의 중심

산티아고 데 쿠바의 랜드마크로 쿠바 독립의 첫 단추를 채운 카를로스 마누엘 세스페데스(Carlos Manuel Cespedes)의 이름을 딴 공원이다. 공원 중앙에 그의 흉상이 있고 주변은 성당, 호텔, 여행사, 시 청사 등 스페인 식민 시대 양식 건물들에 둘러싸여 있다. 와이파이 존이기 때문에 인터넷 카드를 몰래 파는 장사꾼, 여행자들을 귀찮게 따라다니는 호객꾼, 삼삼오오 벤치에 앉아 이야기 나누는 시민들, 낡은 악기를 들고 와 즉석에서 공연을 펼치는 아마추어 음악가 등 각양각색의 사람들이 모여든다.

주소 Heredia Parque Cespedes, Santiago de Cuba
찾아가기 비아술 버스 터미널에서 택시로 10분 **지도** P.220-A

디에고 벨라스케스의 집 Casa Diego Velazquez ★★

쿠바에서 현존하는 가장 오래된 건물

1522년에 점토로 지은 건물이다. 건설 당시 쿠바의 총독 관저로 이용되었다가, 현재는 역사박물관으로 운영되고 있다. 나무로 만들어진 창문과 테라스가 쿠바에서는 볼 수 없는 독특한 모습이다. 예전에 1층은 금 주조장, 2층은 총독이었던 벨라스케스의 거주 공간이었다고 하는데, 가구, 장식품, 생활 소품, 금을 보관하던 금고 등 집 주인의 재력을 적나라하게 볼 수 있는 전시물이 인상적이다.

주소 Felix Pena No 602, Santiago de Cuba
전화 22 65 26 52 **개방** 09:00~17:00
요금 2CUC$, 사진 촬영 5CUC$
찾아가기 세스페데스 공원 서쪽 면, 도보 2분
지도 P.220-A

📷 아순시온 대성당 Catedral de Nuestra Senora de la Asuncion ★

산티아고 데 쿠바의 랜드마크

1520년 산티아고 데 쿠바에 도시가 만들어질 때부터 이 자리에 있던 성당. 1922년에 지금의 모습으로 완공되었다. 세스페데스 공원 서쪽 면을 모두 차지할 정도로 규모가 크며 아름다운 외관만큼이나 내부도 화려한 천장화와 조각상들로 장식되어 있다. 성당 지하에는 도시 건립자이자 초대 총독을 지낸 디에고 벨라스케스가 묻혀 있다. 2층은 아르키디오세사노 박물관(Museo Arquidiocesano)으로 운영하며 종교화 여러 점을 전시하고 있다. 성당 좌우의 종탑은 누구나 올라가 센트로의 전망을 즐길 수 있다.

주소 Santo Tomás, Santiago de Cuba
전화 22 62 85 02 **개방** 미사 월·수~금요일 18:30, 토요일 17:00, 일요일 09:00·18:30 / 박물관 월~금요일 09:00~17:00, 토요일 09:00~14:00, 일요일 09:00~12:00
요금 입장 무료, 종탑 1CUC$, 박물관 1CUC$
찾아가기 세스페데스 공원 내 **지도** P.220-A

📷 벨라스케스 전망대 Balcon de Velazquez ★★

산티아고 데 쿠바 최고의 전망대

산티아고 데 쿠바 시내와 카리브해를 담고 있는 항구의 전경을 보려면 이곳에 와야 한다. 옛 스페인 요새의 한 부분을 전망대로 사용하고 있다. 입장료는 없으나 사진을 찍으려면 1CUC$을 내야 한다. 해 질 무렵 기가 막힌 노을을 기대해 보자.

주소 Bartolome Maso & Mariano Corona, Santiago de Cuba
개방 화~일요일 09:00~18:00
휴무 월요일
요금 입장 무료, 사진 촬영 1CUC$
찾아가기 세스페데스 공원에서 남쪽으로 도보 5분
지도 P.220-A

지하 투쟁 박물관 Museo de la Lucha Clandestina ★★★

피델 카스트로의 흔적

1956년 11월 30일, 피델 카스트로와 동지 81명을 태운 '그란마(Granma)호'의 도착이 늦어지자 혁명 동지들이 바티스타 군대의 주의를 분산시키기 위해 위장 공격을 감행했던 역사적인 건물. 건물은 현재 지하 투쟁 박물관으로 바뀌어 당시 혁명군의 사진, 무기, 신문기사, 피델 카스트로의 연설문 등 당시 피 끓던 혁명 정신이 고스란히 전시되어 있다. 노란색 건물의 발코니는 산티아고 데 쿠바의 시내 전경을 바라보기에 좋은 장소다. 박물관 건너편에는 피델 카스트로가 학창 시절(1931~1933년)을 보낸 주택이 있다. 단, 내부로 입장은 할 수 없다.

주소 General Jesus Rabi No1, Santiago de Cuba
개방 화~일요일 09:00~17:00
휴무 월요일 **예산** 1CUC$
찾아가기 세스페데스 공원에서 남쪽으로 도보 25분. 또는 택시 5분 **지도** P.220-A

카르나발 박물관 Museo del Carnaval ★

카르나발 축제의 모든 것을 담은 박물관

산티아고 데 쿠바에서 가장 크고 오래된 역사를 간직한 페스티벌인 카르나발의 역사를 한눈에 볼 수 있는 박물관이다. 특히 오후 4시에는 산티아고 데 쿠바에서 발상한 '룸바' 공연이 열린다. 공연 시간은 30분 안팎으로 짧지만 룸바가 무엇인지를 알기에는 부족함이 없는 꽉 찬 공연이다. 공연 후 작은 성의 표시를 하는 것이 좋다. 공연만 봐도 만족스러운 박물관.

주소 Heredia No 303, Santiago de Cuba
개방 09:00~17:00 **예산** 1CUC$, 사진 촬영 5CUC$
찾아가기 세스페데스 공원에서 동쪽으로 도보 10분
지도 P.220-A

럼 박물관 Museo del Ron ★

쿠바의 자랑, 럼을 위한 박물관

전 세계를 평정한 럼의 대표 브랜드인 '바카르디(Bacardi)'가 바로 이곳 산티아고 데 쿠바에서 처음 주조되었다. 그래서인지 럼에 대한 쿠바 사람들의 자부심은 대단하다. 바카르디 가문은 쿠바 혁명 당시 미국으로 탈출해 더 이상 쿠바에서 바카르디 럼은 찾을 수 없지만, '아바나 클럽(Habana Club)'이 이를 대신해 럼 시장의 맹주로 자리 잡았다. 이 박물관은 규모는 작지만 럼의 고향이라는 의미를 부여하면 방문할 가치가 있다. 쿠바 럼의 역사를 볼 수 있고, 마지막에 시음도 가능하다. 지하에는 추천 음료와 럼 칵테일을 마실 수 있는 바도 있다.

주소 Bartolome Maseo No 358, Santiago de Cuba
전화 22 62 88 84 **개방** 월~토요일 09:00~17:00
휴무 일요일 **예산** 2CUC$ **찾아가기** 세스페데스 공원에서 동쪽으로 이동 후 남쪽으로 도보 10분 **지도** P.220-A

📷 에밀리오 바카르디 지역 박물관 ★★★
Museo Municipal Emilio Bacardi Moreau

쿠바에서 가장 오래된 박물관

세계적 럼 브랜드인 '바카르디'를 설립한 에밀리오 바카르디가 1899년에 만든 개인 박물관으로, 쿠바에서 가장 오래된 박물관이다.

고대 그리스 신전을 연상케 하는 위엄 있는 흰색 건물이 인상적이며, 총 3개의 전시실이 있다. 지하 고고학실은 쿠바 원주민의 유물과 바카르디가 여행을 다니며 수집한 고대 이집트의 미라가 전시되어 있다. 1층 역사실은 바카르디 가문의 역사와 쿠바섬의 과거에서부터 혁명기까지를 망라하고 있다. 2층은 아트룸으로 조각과 회화 등 다양한 작품이 전시되어 있다.

주소 Aguilera y Pio Rosado, Santiago de Cuba
개방 월~목요일 09:00~17:00, 금요일 09:00~13:00, 토요일 09:00~19:00, 일요일 09:00~15:00
요금 2CUC$, 사진 촬영 5CUC$
찾아가기 세스페데스 공원에서 동쪽으로 도보 5분
지도 P.220-A

📷 돌로레스 광장 Plaza de Dolores ★

시민들의 휴식처

세스페데스 공원에서 마르테 광장으로 가는 중간에 있는 작은 공원이다. 공원 주변에는 바, 카페, 식당 등이 많아 오다가 쉬어가기 좋다. 내부에 돌로레스 교회가 있는데, 1970년에 화재가 발생해 전소된 후 콘서트 홀로 이용 중이다. 콘서트 홀 입구에 공연 스케줄이 붙어 있다. 주로 오케스트라 공연이 열리는데 수준이 높으니 시간이 된다면 꼭 관람해 보자. 공원 주변 바에서도 흥겨운 공연이 항상 열린다.

주소 Francisco Vicente Aguilera, Santiago de Cuba
찾아가기 세스페데스 공원에서 동쪽으로 도보 15분
지도 P.220-C

마르테 광장 Plaza de Marte ★

시민의 흥을 피부로 느낄 수 있는 광장

세스페데스 공원에서 산티아고 데 쿠바의 도보 여행을 시작했다면, 마르테 광장에서는 시 외곽으로 나가는 버스나 시티 투어 버스를 탈 수 있다. 산티아고 데 쿠바에서 교통량이 제일 많은 곳이 바로 이곳이다.

광장은 종일 사람들로 붐빈다. 와이파이 존이기 때문에 24시간 휴대전화와 노트북을 들고 꼼짝 않는 여행자와 시민은 물론이고, 데이트하는 연인, 흥겨운 라이브 공연을 하는 연주 그룹들, 연주에 맞추어 춤을 추는 시민들을 항상 만날 수 있다. 사실 이곳은 쿠바 혁명에 참여한 시민과 혁명군을 공개 처형하던 장소였다고 한다.

주소 Marte, Santiago de Cuba
찾아가기 세스페데스 공원에서 동쪽으로 도보 25분
지도 P.220-C

산타 이피헤니아 묘지 ★★
Cementerio Santa Ifigenia

쿠바에서 두 번째로 큰 공동묘지

1868년에 조성된 묘지로 면적이 13만 3,000㎡에 달한다. 1979년에 국가 기념물로 지정되었다. 묘지는 아름답고 깔끔하게 정리되어 있고, 각 묘지마다 조각이 정교하고 화려해 조각 공원이라고 불러도 될 만큼 볼거리가 많다. 쿠바 독립의 아버지이자 시인인 호세 마르티, 독립 전쟁의 혁명가 안토니오 마세오, 세계적 럼 회사인 바카르디의 2대 사장 에밀리오 바카르디, 몽카다 병영 습격의 혁명 전사 61인, 부에나비스타 소셜 클럽의 기타리스트이자 보컬인 콤파이 세군도, 그리고 쿠바라는 배를 역사의 풍랑에서 이곳까지 끌고 온 피델 카스트로 등 산티아고 데 쿠바가 고향인 사람들이 결국엔 이곳으로 돌아와 영면하고 있다. 묘지 입구에서 매시 30분마다 경비 교대 행진이 있다.

주소 Av Corbet, Santiago de Cuba
전화 22 63 27 23 **개방** 08:00~18:00 **예산** 무료
찾아가기 세스페데스 공원 북서쪽으로 도보 40분. 또는 택시 10분 **지도** P.220-B

📷 바카르디 럼 공장 Bacardi Rum Factory ★

쿠바 럼, 그 전설의 시작

박쥐 문양 상표로 잘 알려진 럼의 대명사 '바카르디'를 주조하던 공장으로, 1868년 건설되었다. 설립자 돈 파쿤도 바카르디(Don facundo Bacardi)가 공장 천장에서 살고 있던 박쥐를 발견하고 아이디어를 얻어 지금의 박쥐 문양 바카르디가 탄생했다. 쿠바 혁명 이후 바카르디 일가는 쿠바섬을 탈출했다. 지금은 론 카넷(Ron Canet), 론 산티아고(Ron Santiago), 론 바라데로(Ron Varadero) 등의 브랜드가 쿠바 럼을 대표하고 있으며, 대부분은 외국으로 수출한다. 공장 투어는 없지만 공장에서 운영하고 있는 바리타 데 론 아바나 클럽(Barrita de Ron Havana Club)에서 럼을 시음하고 살 수 있다. 쿠바의 럼 베이스 칵테일을 사랑하는 여행자라면 꼭 방문해 보자.

주소 Av Jesus Menendez No 703, Santiago de Cuba
개방 월~일요일 09:00~18:00
찾아가기 세스페데스 공원에서 남서쪽으로 도보 25분, 또는 택시로 5분
지도 P.220-B

📷 몽카다 병영 박물관 Cuartel Moncada ★★★

61명 동지의 피로 거둔 쿠바 혁명

1953년 7월 26일 피델 카스트로와 그가 이끄는 100여 명의 혁명 전사들은 바티스타가 이끄는 군대를 습격했다. 이 일로 피델 카스트로는 15년형을 선고받았고 전투에서 61명의 혁명 전사가 사망했다. 하지만 쿠바 혁명 이후 피델 카스트로는 바티스타가 막아 버린 건물의 총탄 흔적을 복원하고 1967년에는 병영의 3번 게이트 근처에 박물관을 만들었다. 지금은 쿠바 최고의 박물관 중 하나라고 평가받으며, 병영과 당시 전투를 본뜬 모형 등이 특히 흥미롭다. 전투 당시 사망한 혁명 전사 61명의 사진도 전시되어 있다. 혁명 후 쿠바의 모든 병영은 시립 학교로 바뀌었는데, 이곳도 마찬가지로 3번 게이트 근처의 박물관 건물을 제외하고는 학교로 운영하고 있다.

주소 Avenida Moncada, Santiago de Cuba
개방 월~토요일 09:00~17:00, 일요일 09:00~13:00
예산 2CUC$, 사진 촬영 5CUC$
찾아가기 마르테 광장에서 북동쪽으로 도보 20분. 또는 택시 5분 **지도** P.220-D

📷 모로 요새 Castillo de San Pedro de la Roca del Morro ★★★

산티아고를 지키는 든든한 성벽

해적의 빈번한 침략과 약탈로 도시의 피해가 심해지자 이를 막기 위해 세워진 성벽이다. 아바나의 라 푼타 요새와 엘 모로 요새를 설계한 건축가 후안 바우티스타 안토네이(Juan Bautista Antonelli)가 1587년에 설계했으며, 1633년부터 60여 년 동안 건축되었다. 산티아고의 항구 어귀에 건설된 요새는 높이가 60m에 달한다. 요새가 노후하여 무너지자 1962년에 복원하기 시작했고, 1997년에는 유네스코 세계문화유산으로 지정되었다. 매일 해가 지는 시간이면 배우들이 옷을 갖추어 입고 '카뇨나소(Cañonazo)'라는 대포 발포 의식을 한다.

시내에서 남서쪽으로 약 10㎞ 떨어진 곳에 위치해 시내에서 오기가 만만치 않다. 212번 버스를 타고 시우다마르(Ciudamar) 정류장에서 내려 약 20분을 걸어야 한다. 택시를 타고 가면 돌아갈 차편이 없기 때문에 성을 돌아볼 동안 택시를 대기시키는 편이 좋다. 요금은 왕복에 15~20 CUC$ 정도로 흥정하면 적당하다. 여행사에서 운영하는 투어 프로그램에 참가하는 여행자도 많으니 참고하자.

주소 Carretera Del Morro, Km 8, Santiago de Cuba
선화 22 69 15 69 **개방** 월~일요일 08:00~19:30
예산 4CUC$, 사진 촬영 5CUC$
찾아가기 세스페데스 공원에서 남쪽으로 10㎞, 택시로 20분
지도 P.220-A

산티아고 데 쿠바 식당

관광객을 위한 전용 식당보다 시민들이 이용하는 식당이 많다. 많은 식당이 태환 페소(CUC$)와 쿠바 페소(MN$ 혹은 CUP$) 요금을 같이 표기하며, 아바나와 비교하면 반에 가까울 만큼 저렴하다. 세스페데스 공원, 도레오, 마르티 공원 주변과 차가 다니지 않는 호세 안토니오 사코(Jose Antonio Saco) 거리에 식당이 많다. 골목에는 조각 피자를 파는 가게도 많아 유명 식당만 고집하지 않는다면 메뉴 선택의 폭이 넓어진다.

룸바 카페 Rumba Cafe

국영 식당 같지 않은 친절한 서빙

1970~1980년대에 지은 건물을 개조해 영업하고 있다. 편안한 의자에 앉아 칵테일을 한잔해도 좋을 만큼 조명은 은은하고 주위는 조용하다. 홀 뒤에는 아담한 정원도 있다. 한가득 담아 주는 샐러드부터 스파게티, 샌드위치, 햄버거와 로파비에하 스타일의 쿠바식 식사를 할 수 있다. 저녁 5시부터 7시까지는 해피 아워로 칵테일 두 잔을 시키면 한 잔이 무료다. 식당 자체 와이파이가 있기 때문에 와이파이 카드를 가지고 있으면 인터넷도 쓸 수 있다. 아메리칸 스타일 아침 식사도 가능.

주소 Calle San Felix 455A, Santiago de Cuba
전화 58 55 95 59 **영업** 월~목요일 09:30~21:00, 금~토요일 09:30~22:00 휴무 일요일
예산 칵테일 3.5UC$, 식사 8~10CUC$, 아침 식사 5~8CUC$
찾아가기 세스페데스 공원에서 북쪽으로 도보 10분
지도 P.220-B

세인트 파울리 St. Pauli

빠르게 성장 중인 개인 식당

최근 쿠바에서는 국영 식당의 아성이 세인트 파울리 같은 개인 식당의 분전에 서서히 설 자리를 잃어가고 있다. 세스페데스 공원해서 출발해 보행자 거리를 걸으며 무엇을 먹을지 고민이라면 이곳을 추천한다. 일단 맛있고 가격이 착하며 영어 메뉴가 준비되어 있다. 육해공을 아우르는 다양한 메뉴를 보유하며 매일 바뀌는 셰프 추천 메뉴가 있으니, 고민하지 말고 이 중에서 고르면 된다. 가격대는 5~12 CUC$로 다양한데, 산티아고의 다른 식당과 비교했을 때 30% 가까이 저렴하다.

주소 Jose A Saco 605, Santiago de Cuba
전화 22 65 22 92
영업 월~일요일 12:00~23:00
예산 음료 2~4CUC$, 식사 5~12CUC$
찾아가기 마르티 공원에서 세스페데스 공원 방향 보행자 도로로 도보 2분 **지도** P.220-C

🍴 레스토란테 엘 모로
Restaurante El Morro

카리브해의 바람은 이곳으로 모인다

모로 요새 입구에 있는 식당. 무엇보다 카리브해가 내려다보이는 전망이 기가 막힌 식당이다. 바다 건너로 80km만 가면 자메이카가 나온다. 식당 전체가 테라스이며, 창문도 없기 때문에 사방에서 불어오는 시원한 바닷바람을 맞으며 카리브해를 배경으로 식사를 할 수 있다. 대중교통이 불편하기 때문에 단체 관광객이 많이 오지만, 일부러 찾아가서 식사하고 싶을 만큼 전망이 좋다. 모로 요새 방문 일정에 맞추어 보자. 택시를 탄다면 1시간 정도 대기해 달라고 하면 된다. 벽에는 비틀스의 멤버 폴 매카트니가 식사한 접시가 걸려 있다.

주소 Carretera Del Morro Km 8.5, Bahia de Santiago, Santiago de Cuba **전화** 22 69 15 76
영업 10:00~16:30 **예산** 세트 요리 12CUC$
찾아가기 모로 요새 입구 **지도** P.220-A

🍴 카페 쿠비타 Cafe Cubita

에어컨이 있고 커피가 맛있는 카페 쿠비타

국영 식당의 단점이라면 직원들의 성의 없는 서빙과 웃음기 없는 얼굴일 것이다. 이곳도 크게 다를 것 없긴 하지만, 쿠바의 카페에서는 커피만 맛있으면 된다. 싸고 맛있는 커피를 마시려면 이곳이 정답이다. 에스프레소를 베이스로 아메리카노, 카푸치노와 얼음을 갈아 만든 시원한 라테, 럼과 브랜디를 섞은 것까지 다양한 커피를 맛볼 수 있다. 영업시간에는 에어컨도 늘 가동 중이니 쉬어가기에도 좋다.

주소 Jose A Saco 362, Santiago de Cuba
영업 08:30~20:30
예산 커피 0.25~0.5CUC$
찾아가기 세스페데스 공원에서 마르티 공원 방향 보행자 도로로 도보 10분 **지도** P.220-C

엘 바라콘 El Barracon

맛있는 로파비에하를 먹어 보자

아프리카와 쿠바의 음식과 문화를 보존 계승한다는 목표를 가진 식당으로, 식당 내부에는 쿠바에 살던 아프리카인의 애환을 담은 그림과 조각이 있다. 메뉴는 쿠바의 전통 음식인 로파비에하가 주를 이룬다. 특히 양고기를 오래 삶은 후(이때 양고기 특유의 냄새를 제거한다) 소스를 약간 쳐서 맛을 낸 카르네 파창고(Carne Pachango)는 엘 바라콘의 대표 메뉴이다. 쿠바 현지인들이 주말에 가족과 함께 외식을 하러 즐겨 찾는 곳인데, 식당이 유명해지면서 여행자들도 점점 많아지고 있다.

주소 Av Victoriano Garzon, zwischen Paseo de Marti und Calle 1ra | Reparto Sueño, Santiago de Cuba
전화 22 64 32 42
영업 12:00~23:00
예산 음료 1~3CUC$, 식사 4~12CUC$
찾아가기 몽카다 병영 박물관에서 도보 5분. 또는 마르티 광장에서 서쪽으로 도보 10분
지도 P.220-D

산티아고 1900 Santiago 1900

드레스 코드가 있는 식당

1900년대에 지어진 스페인풍 대저택을 개조해서 사용한다. 입구에는 앤티크 가구와 식기가 전시되어 있고 분수가 있는 파티오나 오래된 그랜드 피아노가 있는 넓은 홀에서 식사가 가능하다. 얼핏 고급 레스토랑 같지만 가격은 4~14CUC$ 정도로 비싸지는 않다. 단, 메뉴판에 요금이 쿠바 페소(CUP$)로 적혀 있으니 태환 페소만 있다면 환율(1CUC$=24CUP$)을 따져서 계산해야 한다. 특별한 드레스 코드는 없지만 남성은 반바지나 슬리퍼 차림으로 입장할 수 없으며 긴 바지와 티셔츠 정도는 입어야 한다(여성은 무관).

주소 Bartolomé Masó No 354, Santiago de Cuba
전화 22 62 35 07
영업 12:00~24:00
예산 음료 1~3CUC$, 식사 4~14CUC$
찾아가기 세스페데스 공원에서 남쪽으로 도보 5분
지도 P.220-A

🍴 초콜라테리아 프라테르니다드
Chocolateria Fraternidad

외식 나온 쿠바인들이 반드시 들르는 곳

아이스크림, 빵, 샌드위치, 햄버거, 음료수, 맥주, 커피 등 스낵 종류를 먹을 수 있는 곳. 입구에 들어가서 각각의 품목에 따라 매장을 찾아가야 한다. 특히 아이스크림은 종류가 10가지에 달하고 원하는 만큼 많이, 콘 혹은 컵으로 선택해 먹을 수 있기 때문에 산티아고 시민들의 열렬한 환영을 받는다. 간단하게 식사를 할 수 있는 햄버거나 샌드위치도 인기 메뉴.

주소 South-East Corner of Plaza de Marte, At Calle Aguilera, Santiago de Cuba **영업** 09:00~22:00
예산 아이스크림 1~1.5CUC$
찾아가기 마르티 공원 바로 옆. 도보로 5분
지도 P.220-C

🍴 돈 안토니오 Don Antonio

새콤달콤한 엔칠라도로 밥 한 그릇 뚝딱

돌로레스 광장 한편에는 테이블과 의자가 놓여 있는데, 마치 원래부터 거기 있었던 듯 자연스럽다. 사람들은 테이블에 자리 잡고 앉아 맥주나 커피를 마시고 있다. 이 테이블과 의자의 주인은 광장 바로 옆 건물의 식당인 돈 안토니오(Don Antonio). 제대로 된 식사부터 칵테일, 음료까지 다양한 종류의 음식을 판매하며, 특히 새우볶음덮밥 종류인 카마론 라 플란차(Camaron La Plancha)와 새우 폭찹 덮밥인 엔칠라도 데 카마론(Enchilado de Camaron)을 추천한다. 밋밋한 쿠바 음식만 먹다가 새콤달콤한 양념이 된 엔칠라도 계열 음식이 나오면 밥 한 그릇 뚝딱이다. 메뉴판에 음식 사진이 있어서 주문하기도 편하다.

주소 Plaza Doleo, Santiago de Cuba
전화 5 35 52 204 **영업** 12:00~24:00
예산 음료 1.5~3.5CUC$, 식사 7.5~18.5CUC$
찾아가기 돌로레스 광장 바로 옆 **지도** P.220-C

호텔 카사 그란다 레스토랑
Hotel Casa Granda Restaurant

산티아고 데 쿠바의 인기 명소

호텔 카사 그란다 테라스에 있는 식당으로 테라스와 홀 두 곳에서 식사를 할 수 있다. 세스페데스 공원과 대성당을 내려다볼 수 있는 테라스는 영업 시작부터 마감까지 항상 손님으로 북적인다. 커피, 칵테일, 맥주 등의 음료부터 샌드위치, 버거 등의 스낵, 스파게티, 샐러드와 쿠바 스타일의 식사까지 다양한 메뉴가 있다.

주소 Heredia No. 201 entre San Pedro y San Felix, Santiago de Cuba **전화** 22 65 30 21
영업 09:00~24:00
예산 음료 1~4CUC$, 식사 4~14CUC$
찾아가기 호텔 카사 그란다 내. 마르티 공원에서 도보로 5분
지도 P.220-A

폰디타 라 크리오야
Fondita La Criolla

작지만 강한 식당

차 없는 거리인 호세 안토니오 사코(Jose Antonio Saco)의 식당은 대부분 대규모가 많다. 하지만 폰디타 라 크리오야는 테이블 4개만으로도 꽉 차는 작은 식당이다. 샐러드, 수프, 돼지고기, 소고기, 닭고기, 해산물 등 메뉴가 다양하고, 쿠바 페소(CUP$)와 태환페소로도 계산 가능하다. 메인 음식의 모든 메뉴가 로파비에하 스타일로 나온다. 여행자보다는 현지인들의 사랑을 받는 곳이다.

주소 Jose Antonio Saco, Santiago de Cuba
영업 12:00~24:00
예산 음료 1~1.5CUC$, 식사 2~4CUC$
찾아가기 세스페데스 공원에서 마르테 공원으로 가는 보행자 도로 중간. 세스페데스 공원에서 도보로 15분
지도 P.220-C

TOUR TIP 잔돈이 필요해

쿠바에서는 일단 숙소를 나오면 식당에 들어가기 전까지 화장실을 찾기가 쉽지 않다. 어쩌다 공용 화장실을 찾아도 대부분 돈을 내야 하는 유료 화장실이며, 심지어 국영 식당의 경우 손님이라도 돈을 내야 한다.
화장실 사용 요금은 5Centivo 정도 내면 된다. 보통 입구에 '$1'라고 커다랗게 쓰여 있거나 외국인만 골라서 1달러를 달라는 사람이 있는데, 그냥 무시하고 5Centivo만 주면 된다.

산티아고 데 쿠바 나이트라이프

쿠바 제2의 도시답게 수준 높은 연주자들이 출연하는 공연장이 곳곳에 있다. 모히토, 다이키리 등 쿠바를 대표하는 칵테일에 취하고 살사 음악과 춤에 취하는 산티아고 데 쿠바는 밤이 아름다운 곳이다.

카사 데 라 트로바 Casa de la Trova

마시고, 듣고, 춤을 추는 곳

낮에는 삭막한 시멘트 건물에 불과하지만 저녁에 음악이 흐르고 리듬에 맞추어 춤을 추는 시간이 되면 흥이 살아 있는 공간으로 변한다. 입장료(5CUC$)를 내고 2층으로 올라가면 긴 홀에 무대와 테이블이 있다. 굳이 음료를 마시지 않더라도 흐르는 음악에 취한다. 음악을 듣는 사람도 많지만 연주에 맞추어 춤을 추러 오는 사람도 많을 정도. 혼자 왔더라도 누구에게든 손을 내밀어 춤을 권하는 것이 자연스럽다. 매일 저녁 연주자가 다르기 때문에 좋아하는 뮤지션을 골라 즐길 수도 있다. 입장료를 내고 공연장에 들어가지 않더라도 거리에 서 있으면 음악 소리가 들리기 때문에 거리에서 럼이나 맥주를 들고 삼삼오오 모여 음악을 흥얼거리는 사람도 많다.

주소 Heredia No 208, Santiago de Cuba
전화 22 62 39 43 영업 16:00~다음날 02:00
예산 입장료 5CUC$ 찾아가기 세스페데스 공원에서 서쪽으로 도보 5분 지도 P.220-A

파티오 아르텍스 Patio ARTex

프로 연주자들의 놀라운 무대

세스페데스 공원 근처의 거리를 걷는데 음악 소리가 들린다면 십중팔구 이곳에서 나오는 것이다. 칵테일, 맥주 등을 파는 바(Bar)이면서 일주일 단위로 오전, 오후, 저녁을 나누어 출연자가 바뀌며 연주와 노래를 한다. 출연진들의 연령대가 다양한데, 모두 연주 실력이 상당하다.

주소 Heredia No 304, Santiago de Cuba
전화 22 65 48 14
영업 11:00~23:00
예산 음료 1~3CUC$
찾아가기 세스페데스 공원에서 서쪽으로 도보 7분
지도 P.220-A

산티아고 데 쿠바 호텔

산티아고 데 쿠바에는 주로 단체 관광객이 숙박하는 5성급, 4성급 호텔과 100년이 넘은 오래된 호텔, 그리고 가격 대비 질이 좋은 카사까지 있어 취향과 예산에 따라 고를 수 있다. 카사는 세스페데스 공원 남쪽의 산타리타(Santa Rita) 거리와 마르테 광장 주변에 많다.

호텔 카사 그란다
Hotel Casa Granda

쿠바 혁명의 파도를 함께 넘은 호텔

세스페데스 공원 바로 옆에 있는 호텔. 1914년에 영업을 시작해 100년이 넘는 시간 동안 쿠바 역사와 함께해 왔다. 택시 기사에게 센트로로 가자고 하면 카사 그란다로 갈 만큼 이 도시의 랜드마크이다. 거대한 규모에 비해 방은 58개뿐이다. 가구와 시설은 낡았지만 저녁이 되면 세스페데스 공원, 대성당 등이 아름다운 야경을 연출하고, 볼거리도 근처에 몰려 있기 때문에 관광객들에게 인기 있다. 광장에 면해 있는 테라스 식당 레스토란테 카사 그란다(Restaurante Casa Granda) 또한 야경과 아름다운 음악, 무선 인터넷 덕분에 항상 빈자리가 없다. 호텔에 묵지 않더라도 칵테일 한잔하며 산티아고 데 쿠바의 밤을 즐겨 보자. 쿠바나칸, 쿠바 투르 같은 쿠바 현지 여행사를 이용해 예약하면 할인된 가격으로 숙박할 수 있다.

주소 Heredia No. 201 e/San Pedro y San Felix , Santiago de Cuba **전화** 22 65 30 21
예산 싱글 룸 99CUC$, 더블 룸 138CUC$
홈페이지 www.hotelcasagranda.com
찾아가기 세스페데스 공원 바로 옆
지도 P.220-A

멜리아 산티아고 데 쿠바
Melia Santiago de Cuba

산티아고 데 쿠바의 대형 5성급 호텔

쿠바에서 좀처럼 보기 힘든 건물로, 벽 전체가 유리로 된 5성급 호텔이다. 방 개수가 269개나 되는 대형 호텔이라 단체 관광객이 많다. 방이 넓고 고층일수록 전망이 좋기 때문에 고층에 묵고 싶다면 예약할 때 미리 말해야 한다. 호텔 자체 와이파이가 있어서 와이파이 카드를 가지고 있으면 로비에서 무선 인터넷을 쓸 수 있고, 로비와 가까운 층은 방에서도 인터넷 사용이 가능하다. 호텔 예약 사이트에서 예약 가능하며 쿠바나칸, 쿠바 투르 같은 쿠바 현지 여행사를 이용해 예약하면 할인된 가격으로 숙박할 수 있다.

주소 Calle M y Avenida de las Americas | Reparto Sueno, Santiago de Cuba **전화** 22 68 70 70
예산 더블 룸 200CUC$
찾아가기 마르테 공원에서 동쪽으로 도보 20분. 또는 택시로 5분 **지도** P.220-F

🛏 호텔 리베르타드 Hotel Libertad

마르티 공원에 자리한 파란색 건물의 호텔

쿠바의 중저가 호텔 체인인 '이슬라술(Islazul)'에서 운영하는 호텔로 당당히 별 2개짜리다. 저렴한 요금 때문에 중남미에서 온 관광객들이 많이 찾는다. 방은 17개로 많지 않으며, 침대, 텔레비전, 에어컨 등 필요한 것만 갖춘 심플한 구조다. 천장이 굉장히 높아 방의 밋밋함을 보완해준다. 도로에 면한 방은 낮에는 어느 정도 소음이 있지만 퇴근 시간이 지나면 조용해진다. 3층 바는 야경을 바라보면서 칵테일 한잔하기 좋으며, 1층 식당은 호텔 식당치고 굉장히 저렴한 가격에 식사를 할 수 있다(4~15CUC$).

주소 Aguilera 658, Santiago de Cuba
전화 22 62 77 10
예산 성수기(7/1~9/15, 12/22~3/31) 싱글 룸 40CUC$, 더블 룸 60CUC$ / 비수기 싱글 룸 30CUC$, 더블 룸 40CUC$
찾아가기 마르티 광장 바로 옆. 도보 2분
지도 P.220-C

🛏 로이스 테라스 인 Roy's Terrace Inn

산티아고 데 쿠바의 최고 인기 카사

주인아저씨 로이의 노력과 정성 덕분에, 그저 그런 숙소일 뻔했던 이 카사는 지역 내 인기 카사가 되었다. 별 것 없던 옥상 테라스가 다양한 나무와 넝쿨 식물, 꽃향기가 가득하고 시원한 그늘이 있는 정원이 되었기 때문. 규모가 작아 마당이 없다는 단점을 옥상 정원으로 극복한 아름다운 예를 보여준다. 항상 예약이 꽉 차 있기 때문에 방이 3개뿐인 것이 매우 아쉽다. 아침 식사는 물론 저녁도 가능한데, 시내 유명 식당보다 맛, 분위기에 있어 뒤지지 않으니 숙박한다면 꼭 도전해 볼 것. 해 질 무렵 녹음이 우거진 아름다운 정원에서 정성 가득한 쿠바 가정식을 즐기는 시간은 두고두고 잊히지 않을 것이다.

주소 Santa Rita 177, Santiago de Cuba
전화 22 62 05 22
예산 35CUC$, 아침 식사 5CUC$, 저녁 식사 14CUC$
찾아가기 세스페데스 공원에서 남쪽으로 도보 8분
지도 P.220-A

호텔 라스 아메리카스 Hotel Las Americas

무뚝뚝하지만 편안한 국영 호텔

쿠바의 전형적인 국영 4성급 호텔이다. 웃으며 응대하는 직원이나 친절한 서비스는 없지만 국영 호텔 특유의 편안함이 있다. 방은 평균 이상으로 넓다. 쿠바나칸 여행사를 통해 예약하면 할인된 요금으로 숙박할 수 있고, 숙박일이 임박하면 카사보다 저렴한 금액으로 판매하기도 하니 산티아고 데 쿠바를 방문할 계획이라면 여행사에서 요금을 체크해 보자.

주소 Ave. de las Américas y General Cebreco, Santiago de Cuba 전화 22 64 20 11
예산 싱글 룸 70CUC$, 더블 룸 78CUC$
찾아가기 마르테 공원에서 동쪽으로 도보 20분. 또는 택시로 5분 지도 P.220-F

카사 알마 데 유리 Casa Alma de Yuri

호스텔을 표방하는 카사

좁은 입구만 보고 작은 카사일 거라고 속단하지 말자. 좁고 깊은 구조로 방이 7개나 있다. 1층 거실과 2층으로 올라가는 계단은 비록 좁지만, 방이 있는 2층은 탁 트인 전망에 채광도 좋아 그리 작아 보이지 않는다. 방은 퀸 사이즈 침대와 싱글 침대가 들어가고도 공간이 남는 정도. 안주인 유리(Yuri)의 넉넉한 인심, 마음 씀씀이와 함께 시원한 바람이 불어오는 옥상에서 느긋하게 즐기는 저녁 식사도 추천한다. 주문하면 랍스터 메인 요리에 수프, 샐러드, 밥, 후식까지 곁들인 정찬을 준비해준다.

주소 Santa Rita 420, Santiago de Cuba
전화 22 62 46 57
예산 25CUC$, 아침 식사 5CUC$, 저녁 식사 10CUC$
홈페이지 www.casayuri.com
찾아가기 럼 박물관에서 남쪽으로 호스탈 히라솔(Hostal Girasol) 바로 앞집. 세스페데스 공원에서 도보 10분
지도 P.220-A

🛏 카사 테라사 파보 레알 Casa Terraza Pavo Real

자타공인 5성급 카사

여행 평가 사이트, 해외 유명 여행 가이드북 등에서 최고의 평점을 받은 카사. 이 집은 스페인 식민지풍 대저택을 숙소로 잘 꾸며 영업하고 있다. 가구, 식기 등은 주인인 후안의 어머니가 쓰던 것을 지금도 사용하고 있고 온 집안이 박물관을 연상케 할 만큼 앤티크 제품이 가득하다. 특히 1940년산 커다란 구식 라디오에서 흘러나오는 클래식 방송은 집안 분위기와 매우 잘 어울린다. 방은 총 3개로 퀸 사이즈 침대가 2개 놓여 있는데, 침대가 하나 더 들어가도 될 만큼 크다. 에어컨, 선풍기, 텔레비전, 세이프티 박스 등 시설도 잘 갖추고 있다. 주인이 1층 정원과 3층 옥상에서 애지중지 키우는 새 덕분에 종일 새소리가 멈추지 않는다. 특별한 인테리어에 후안의 친절과 인심이 더해져 자타공인 산티아고 최고의 카사가 되었다. 반드시 예약해야 한다는 것을 잊지 말자.

주소 Santa Rita n°302 e/ San Pedro y Santiago de Felix, Santiago de Cuba 전화 22 65 85 89
예산 30CUC$, 아침 식사 4CUC$, 저녁 식사 10~15CUC$
이메일 juanmarti13@yahoo.es
찾아가기 세스페데스 공원에서 남쪽으로 도보 8분
지도 P.220-B

🛏 카사 파벨 & 코랄리아 Casa Pavel & Coralia

집에 온 것처럼 푸근한 카사

낯선 문을 열고 들어갔을 때 누군가 환한 웃음으로 반겨준다면 여행자가 느끼는 감동은 배가 될 것이다. 카사 주인 코랄리아(Coralia)의 웃음은 긴장과 경계를 단숨에 무장 해제하는 매력이 있다. 건물 폭이 좁아 방은 2개밖에 없지만 바닥은 세련된 타일로 꾸며져 있고, 거리 쪽으로 창이 나 항상 밝고 시원하다. 화장실 또한 넓다. 다른 카사보다 가격은 약간 저렴한 편이다.

주소 Calle Padre Pico 355 1/2, Santiago de Cuba
전화 22 65 72 24
예산 25CUC$, 아침 식사 5CUC$, 저녁 식사 10CUC$
이메일 paveicora29@gmil.com
찾아가기 지하 투쟁 박물관 바로 앞. 세스페데스 공원에서 도보 8분 지도 P.220-A

🛏 호스탈 히라솔 Hostal Girasol

호스탈 수준의 전문적인 카사

카사 본채와 바로 옆집까지 방이 총 9개나 된다. 방의 구조와 시설 등은 다른 곳과 별 차이가 없지만, 방이 9개나 되어서 그런지 방 청소, 아침 식사 준비, 서빙 등은 규모가 있는 호스탈 수준이며 직원들의 숙련도와 친절도가 상당한 곳이다. 방에는 냉장고, 평면 TV, 에어컨, 선풍기, 세이프티 박스와 더불어 우산까지 세심하게 준비되어 있다. 체크인할 때는 시원한 생과일 주스를 웰컴 드링크로 내오며, 시내 지도와 함께 투어 전반에 관한 설명도 해준다. 주인인 히라솔은 영어를 못하지만 그녀의 동생 다나는 영어가 유창하다. 성수기, 비성수기를 가리지 않고 방은 늘 예약이 차 있으므로 미리 예약하는 것이 좋다. 아침 식사는 맛도 있고 양도 많다.

주소 Calle Diego Palacios no 409, Santiago de Cuba
전화 22 62 05 13 예산 30CUC$, 아침 식사 5CUC$
이메일 hostalgirasol1983@gmail.com
찾아가기 럼 박물관에서 남쪽으로 세스페데스 공원에서 도보 10분 지도 P.220-A

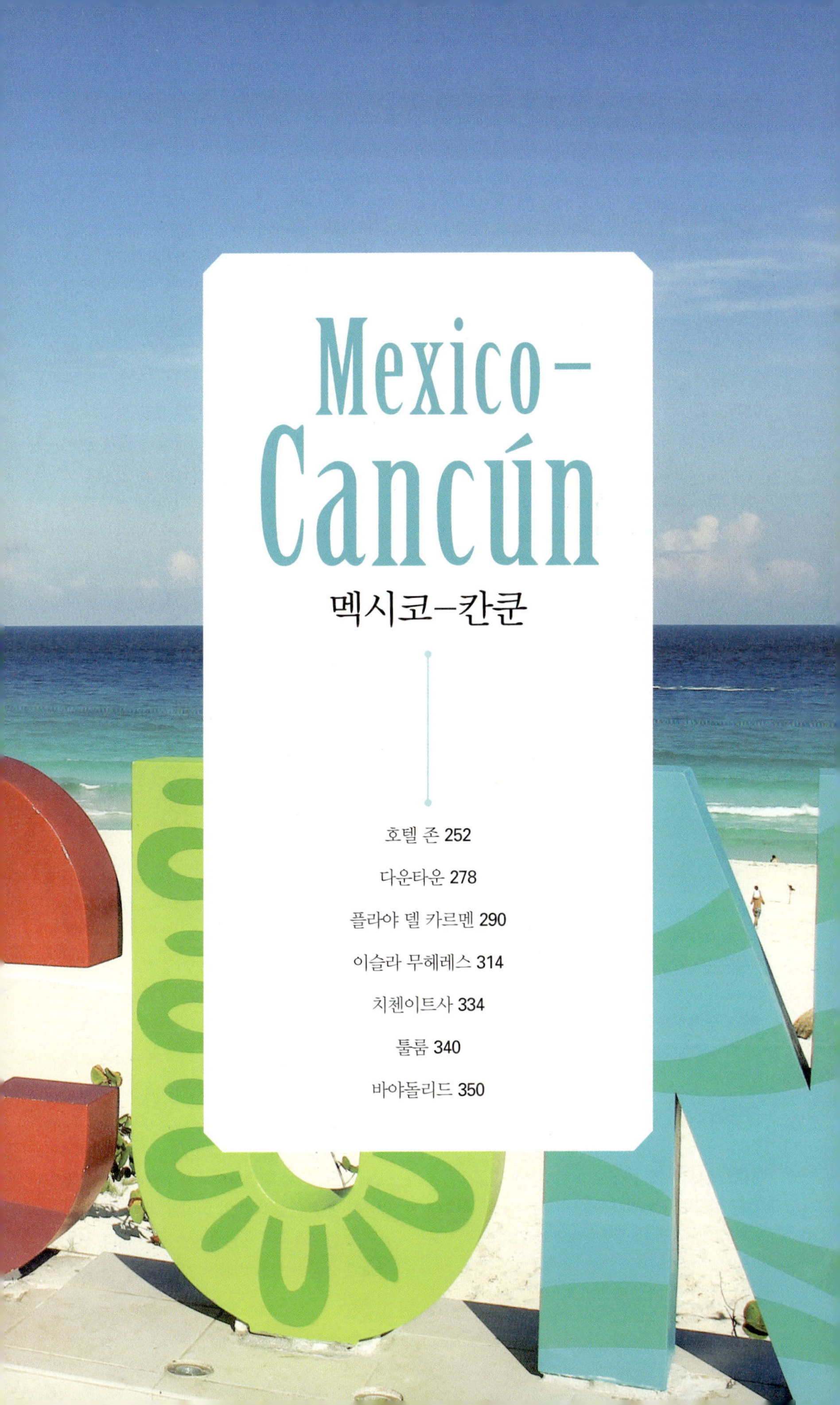

Mexico-Cancún

멕시코-칸쿤

호텔 존 252

다운타운 278

플라야 델 카르멘 290

이슬라 무헤레스 314

치첸이트사 334

툴룸 340

바야돌리드 350

멕시코 기초 여행 정보

국가명 멕시코 합중국 United Mexican States

국기
좌측부터 초록색, 흰색, 빨간색 세로 줄무늬가 차례로 이어진 멕시코 국기

는 스페인에 맞서 독립 전쟁이 한창이던 1810년에 처음 사용했고, 1821년에 정식 국기로 채택되었다. 현재의 국기는 1968년에 개정된 것이다. 초록색은 독립과 대지를, 흰색은 순결과 통일을 위해 바친 희생을, 빨간색은 백인·인디오·메스티소 등 인종의 통합과 국가 독립을 나타낸다. 국기 중앙에는 독수리가 선인장 위에 앉아 뱀을 물고 있는 문양이 있는데 이는 멕시코의 국장이다.

수도 멕시코시티 Mexico City

면적 1,972,550㎢(한반도의 약 9배, 남한의 약 19.6배)

인구 130,158,700명(2018년 기준)

인종 메스티소 45%, 아메리카 원주민계 30%, 백인 23%, 동양인 2%

종교 로마가톨릭 80%, 개신교 9%, 토착 신앙과 기타 종교 4%

공용어 스페인어

시차 멕시코시티 한국보다 15시간 느림.
칸쿤 한국보다 14시간 느림.
※**서머타임(+1시간)** 4월 첫째 주 일요일~10월 마지막 주 일요일

국가 번호 52

정치체제·원수
대통령제(6년 단임제), 연방공화제(양원제)

통화 멕시코 페소 Mex$(통화 코드 MXN)

환전
멕시코 공항, 은행, 환전소, 일부 호텔 등에서 환전이 가능하며, 대개는 은행이 환율이 좋다. 환전 시에는 반드시 여권이 필요하며 반레히오(BanRegio) 은행의 경우 여권 사본을 창구 직원에게 제출해야 한다. 멕시코에서는 달러 거래가 보편화되어 있지 않고 여행자 수표는 더욱 사용하기 어렵지만 칸쿤의 호텔 존, 플라야 델 카르멘 같은 관광지는 예외적으로 미국 달러가 통용된다. 토요일에는 오전까지 환전소나 일부 은행에서 환전할 수 있으며 일요일은 공항 환전소만 문을 연다.

은행
여행자들은 주로 ATM 수수료가 가장 싼 바나멕스(BANAMEX) 은행을 많이 이용한다. 바나멕스는 모기업이 시티은행이므로 한국 시티은행 계좌가 있다면 바나멕스 은행을 이용할 수 있다.

신용카드
호텔, 식당, 상점, 여행사 등에서 신용카드 사용이 가능하나, 지하철역, 버스 터미널 내의 매점이나 소규모 상점의 경우 현금만 받는 곳이 많다. 신용카드와 현금의 사용 비율은 2:8 정도로 하는 것이 좋다.

기후

북아메리카 대륙 남부에 위치한 멕시코는 국토 대부분이 열대 지역에 속하지만, 위치보다 해발 고도의 영향으로 비교적 다양한 기후가 나타난다. 절반에 가까운 지역이 연강수량 500㎜ 이하의 매우 건조한 기후이고, 이외 지역에서는 열대, 아열대, 온대, 냉대 등을 만날 수 있다. 칸쿤이 있는 유카탄반도는 무역풍과 허리케인의 영향으로 강수량이 많고 기온이 높으며, 멕시코시티는 연평균 기온이 약 15~19℃인 온화한 기후다.

위치

멕시코는 북아메리카와 남아메리카를 잇는 중간 위치다. 북쪽으로는 리오그란데강을 기준으로 미국, 남쪽으로는 벨리즈·과테말라와 국경을 접한다.

여행 적기

태평양과 멕시코만 등 양쪽 해안의 저지대는 5~10월 사이 습도가 높고 강력한 스콜이 내리며, 7·9월에는 허리케인이 지나간다. 건기인 10~5월에는 비가 잘 내리지 않는 시원한 날씨이며, 코발트빛 카리브해의 진수를 느낄 수 있다. 12~2월 사이에 멕시코시티 등의 내륙 지방은 북쪽에서 불어오는 차고 건조한 바람의 영향으로 기온이 영하로 내려가기도 한다.
크리스마스와 신년이 연결된 연말연시와 4월 부활절 주간이 멕시코 관광 최대의 성수기인데, 유명 관광지로 가는 항공편과 숙소는 일찌감치 마감된다.

전기

정격 전압은 110V. 일부 호텔과 리조트에서 220V를 사용하기도 한다. 최근의 전자 제품은 대부분 프리볼트이기 때문에 플러그 변환 어댑터만 있으면 한국에서 가져간 전기 제품(220V)을 이용할 수 있다.

우편

멕시코의 우편 시스템은 열악한 편이다. 외국뿐만 아니라 국내도 우편 배달이 늦은 것은 물론, 종종 분실되기까지 한다. 거리 곳곳에 우체통이 있지만 수거 시간이 불규칙해 우체국에 직접 가서 보내는 것이 가장 확실하다.

사설 우편

DHL, FEDEX 등의 사설 택배 업체는 우체국보다 안전하고 빠르게 수송한다. 영업시간은 영업소에 따라 다르지만 일반적으로 평일 09:30~20:30, 토요일은 09:30~18:30이다.

팁

멕시코에는 팁 문화가 있다. 저렴한 식당에서는 계산서 금액의 5%나 거스름돈 정도를 주면 되고, 유니폼을 입은 웨이터가 정중하게 안내하는 고급 식당이라면 계산서 금액의 10~15% 정도를 팁으로 주면 된다. 신용카드로 계산할 때는 팁을 추가하라고 말하면 된다. 올 인클루시브 호텔의 경우 US$1~2 정도를 주는 것이 좋다.

전화

공중전화는 도시 곳곳에서 쉽게 볼 수 있으며, 모두 30, 50, 100페소짜리 카드를 사서 이용해야 한다. 공중전화 카드는 편의점, 통신회사 점포 등에서 쉽게 살 수 있다. 휴대전화 보급률이 높아서 전화 및 인터넷을 쓸 수 있는 심 카드를 사면 여행자도 간편하게 사용할 수 있다. 멕시코에서는 텔셀(TELCEL), AT & T, 모비스타(MOVISTAR) 총 3개의 통신 회사를 이용할 수 있으며 심 카드는 공항, 터미널, 편의점, 대형마트, 통신사 대리점 등에서 판매하며 충전할 수 있다.

인터넷

멕시코는 중남미의 다른 나라들에 비해 통신 환

경이 좋은 편이다. 공원, 거리 등에서 무료 와이파이를 쉽게 찾을 수 있고, 호텔, 식당, 공항 등에서도 속도가 빠른 무료 와이파이를 이용할 수 있다. 그러나 고산, 사막 등의 무인 지대는 인터넷은 물론이고 전화도 안 되는 곳이 많다.

비자

대한민국 국민이 여행, 친지 방문, 비즈니스, 컨퍼런스, 세미나 참석 등의 목적으로 멕시코에 입국할 경우에는 90일에서 최대 180일까지 무비자로 체류할 수 있다. 체류 기간 연장은 멕시코 내 이민국에서 가능하다.

영업시간

- 우체국 월~금요일 08:00~19:00, 토 · 일요일 09:00~13:00
- 은행 월~금요일 09:00~16:00
- 환전소 월~토요일 09:00~19:00, 일요일 09:00~12:00(공항 내 환전소만)
- 관공서 월~금요일 09:00~18:00
- 식당 10:30~23:00(일부 일요일 휴무)
- 상점 월~토요일 09:00~17:00, 일요일 09:00~12:00

긴급 연락처

- 경찰서 066(지방 경찰) / 088(연방 경찰)
- 구급차 065
- 소방서 068

외국인 사건 전담 검찰지청(멕시코시티)

이곳의 직원들은 약간의 영어를 구사할 수 있다.

- 소나로사 지역 5533 4444
- 폴랑코 지역 5331 7449
- 공항 내 5345 5843

멕시코 주재 한국 대사관

주소 Lopez Diaz de Armendariz 110, Col. Lomas de Virreyes Deleg Miguel Hidalgo Mexico D.F
전화 55 5202 9866
팩스 55 5202 5865
이메일 emcorea@mofa.go.kr(영사과)
홈페이지 mex.mofa.go.kr

멕시코의 역사

고대 문명의 시대

예부터 멕시코 땅은 내륙이나 해안 어느 지역이든 비옥하여 농사가 잘되었다. 이미 기원전 1500~900년경에 농경 생활이 시작되었고, 아메리카 대륙 전체를 관통하는 올메카, 톨텍, 마야, 아즈텍 등의 문명이 꽃피우기에 이른다. 특히 마야인과 아즈텍인의 문명은 남아메리카의 잉카 문명과 더불어 인류 역사에 큰 족적을 남겼다.

스페인 군대의 침략과 식민의 시대

1521년 스페인의 침략자 에르난 코르테스(Hernán Cortés)가 군사 200명을 끌고 아즈텍 왕국을 침략해 수도인 테노치티틀란을 점령했다. 당시 테노치티틀란의 인구는 15만~30만 명에 이를 것으로 추산되는 거대 도시였다고 한다. 당시 황제인 목테수마 2세(Moctzuma II)는 에르난 코르테스와 그의 군대를 신화 속의 신 케찰코아틀로 여겨 이들을 극진히 환대했다고 한다. 하지만 코르테스는 목테수마 2세를 포로로 잡고 아즈텍 왕국을 철저히 파괴하고 유린했다.
아즈텍 군대는 전열을 재정비해 이들을 쫓아냈다. 그러나 야심가였던 코르테스는 스페인의 지시 없이 군대를 움직인 자신을 심문하기 위해 본국에서 파견된 1,000여 명의 부대마저 자기 군대로 편입해 버렸다. 여기에 평소 목테수마 2세의 과도한 공물 요구와 아즈텍 왕국의 인신 공양 등에 지쳐 있던 다른 원주민들을 회유하여 협공을 계속했다. 1521년, 코르테스는 마침내 아즈텍을 멸망시켰고, 승승장구한 스페인은 이후로도 정복 사업을 지속하며 18세기 들어 멕시코와 중남미 전역을 식민지화하기에 이르렀다.

혁명기념탑

독립과 근대로의 진입

1821년에는 스페인으로부터 독립하고, 1824년 미국 헌법에 기초해서 만든 연방 헌법이 채택되어 마누엘 펠릭스 페르난데스가 초대 대통령으로 선출되었다.

1845년에는 멕시코 역사상 가장 안타까운 일이 일어난다. 멕시코를 다시 식민지로 삼으려는 스페인의 침공을 막아내고 안정을 이루나 싶었는데, 이번에는 미국이 서부 개척을 한다는 명분으로 멕시코 북부 지역(지금의 텍사스)을 미국에 합병할 것을 결의한 것이다. 이 일로 멕시코와 미국 간에 전쟁이 일어나 결국 멕시코가 패하게 된다. 1848년 2월 2일, 치욕적인 과달루페 이달고 조약이 체결되었는데, 이 조약에 따라 멕시코는 지금의 캘리포니아, 네바다, 텍사스 등을 미국에 넘겨주게 된다.

1857년에는 베니토 후아레스(Benito Pablo Juárez)가 식민지 잔재를 없애기 위해 '라 레포르마(La Reforma)'라는 개혁을 시도했다. 1858~1861년에는 베니토 후아레스가 이끄는 자유주의자들과 새 헌법에 반대하는 보수주의자들 사이에 내란이 발생하였다. 결국 내란에서 승리한 베니토 후아레스는 대통령이 되었으나, 반란과 쿠데타가 지속되다가 북부 멕시코 출신 혁명주의자들과 개혁주의자들로 구성된 민족혁명당(PNR)이 멕시코의 근현대를 지배했다.

멕시코 혁명과 경제 발전

1870년대에는 전형적인 개발 독재 스타일의 정치인 호세 데 라 크루스 포르피리오 디아스 모리(José de la Cruz Porfirio Díaz Mori)가 정권을 잡아 나름대로 안정적인 경제 발전을 필두로 공업화가 진행되었다. 그러나 1910년대부터 1930년대까지 혁명의 물결이 멕시코를 뒤덮었다. 1940년대부터 1980년대까지 멕시코는 중공업과 소비재를 중심으로 한 경제 발전이 급격하게 이뤄지고, 해마다 연 평균 7~8%대의 고도 경제 성장을 이뤘다. 이러한 막강한 경제 성장을 바탕으로 1968년 멕시코시티 올림픽과 1970년 멕시코 월드컵도 열게 되었다.

혼돈의 양극화

1980년대는 유가 하락과 미국의 금리 인상으로 인해 경제 성장은 막을 내리고 극심한 빈부 격차, 그로 인한 사회 문제, 마약 카르텔의 범죄 등이 얽히고설켜 멕시코는 내리막길로 들어서기 시작했다. 게다가 1985년 멕시코 대지진이라는 악재가 겹치게 된다.

1990년대 멕시코에서는 정치적인 격변과 부정부패는 더욱 악화되고 지금도 멕시코는 고질적인 빈부 격차, 마약 카르텔, 부정부패 등의 문제가 해결되지 않은 채 서민들만 벼랑으로 몰리고 있다.

베니토 후아레스 기념탑

칸쿤 기초 여행 정보

칸쿤 기초 정보

지역번호 998

인구 약 75만 명(2018년 기준)

위치
유카탄반도 북쪽 해안과 동쪽 해안이 만나는 지점에 위치해 있다. 북쪽 해안은 멕시코만, 남쪽 해안은 카리브해를 끼고 있다. 남쪽에는 벨리즈와 과테말라가 있으며, 유카탄주(州)의 최대 도시인 메리다와는 300㎞ 떨어져 있다.

기후
멕시코만과 칸쿤이 있는 유카탄반도는 무역풍과 허리케인의 영향을 받아, 멕시코의 다른 지역에 비해 강수량이 많고 기온이 높아 곳곳에 열대 밀림이 형성돼 있다.

칸쿤은 연평균 기온이 27℃ 정도로, 여름인 7~8월에는 평균 기온이 24~33℃를 유지하며 강수량은 약 200mm 정도다. 허리케인이 등장하는 9~10월에는 강수량이 230mm 정도지만 한국의 장마처럼 종일 내리는 것이 아니라 잠깐 내리다 마는 스콜이기 때문에 생활하기에 불편함은 없다.

치안
세계적인 휴양 도시로 해마다 100만 명 이상의 외국인이 방문하는 만큼 멕시코의 다른 도시에 비해 치안도 안정되어 있다.

유카탄반도의 역사

멕시코시티가 스페인 침략자들이 아즈텍 문명 위에 세운 도시라면, 칸쿤은 마야인이 건설한 도시다. 칸쿤도 16세기 중엽에 스페인 군대에 점령당했지만 멕시코시티처럼 원주민의 문화가 파괴되지는 않았다. 1821년 멕시코는 스페인으로부터 독립했으나 기나긴 식민 역사 속에서 아즈텍 문명과 문화는 훼손되었고, 원주민인 마야인들은 크리올(아메리카에서 태어난 스페인인)들에게 많은 핍박을 받았다.

유카탄반도는 특히 한국인에게 남다른 곳이다. 일제 강점기 때 한국을 떠나 머나먼 이곳까지 왔다가 다시는 돌아가지 못한 슬픈 역사가 있기 때문이다. 멕시코로 이민 간 한국인을 뜻하는 '애니깽(Henequen)'은 원래 용설란과에 속하는 선인장 '에네켄'을 한국인들이 부른 말이었다. 마야인들은 에네겐으로 여러 가지 생활용품을 만들었는데, 그중에서도 밧줄은 튼튼하고 내구성이 좋아 뱃사람들에게 아주 중요한 재료였다. 때문에 멕시코에서는 에네켄을 기르는 농장이 성행했고, 일꾼을 많이 구하기도 했다.

일본이 러일전쟁에서 승리하고 을사늑약을 체결해 한국의 주권침탈을 본격화하기 시작하던 1905년, 일본의 한 인력회사는 1,033명의 한국인을 모아 멕시코로 데려갔다. 이들은 제물포항(인천)을 떠나 멕시코 유카탄반도 메리다 근처 항구에 도착했고, 20여 개의 에네켄 농장에서 4년 동안 계약을 맺어 노동자로 일했다. 하지만 말이 노동자지 노예나 다름없이 임금도 제대로 받지 못했으며 4년 후에는 대부분 빈털터리 실업자가 되고 말았다고 한다. 소수는 멕시코를 탈출해 미국으로 가기도 했고, 그중 일부는 한국으로 귀국했지만 대부분은 멕시코 여기저기로 흩어져 어려운 생활을 꾸려나갔다. 이것이 역사의 풍랑에 휘말렸던 이민 1세대의 이야기다.

여행 안내소(인포투르, Infotur)
● 칸쿤 국제공항 2터미널 지점
주소 Carretera Cancún-Chetumal Km 22, 77565 Cancún
전화 55 5284 0400 운영 07:00~23:00
● 다운타운 ADO 버스 터미널 지점
주소 Pino Lote 1 y 2, Supermanzana 23, 23, 77500 Cancún

멕시코 이민국(칸쿤 사무소)
주소 Av Uxmal 26, 2A, 77500 Cancún
전화 998 881 3560
운영 월~금요일 09:00~13:00

우체국(Correo)
● Sepomex Correos de México
주소 Av. Xel Ha Esq. Sunyanchen SM 28 S/N, Centro, 28, 77511 Benito Juarez
전화 800 701 7000

사설 택배 업체(DHL, FEDEX)
● DHL Express Service Point
주소 Blvd. Kukulkan Km 8.5 Lote 3, Local 39, Zona Hotelera, 26, 77500 Cancún 전화 55 1474 3309
● DHL Express Service Point
주소 Av. Tulum 29, Local 13 Y 14, Supermanzana 5, Centro, 5, 77500 Benito Juarez
전화 998 577 2051
● DHL Express Service Point
주소 Av. Xcaret Lote 2-03, Local A 21 Manzana 2, Super Manzana 36, 36, 77507 Cancún
전화 961 269 4233
● Centro de Envio FedEx
주소 Av. Tulum Manzana 56 Núm. Lt 18, 23, 77500 Cancún 전화 998 898 1425

병원, 약국(Hospital)
● Hospital Playamed
호텔 존 최고의 병원으로 24시간 운영하며 특히 세계 각국 보험사의 보험도 잘 처리해 준다.
주소 Blvd. Kukulkan Km.9 Manzana 48, Lote 3 Local 1, Zona Hotelera, 77500 Cancún
전화 998 151 6389
● Hospiten
주소 Blvd. Kukulcan 77500, Zona Hotelera, Cancún
전화 998 881 3700

● Medi Travel Center
주소 77500, Punta Nizuc – Cancún 210, Zona Hotelera, 77500 Cancún
전화 55 4610 2530

은행(Banco)
세계적인 휴양 도시인 만큼 여러 나라의 은행과 멕시코 은행들이 호텔 존, 다운타운 등에 있다.
● Banamex(호텔 존)
주소 Plaza Terramar, Blvd Kukulkan, Zona Hotelera, 77500 Cancún
전화 998 883 3100
● Banamex(다운타운)
주소 Av Tulum Esq Ret 10 Jaleb 19, 20, 77500 Benito Juarez
전화 55 5538 5557
● HSBC
주소 Blvd Kukulcan Km 12.5, La Isla Shopping Village, Isla Paraíso, Benito Juárez, Zona Hotelera
전화 800 712 4825
● Santander
주소 Blvd Kukulcan Km 12.5, Zona Hotelera, 77500 Cancún 전화 800 501 0000
● BanRegio
주소 Avenida Bonampak 26, Zona Hotelera, 4, 77500 Cancún 전화 998 193 0250

환전소(Casa de Cambio)
칸쿤 전역에서 달러와 페소가 함께 통용되며 가격은 달러와 페소가 함께 표기되어 있다. 일반적으로는 달러보다 페소의 환율이 좋으므로 페소로 환전해 가는 것이 유리하다.
● CIBanco
주소 Blvd. Kukulcan Km 12.5, La Isla, Zona Hotelera, 77500 Cancún
전화 998 883 0185
● Money Exchange Centro Cambiario
주소 Plaza Bonita, Xel-ha, SM 28, Benito Juárez, 77509 Cancún
전화 998 884 5502
● Divisas San Jorge Casa de Cambio
주소 Av. Cobá #18, Mza. 3, Super Mza. 4, Mpio. Benito Juárez, A un lado del Restaurante Patagonia
전화 998 884 4912
● Money Exchange San Jorge Casa de Cambio
주소 Av. Cobá Mza. 1, Super Mza. 5, Lote 12, Mpio. Benito Juárez, Condominio Venus, Local 1B, planta baja, 77500 Cancún, Q.R.
전화 998 892 7449

칸쿤 입출국하기

2019년 1월 현재 한국에서 칸쿤으로 가는 직항편은 없고, 멕시코시티나 제3국을 경유해 들어가야 한다. 멕시코 전역에서 육로로 유카탄반도로 들어올 수도 있다.

칸쿤 국제공항

칸쿤 국제공항(Aeropuerto Internacional de Cancún)은 멕시코시티의 베니토 후아레스 국제공항 다음으로 큰 공항이자 혼잡한 공항이다. 칸쿤은 전 세계에서 사랑하는 휴양지인 만큼 세계 각국에서 여러 항공편이 운항 중이기 때문이다. 공항에는 총 4개 터미널이 있는데 현재(2018년 10월 기준) 1터미널은 리모델링 공사를 하느라 잠정 폐쇄되었다. 2터미널은 멕시코 국내선과 국제선 대부분이, 3터미널은 북아메리카, 4터미널은 유럽 대륙을 오가는 항공사가 이용 중이다.

입국하기

입국 심사

① 착륙 전 기내에서 나누어 준 입국신고서, 세관신고서 등의 서류를 꼼꼼히 영어로 기입한다.

② 이민국의 입국 심사대로 가서 줄을 서서 차례를 기다린다.

③ 입국 심사를 받을 때는 여권과 입국신고서를 제시하고, 카메라를 보고 촬영을 한다. 이때 안경과 모자는 벗어야 한다.

④ 심사 직원에게서 여권과 입국 도장이 찍힌 입국신고서의 아랫부분을 돌려받는다. 이때 돌려받은 것은 출국신고서로 쓰이기 때문에 분실하지 않도록 주의한다. 멕시코에서 출국할 때에 반드시 제출해야 하며, 만약 잃어버리면

TOUR TIP 내가 이용할 터미널 쉽게 찾기

인천 국제공항마저도 터미널이 2개로 늘어나는 바람에 본인이 탈 항공사의 해당 청사를 한 번 더 확인할 필요가 있다. 터미널을 착각하게 되면 비행기를 놓치는 최악의 상황도 발생할 수 있다. 이런 사태를 미연에 방지하기 위해 출발하기 전에 이티켓(E-Ticket)을 꼭 확인해서 출력하거나 휴대폰 사진으로 찍어 두어 지참한다.

이티켓에는 예약자의 영문 이름, 항공편명, 발착 시간, 좌석 등급, 수화물 조건 등 비행에 관한 모든 정보가 담겨 있다. 발착하는 도시 이름 아래에 공항이 표기되어 있고 터미널까지 명시되어 있다. 자세한 예시는 다음의 이티켓을 참고해 보자.

출발 날짜 2017년 12월 4일, 출발지는 인천, 경유지는 토론토, 목적지는 쿠바의 아바나이다. 돌아오는 편의 출발지는 멕시코 시티, 경유지는 토론토, 목적지는 인천, 항공사는 에어캐나다이다.

벌금 500페소를 지불해야 출국할 수 있다.

세관 검사
① 전광판에서 타고 온 항공기 편명과 출발지를 확인하고 수하물 컨베이어 벨트로 간다.
② 짐을 찾고 세관을 통과한다.
③ 만약 짐이 나오지 않았다면 항공사의 직원을 찾거나 데스크에 가서 신고를 한다. 이때 공항에서 받아 두었던 수하물 표(Baggage tag)가 필요하다.
④ 세관원에게 세관신고서를 제출하고, 모든 짐을 엑스레이(X-Ray) 검색대에 통과해야 한다. 검색대를 통과하면서 의심스럽거나 위법한 물품이 발견되면 세관 검사로 넘어간다. 이때는 모든 짐을 열어 전수 검사를 한다.
⑤ 세관 검사를 무사히 통과해 자동문으로 나오면 멕시코다.

출국하기

공항 도착
① 타고 갈 항공사의 출발 터미널을 확인하자.
② 택시, 셔틀 택시, ADO 버스 등을 이용해 공항에 올 경우, 기사에게 몇 번 터미널을 이용하는지 정확하게 알려주어야 한다.
③ ADO 버스의 경우 4터미널, 2터미널, 3터미널의 순서대로 정차하며, 예상 시간보다 20~30분 정도 넉넉하게 여유를 두고 와야 한다.

탑승 수속
① 여권을 제시하고 수하물을 부친 다음 탑승권을 받는다. 가끔 이티켓을 보여 달라고 할 때도 있으니 출력해서 가지고 있는 것이 좋다. 이때, 입국할 때 받아두었던 출국신고서를 같이 제출한다. 분실했다면 벌금 500페소를 내고 재발급 받아야 한다.
② 여권, 탑승권, 수하물 표(Baggage Tag)를 받는다.
③ 터미널 안쪽의 출국장으로 간다.
④ 보안 검사를 받기 위해 소지품과 짐을 엑스레이 검색대에 통과시킨다.
⑤ 이민국 사무소는 따로 없으므로 보안 검사 후에 바로 면세 구역이다.

항공기 탑승
① 탑승구는 탑승권에 명시되어 있지만 가끔 바뀌기도 하니 꼭 전광판을 확인한다.
② 면세 구역에는 면세점, 식당, 카페, 기념품 숍, 항공사 라운지 등이 있다.

TOUR TIP 칸쿤 국제공항 세관 무사 통과하기

2017년 2월부터 칸쿤 국제공항의 세관 검색이 강화되었다. 세관원이 의심쩍다고 판단하면 트렁크는 물론 들고 온 모든 짐을 꼼꼼하다 못해 기분 나쁠 정도로 전수 검사를 한다. 여기에서 멕시코 세관 기준을 넘으면 압수당하고 벌금이 부과된다. 이렇게 되면 입국 시간도 많이 걸린다. 예를 들어, 건강식품과 영양제의 경우 자주 전수 검사에 걸리는데 성분이나 의사의 소견서가 있는지도 질문한다.
이런 번거로움을 피하려면 의심스러운 물품은 최소한으로 줄이는 것이 좋다. 칸쿤 국제공항과 경유지의 공항에도 면세점에 있을 것은 다 있으니, 가볍게 와서 무겁게 돌아가자. 특히 올 인클루시브 호텔의 음식은 언제나 한식을 먹어야 하는 사람만 아니라면 대부분 맛과 질 면에서 만족할 정도다. 또 일반 식당에서는 매운 소스가 항상 제공되기 때문에 현지 음식을 먹어도 "느끼하다"는 말은 나오지 않을 것이다. 상시 복용하는 약이 있다면 약 성분이 적힌 설명서(영문)나 약을 먹어야 하는 이유를 밝힌 의사 소견서(영문)를 준비해 오면 도움이 될 것이다.

멕시코 면세 한도
- US$500 이하의 물품
- 담배 200개비 이하
- 3ℓ 이하의 주류
- 개인 약품 중 향정신성 의약품의 경우 의사의 처방전이 있어야 함.

공항에서 시내로

칸쿤 국제공항과 여행자가 몰리는 칸쿤의 다운타운, 호텔 존, 플라야 델 카르멘 간에는 택시, 셔틀 택시, ADO 버스 등의 대중교통이 잘 연결되어 있어 편리하게 이용할 수 있다.

칸쿤 국제공항에서 시내로

택시

입국장을 나오면 각 회사 택시의 데스크가 있다. 목적지를 말하고 돈을 지불하면 택시가 배정되고 티켓을 준다. 터미널 밖으로 나와 택시 회사 직원에게 티켓을 보여주고 택시를 타면 된다. 다운타운, 호텔 존까지 20~30분 걸리며 요금은 680페소.

셔틀 택시 Shuttle Taxi

셔틀 택시는 지역이 같은 승객을 모아 한 대의 택시 혹은 승합 택시에 태우고 각각 호텔이나 목적지에 내려 주는 방법이다. 택시보다는 시간이 오래 걸리지만 저렴하다. 입국장을 나오면 각 회사 셔틀 택시 데스크가 있다. 여기서 티켓을 산 후 지정된 택시에 탑승하면 된다. 운행 시간은 09:00~24:00로, 25분마다 운행한다. 공항으로 돌아올 때는 출발 하루 전에 예약하면 40%를 할인해 준다. 다운타운, 호텔 존까지 20~40분 거리며 요금은 170페소.

ADO 버스

시내까지 가는 방법 중 가장 저렴한 방법이다. 2터미널 국내선 입국장 앞에 버스 정류장과 매표 데스크가 있으며, 버스 정류장에서도 티켓을 살 수 있다. 티켓에는 차량 탑승 시간과 정류장 번호가 적혀 있다. 운행 시간은 04:00~24:30로, 25분마다 1대씩 운행한다. 다운타운까지 약 30분 걸리며 요금은 78페소.
ADO 버스 정류장은 2터미널에만 있으므로 3, 4터미널에 도착한 승객은 먼저 터미널 간 이동 무료 셔틀버스를 타고 2터미널로 가야 한다. 터미

ADO 버스 정류장

ADO 티켓 판매소

널 간 셔틀버스는 2터미널 8번 게이트 앞에 선다.

시내에서 칸쿤 국제공항으로

택시

공항까지 가는 가장 간편한 방법이다. 올 인클루시브 호텔에 묵었을 경우, 호텔에 택시를 불러 달라고 요청하는 것이 좋다. 호텔 존에서 소요 시간은 30분 정도이며 플라야 델 카르멘에서 올 경우 약 1시간 걸린다.

셔틀 택시 Shuttle Taxi

출발 하루 전에 공항에서 호텔로 올 때 이용했던 회사에 전화나 이메일로 예약할 경우, 요금의 45%를 할인받을 수 있다. 호텔에서 출발 시간이 비슷한 동행자를 구해 보는 것도 좋다.

ADO 버스

다운타운에서는 오전 4시부터 자정까지 25분마다 1대씩 공항행 버스가 있고 약 20~30분 걸린다. 플라야 델 카르멘의 경우 15분마다 1대씩 있고 1시간 10~20분 정도(러시아워의 경우 조금 더) 걸린다. 호텔 존에서 ADO 버스를 타려면 우선 호텔 밖의 버스 정류장에서 R-1, 혹은 R-2 버스를 타고 다운타운의 ADO 버스 터미널로 가야 한다. 그 다음에 공항행 ADO 버스로 갈아타고 간다. ADO 버스는 4터미널, 3터미널, 2터미널 순으로 정차한다.

멕시코 국내에서 칸쿤으로 들어오기

유명 휴양지인 칸쿤으로 멕시코 전역에서 여러 항공편이 운항 중이다. 다운타운의 ADO 버스 터미널을 통해서도 유카탄반도의 여러 도시에서 칸쿤으로 올 수 있다.

항공(국내선)

아에로 멕시코(Aero Mexico, www.aeromexico.co.kr), 인터젯 항공(Interjet, www.interjet.com), 볼라리스 항공(Volaris, flights.volaris.com), 비바아에로부스 항공(Viva Aerobus, www.vivaaerobus.com) 등 여러 항공사가 멕시코 전역에서 칸쿤으로 운항한다. 특히 멕시코시티에서는 하루에 수십 편의 항공편이 칸쿤으로 온다.

버스

다운타운에 위치한 시외버스 터미널은 라스 팔라스 공원에서 도보로 10분 거리에 있다. 유카탄반도 일대와 멕시코시티까지 버스가 다니며 티켓은 인터넷으로도 살 수 있다.

ADO 버스 터미널
주소 Calle Pino, SM23, MZ56, Lt 1 y 2, Centro, 23, 77500 Cancún
홈페이지 www.ado.com.mx, 클릭버스 www.clickbus.mx/en/ado

행선지	소요시간
체투말 Chetumal	약 6시간
치첸이트사 Chichen Itza	약 3~4시간
메리다 Merida	약 4시간(직행), 약 7시간(완행)
멕시코시티 Mexico City	약 26시간
팔랑케 Palanque	약 14시간
플라야 델 카르멘 Playa del Carmen	약 1시간 20분
툴룸 Tulum	약 3시간
바야돌리드 Villadolid	약 3시간

버스 터미널 → 시내

다운타운의 중심에 있는 ADO 버스 터미널에서는 칸쿤 국제공항뿐만 아니라 칸쿤과 유카탄반도 일대, 멕시코시티 등으로 가는 장거리 버스도 운행 중이다.

호텔 존 ↔ 버스 터미널

다운타운에서 호텔 존까지 운행하는 대표적인 버스인 R-1, R-2를 이용하면 원하는 곳까지 저렴하게 갈 수 있다(12페소, US$1). 24시간 수시 운행하기 때문에 가장 인기 있는 운송 수단이다. 단, 자정부터 오전 6시까지는 30~40분 간격으로 운행 간격이 긴 편이다.

택시는 버스 터미널 주변에 항상 여러 대가 정차해 있다. 호텔 존에서 도로를 지나가는 택시를 잡을 경우 요금은 매뉴얼대로 지불하면 된다.

플라야 델 카르멘 ↔ 버스 터미널

ADO 버스로 이동하는 것이 가장 일반적인 방법이다. 플라야 델 카르멘에는 버스 정류장이 2곳 있다. 코수멜행 페리 터미널 앞의 ADO 터미널은 먼저 생긴 버스 터미널로, 가장 많은 승객들이 이곳을 이용한다. 시청 앞의 ADO 버스 터미널도 이용량이 증가하고 있다.

운행 09:00~23:50(15분마다)
요금 190페소(US$13)

SPECIAL

칸쿤을 더 알차게 즐기는
액티비티 옵션 투어

칸쿤 일대의 모든 여행사에서 경쟁적으로 액티비티 상품을 판매한다. 같은 회사의 상품을 판매하기 때문에 일정과 프로그램은 같은데, 할인도 해주니 비교해보고 신청하면 된다. 출발 전 한국에서 각 회사의 홈페이지에서 예약해도 되며, 시기에 따라 할인율이 다르다(일찍 할수록 저렴하다). 2~3개 투어가 묶인 상품도 있다.

셀아
Xel-Ha

천연 생태계 지향 워터파크

맹그로브 숲과 카리브해를 막아 만든 거대한 워터파크. 인공의 것을 최대한 줄이고, 있는 그대로의 자연을 철저한 관리 하에 이용한다. 맹그로브 숲을 따라 유유히 튜빙(물길 따라 튜브타고 내려오기)을 즐기다 쉼터에 누워 일광욕을 한 후, 더우면 그대로 물에 들어가 수영과 스노클링을 하며 물고기랑 놀기도 한다. 돌고래 만지기, 돌고래와 수영하기, 스쿠바 다이빙은 추가 비용을 지불해야 함에도 인기 좋은 옵션 투어. 식사와 음료(주류포함)가 포함된 투어 상품이며, 칸쿤, 플라야 델 카르멘 등 칸쿤 일대의 모든 여행사에서 판매한다. 공원 내에서는 아쿠아 슈즈를 신고 다니는 것이 편하다.

주소 Carretera Chetumal Puerto Juárez Km 240, locales 1 & 2, módulo B **홈페이지** www.xelha.com **오픈** 09:00~18:00 **요금** US$129 **포함** 스노클링, 튜빙, 집라인, 식사, 음료(주류 포함), 스노클링 용품(보증금 US$20), 탈의실, 라커, 타월, 전용 차량 **위치** 칸쿤에서 남쪽으로 114km, 차로 2시간, 플라야 델 카르멘에서 48km, 차로 30분

스카레트
XCaret

에콜로지컬을 지향하는 거대한 테마파크

자연 그대로인 것처럼 조성된 인공 시설. 스노클링은 물론이고, 정글을 재현해 놓은 계곡에서 수영을 하거나 래프팅을 하는 것은 새로운 경험이다. 산호와 물고기를 볼 수 있는 아쿠아리움, 나비 농장, 약 1,500마리의 새가 살고 있는 정글 투어 등 단 한시도 심심할 틈이 없다. 저녁에는 화려한 연출이 백미인 마야 문명에 관한 공연도 열린다. 공원 안이 매우 넓기 때문에 동선은 미리 계획하고 오면 좋다. 점심은 선택 사항(US$30)이다. 공원 안은 항상 물기가 있고 많이 걸어야 하므로 아쿠아 슈즈가 적합하다.

주소 Carretera Federal Cancun – Chetumal Km 282, 77710 Playa del Carmen **홈페이지** www.xcaret.com **오픈** 08:30~21:30 **요금** 플러스 US$159, 노멀 US$129 **포함** 스노클링, 스노클링용품(보증금 US$20), 탈의실, 라커, 타월 **위치** 칸쿤에서 남쪽으로 76km 차로 1시간, 플라야 델 카르멘에서 10km, 차로 10분

스플로르
XPLOR

모두 즐길 수 있는 액티비티가 한 곳에

자연과 인공을 적절히 배합한 이 공원에는 종유석 동굴 체험과 수영, 오프라인 지프 차 체험, 집라인, 스노클링 등 물과 땅, 하늘 모두에서 즐길 수 있는 액티비티가 있다. 식사와 무제한 음료가 포함되어 젊은 층에게 절대적인 지지를 얻고 있다.

주소 Carretera Cancún –Tulum Km 282, Puerto Juarez, Solidaridad, 77710 Playa del Carmen **홈페이지** www.xplor.travel/en/ **오픈** 주간 09:00~17:00, 야간 17:30~22:00 **요금** 주간 US$169, 야간 US$149 **포함** 집라인, 오프라인 지프 차, 종유석 동굴 수영, 스노클링, 식사, 음료(주류 포함), 안전모, 라이프 재킷, 라커, 전용 차량 **위치** 칸쿤에서 남쪽으로 76km 차로 1시간, 플라야 델 카르멘에서 10km, 차로 10분

AREA 01

호텔 존 Hotel Zone(Zona Hotelera)

물감을 풀어 놓은 듯 짙푸른 에메랄드빛 카리브해, 모든 것이 다 준비되어 있어 그저 먹고 마시고 쉬면 되는 올 인클루시브 호텔, 세계적인 명품 브랜드가 모여 있는 쇼핑몰, 화려함에 잠시도 한눈 팔 수 없는 코코봉고의 나이트라이프. 이 모든 것들을 갖추고 있는 호텔 존은 카리브해를 제대로 즐길 수 있는 보석 같은 곳이다.

기초 정보

지역번호 998
인구 약 75만 명(칸쿤 전체)
위치 유카탄반도의 끝자락에 튀어나와 있어 반도처럼 보이지만, 본토와 다리로 연결되어 'ㄱ'자 모양을 하고 있다. 긴 해안선을 따라 환상적인 카리브해를 품고 있고, 'ㄱ'자의 안쪽으로 석호(潟湖)인 니춥테 라군(Nichupte Lagoon)이 있다.
치안 5성급 호텔이나 올 인클루시브 호텔에는 프라이빗 비치(전용 해변)가 있으며, 호텔 안에 있으면 치안 문제로 해를 입는 일은 없다. 그러나 대중에게 개방된 퍼블릭 비치 등에서는 개인 물품을 잘 간수하는 것이 좋다. 코코봉고와 나이트클럽이 몰려 있는 Km 9 지점, 퍼블릭 비치 등에는 중무장한 경찰이 항상 경계를 선다.
호텔 존의 긴 도로를 달리는 R-1, R-2 버스와 승용차는 절대로 사람을 배려하지 않는다. 길을 건널 때는 특히 더 조심해야 한다.

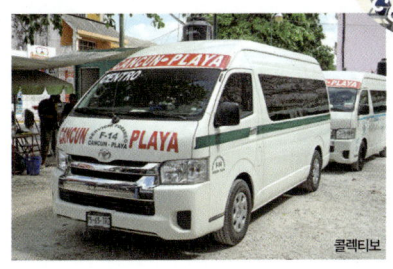
콜렉티보

들어가기·나가기

버스
다운타운의 ADO 버스 터미널 부근에서 R-1 버스를 타면 단돈 12페소로 호텔 존의 원하는 곳에 도착할 수 있다. R-1 버스는 ADO 버스 터미널에서 출발해 체드라우이(Chedraui) 마트, R-2 버스는 월마트로 향한다.
플라야 델 카르멘에서 호텔 존으로 가려면, 먼저 콜렉티보(Colectivo 승합 택시)나 ADO 버스를 타고 다운타운의 ADO 버스 터미널로 가야 한다. 그 다음 ADO 버스 터미널에서 호텔 존까지 택시나 R-1, R-2버스를 타고 이동한다.

택시
거리에 따른 요금 매뉴얼이 있기 때문에 흥정하지 않아도 된다. 다운타운의 ADO 버스 터미널에서 Km 9.5의 코코봉고까지 택시 요금은 200페소이며, 플라야 델 카르멘에서 출발하면 1,000페소는 지불해야 한다.

시내 교통

R-1, R-2 버스
해안선을 따라 난 긴 도로에는 쉴 새 없이 R-1, R-2 시내버스가 다닌다. 호텔 존 안에서는 R-1, R-2 어떤 것을 타도 상관없다. 단, 다운타운으로

R-1 버스

TOUR TIP 호텔 존을 쉴 새 없이 달리는 R-1과 R-2 버스

칸쿤에서 자주 이용하게 될 R-1, R-2 버스는 따로 배차 간격이 없다. 버스가 떠나자마자 바로 다음 버스가 오거나 2~3대가 한꺼번에 오기도 하고, 정류장에서 한참 정차해 출발할 생각을 하지 않는 버스가 있는가 하면, 레이스라도 하듯 전속력으로 달려 정류장을 지나치는 버스도 있다. 이는 버스들이 회사 소속이 아니라 각자 개인 사업 차량이기 때문에 벌어지는 일들. 덕분에 대부분 1분 이상 기다리지 않고 버스를 탈 수 있다. 운행 시간도 24시간이라 편리하다.

호텔 존
Hotel Zone
0 500m

C   D

리아나 슈퍼 소나 호텔레라(마트)
riana Super Zona Hotelera

리츠칼튼 칸쿤
The Ritz-Carlton Cancún

플라야 바예나
Playa Ballena

렌터카
Europcar Renta

JW 메리어트 칸쿤 리조트 & 스파
JW Marriott Cancún Resort & Spa

하드록 호텔 칸쿤
ard Rock Hotel Cancún

Blvd. Kukulkan
맥도날드

옴니 칸쿤 호텔 & 빌라
Omni Cancún Hotel & Villas

플라야 델핀
Playa Delfin

더 로열 마켓(슈퍼마켓)
The Royal Market

무세오 마야
Museo Maya

전망대

캡틴스 코브
Captain's Cove

Blvd. Kukulkan

Para Sailing

힐튼 칸쿤 골프 클럽
Hilton Cancún Golf Club

솔리마르 칸쿤 비치 리조트
Solymar Cancún Beach Resort

로열 솔라리스 칸쿤
Royal Solaris Cancún

G   H

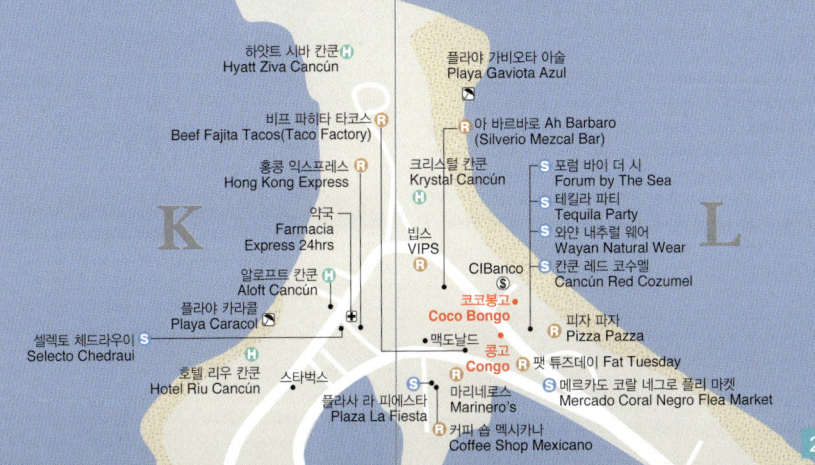

하얏트 지바 칸쿤
Hyatt Ziva Cancún

플라야 가비오타 아술
Playa Gaviota Azul

비프 파히타 타코스
Beef Fajita Tacos(Taco Factory)

아 바르바로
Ah Barbaro
(Silverio Mezcal Bar)

홍콩 익스프레스
Hong Kong Express

크리스탈 칸쿤
Krystal Cancún

포럼 바이 더 시
Forum by The Sea

약국
Farmacia
Express 24hrs

테킬라 파티
Tequila Party

와얀 내추럴 웨어
Wayan Natural Wear

알로프트 칸쿤
Aloft Cancún

빕스
VIPS

칸쿤 레드 코수멜
Cancún Red Cozumel

플라야 카라콜
Playa Caracol

CIBanco

셀렉토 체드라우이
Selecto Chedraui

코코봉고
Coco Bongo

피자 파자
Pizza Pazza

호텔 리우 칸쿤
Hotel Riu Cancún

맥도날드

콩고
Congo

팻 튜즈데이 Fat Tuesday

스타벅스

마리네로스
Marinero's

메르카도 코랄 네그로 플리 마켓
Mercado Coral Negro Flea Market

플라사 라 피에스타
Plaza La Fiesta

커피 숍 멕시카나
Coffee Shop Mexicano

K   L

나가는 경우는 노선을 확인해야 한다. ADO 버스 터미널은 R-1, 월마트는 R-2 버스를 타야 한다. 요금은 12페소.

택시

택시는 시내 어디서나 쉽게 잡을 수 있다. 또한 중간 중간 시티오 택시 정류장이 있고 구역별로 요금이 정해져 있기 때문에 편하고 안전하게 탈 수 있다. 호텔 존에서 칸쿤 국제공항까지는 약 US$40 정도다.

투리부스 Turibus

칸쿤 다운타운과 호텔 존의 주요 지점, 해변을 경유하는 2층 버스 투리부스(Turibus)는 ADO 버스 터미널에서 1시간 간격으로 운행한다. 호텔 존의 정류장은 대부분 대형 쇼핑몰과 퍼블릭 비치다. 투리부스의 2층에 앉아 햇빛과 바람, 에메랄드빛 카리브해의 전망을 즐기면서 원하는 곳에 내려 시간을 보내다 다음에 오는 버스를 타면 된다. 버스가 운행하는 시간에는 승하차가 자유로우며 한 바퀴 도는 데는 약 2시간 걸린다.

운영 09:00~18:00(다운타운 ADO 버스 터미널 기준), 1시간 간격, 총 2시간 **요금** 1일 275페소(US$15)
정류장
1. ADO Bus Terminal → 2. Palacio Municipal → 3. Monumento El Ceviche → 4. Jardin del Arte → 5. Plaza Flamingo → 6. Plaza La Isla → 7. Actividades Acuaticas → 8. Zona Arqueologica El Rey → 9. Playa Delfines → 10. Museo Maya → 11. Plaza Kukulcan → 12. Plaza Forum → 13. Playa Tortugas → 14. Teatro de Cancún → 15. Plaza de Toros → 16. Plaza Terraviva → 17. Palacio Municipal → 18. ADO Bus Terminal

추천 일정

1일차
호텔의 프라이빗 비치나 퍼블릭 비치 등에서 바다를 즐긴다. 저녁에는 호텔 존의 다운타운 격인 Km 9 지점의 코코봉고나 콩고 등에서 화려한 쇼와 나이트라이프를 즐긴다.

2일차
셀아, 스칼렛, 스플로르 등 칸쿤에서 2시간 거리에 있는 액티비티를 신청해 카리브해를 즐긴다.

3일차
페리를 타고 이슬라 무하레스에 도착한 다음, 골프 카트로 섬 일주를 하며 마음에 드는 바닷가에서 자유 시간을 보낸다. 오후에는 스노클링을 즐기고 호텔 존으로 돌아온다.

호텔 존 관광 & 액티비티

호텔 존에는 특별히 역사적인 유적지는 없다. 대신 에메랄드 빛깔의 아름다운 카리브해와 밀가루보다 고운 은색의 모래사장이 깔린 멋진 해변이 있다. 바다에서 시간을 보내기에 칸쿤만 한 곳이 있을까? 저녁이 되면 코코봉고를 필두로 밤새 즐길 거리가 넘쳐 난다.

패러세일링 Parasailing ★★

칸쿤의 대표적인 액티비티

호텔 존에 들어서면 제일 먼저 눈에 띄는 것은 찬란한 카리브해가 아니라 해변 여기저기서 낙하산이 뜨고 내리는 광경이다. 바로 칸쿤을 대표하는 액티비티, 패러세일링이다. 긴 줄이 연결된 낙하산을 착용하고 구명조끼를 입은 후, 어깨부터 허리까지 단단히 고정된 안전벨트에 몸을 묶으면 제트보트가 전속력으로 바다를 내달린다. 잠시 후 바닷속에 있던 몸이 하늘로 떠오르면, 시원한 바람을 맞으면서 최고의 전망과 스릴을 만끽할 수 있다. 패러세일링은 2~3명이 함께 즐길 수 있어(최소 2명, 최대 3명) 연인 혹은 가족에게 최고의 액티비티다. 해변 곳곳에 간판을 세워놓고 영업하는 업체들이 많으며, 거리에 있는 여행사 데스크에서 신청해도 된다.

예산 10분 기준 어른 US$65, 어린이(6~13세) US$35
지도 P.255-H

대관람차 Noria ★★

카리브해의 야경을 만끽하는 추천 코스

호텔 존 Km 12 지점, 니춥테 라군 쪽으로 반도처럼 튀어 나온 곳에 '플라사 라 이슬라(Plaza la Isla)'라는 대형 쇼핑 지구이자 놀이 공원이 조성되어 있는데, 바로 이곳에 대관람차가 있다. 낮에 대관람차를 타면 동쪽의 카리브해와 서쪽의 니춥테 라군, 다운타운 등 칸쿤 일대를 조망할 수 있다. 그러나 대관람차의 진짜 하이라이트는 해가 지고 건물에 불이 들어온 후다. 불야성을 이룬 코코봉고 일대와 아련하게 일렁이는 다운타운 번화가의 야경은 대자연의 아름다움과 또 다른 카리브해의 화려한 면모를 보여준다. 연인에게는 둘만의 오붓한 공간을, 가족에게는 즐거운 볼거리와 추억을 선물해 줄 것이다.

주소 Blvd. Kukulcan Km 12.5, La Isla, Zona Hotelera, 77500 Cancún **전화** 998 883 5025 **영업** 매일 10:00~22:00 **요금** 275페소(US$15) **홈페이지** www.laislacancun.mx **찾아가기** 플라사 라 이슬라 입구 대로변 **지도** P.254-B

인터렉티브 아쿠아리움 ★★
Interactive Aquarium

돌고래와 함께하는 동심의 시간

칸쿤 일대에는 돌고래를 직접 만지거나 함께 수영을 하며 체험할 수 있는 곳이 총 8군데 있다. 그중에서 플라사 데 이슬라에 있는 인터랙티브 아쿠아리움은 현대적인 시설과 함께 다양한 프로그램을 운영하는 곳으로 유명하다. 돌고래와 함께 수영하기, 돌고래 지느러미 잡고 수영하기, 돌고래 등에 올라타 유영하기, 돌고래와의 포옹, 뽀뽀하기 등 돌고래와 할 수 있는 모든 것이 체험 가능하다. 카리브 일대에 서식하는 바다 생물을 볼 수 있는 수족관 속에 특수한 잠수복을 입고 들어가 걷는 워크 언더워터(Walk Underwater)도 인기다. 노련한 전문 조련사가 프로그램을 진행하기 때문에 안전하다. 특히 아이들이 함께 온 가족, 짧은 시간에 많은 것을 하고 싶은 기운 넘치는 여행자에게 적극 추천한다.

주소 Blvd. Kukulcan Km 12.5, La Isla, Zona Hotelera, 77500 Cancún **전화** 998 883 1773 **영업** 09:00~20:00(돌래 프로그램 10:00~16:00) **홈페이지** www.interactiveaqariumcancun.com **찾아가기** 플라사 라 이슬라 내 **지도** P.254-F

체험 프로그램

프로그램명	내용	요금
Splash	돌고래와 뽀뽀 및 포옹, 돌고래와 자유 수영, 아쿠아리움	US$99
Dolphin Ride	Anthoupoli–Elliniko	US$109
Advanced	Aghia Marina–Airport	US$140
Delpinus Premium	돌고래와 뽀뽀 및 포옹, 돌고래와 자유 수영, 돌고래 지느러미 잡고 수영, 돌고래 등에 올라타기, 워크 언더워터, 아쿠아리움	US$159

코코봉고 Coco Bongo ★★★

칸쿤의 밤을 책임진다

코코봉고가 위치한 주변 일대는 쇼핑몰, 식당, 나이트클럽, 상점 등이 들어선 거대한 상권으로 밤낮으로 북적거린다. 매력적인 해변이 칸쿤의 낮을 책임진다면, 저녁은 코코봉고의 차례다. 코코봉고는 해가 지면 호텔 존의 중심이 되어 뜨거운 열기를 뿜어내며, 가수와 댄서들이 출연하는 신나는 공연도 연다. 비록 이미테이션이기는 하지만 그들의 실력과 열정은 금방이라도 빌보드 차트에 진입할 정도로 수준 높다.

입장권은 입장권 판매 데스크에서 사거나, 주변에서 유니폼을 입고 호객을 하는 티켓 판매업자에게 약간 할인받고 살 수 있다. 일반석은 좌석 없이 자유롭게 서서 공연과 술을 즐기는 방식으로, 멕시코산 음료와 술을 마실 수 있다. 프리미엄석은 지정된 좌석과 테이블이 있으며 멕시코산 음료와 외국산 음료가 제공된다. 좌석과 상관없이 술과 음료는 무제한으로 제공된다.

주소 Boulevard Kukulcan Km 9.5, Zona Hotelera, 77500 Cancún 전화 800 841 4636 영업 22:30~05:00

요금 일반석 US$75, 프리미엄석 US$150
홈페이지 www.cocobongo.com
찾아가기 포럼 더 시 쇼핑몰 1층 지도 P.255-L

> **TOUR TIP 코코봉고 꿀팁**
> - 쇼가 한창 진행되는 새벽 1시가 넘어가면, 거리의 티켓 판매업자들이 정가에서 20% 이상 할인된 금액으로 티켓을 판매한다(주말 제외).
> - 워낙 사람이 많기 때문에 인파를 헤치고 술을 가져오기란 꽤 험난하다. 바텐더에게 US$1 정도의 팁을 건넨다면 누구보다 빠르게 시원한 맥주를 마실 수 있을 것이다.

콩고 Congo ★★

칸쿤의 밤은 낮보다 아름답다

저녁 식사를 마치고 코코봉고 근처에 있으면 어디선가 심장을 뛰게 하는 음악이 흘러나온다. 소리의 진원지는 코코봉고와 같은 회사에서 운영하는 클럽, 콩고다. 콩고는 창문이 없어 밖에서도 내부가 훤히 보이고 반대로 안에서 밖을 내다볼 수도 있는 구조라 주변을 더욱 흥겹게 한다. DJ 박스에서는 EDM 음악이 끊임없이 나오고, 플로어에서는 전문 무용수와 손님이 한데 어울려 춤을 춘다. 입장객에게는 멕시코산 맥주, 테킬라, 칵테일, 음료 등이 무제한 제공된다. 중간 중간 콩고의 잘생긴 웨이터와 직원들이 단체로 퍼포먼스

를 보여 주기도 한다. 비교적 저렴한 비용으로 신나게 놀 수 있어 인기가 많은 클럽이다.

주소 Punta Nizuc-Cancún 210, Zona Hotelera, 77500 Cancún 전화 998 287 8208 영업 20:00~04:00
요금 525페소(US$30) 찾아가기 코코봉고 길 건너편
지도 P.255-L

누구나 즐길 수 있는 자유 해변
퍼블릭 비치

칸쿤에는 해변을 따라 많은 호텔들이 장막을 두른 듯 늘어서 있다. 큰길에서 해변으로 가려면 호텔을 통과해야 하는데, 투숙객이 아니면 지나가기 어렵다. 물론 호텔의 프라이빗 비치라 하더라도 선 베드나 비치파라솔 등의 시설물만 사용하지 않는다면 바다는 누구나 즐길 수 있다. 마음 편하게 즐기고 싶다면 퍼블릭 비치를 이용하면 된다. 퍼블릭 비치는 누구나 이용할 수 있는 지역으로, 호텔 존에는 총 아홉 곳이 있다. 화장실과 샤워장은 무료, 비치파라솔과 선 베드는 유료로, 비치파라솔은 5시간에 150페소, 선 베드는 5시간에 50페소이다.

플라야 델핀
Playa Delfines

호텔 존에서 가장 전망이 좋은 언덕에 전망대와 'CANCÚN' 엠블럼이 있어 단체 관광객들이 기념사진을 찍는 주요 포인트다. 전망대에서 해변까지 계단을 내려가야 하며 퍼블릭 비치 중 모래사장의 폭이 가장 넓다.

찾아가기 Km 17.5 지점. 올 인클루시브 호텔인 이베로스타 칸쿤(IBEROSTAR Cancún)과 크라운 파라다이스 클럽 칸쿤(Crown Paradise Club Cancún) 중간에 위치

플라야 랑고스타
Playa Langosta

공용 화장실, 샤워장이 퍼블릭 비치 중 가장 좋다. 물이 얕아 아이들이 놀기 좋기 때문에 가족 여행객이 즐겨 찾는다. 해변 초입에 놀이터가 조성되어 있다.

찾아가기 더 로열 칸쿤(The Royal Cancún)과 호텔 카사 마야(Hotel Casa Maya) 중간. Km 5 지점

플라야 바예나
Playa Ballena

해변 근처에 5성급 호텔과 올 인클루시브 호텔이 있어 호텔의 프라이빗 비치 분위기가 난다. 각 호텔에서 경쟁적으로 선 베드를 깔아 놓았다. 호텔 존의 퍼블릭 비치 중에서 선남선녀가 가장 많은 비치다.

찾아가기 Km 16.5 지점. 하드록 호텔 칸쿤(Hard Rock Hotel Cancún)과 홀리데이 인 칸쿤 아레나스(Holiday Inn Cancún Arenas) 사이에 있는 해변

플라야 카라콜
Playa Caracol

플라야 카라콜에서 북쪽으로 넓은 모래사장이 1km 정도 연결된다. 이 해변은 올 인클루시브 호텔들도 함께 쓸 정도로 바다 색깔이 특히 아름답다. 해변에 패러세일링 업체가 있어서 신청하기 쉽다.

찾아가기 호텔 리우 칸쿤(Hotel Riu Cancún)과 그랜드 피에스타 아메리칸 코랄 비치 칸쿤(Grand Fiesta Americana Coral Beach Cancún)의 중간. 대형 마트 체드라우이와 가깝다. Km 8.5 지점

플라야 가비오타 아술
Playa Gaviota Azul

해변 입구의 화장실과 샤워장 시설이 훌륭하고 파도가 잔잔해 수영하기 좋다. R-1, R-2 버스 정류장이 멀어서 다른 곳보다 찾는 사람이 적기 때문에 한적하게 지낼 수 있다.

찾아가기 크리스털 그랜드 푼타 칸쿤(Krystal Grand Punta Cancún)의 해변. Km 9 지점

플라야 착물
Playa Chac-Mool

입구에 있는 주차장의 관리인이 줄을 치고 검표원처럼 지키고 있지만 그냥 무시하고 들어가면 된다. 무료 비치파라솔이 있는 해변으로, 모래사장의 폭이 넓다.

찾아가기 Km 9.5 지점. 베이 뷰 그랜드 칸쿤(Bay View Grand Cancún)과 칸쿤 비치 리조트 콘도(Cancún Beach Resort Condo) 사이에 있는 주차장을 통과해서 간다.

플라야 마를린
Playa Marlin

소리아나 슈퍼(Soriana Super)에서 시원한 맥주와 먹거리를 사와서 즐기기 좋다. 초입에 우드 데크가 깔려 있다. 선 베드와 비치파라솔을 빌려주는 업자도 있다.

찾아가기 Km 12.5 지점. 쿠쿨칸 플라사 옆길로 들어간다.

플라야 토르투가스
Playa Tortugas

근처에 페리 터미널이 있기 때문에 주변에 식당과 매점이 있다. 육지와 연결된 바위가 바다에서 직접 들어오는 파도를 막아주기 때문에 잔잔하다. 아이들이 놀기 좋고 수영에 적합하다.

찾아가기 이슬라 무헤레스로 가는 페리 터미널이 있는 해변. Km 6 지점

호텔 존 식당

세계적인 휴양 도시답게 카리브해가 보이는 해안을 따라 전망 좋은 식당이 곳곳에 있다. 고급 호텔에는 유명 셰프가 주방장으로 있는 식당이 즐비하며, 칸쿤의 밤을 밝히는 코코봉고 주변, 플라사 라 이슬라 등 대형 쇼핑몰 근처에는 여행객을 위한 식당이 많다. 휴양 도시의 프리미엄이 더해져 멕시코 전역에서도 가장 물가가 비싼 편이지만 또 곳곳에는 현지인들이 즐겨 찾는 싸고 맛있는 식당도 있다.

커피 숍 멕시카나
Coffee Shop Mexicano

현지인에게 인기 높은 런치 식당

긴 해안선이 시작되는 길목에 있는 대형 마트 플라사 라 피에스타(Plaza La Fiesta). 이 마트 한 쪽에 커피 숍 멕시카나가 있다. '오늘의 메뉴'인 메뉴 델 디아(Menu del Dia)를 150페소에 먹을 수 있는데, 오늘의 수프, 메인 디시(고기 혹은 채소 중 선택), 밥, 팥 스튜, 음료(2가지 중 선택)가 포함된다. 주변 호텔, 상가, 위락 시설 등에서 근무하는 칸쿤 시민들이 점심 식사를 하러 오는 곳이다. 쇼핑하다 점심시간이 되면 멀리 갈 필요 없이 여기서 식사를 해도 좋다.

주소 Boulevard Kukulcan Km 9 s/n Frente al Centro de Convenciones Zona Hotelera, Int, Plaza La Fiesta, Zona Hotelera, 77500 Cancún **전화** 998 848 8122
영업 12:00~17:00 **예산** 식사 150페소, 커피 25페소
찾아가기 플라사 라 피에스타 내 **지도** P.255-L

홍콩 익스프레스
Hong Kong Express

한국인 입맛에도 잘 맞는 중국 요리

이름 때문에 택배 회사나 물류 회사로 오인하고 지나칠 수 있겠지만 중국 요리 식당이다. 칸쿤 시민들의 식사를 책임지는 곳으로, 입소문이 나면서 실속파 여행자들에게도 인기 몰이 중이다. 한국처럼 전화 주문을 받아 배달도 해준다. 약 15가지 단품 요리가 전부 한국인 입맛에 잘 맞는다. 콤보 메뉴(스프링롤, 닭고기 볶음밥, 요리 2가지, 디저트, 음료 포함)가 특히 인기다. 멕시코의 중국 식당은 대부분 만들어진 요리를 뷔페 스타일로 차려놓고 고르는 방식인데 이곳은 주문과 동시에 요리를 하기 때문에 10분 정도 걸린다. 본인의 이름을 부르면 음식을 가져와 먹으면 된다. 중국식 고추기름 소스를 곁들이면 금상첨화다.

주소 Centro Comercial Parian, Boulevard Kukulcan, Benito Juárez, Zona Hotelera, 77500 Cancún
전화 998 892 3456 **영업** 11:00~22:00 **예산** 콤보 115페소, 단품 요리 118~145페소 **찾아가기** 호텔 존의 해안도로로 들어가는 코너의 대형 마트 체드라우이 옆 **지도** P.255-K

🍴 마리네로스 Marinero's

가성비 최고 해산물 요리

호텔 존의 물가를 감안한다면 비교적 저렴하게 맛있는 식사를 할 수 있는 시푸드, 파스타 전문점이다. 도로변에 있지만 울타리를 지나 식당으로 들어가면 거짓말처럼 차 소리가 들리지 않는다. 새우, 문어, 조갯살 등 7가지 해산물이 나오는 타코 파티(Taco Party)와 놀라운 비주얼과 맛을 자랑하는 시푸드 그릴(Sea Food Grilled)은 반드시 맛보길 추천하는 메뉴. 특히 새우, 생선, 문어, 채소 등을 먹기 좋게 구워 내오는 시푸드 그릴은 보기만 해도 흐뭇한 웃음이 나는 요리로, 그 자체로 즐겨도 되고 토르티야에 싸 먹어도 된다.

주소 Km 9, Blvd. Kukulcan, Zona Hotelera, 77500 Cancún 전화 998 883 0404
영업 12:00~23:00
예산 타코 파티 2인분 385페소, 시푸드 그릴 2인분 785페소
찾아가기 호텔 존 다운타운 초입 플라사 라 피에스타 바로 옆. 코코봉고에서 도보 5분 지도 P.255-L

🍴 피자 파자 Pizza Pazza

새벽까지 영업하는 피자집

코코봉고, 콩고 바 등 쇼 극장과 나이트클럽에는 매일 저녁 세계 각지에서 몰려온 관광객들이 먹고 마시며 화려한 네온사인이 꺼질 때까지 거리를 가득 채운다. 코코봉고가 위치한 포럼 바이 더 시(Forum The Sea) 쇼핑몰 1층과 3층에는 출출함을 해결해 줄 피자 파자가 있다. 다양한 종류의 조각 피자를 40~50페소에 판매해 간식뿐 아니라 식사 대용으로도 훌륭하다. 저녁 10시가 넘어서부터 코코봉고가 끝나는 새벽 3~4시경에는 한국의 포장마차처럼 맥주를 손에 든 관광객들이 줄을 선다.

주소 Blvd. Kukulcan Km 9.5, Zona Hotelera, 77500 Cancún 전화 998 883 1704
영업 10:00~06:00 휴무 연중무휴
찾아가기 포럼 바이 더 시 쇼핑몰 1층과 3층
지도 P.255-L

🍴 팻 튜즈데이 Fat Tuesday

더위를 날려줄 시원한 슬러시

플라야 델 카르멘 5번가 골목의 유명 인사 팻 튜스데이가 호텔 존에도 진출했다. 프로즌 다이키리를 비롯해 각종 럼을 베이스로 한 칵테일 슬러시가 세계 각국에서 몰려온 여행자의 입맛을 사로잡는다. 매장 안에는 12대의 슬러시 기계가 쉴 새 없이 돌아가고, 각각의 기계에는 무슨 맛인지 알리는 푯말이 붙어 있다. 길고 좁은 플라스틱 병에 원하는 맛의 슬러시를 담고 빨대를 이용해 먹거나 녹으면 후루룩 마시면 된다. 의자에 앉아서 마셔도 좋지만, 플라스틱 술병을 기념품 삼아 사서 거리를 걸으며 마시면 더욱 좋다.

주소 Boulevard Kukulkan Km 9.5, Zona Hotelera, 77500 Cancún 전화 988 810 9985 영업 11:00~03:00
예산 플라스틱 잔 220페소(리필 시 155페소), 일회용 잔 100~135페소 찾아가기 코코봉고 맞은편 지도 P.255-L

🍴 비프 파히타 타코스
Beef Fajita Tacos(Taco Factory)

홈 메이드 토르티야로 만드는 타코

'타코 팩토리'라는 닉네임으로도 불리는 타코 전문점. 1994년에 문을 열어 지금까지 굳건히 다운타운을 지키고 있다. 다운타운의 분위기상 적극적인 호객을 하고 있지만 굳이 호객을 하지 않아도 손님이 알아서 찾아오는 맛집이다. 토르티야는 매장에서 직접 만들기 때문에 쫄깃한 맛이 일품이다.

<u>주소</u> Blvd. Kukulcán Km 9, Plaza Party Center, Zona Hotelera, 77500 Cancún <u>전화</u> 998 883 0750 <u>영업</u> 23:00~07:00 <u>예산</u> 타코 26페소, 케사디야 139페소, 부리토 157페소, 맥주 30페소 <u>찾아가기</u> 코코봉고 길 건너 골목으로 도보 2분 <u>지도</u> P.255-L

🍴 아 바르바로
Ah Barbaro(Silverio Mezcal Bar)

24시간 출출한 배를 채워주는 타코집

코코봉고 길 건너편에는 24시간 영업하는 타코집이 있다. 사방에서 울려 나오는 음악 소리와 끝없이 말을 걸어오는 호객꾼들 때문에 3m 이상 걸어가기가 힘들 정도로 다운타운의 밤은 분주하다. 혹여나 코코봉고나 주변의 나이트클럽에서 즐겁게 놀고 나와 출출하다면 고민하지 말고 이곳으로 가면 된다. 따끈한 고기가 들어간 타코가 훌륭하게 속을 채워준다.

<u>주소</u> Punta Nizuc – Cancán 210, Zona Hotelera, 77500 Cancún <u>영업</u> 24시간 <u>예산</u> 타코 30페소, 케사디야 140페소, 부리토 150페소 <u>찾아가기</u> 코코봉고 맞은편. 도보 5분 <u>지도</u> P.255-L

TOUR TIP 식당 계산서를 볼 때 꼭 알아두어야 할 사실

호텔 존과 플라야 델 카르멘의 경우 계산서에 2가지 단위로 요금이 표시된다. 하나는 멕시코 페소 요금이고, 다른 하나는 미국 달러 요금이다. 그리고 반드시 US$1에 멕시코 페소 얼마라는 환율 적용에 관한 안내문이 있다. 예를 들어, US$1에 18페소의 환율을 적용하는 A식당에서 타코 한 접시에 100페소라고 하면 달러로 US$5.5라는 뜻이다. 달러로 계산한 후 별도 요청이 없다면 보통 거스름돈은 멕시코 페소로 준다.

그런데 문제는 각 상점마다 적용하는 환율이 천차만별인 것. 환전소에서 US$1에 17.5페소인데 식당의 환율이 18페소면 당연히 달러로 계산하는 것이 유리하고, 17.5페소보다 낮다면 페소가 유리하다. 환전소와 식당의 환율이 1페소 이상 차이 나는 곳도 많으니 페소로 환전할 때 환율을 기억해 두었다가, 환율이 좋은 쪽으로 계산하면 알뜰하게 여행할 수 있다.

🍴 테킬라 그릴 Tequila Grill

온 가족이 즐길 수 있는 식당

이름만 테킬라일 뿐 실제는 캐주얼한 가족 식당으로, 대형 기념품 상점에서 운영한다. 보통 쇼핑몰에 있는 식당은 매장 밖에 테이블이 없지만 테킬라 그릴은 식탁과 의자가 밖에 나와 있다. 대표 메뉴는 새우, 소고기, 피망, 양파 등을 꼬치에 꿰어 구운 브로체타. 보기만 해도 흡족한 꼬치구이를 식당에서 직접 만든 토르티야에 싸서 먹으면 훌륭한 타코가 된다. 아이들에게는 치즈 케사디야를 추천한다. 소고기, 닭고기, 돼지고기 중 1가지를 고르면 된다. 토르티야 위에 그릴에 구운 고

기와 치즈를 얹어 한 번 더 구운 케사디야는 양도 충분하고 맛도 있다.

주소 Blvd. Kukulcán Km 13, C. C. Plaza Kukulcán, Zona Hotelera, 77500 Cancún 전화 998 840 6583
영업 08:00~22:00 예산 브로체타 US$15, 케사디야 US$6
찾아가기 쿠쿨칸 플라사 2층 지도 P.254-F

🍴 산토스 마리스코스 Santos Mariscos

진짜 새우가 들어간 새우 버거가 압권

우리가 흔히 아는 새우 버거는 새우살은 약간 들어가고 생선살을 갈아 만든 패티를 사용하지만

산토스 마리스코스의 새우 버거(Shrimp Burger)는 다르다. 패티가 아닌 그릴에 구운 진짜 새우가 들어가기 때문이다. 여기에 토마토와 풍부한 채소가 어우러지고 매콤한 살사 소스를 추가하면 몇 개라도 먹을 수 있는 최강의 맛이다. 새우 타코, 문어가 조화를 이루는 세비체도 놓칠 수 없는 맛이니 리조트 음식이나 다운타운의 분위기에 질렸다면 한 번 들러 보자.

주소 Km 12.7, Blvd. Kukulcan, La Isla, Zona Hotelera, 77500 Cancún 전화 998 840 6300 영업 12:00~23:00
예산 믹스드 세비체 195페소, 타코(3장) 84~96페소, 새우 버거 128페소, 맥주 40페소 찾아가기 쿠쿨칸 플라사에서 북쪽으로 도로를 따라 도보 5분 지도 P.254-F

> **TOUR TIP** 식당에서 겪은 일
>
> 점심시간이 지났지만 인기 있는 식당인지라 내 뒤로도 주문하려는 줄이 길게 서 있었다. 보통 이렇게 가격대가 저렴한 식당에는 주문하는 손님과 음식을 받으려는 손님들로 북새통을 이루기 때문에 주문과 동시에 돈을 지불해야 했다. 나도 135페소짜리 음식을 하나 주문하고 500페소짜리 지폐를 냈다. 그런데 직원은 165페소를 거스름돈으로 내주자마자 얼른 주방으로 사라졌다. 음식 값이 135페소이니 거스름돈은 365페소가 맞는데, 200페소가 덜 왔다. 잔돈이 없어 가지러 갔나 싶어 그대로 서서 기다렸다. 그 사이에 주방으로 사라져 수다를 떨던 직원은 다시 돌아와 내가 뭐라 말하기도 전에 200페소를 바로 내준다.
> 눈치를 보니 그제야 이해가 됐다. 직원은 내 어설픈 스페인어를 듣고 어리바리한 여행자라고 판단해, 잔돈 200페소를 슬쩍 가로채려 했던가 보다. 그런데 내가 기다리고 있는 걸 보고 안 되겠다 싶어 나머지를 내준 것이다. 아마 거스름돈을 확인하지 않았다면 200페소는 직원의 주머니로 들어갔으리라. 여행 중 흔히 당하게 될 거스름돈 사기 수법이니, 귀찮더라도 반드시 거스름돈을 확인하기 바란다. 여기, 라틴아메리카에서는 내 뒤로 사람이 100명이 서 있더라도 내 볼일이 안 끝났으면 내 시간이다.

라 피자라 La Pizzarra

아이와 함께 온 가족에게 딱 좋은 곳

아이들과 함께 칸쿤을 찾은 가족 여행객의 가장 큰 고민은 아이의 입맛을 맞추기일 것이다. 이런 여행자에게 쇼핑몰 플라사 라 이슬라 안에 자리한 라 피자라는 좋은 선택이 될 것이다. 라 피자라가 들어선 플라사 라 이슬라는 쇼핑은 물론이고 돌고래와 수영할 수 있는 아쿠아리움으로도 유명한 곳이다. 아쿠아리움에서 신나게 놀다가 출출해지면 라 피자라의 테라스에서 탁 트인 바다를 바라보며 맛있는 식사를 하면 하루의 피로가 풀린다. 이름에서 알 수 있듯 주 메뉴는 피자

와 파스타 등이다.

주소 Boulevard Kukulcan km 12.5, La Isla, Zona Hotelera, 77500 Cancún **전화** 998 176 8277 **예산** 샐러드 스몰 139페소·라지 159페소, 피자 229~263페소, 파스타 205~252페소 **영업** 09:00~23:00 **찾아가기** 플라사 라 이슬라 내 **지도** P.254-F

캡틴스 코브 Captain's Cove

특별한 날을 아름답게 추억할 식당

그림 같은 니춥테 라군의 전망을 바라보며 분위기 있게 식사할 수 있는 고급 식당. 주방장이 매일 아침 항구에 나가서 직접 고른 생선을 최소한만 간을 해 그릴에 구운 그릴드 피시와 최고급 소고기를 최상의 솜씨로 구워낸 스테이크가 추천 메뉴. 특별한 날 멋진 식사를 원한다면 이곳이 안성맞춤이다. 메뉴판을 보면 음식 값의 35%가 서 차지(Sur Charge) 명목으로 올라 있다. 이것은 올 인클루시브 호텔인 로열 캐리비안 호텔(Royal Caribbean Hotel)에서 호텔 투숙객에만 부과하는 금액이니 혼동하지 말자.

주소 Blvd. Kukulcan, km 16.5, Zona Hotelera, 77500 Cancún **전화** 998 885 0016
영업 월~토요일 12:00~23:00, 일요일 09:00~23:00
예산 그릴드 피시 360페소, 스테이크 360페소
찾아가기 Km 16.5 지점. R-1, R-2버스 정류장 바로 앞
지도 P.255-G

빕스 VIPS

든든한 식사 메뉴가 가득

다양한 메뉴, 캐주얼한 분위기, 친절한 직원 등 뭐 하나 빠지지 않는 식당이다. 맥주에 곁들여 안주로 먹어도 좋은 버펄로 윙(126페소), 얇게 저민 고기에 빵가루를 묻혀 튀긴 밀라네사(199페소), 한 끼 식사로도 충분한 샐러드(20페소) 등 맛있는 식사 메뉴가 가득하다. 열대 과일로 만든 시원한 펀치 음료도 좋다. 메뉴판에 음식 사진이 있어 메뉴 고르기도 편하다. 빕스에서 든든하게 저녁을 먹고 코코봉고나 콩고에 가서 한껏 놀아보자. 참고로 한국의 프랜차이즈 레스토랑과는 전혀 상관없다.

주소 Blvd. Kukulcan, km 9, Centro de Convenciones, Zona Hotelera, 77500 Cancún **전화** 998 883 0165
영업 07:00~24:00 **예산** 수프 75페소, 스테이크 211페소, 디저트 79페소, 음료 47페소 **찾아가기** 코코봉고에서 센트로 방향 코너. 도보 5분 **지도** P.255-L

호텔 존 🎁 쇼핑

호텔 존의 다운타운인 Km 9 주변에 대형 마트, 쇼핑몰, 플리 마켓 등이 있어 맥주, 과일, 간식, 여행용품, 기념품, 선물 등을 사기 좋다. Km 13, Km 18 등에도 대형 쇼핑몰이 있으며, R-1, R-2 버스가 다운타운까지 연결되니 시간이 있다면 다운타운의 대형 마트와 쇼핑몰에 다녀와도 좋다.

🎁 플라사 라 피에스타
Plaza La Fiesta

대표적인 초대형 기념품점

칸쿤의 호텔 존을 대표하는, 없는 것 없는 초대형 기념품 마트. 칸쿤 일대를 관통하는 모든 지역의 이름이 새겨진 티셔츠, 가방은 물론이고 치첸이트사, 툴룸 등의 마야 피라미드를 기반으로 한 각종 액세서리가 총망라되어 있다. 여성용 비치웨어를 비롯한 강력한 태양을 막는 선블록 크림, 알로에 제품 등 여행용품도 풍부하다. 워낙 넓고 종류가 많으니 천천히 둘러보면서 쇼핑의 즐거움을 누리기 바란다.

주소 Blvd. Kukulcan km 9 s/n Frente al Centro de Convenciones Zona Hotelera, Int. Plaza La Fiesta, Zona Hotelera, 77500 Cancún 전화 998 848 8122
영업 07:00~24:00 홈페이지 www.plazalafiesta.com
찾아가기 호텔 존의 해안도로로 들어서는 코너. Km 9
지도 P.255-L

🎁 셀렉토 체드라우이
Selecto Chedraui

식료품이 다양한 대형 마트

멕시코를 대표하는 대형 마트 체드라우이의 호텔 존 지점. 다운타운의 체드라우이에 비해 식료품의 비중이 크다. 호텔 존은 물가가 비싸기 때문에 여기서 식료품을 사서 직접 요리해 먹는 실속파 여행자도 많다. 마트의 거대한 냉장고에는 멕시코 맥주의 대명사인 코로나, 쏠 외에 칸쿤 지역에서 생산된 맥주도 있다. 신선한 열대과일과 멕시코 매운 소스 등도 많이 팔린다.

주소 Blvd. Kukulcan mz. 48 Frente a la Plaza Pavian, Zona Hotelera, 77500 Cancún 전화 998 830 0866
영업 07:00~23:00
홈페이지 www.chedraui.com.mx
찾아가기 호텔 존의 해안도로로 들어서는 코너. Km 9
지도 P.255-K

🎁 메르카도 코랄 네그로 플리 마켓 Mercado Coral Negro Flea Market

흥정은 필수! 여행자들의 선물 쇼핑 장소

수공예품을 판매하던 메르카도 코랄 네그로와 생활용품들을 판매하던 플리 마켓이 함께 타운을 형성해 지금은 수공예품과 여행사도 함께 있다. 여행 기념품과 선물을 사기도 좋아서 호텔 존의 다운타운 격인 코코봉고 주변에 나왔다면 반드시 거쳐 가는 필수 코스이지만, 매장마다 지나가는 사람을 불러 세우는 호객 행위가 심해서 귀찮기도 하다. 가격표는 있지만 약간의 흥정은 가능하다.

주소 Blvd. Kukulkan Km 9.5, Zona Hotelera, 77500 Cancún 영업 24시간 찾아가기 코코봉고에서 도보 5분. Km 9 지도 P.255-L

🎁 포럼 바이 더 시 Forum By The Sea

24시간 붐비는 쇼핑몰

호텔 존에서 사람이 가장 많이 몰리는 곳이다. 세계적인 히트 상품이자 칸쿤의 랜드마크인 코코봉고가 포럼 바이 더 시 건물에 있고, 이 주변에는 밤새 영업을 하는 나이트클럽이 모여 있기 때문이다. 코코봉고 옆길로 들어가면 누구나 즐길 수 있는 퍼블릭 비치도 있다. 포럼 바이 더 시는 24시간 열려 있는데, 코코봉고를 포함해 하드록 카페, 식당, 여행사, 카페 그리고 상점들이 입점해 있다. 낮에는 바다를 즐기는 인파로, 저녁이 되면 화려한 나이트라이프를 즐기러 나온 관광객들로 24시간 항상 뜨거운 곳이다.

주소 Blvd. Kukulcan Km 9, no. 30, Zona Hotelera, 77500 Cancún 전화 998 883 4425
영업 24시간 찾아가기 포럼 바이 더 시 건물. km 9
지도 P.255-L

포럼 바이 더 시의 추천 상점

■ **칸쿤 레드 코수멜**
Cancún Red Cozumel

모든 종류의 티셔츠가 있다고 해도 과언이 아닌 매장. 칸쿤 로고가 있는 티셔츠가 주를 이루지만, 디자인이 튀지 않고 원단이 좋기 때문에 기념품을 떠나 한국에서 입고 다니기에도 무난하다. 셔츠뿐 아니라 아동용 의류도 다양하기 때문에 기념품이나 선물로 좋다.

전화 998 883 4728
영업 10:00~22:00
찾아가기 포럼 바이 더 시 2층

■ 테킬라 파티 Tequila Party

상호만 보면 테킬라 전문점 같지만 기념품과 여행용품을 판매하는 기념품 전문점이다. 그래도 테킬라 종류가 많으니 사고 싶다면 직원에게 추천받아 보자. 쇼핑몰 영업시간과 마찬가지로 24시간 오픈이라 편리하다.

영업 24시간 찾아가기 포럼 바이 더 시 2층

■ 와얀 내추럴 웨어 Wayan Natural Wear

주로 여성용 의류와 비치웨어, 액세서리를 취급한다. 특히 마야풍 티셔츠와 원피스는 와얀 내추럴 웨어에서만 살 수 있으니 눈여겨보자. 옷에 맞춘 각종 액세서리도 빼 놓을 수 없는 쇼핑 아이템. 디자인과 원단이 좋기 때문에 여행에서 돌아와 한국에서 입어도 손색이 없다. 매장 입구에는 닥터 피시 수족관이 있는데 쇼핑 후 닥터 피시에 두 발을 맡기는 것도 즐거움이다.

전화 998 883 4379 영업 10:00~22:00 홈페이지 www.wayan.com.mx 찾아가기 포럼 바이 더 시 2층

유로피아 Europea

애주가들의 쇼핑 장소

테킬라, 와인, 샴페인, 위스키 등 멕시코에 수입되는 술과 멕시코에서 수출되는 술이 총망라된 매장이다. 다양한 브랜드와 종류가 있는데 해박한 직원들이 친절한 상담을 통해 어울리는 술을 추천해 준다. 숙소에서 마실 와인이나 테킬라 등을 사도 좋고, 귀국 선물용이나 기념품으로 사도 좋다. 한국에서 보기 힘든 조개 통조림과 각종 생선 통조림도 있으니 관심 있는 사람에게는 좋은 구경거리가 된다.

주소 Blvd. Kukulkan Sur Km 12.5 Mz, 52 Lt. 18, Zona Hotelera, 77500 Cancún 전화 998 176 8203 영업 10:00~21:00 홈페이지 www.laeuropea.com.mx
찾아가기 쿠쿨칸 플라자에서 북쪽으로 도보 10분. Km 12.5 지도 P.254-F

🎁 쿠쿨칸 플라사 Kukulcan Plaza

명품과 저렴이 쇼핑을 한곳에서

명품관인 럭셔리 애비뉴(Luxury Avenue)와 저렴한 상품을 살 수 있는 쿠쿨칸 플라사가 나란히 이어진 대규모 실내 쇼핑몰로 많은 사람이 찾는 쇼핑 명소다.

럭셔리 애비뉴는 한국의 백화점 같은 스타일로 1층에는 세계적인 브랜드들의 화장품 매장이 입점해 있다. 2층의 식료품 대형 마트인 소리아나 슈퍼(Soriana Super)는 음식을 직접 해먹을 수 있는 콘도 스타일의 숙소에 숙박하는 많은 여행자들의 성지 같은 곳이다. 건물 뒤에는 퍼블릭 비치인 플라야 마를린이 있다.

주소 Blvd. Kukulcan Km 13, Local 410 y 411A, Benito Juárez, Zona Hotelera, 77500 Cancún 전화 998 193 0160
영업 10:00~22:00 홈페이지 www.kukulcanplaza.mx
찾아가기 플라야 마를린 입구에서 길 건너편. Km 13 버스 정류장 바로 앞 지도 P.254-F

쿠쿨칸 플라사의 추천 상점

■ 라 루타 데 로스 인디아스
La Ruta de Los Indias

푸른 카리브를 누볐던 선박의 모형, 배에서 사용되는 실용적인 가구, 육지를 내다봤던 망원경, 항해에 필요한 나침판, 해적을 처치했던 장총 등 배와 항해에 관련된 모형과 액세서리를 판매하는 매장이다. 흔히 볼 수 있는 매장이 아니기 때문에 박물관에 간다는 기분으로 방문해 보자. 카리브해와 관련된 기념품을 사기도 좋다.

전화 998 885 0405 영업 10:00~22:00 홈페이지 larutadelasindias.com/shop 찾아가기 쿠쿨칸 플라사 1층

■ 소리아나 슈퍼 Soriana Super

물놀이용품과 비치웨어, 일상용품도 있지만 신선한 과일과 채소, 바비큐용 고기와 소시지가 주를 이룬다.

와인, 위스키, 테킬라, 맥주 등 주류까지 숙소에서 바로 요리해 먹을 수 있는 식료품 위주로 매장이 채워져 있다. 쿠쿨칸 플라사 뒤로 퍼블릭 비치인 플라야 마를린이 있기 때문에 비치에서 먹을 맥주와 음식을 사는 여행객이 많으며, 푸드 코트처럼 피자와 타코 등을 바로 사서 먹을 수 있는 테이블이 있어 가볍게 식사도 가능하다.

전화 800 220 1234
영업 08:00~23:00
찾아가기 쿠쿨칸 플라사 2층

■ 징가라 Zingara

세련된 디자인과 화려한 색감의 수영복과 비치웨어 전문 매장으로 여성용 비키니가 대부분을 차지한다. 매장 한쪽에 남성 비치웨어도 약간 갖춰져 있다. 가격은 한국 백화점 가격의 반 정도. 에메랄드빛 카리브해와 어울리는 수영복을 골라 보자.

영업 10:00~22:00
찾아가기 쿠쿨칸 플라사 1층

🎁 플라사 라 이슬라 Plaza la Isla

놀이, 쇼핑, 휴식을 한 곳에서

칸쿤 일대에서 가장 크고 실속 있는 쇼핑몰이다. 럭셔리 브랜드 30여 개가 모여 있는 리버풀, 돌고래와 함께 수영할 수 있는 아쿠아리움, 저렴한 상품으로 가득한 라 이슬라 쇼핑몰, 식당은 물론이고 호텔 존과 카리브해, 다운타운까지 조망할 수 있는 대관람차까지 하루를 꼬박 보내도 전혀 지루하지 않다. 쇼핑과 놀이, 휴식까지 한꺼번에 즐길 수 있는 멋진 곳이다.

주소 Blvd. Kukulcan Km 12.5 Lt 18-10, Zona Hotelera, 77500 Cancún 전화 998 883 5025
영업 10:00~22:00
홈페이지 www.laislacancun.mx
찾아가기 코코봉고에서 남쪽으로 버스 10분. Km 12.5
지도 P.254-F

플라사 라 이슬라의 추천 상점

■ 리버풀 Liverpool

플라사 라 이슬라 안에 있는 대형 면세점으로 세계적인 명품을 한자리에서 만날 수 있다. 휴양지의 쇼핑몰이라고 가볍게 보면 안 된다. 구찌, 루이비통, 프라다, 살바토레 페레가모, 티파니, 돌체앤 가바나, 코치, 태그호이어 등 유명 브랜드 매장이 30여 개 입점해 있다. 일반 매장보다 저렴한 가격 때문에 세계에서 모여든 여행자로 항상 북적이는 핫 플레이스다.

전화 998 848 7880
영업 11:00~23:00
홈페이지 www.liverpool.com.mx
찾아가기 플라사 라 이슬라 1층

■ 이노바 스포츠 Innovasport

다양한 스포츠 브랜드를 모아 놓은 편집 숍으로 특히 신발 종류가 많다. 멕시코 축구 구단 유니폼도 판매한다. 축구 팬이라면 기념품 선물로도 좋다. 신발의 경우 한국에는 없는 모델도 많기 때문에 잘 고르면 득템할 수 있다. 한국보다 약 20~30% 정도 저렴하니 금상첨화다.

전화 998 176 8412 영업 10:00~21:30 홈페이지 www.innovasport.com 찾아가기 플라사 라 이슬라 1층

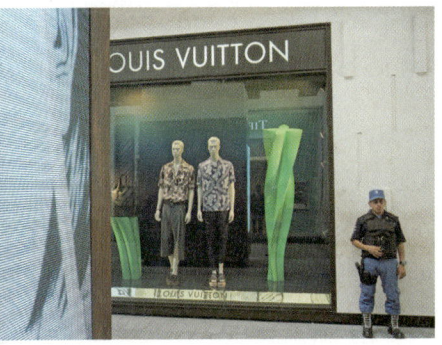

호텔 존 호텔

'ㄱ'자 모양의 호텔 존은 다운타운 쪽으로 니춥테 라군, 바깥으로 카리브해에 면해 있다. 대부분의 호텔은 카리브 해변에 있다. 다운타운 방향부터 Km 1에서 시작해 Km 28 지점까지 총 28㎞ 길이의 해안선을 따라 세계적인 호텔 체인의 5성급 호텔부터 모든 것이 포함된 올 인클루시브 리조트까지 호화 리조트와 호텔이 즐비하다. 실속파 여행객을 위한 콘도미니엄부터 3성급 정도의 호텔은 해안 바깥에 많이 자리하고 있다.

레알 인 호텔 Real Inn Hotel

가성비가 좋은 호텔

4성급이라고 말할 수 있는 3성급 호텔이다. 니춥테 라군에 면해 있지만 전망은 어떤 호텔과 비교해도 떨어지지 않는다. 수영장에서 바다를 바라보며 휴식을 취할 수 있고 1층의 야외 식당은 니춥테 라군을 바라보며 식사를 할 수 있다. 로비에 작은 스타벅스가 입점해 있는 것도 특징. 방은 퀸 사이즈 침대가 2개 들어가도 공간이 남을 만큼 크다. 코코봉고, 다운타운 등 어떤 방향도 10분이면 갈 수 있다.

주소 Km 5.5, Blvd. Kukulcan, Zona Hotelera, 77500 Cancún 전화 998 283 0400 예산 더블 룸 1800페소 홈페이지 www.hotelesrealinn.com 찾아가기 코코봉고에서 다운타운 방향으로 차량 5분 지도 P.254-E

옴니 칸쿤 호텔 & 빌라
Omni Cancún Hotel & Villas

아이 동반 가족에게 인기

Km 16.5부터 Km 20까지의 해변은 올 인클루시브 호텔이 성처럼 장벽을 치고 있어 호텔 투숙객 외에 해변을 이용하는 사람이 적다. 특히 옴니 칸쿤은 Km 16.5과 Km 20 해변 중간 지점에 있어서 더욱 한가롭게 카리브해를 즐길 수 있다. 총 346개 객실을 갖춘 대형 호텔로, 야외 수영장 3개 식당 7개가 고객을 위해 24시간 가동된다. 키즈 룸도 운영하기 때문에 아이를 동반한 가족 여행객에게 인기 있다.

주소 Km 16.5, Blvd. Kukulcan L 48 MZA 53, Zona Hotelera, 77500 Cancún 전화 998 881 0600 예산 US$470 홈페이지 www.omnihotels.com/hotels/cancun 찾아가기 Km 16.5 지점. 코코봉고에서 차량으로 10분 지도 P.255-G

🛏 라이브 아쿠아 Live Aqua

신혼부부에게 딱 맞춤 호텔

올 인클루시브가 무엇인지 보여주는 최고급 호텔이다. 거대한 개선문처럼 생긴 호텔 외관은 보기에도 시원하다. 카리브해를 바라보며 즐길 수 있는 수영장과 전용 해변은 격조가 있다. 총 12개의 식당에서는 수준 높은 식사가 무제한 제공된다. 특히 스시 롤을 먹을 수 있는 스테이션이 있어 한국과 일본 여행객에게 인기다. 스파에는 따뜻한 온수를 이용한 자쿠지가 있어 피로를 풀기에 아주 좋다. 신혼부부에게 특히 추천한다.

주소 Km 12.5, Blvd. Kukulcan, Zona Hotelera, 77500 Cancún **전화** 998 881 7600 **예산** 디럭스 오션 뷰 US$800
홈페이지 www.liveaqua.com/en/home
찾아가기 쿠쿨칸 플라자에서 코코봉고 방향으로 도보 10분. 플라사 라 이슬라에서 도보 10분 **지도** P.254-B

🛏 세뇨르 프로그 호텔 & 호스텔 Señor Frog Hotel & Hostel

최신 시설과 서비스를 자랑하는 추천 숙소!

2018년 3월 오픈한 따끈따끈한 신상 호스텔. 지구상 최고의 호스텔이라고 자신 있게 추천하는 곳이다. 도미토리 룸 내에 에어컨, 화장실과 샤워장이 완비되어 있으며, 침대에는 개인의 사생활 보호를 위해 커튼과 개인 독서등, USB 충전 단자, 전기 코드가 있다. 창밖으로 보이는 니춥테만과 다운타운의 환상적인 전망은 덤이다.

아침부터 저녁까지 호스텔에서 운영하는 투어 프로그램이 다양하므로 굳이 여행사를 통하지 않아도 해양 액티비티를 즐기기에 충분하다. 특히 저녁 11시에는 호스텔에 숙박하는 청춘들을 단돈 US$50로 코코봉고까지 인도한다. 도미토리 룸 외에도 더블 룸과 6인이 숙박할 수 있는 스위트룸은 전망과 시설 모두 호텔보다 낫다. 1층 바에서 각종 알코올과 음료를 판매하며, 퍼블릭 비치인 플라야 착물이 길 건너에 있다.

주소 Blvd. Kukulcan Km 9.5, Zona Hotelera, 77500 Cancún **전화** 998 688 6448 **예산** 도미토리 룸 US$15~30, 더블 룸 US$120, 스위트룸 US$200
홈페이지 www.senorfrogshostel.com **찾아가기** Km 9.5 지점. 코코봉고에서 남쪽으로 도보 15분 **지도** P.254-A

알로프트 칸쿤 Aloft Cancún

알뜰한 여행자를 위한 경제적인 호텔

전형적인 4성급 호텔이다. 옥상에 있는 바와 풀장 외에는 특별한 시설이 없지만 호텔에서 걸어서 10분 거리에 대형 마트인 체드라우이, 선물 사기에 좋은 플라사 라 피에스타, 다양한 종류의 식당, 호텔 존의 밤을 밝혀줄 코코봉고, 퍼블릭 비치인 플라야 카라콜과 플라야 가비오타 아술 등이 있다. 이슬라 무헤레스로 가는 선착장도 걸어서 5분 거리에 있다. 호텔 밖에 즐길 거리가 많기 때문에 올 인클루시브 호텔을 고집하지 않는 여행자라면 추천할 만하다.

주소 Km 9 Blvd Kukulkan MZ 48 L-8-1, Zona Hotelera, Cancún 77500 전화 998 848 9900
예산 스탠더드 룸 US$110
홈페이지 www.marriott.com/hotels/travel/cunal-aloft-cancun/
찾아가기 코코봉고에서 북쪽으로 도보 10분 지도 P.255-K

크리스털 칸쿤 Krystal Cancún

합리적인 가격과 위치

4성급의 경제적인 호텔이지만 바다 쪽 방의 전망은 칸쿤의 어느 호텔보다 훌륭하다. 대형 수영장과 3개의 작은 수영장은 바로 바다로 연결되며, 바다에서 신나게 논 다음 호텔 주변의 많은 식당과 대형 마트에서 식사를 해결할 수 있다. 코코봉고에서 걸어서 10분 거리에 있지만 호텔 주변은 조용하다. 호텔 주변에 수많은 여행사가 있기 때문에 해양공원 스카렛(XCarlet), 셀아(Xel-Ha) 등의 투어 상품을 예약해 다녀와도 좋고, 이슬라 무헤레스로 가는 선착장도 가깝다. 활동적인 여행자에게 적합한 호텔이다.

주소 Km 9, Blvd. Kukulcan Zona Hotelera, 77500 Cancún 전화 998 848 9800 예산 오션 뷰 룸 US$240
홈페이지 www.krystal-cancun.com
찾아가기 코코봉고에서 북쪽으로 도보 10분 지도 P.255-L

호텔 리우 칸쿤 Hotel Riu Cancún

올 인클루시브 호텔의 교과서

호텔 존의 번화가에 해당하는 코코봉고 주변에 있는 대형 올 인클루시브 호텔. 3개의 수영장에서는 다양한 액티비티와 이벤트가 쉴 새 없이 열리고, 호텔에서 바로 연결된 해변에서는 선 베드와 비치파라솔을 이용할 수 있다.
아침, 점심, 저녁을 모두 뷔페로 먹을 수 있는 메인 식당을 비롯해 총 7개의 식당이 있는데, 일본, 브라질, 이탈리아 요리, 스테이크 등 다양한 장르의 음식을 먹을 수 있다. 신혼부부나 여행 중에 생일과 기념일을 맞은 투숙객에게는 방으로 샴페인과 케이크 등을 보내주는 세심한 서비스도 있다. 호텔 바로 앞에 버스 정류장이 있어 어디로든 다니기 편하다.

주소 Km 9 Blvd. Kukulcan Punta Cancún, Zona Hotelera, 77500 Cancún 전화 998 848 7151
예산 스탠더드 룸 US$380 홈페이지 riu.com
찾아가기 코코봉고에서 북쪽으로 도보 15분 지도 P.255-K

더 웨스틴 라구나마르 오션 리조트 빌라 & 스파
The Westin Lagunamar Ocean Resort Villas & Spa

콘도 스타일의 인기 호텔

모든 방에 주방과 세탁기, 건조기가 구비되어 있고, 길 건너편에 플라사 라 이슬라가 있어 여러모로 편리하다. 마트에서 식료품을 사 와 요리를 해 먹고, 수영복이나 땀에 젖은 옷을 방에서 빨아 입을 수 있기 때문에 아이를 동반한 여행객들에게 특히 인기 있다. 호텔 바로 앞에 버스 정류장이 있어 코코봉고나 대형 마트인 체드라우이(Chedraui)에 다니기에도 편하다. 한국인 여행자가 늘어나는 추세이다.

주소 Km 12.5 Boulevard Kukulcan Lt 18, Zona Hotelera, 77500 Cancún 전화 998 891 4200
예산 오션 뷰 룸 US$300
홈페이지 www.oceandreamcancun.com
찾아가기 코코봉고에서 남쪽으로 버스 10분. 플라사 라 이슬라 바로 앞
지도 P.254-B

오션 드림 Ocean Dream

품격 있는 3성급 호텔

3성급 호텔이지만 호텔의 위치, 방에서 보이는 카리브해의 전망과 해변은 어떤 5성급 호텔과 비교해도 떨어지지 않는다. 발코니 의자에 앉아 바다만 바라봐도 하루가 금세 지나갈 정도이다. 호텔에서 식당, 쇼핑센터, 대형 마트까지 걸어서 10~20분이면 갈 수 있고, R-1, R-2버스 정류장이 가깝기 때문에 호텔 존 이곳저곳으로 이동하기가 굉장히 편하다. 간단한 음식을 해 먹을 수 있는 콘도 스타일의 방도 있다. 아이를 동반한, 혹은 가족 여행객에게 어울리는 숙소이다.

주소 Km 9.5 Blvd. Kukulcan Zona Hotelera, Cancún 77500 전화 998 251 6350
예산 스탠더드 룸 US$150
홈페이지 www.oceandreamcancun.com
찾아가기 코코봉고에서 남쪽으로 도보 10분
지도 P.254-A

하얏트 시바 칸쿤 Hyatt Ziva Cancún

칸쿤의 인기 올 인클루시브 호텔

고급 호텔 하얏트라는 이름에 걸맞는 시설과 서비스를 제공하는 인기 호텔이다. 성인 전용 구역이 있기 때문에 조용한 휴식을 원하는 관광객이나 신혼부부가 특히 많다. 퀸 사이즈의 침대가 2개 있는 방은 4명이 묵어도 충분할 만큼 넓다. 레크리에이션, 액티비티, 요가 등 호텔 곳곳에 다양한 프로그램이 있고, 뷔페식당을 포함해 6개 식당의 음식이 맛있다고 정평이 나 있다. 한국어로 된 안내 책자가 구비되어 있다.

주소 Km 11.5 Blvd. Kukulcan Zona Hotelera, Cancún 77500 전화 998 848 7000
예산 오션 뷰 룸 US$700 홈페이지 www.hyatt.com
찾아가기 코코봉고에서 북쪽으로 도보 10분
지도 P.255-K

기타 추천 호텔

번호	호텔명	성급	구분	요금	홈페이지
1	호텔 카사 마야 Hotel Casa Maya	3	H	US$130~	www.casamaya.com
	가성비 좋은 호텔로 전용 비치와 퍼블릭 비치가 가깝다. 방이 넓고 바다 전망이 뛰어나다.				
2	호텔 도스 플라야스 Hotel Dos Playas	3	H	US$120	www.dosplays.com
	이슬라 무헤레스로 가는 페리 터미널과 가깝다. 방이 작은 감이 있지만 깔끔하다. 전용 비치는 물이 얕고 파도가 적다.				
3	홀리데이 인 아레네스 Holiday Inn Arenes	3	H	US$150~	www.holidayinncancunarenas.com
	하얀 호텔 외관이 특징인 호텔은 3성급이지만 방의 크기, 테라스 등을 고려하면 4성급이라 해도 좋다. 수영장이 작은 것은 조금 아쉽다.				
4	마야 카리브 비치하우스 Maya Caribe Beach House	3	H	US$100~	www.maya-caribe.com
	작은 리조트형 호텔로 수영장이 3개나 있고 해변과 바로 연결된다. 다른 3성급 호텔과 비교하면 약간 낡았지만 저렴한 가격에 만족할 것이다.				
5	드림스 샌즈 칸쿤 리조트 & 스파 Dreams Sands Cancún Resort & Spa	3	All	US$240~	www.oceanspahotel.com
	3성급에서 보기 힘든 올 인클루시브 호텔로 아이들을 동반한 가족이 오기에 좋다. 호텔에서 바닷가로 바로 연결된다.				
6	솔리마르 칸쿤 비치 리조트 Solymar Cancún Beach Resort	3	H	US$100~	www.solymarcancun.com
	가성비 좋은 호텔로 방에서 바라보는 카리브해의 전망이 좋다. 다른 건물에 콘도미니엄도 있기 때문에 가족 단위의 장기 여행자에게 추천한다.				
7	드림즈 샌즈 칸쿤 리조트 & 스파 Dreams Sands Cancún Resort & Spa	4	All	US$330~	www.dreamsresorts.com
	2014년에 리노베이션한 리조트로 객실에 간이 주방이 있다. 리조트의 액티비티 프로그램이 종일 운영되기 때문에 심심할 틈이 없다.				
8	옥시덴탈 코스타 칸쿤 Occidental Costa Cancún	4	All	US$230~	www.barcelo.com
	4성급의 올 인클루시브 호텔 중 가성비가 좋은 곳이다. 다운타운에서 호텔 존으로 들어오는 입구에 있기 때문에 시내로 나가기엔 불편하지만 그럼에도 불구하고 인기가 많은 호텔이다.				
9	피에스타 아메리카나 빌라 칸쿤 Fieta Americana Villas Cancún	4	All	US$240~	www.fiestamericana.com
	대형 마트, 쇼핑센터, 코코봉고 등에 도보로 10분이면 갈 수 있다. 굳이 밖으로 나가지 않고 호텔에서 조용히 쉬며 시간을 보내는 투숙객이 많다.				
10	호텔 리우 팰리스 라스 아메리카스 Hotel Riu Palace Las Americas	4	All	US$290~	www.riu.com
	커다란 성처럼 생긴 외관이 인상적인 호텔로 올 인클루시브 호텔의 교과서적인 곳이다. 성인 전용이기 때문에 신혼부부들에게 인기이다. 바다 전망의 객실을 예약한다면 금상첨화.				

번호	호텔명	성급	구분	요금	홈페이지
11	더 로열 칸쿤 올 스위트 리조트 The Royal Cancún All Suites Resort	4	All	US$240~	www.royalreservations.com
	대단위 주택 단지처럼 조성된 리조트로 호텔은 물론이고 콘도 스타일의 방도 있다. 넓은 방과 호텔 내의 여러 편의시설 때문에 가족 단위의 여행객들에게 인기가 있다.				
12	그랜드 파크 로열 칸쿤 카리브 Grand Park Royal Cancún Caribe	4	All	US$340~	www.parkroyal.mx
	5성급 호텔이라 해도 손색이 없는 올 인클루시브 호텔이다. 소문이 나면서 실속파 여행객들에게 인기 몰이를 하고 있다.				
13	클럽 메드 칸쿤 Club Med Cancún	4.5	All	US$240~	www.clubmed.co.k
	아이들을 위한 프로그램이 칸쿤에 위치한 어느 호텔보다 좋기 때문에 아이를 호텔에 맡기고 어른들은 따로 시간을 가져도 된다.				
14	로열 솔라리스 칸쿤 Royal Solaris Cancún	4	All	US$200	www.clubsolaris.com
	굉장히 저렴한 가격에 올 인클루시브의 서비스를 즐길 수 있는 멋진 호텔이다. 아이들을 위한 프로그램이 있어 가족이 와도 좋다.				
15	하얏트 실라라 칸쿤 Hyatt Zilara Cancún	5	All	US$520	www.hyatt.com
	성인 전용 호텔루 하얏트의 명성에 맞게 서비스가 세련되고 편하다. 특히 5개의 식당에서 제공되는 식사는 인기가 좋다.				
16	JW 메리어트 칸쿤 리조트 & 스파 JW Marriott Cancún Resort & Spa	5	H	US$340~	www.marriott.com
	실내외 수영장에서는 모두 카리브해를 조망하며 수영할 수 있다. 호텔 내의 식당에서 수준급의 식사를 할 수 있는데 특히 세도나 그릴 뷔페가 인기있다.				
17	리츠칼튼 칸쿤 The Ritz-Carlton Cancún	5	H	US$350~	www.ritzcarlton.com
	설명이 필요 없는 최고의 호텔이다. 올 인클루시브는 아니지만 호텔 안에서 모든 것을 해결할 수 있도록 각종 식당과 편의시설이 완비되어 있다.				
18	하드록 호텔 칸쿤 Hard Rock Hotel Cancún	5	All	US$500~	www.hrhcancun.com
	커다란 수영장과 호텔 곳곳에서 열리는 다양한 이벤트와 즐길 거리로 심심할 틈이 없다. 주문하면 바로 요리를 해주는 뷔페식당도 좋다. 신혼부부와 가족 여행객이 많다.				
19	니숙 리조트 & 스파 Nizuc Resort & Spa	5	All	US$500~	www.nizuc.com
	최근 한국의 신혼부부들에게 높은 점수를 받고 있는 리조트이다. 호텔 존 초입에 있어 그야말로 조용하고 한적하게 둘만의 시간을 보내기에 좋다.				
20	르 블랑 스파 리조트 Le Blanc Spa Resort	5	All	US$700~	www.leblancsparesorts.com
	한국인 스태프가 있는 럭셔리 스파 리조트다. 로비에 들어서는 순간 코끝을 감싸는 아로마 향이 천국이 바로 이곳임을 알려준다.				

※ All – 올 인클루시브, H – 호텔

다운타운 Downtown

멕시코시티와 유카탄반도 등지에서 칸쿤으로 들어오는 모든 버스가 정차하는 교통의 요지로, 툴룸, 플라야 델 카르멘 등으로 이동할 때 편하다. ADO 버스 터미널과 라스 팔라파스 공원 주변에 저렴한 호스텔과 중급 호텔, 그리고 다양한 가격대의 식당 등이 몰려 있고, 큰 쇼핑센터도 많아 선물 준비에도 좋다. R-1, R-2 버스가 수시로 다니기 때문에 호텔 존의 비싼 물가가 부담이 된다면 다운타운에서 숙박을 하며 카리브해를 즐겨도 된다. 관광지로서 매력적인 곳은 아니지만 칸쿤 시민의 터전으로 다양한 삶의 흔적을 느낄 수 있어 돌아볼 만한 가치가 있다.
ADO 버스 터미널과 라스 팔라파스 공원 주변, 마켓 23, 마켓 28 등이 다운타운의 핵심이며, 크리스토 레이 성당은 칸쿤 시민의 사랑방 역할을 하는 랜드마크라 할 수 있다.

기초 정보

지역번호 998
인구 약 75만 명(칸쿤 전체)
위치 유카탄반도 끝. 호텔 존과 플라야 델 카르멘으로 가는 입구에 있다. 유카탄반도의 고속도로가 끝나는 곳이기도 하다.
치안 전형적인 상업·관광 지구인 호텔 존과 플라야 델 카르멘과는 달리 다운타운은 칸쿤 시민의 삶이 있는 지역이다. 라스 팔라파스 공원과 ADO 버스 터미널 근처에는 숙박 시설이 몰려 있다. 특히 라스 팔라파스 공원은 칸쿤 시민의 휴식처이자 놀이터로 늦은 저녁까지 사람들로 북적인다. 하지만 공원과 멀리 떨어진 한적한 주택가는 여전히 외국인에게는 위험하므로 늦은 시간에는 센트로(중심지) 밖으로 나가지 말자.

가는 방법

버스
호텔 존에서 다운타운의 ADO 버스 터미널까지는 R-1, R-2 버스가 24시간 운행한다(24:00~06:00는 30~40분에 1대씩 운행). 버스 요금은 10페소, 혹은 US$1이며 환율상 달러보다는 페소가 저렴하다.

플라야 델 카르멘에서 다운타운으로 가는 가장 합리적인 방법은 ADO 버스 터미널에서 15분마다 출발하는 버스를 타는 것이다. 요금은 170페소이며 70~80분 걸린다.

택시
호텔 존에서 다운타운까지 택시를 타면 출발지에 따라 요금이 달라진다. 20km 지점까지는 기본요금 110페소에서 시작하며, 역시 흥정할 필요 없이 정해진 대로 지불하면 된다. 플라야 델 카르멘에서 다운타운까지 택시로 이동한다면 1,000페소 정도 예상하면 된다.

시내 교통

다운타운의 숙소, 식당, 시장 등은 버스 터미널과 라스 팔라파스 광장 근처에 몰려 있기 때문에 시내만 돌아보고 싶다면 걸어서 다녀도 충분하다.

R-1, R-2 버스
버스는 앞 유리창에 노선 번호와 행선지가 적혀 있다. 메인 도로인 툴룸 거리(Av. Tulum)를 오간다면 행선지를 확인하고 기사에게 내릴 곳을 말하고 타자. 목적지에 도착하면 기사가 알려준다. 요금은 12페소.

택시
다운타운 내에서 택시를 탈 경우에는 반드시 먼저 요금 흥정을 해야 한다. ADO 버스 터미널에서 월마트까지 택시 요금은 30~50페소 정도. 라스 팔라파스 공원 주변, ADO 버스 터미널 근처, 툴룸 거리에 택시가 많이 다닌다.

다운타운 관광

다운타운은 특별한 관광거리가 있다기보다는 시민들의 생활상을 느낄 수 있는 곳이다. 칸쿤 시민의 휴식처인 라스 팔라파스 공원은 저녁 늦게까지 사람들로 북적이며 크리스토 레이 성당은 칸쿤의 사랑방이다. 호텔 존보다 저렴한 숙박료와 물가 때문에 이곳에서 머물면서 호텔 존의 카리브해를 즐기는 여행자도 많다.

라스 팔라파스 공원 Parque de Las Palapas ★★★

칸쿤 시민들의 사랑방

칸쿤 시민들이 가장 즐겨 찾는 공원. 매주 목요일부터 일요일 저녁에 중앙 무대에서는 크고 작은 공연이 열려 시민의 눈과 귀를 즐겁게 하며 종종 집회도 열린다. 무대 앞 광장에는 아이들을 위한 범퍼카가 쉴 새 없이 다닌다. 작은 마을의 유원지처럼 풍선 다트, 간이 사격, 소형 관람차 등이 휴양지 분위기를 더한다. 주말이면 중고품 시장과 각종 생필품 등을 파는 시장이 열린다.

저렴한 가격과 맛으로 사람들을 모으는 먹거리들은 유명세의 일등 공신. 공원 주위는 음식점과 각종 먹거리를 파는 노점(영업 11:00~24:00)으로 가득하다. 생과일 아이스크림, 팬케이크, 멕시코식 버터구이 옥수수, 각종 과일 음료, 갓 튀긴 추러스, 푸딩 등의 간식부터 칸쿤에서도 맛집으로 소문난 부리토, 케밥으로 만든 타코, 멕시코 가정식 덮밥, 햄버거, 핫도그 등 든든한 한 끼를 해결할 수 있는 메뉴까지 있다. 식사 19~30페소, 간식 10~30페소로 100페소 정도면 코스 요리로 즐길 수 있다.

주소 Tulipanes LB, 22, 77500 Cancún
찾아가기 ADO 버스 터미널에서 남쪽으로 도보 7분
지도 P.280-A

📷 크리스토 레이 성당 Iglesia de Cristo Rey ★★

소박하고 정겨운 또 하나의 사랑방

오래되거나 화려한 건물도 아니고 역사적 의미가 있는 것도 아니다. 여행자에게는 멕시코에서 흔히 볼 수 있는 작은 성당에 불과하지만, 칸쿤 시민의 입장에서 보면 없어서는 안 될 중요한 사랑방 구실을 하는 곳이다. 평일에도 미사가 있어 매일 적지 않은 시민들이 드나들며, 일요 미사에는 거의 모든 칸쿤 시민이 예배를 드리나 싶을 정도로 사람이 많이 모인다. 단정한 옷을 입은 시민들이 미사를 마친 후 가족끼리 혹은 친한 친구끼리 삼삼오오 모여 공원 주변의 식당과 벤치에서 정답게 이야기를 나누는 모습은 잔잔한 감동을 준다.

주소 Margaritas 15 Mz 22, Centro, 22, 77500 Cancún
전화 998 884 0513 찾아가기 라스 팔라파스 공원 바로 옆
지도 P.280-C

📷 마켓 23 Market 23 ★★

칸쿤의 삶이 녹아 있는 시장

도시의 생활상과 사람들의 땀 냄새를 맡기에 재래시장만 한 곳은 없다. 마켓 23에는 돼지고기, 소고기, 닭고기 등 신선한 육류와 근해에서 잡힌 생선 등 각종 식자재들이 가득하다. 신선한 채소와 달콤한 열대과일도 풍부해 과일만 사도 본전은 건지는 셈. 시장 안에는 엘 파이사노 델 23(El Paisano del 23)이라는 다운타운 최고의 맛집이 있어 여행자와 시민들로 항상 북적인다. 단, 시장은 오후 4시면 파하기 때문에 일찍 가야 한다. 시장 주변에 대형 쇼핑몰 플라자 갤러리아스(Plaza Galerias), 백화점인 코펠 툴룸(Coppel Tulum) 등이 있으니 함께 돌아봐도 좋다.

주소 Mercado 23, 77500 Cancún 찾아가기 라스 팔라파스 공원에서 북쪽으로 도보 15분 지도 P.280-A

다운타운 식당

휴양지로서 이름값을 따지지 않고 멕시코의 보통 도시 중 한 곳이라고 생각하면 식당을 찾기가 쉽다. 관광객용 식당보다 시민을 대상으로 하는 곳이 많으며, 쇼핑센터에도 시민과 여행자들에게 좋은 평가를 받고 있는 맛집이 다수 있다. 라스 팔라파스 공원의 점포와 노점에서는 식사와 디저트를 한 번에 해결할 수 있다.

페스카디토소 Pescaditoso

맛집 방문 리스트 1등에 오르는 곳

칸쿤에 왔다면 성지처럼 들러야 하는 맛집 중의 맛집. 각종 여행 안내서, 여행 평가 사이트 등에서 최고의 극찬을 받은 만큼 항상 붐비지만, 식사 시간을 살짝 피하면 여유롭게 식사를 즐길 수 있다. 주문과 함께 얇은 튀김옷을 입혀 튀기는 흰살 생선튀김과 새우튀김이 일품으로, 토르티야에 싸 먹어도 되고 그 자체로 즐겨도 된다. 특히 새우고추튀김 정도로 부를 수 있는 칠레 레예노 데 카마론(Chile Relleno de Camaron)을 주문하면 실패하지 않는다.

주소 Avenida Yaxchilan 69 S,M 25, S,M 25, 25, 77500 Cancún 전화 998 884 0305
영업 13:00~24:00
예산 타코 21~31페소, 요리 180페소, 음료 23~62페소
찾아가기 라스 팔라파스 공원에서 서쪽으로 도보 5분
지도 P.280-A

페리코스 Pericos

인테리어부터 멕시코 분위기가 가득

입구의 바부터 안쪽 홀까지 특이한 인테리어로 가득한 페리코스는 칸쿤 시민과 관광객들에게 두루 사랑받는 유명 맛집이다. 벽에는 멕시코 사람들을 그린 벽화가 빼곡하고 천장은 각종 멕시코 전통 인형으로 장식되어 있다. 매주 주말에는 멕시코 전통 밴드의 공연이 열린다.
홀 중앙에 주방이 있어 주문과 동시에 요리하는 모습을 지켜볼 수 있는데, 타코와 생선 요리, 소고기 스테이크 등 종류가 다양해 고르는 재미도 있다. 안쪽의 넓은 테이블에는 단체 관광객도 많이 온다.

주소 Avenida Yaxchilán 61, 25, 77509 Cancún
전화 998 884 3152 영업 12:00~24:00
예산 타코 26페소, 요리 180~500페소, 음료 30페소
찾아가기 라스 팔라파스 공원에서 서쪽으로 도보 5분. 페스카디토스 바로 옆 지도 P.280-C

🍴 케사디야 티에라 델 솔
Quesadillas Tierra del Sol

진짜 멕시코 서민 식당

칸쿤 시민들의 강력한 지지를 받고 있는 맛집이다. 관광객보다 칸쿤 시민이 많이 찾다 보니 일단 싸고 맛 또한 일품이다. 식당은 창문이 없는 개방형이다. 우선 카운터에 가서 커다란 사진이 붙어 있는 메뉴판을 보고 주문한 후 돈을 내면 주문한 음식의 이름과 번호가 적힌 쪽지를 준다. 이 쪽지를 바로 옆의 주방에 주면 바로 요리를 해주니 원하는 자리에 앉아 본인의 번호를 기다리면 된다. 토르티야에 각종 토핑과 치즈를 잔뜩 넣어 기름에 튀긴 케사디야가 이 집의 인기 메뉴. 요리와 함께 칸쿤의 무더위와 어울리는 천연 주스, 아구아 데 프루타스(Agua de Frutas)라는 음료도 마셔 보자.

주소 Margaritas MZA 21 LTE 32 C, SM 22, 22, 77500 Cancún **전화** 998 271 0111 **영업** 08:00~24:00 **예산** 케사디야 19~30페소, 음료 20페소 **찾아가기** 라스 팔라파스 공원에서 도보 5분 **지도** P.280-A

🍴 로스 데 페스카도
Los de Pescado

새우에, 새우를 위한, 새우에 의한

숙소가 모여 있는 라스 팔라파스 공원에서 조금 떨어져 있지만 찾아가서 먹어볼 만한 식당이다. 튀김옷을 얇게 입혀 튀겨 낸 새우와 생선을 토르티야에 싸서 타코로 먹거나, 큰 토르티야에 튀김과 채소, 달콤한 소스를 뿌린 후 돌돌 말아 부리토로 먹어도 좋다. 새우튀김 부리토 정도로 해석되는 부리토 데 카마론(Burito de Camaron)은 반드시 맛보기를 추천한다. 소파 데 카마론(Sopa de Camaron)은 신선하고 통통한 새우살과 매콤달콤한 국물 맛이 일품이다. 매장 한쪽에 마련된 채소와 살사를 접시에 담아와 곁들여 먹으면 된다. 벽에 메뉴와 이름이 적힌 사진이 붙어 있어 주문하기 편하다.

주소 Avenida Tulum Mz. 7 Lt. 32, Supermanzana 20, 20, 77500 Cancún **전화** 998 884 1146 **영업** 10:00~18:00 **예산** 타코와 부리토 34~57페소, 음료 22~30페소 **찾아가기** 라스 팔라파스 공원에서 툴룸 거리를 따라 남쪽으로 도보 20분 **지도** P.280-F

🍴 로스 알카트라세스
Los Alcatraces

현지인들이 즐겨 찾는 뷔페식당

원하는 음식을 주문하거나 차려진 음식을 골라 담아가는 세미 뷔페 스타일 식당. 각종 타코, 생선 튀김, 밀라네사(얇게 편 고기를 빵가루를 묻혀 튀긴 음식) 등 다양한 음식을 즐길 수 있다. 여행자보다는 근처의 직장인, 학생, 시민들이 자주 찾는 현지인 맛집이다. 달걀로 만든 다양한 멕시칸 스타일 아침 식사도 선보인다.

주소 Calle 5 Alcatraces 31, 22, 77500 Cancún **전화** 998 884 3918 **영업** 08:00~18:00 **예산** 아침 식사 25~40페소, 타코 19~35페소, 식사 30~110페소 **찾아가기** 라스 팔라파스 공원에서 도보 3분 **지도** P.280-C

엘 파이사노 델 23
El Paisano del 23

칸쿤을 제패한 최고 인기 맛집

마켓 23에 있는 칸쿤 최고 인기 식당이다. 멕시코의 식당은 대부분 한국 분식집 수준으로 메뉴가 많은데, 이 식당은 토르타(Torta)라는 한 가지 메뉴로 칸쿤을 제패한 곳이다. 토르타는 튀긴 닭고기와 삶은 돼지고기를 잘게 다져 토르티야나 햄버거 빵 위에 얹고 채소와 마요네즈를 곁들인 간단한 메뉴다. 테이블 위에 비치된 매운 살사를 곁들여 먹으면 맛은 배가 되나, 굉장히 매우니 적당히 뿌려 먹도록 하자. 이른 아침부터 시장을 보러 오는 상인들부터 관광객까지 영업시간 내내 손님이 많다. 시장 영업시간에 맞추어 식당도 문을 닫으니 일찍 서둘러야 한다.

주소 Jabin 9 134, 23, 77500 Cancún 전화 998 884 3918
영업 화~일요일 08:00~16:00 예산 타코 15페소, 토르타 30페소, 과일 주스 25~35페소 찾아가기 마켓 23 안에 있다. 라스 팔라파스 공원에서 북쪽으로 도보 15분 지도 P.280-A

차이나 시티 China City 中國城

요리, 식사 둘 다 맛보는 콤보 메뉴가 인기

겉보기에는 허름하고 볼품없지만 다양한 메뉴와 저렴한 가격으로 현지인과 배낭여행자들에게 인기를 얻고 있다. 요리와 식사(볶음밥과 볶음국수 중 선택)를 한 접시에 담아 주는 콤보 메뉴가 인기 있다. 벽에 요리 사진과 요리 이름이 붙어 있기 때문에 주문하는 데 어려움이 없다.

안쪽의 뷔페 테이블에는 12가지의 요리가 있기 때문에 음식을 직접 보고 골라도 된다. 식사 시간이 되면 많은 칸쿤 시민들이 들러 음식을 포장해 간다. ADO 버스 터미널 바로 옆에 있기 때문에 여행자들도 들러서 식사하기 좋다.

주소 Av Uxmal, SM 22, Benito Juárez, 77500 Cancún
영업 09:00~21:00
예산 콤보1 53페소, 콤보2 73페소, 콤보3 92페소
찾아가기 ADO 버스 터미널에서 도보 2분
지도 P.280-A

엘 크루스타세오 카스카루도 El Crustaceo Cascarudo

칸쿤 젊은이들에게 핫한 곳

칸쿤 젊은이들이 즐겨 찾는 곳으로, 세비체부터 채식 스타일까지 있을 정도로 메뉴가 다양하고 맛 또한 좋다. 식사를 해도 좋고 맥주 한잔해도 좋은 곳으로, 특히 멕시코식 꼬치구이인 브로체타(Brocheta)가 시원한 맥주와 잘 어울린다. 창문 없이 개방된 구조와 넓은 홀은 보기만 해도 시원하다.

주소 Tulipanes 16, 22, 77500 Cancún
전화 998 254 1692 영업 12:00~24:00
예산 생선 요리 250~400페소, 꼬치구이 150~200페소, 세비체 180페소, 스테이크 150~350페소, 채식 메뉴 90~100페소, 음료 20~30페소
찾아가기 라스 팔라파스 공원 바로 옆 지도 P.280-A

다운타운 쇼핑

휴양 도시이기 때문에 특산품이나 반드시 사야 하는 것은 없다. 멕시코의 서민들이 즐기는 테킬라, 다양한 종류의 멕시코 맥주, 저렴한 초콜릿, 커피 등이 인기 쇼핑 아이템. 아웃렛 매장에는 저렴한 비용으로 쇼핑을 즐길 수 있는 수영복, 물놀이용품, 의류와 기념품 등이 많이 있으니 관심 있는 사람은 들러 볼 것.

월마트 Wall Mart

선물 사기에 좋은 곳

귀국 선물을 사기 위해 찾는 성지 같은 곳이다. 초콜릿, 꿀, 커피, 테킬라, 멕시코 맥주, 칸쿤 마크가 새겨진 각종 티셔츠 등은 인기 품목이다. 식당도 있기 때문에 쇼핑과 식사를 해결할 수 있다. 호텔 존에서 R-2 버스를 타면 월마트 앞에 정차한다. 24시간 영업하니 쇼핑하기에 금상첨화.

주소 Av Coba, 21, 77500 Cancún

전화 800 000 0096 영업 24시간
찾아가기 라스 팔라파스 공원에서 도보 20분 지도 P.280-C

체드라우이 칸쿤 센트로
Chedraui Cancún Centro

기념품 쇼핑에 좋은 대형 쇼핑몰

다운타운의 대형 쇼핑몰로, 1층에는 각종 식료품과 주방용품, 여행 기념품이 있다. 2층에는 가전제품, 생활용품 그리고 화려한 색감의 비치웨어와 여성용 의류 등이 구비되어 있다. 칸쿤의 눈부신 태양에 어울리는 화려한 빛깔의 옷이나 멕시코 맥주와 테킬라를 사도 좋다. 선물용으로 많이 사가는 멕시코 초콜릿도 있으니 한국으로 돌아가기 전에 필요한 선물이 있다면 둘러보기 바란다. 아기자기한 기념품도 많아 선택의 폭이 넓다. 호텔 존으로 가는 R-1 버스가 이 마트 앞에서 정차한다.

주소 Av Tulum no.260 Super Manzana 22, Col, Centro, 22, 77500 Cancún 전화 998 884 1024 영업 07:00~23:00
찾아가기 ADO 버스 터미널에서 툴룸 거리를 따라 남쪽으로 도보 25분 지도 P.280-C

코메르시알 멕시카나
Comercial Mexicana

여행자들이 애용하는 마트

24시간 영업하는 대형 마트. 다양한 종류의 멕시코 맥주, 테킬라 등을 저렴한 가격에 살 수 있다. 선블록 크림, 세면용품, 간단한 물놀이용품도 있어 여행자에게는 오아시스 같은 곳이다. 다운타운의 메인 도로인 툴룸 거리에 있어 호텔 존에서 가려면 R-1 버스를 타고 마트 앞에서 내리면 된다. ADO 버스 터미널과 라스 팔라파스 공원에서 걸어서 10분 거리다.

주소 Av Tulum Mz 21 Lt 37, 38, 39 SM, Benito Juárez 2, 2, 77500 Cancún 전화 800 377 7333 영업 24시간
찾아가기 ADO 버스 터미널에서 툴룸 거리를 따라 남쪽으로 도보 10분 지도 P.280-B

다운타운 호텔

호텔 존에서 찾아보기 힘든 호스텔급 숙소가 많고, 물가도 월등히 저렴해 다운타운에서 숙박하며 호텔 존의 바다를 즐기는 여행자가 많다. ADO 버스 터미널에서 유카탄반도 전역과 멕시코시티, 플라야 델 카르멘으로 이어지는 버스가 발착하고, 툴룸, 치첸이트사 등의 유적지로도 버스가 운행되는 교통의 요지이기 때문에 버스 터미널 주변과 라스 팔라파스 광장 주위로 호스텔과 중저가 호텔이 많다.

칸쿤 인터내셔널 스위트
Cancún International Suites

가족 여행객에게 좋은 콘도형 호텔

라스 팔라팔스 공원 근처에 있는 콘도형 호텔로 공원과 가깝지만 도로에서 약간 들어가 있어 소음이 전혀 없다. 객실은 주니어 스위트룸과 디럭스 스위트룸만 있는데, 주니어 스위트룸의 경우 퀸 사이즈 침대가 2개 있어 가족 여행객에게 추천한다. 프론트 직원들 모두 영어가 유창해 칸쿤 투어와 현지 정보에 관련된 질문에 막힘없이 시원한 답을 들을 수 있다. ADO 버스 터미널까지 도보로 10분이면 충분하기 때문에 트렁크를 가지고 충분히 걸어서 갈 수 있다. 방이 12개밖에 없으므로 반드시 예약해야 한다.

주소 Gladiolas Retorno 7, 11, 77500 Cancún
전화 998 884 1771 **예산** 주니어 스위트룸 1,486페소
홈페이지 www.cancuninternationalsuites.com
찾아가기 라스 팔라파스 공원에서 도보 2분 **지도** P.280-C

호스텔 문도 호반
Hostel Mundo Jovan

배낭 여행자에게 인기 만점

ADO 버스 터미널에서 걸어서 5분밖에 걸리지 않는 좋은 위치에, 아침 식사가 포함된 저렴한 가격이 강점인 실속형 호스텔이다. 호스텔 주변에 환전소, 은행, 터미널, 호텔 존으로 가는 R-1 버스 정류장, 저렴한 식당, 24시간 편의점 등 모든 편의 시설이 한 곳에 모여 있어서 배낭 여행자들이 끊임없이 모여든다. 8인실, 6인실, 4인실 등 여러 사이즈의 도미토리 룸과 화장실이 딸린 더블 룸 등 다양한 방이 있다. 단, 도미토리 룸은 10인실 여성 전용을 제외하고는 모두 혼성 룸이다. 1층에서 각종 항공권과 투어를 예약할 수 있는 여행사를 같이 운영한다.

주소 Av Uxmal 25, 23, 77500 Cancún **전화** 998 898 2104
예산 14인실 230페소, 10인실 280페소, 4인실 330페소, 프라이빗 룸 650~1000페소
홈페이지 www.mundojoven.com
찾아가기 ADO 버스 터미널에서 욱스말 거리(Av. Uxmal) 도로를 따라 도보 5분
지도 P.280-A

🛏 호텔 플라사 카리브
Hotel Plaza Caribe

위치 좋은 4성급 호텔

ADO 버스 터미널 바로 건너편에 있는 4성급 호텔로 위치가 좋아 항상 투숙객으로 북적인다. 버스 터미널 주변의 혼잡과 소음은 호텔 문을 열고 들어서는 순간 사라지고, 휴양지의 호텔처럼 풀장과 선 베드가 반겨준다. 방은 총 134개로 일반적인 칸쿤 지역의 호텔보다 작고 낡았지만, 4성급 호텔이라는 점과 칸쿤의 물가를 감안할 때 불평할 수준은 아니다. 아침 일찍 다운타운에 도착해 자정 무렵 버스나 비행기로 다른 곳으로 이동할 계획이라면, 단돈 180페소에 햄버거와 음료 등 간단한 스낵 서비스가 포함된 수영장 이용 프로모션을 추천한다.

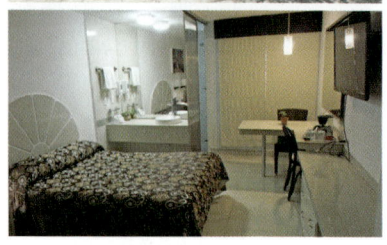

주소 Pino Mza, 23, 77500 Cancún
전화 998 884 1377
예산 더블 룸 1200페소(아침 식사 포함)
홈페이지 www.hotelplazacaribe.com
찾아가기 ADO 버스 터미널 바로 앞
지도 P.280-A

🛏 몰로치 호스텔 Moloch Hostel

개인 객실도 갖춘 호스텔

ADO 버스 터미널과 라스 팔라파스 공원의 중간에 위치한 호스텔로, 어디서 걸어도 도보 5분 거리이다. 로비는 24시간 열려 있어 저녁 늦은 시간에 도착해도 안심. 흰색 건물은 태양이 눈부시게 내리쬐는 칸쿤 날씨에 어울리고, 작지만 깨끗하게 관리되는 수영장은 호스텔의 품격을 높인다. 방은 기본적으로 도미토리 룸인데 프라이빗 룸도 있어 가족이나 연인이 와도 사생활을 보장받을 수 있다. 세탁 서비스(1kg 10페소)를 제공하며 토스트, 잼, 버터, 커피, 우유, 과일 등 간단한 아침 식사도 나온다.

주소 Margaritas 54, 23, 77500 Cancún
전화 998 884 6918 예산 도미토리 룸 210페소, 프라이빗 룸 88~530페소 홈페이지 www.moloch.com.mx
찾아가기 라스 팔라파스 공원에서 ADO 버스 터미널로 가는 중간. 각 도보 5분 지도 P.280-A

🛏 호스텔 카베 칸쿤
Hostel Ka'beh Cancún

다양한 프로그램을 갖춘 호스텔

마당에 걸린 해먹에서 늘어지게 자다가 슬슬 바닷가로 걸어 나가 첨벙거린 후, 맥주 한잔하고픈 배낭 여행자를 위한 호스텔이다. 카리브해에서 스쿠버 다이빙을 하며 시간을 보내는 장기 여행자도 많다. 커다란 냉장고에는 시원한 코로나 맥주가 가득 채워져 있고 매일 저녁 음악과 춤, 퍼포먼스 등 다양한 프로그램으로 여행자의 저녁을 행복하게 해준다. 호스텔에서 각종 투어 안내와 예약도 가능하다.

주소 Alcatraces 45, Mz10, L26, Supermanzana 22, 22, 77500 Cancún 전화 998 892 7902
예산 도미토리 룸 145페소, 프라이빗 룸 838페소
홈페이지 www.hostelkabeh.com
찾아가기 라스 팔라파스 공원에서 남쪽으로 도보 3분
지도 P.280-C

멕시코의 맛을 한국에서!
타코와 살사 즐기기

멕시코 여행 후 한국에 돌아와 타코와 테킬라의 맛을 그리워하는 여행자들이 의외로 많다. 미국식 패밀리 레스토랑에서 케사디아 정도는 먹을 수 있는데, 이상하게도 멕시칸 식당에서는 찾아보기가 쉽지 않다. 집에서 간단히 부리토와 멕시칸 살사 만들기에 도전해 보자.

멕시코 음식의 시작과 끝, 토르티야

토르티야는 곡물 가루로 만든 얇은 전병이다. 크기는 6인치, 8인치, 10인치가 대중적이며 옥수수 가루, 밀가루로 만든 것 등으로 나뉜다. 토르티야를 기름을 두르지 않은 팬에 살짝 구운 다음 속 재료를 올리면 일단 기본 타코는 완성이다. 이것을 접어 피자처럼 납작하게 눌러 구우면 케사디야가, 말아서 오븐에 데우면 부리토가 된다.

멕시칸 소스의 대명사, 살사 만들기

보통 타코집에서는 2가지 정도의 살사가 제공되는데, 많은 곳은 6가지까지도 준다. 어느 것을 얼마나 뿌리느냐에 따라 맛은 천차만별. 그중에서도 대표적인 살사 2가지를 만들어 보자.

■ 과카몰리 Guacamole

아보카도가 베이스인 살사로 나초, 타코 등 거의 모든 음식에 곁들여 먹는 가장 기본적인 소스다. 나초와 특히 잘 어울리며, 과카몰리 자체가 훌륭한 먹거리이기도 하다.

재료 아보카도 1개, 적양파 1/2개, 토마토 1개, 마늘 2쪽(마늘향이 싫으면 빼도 된다), 레몬즙 2큰술, 페페론치노 또는 할라피뇨 1/2티스푼, 소금·후추 약간씩

만들기
① 잘 익은 아보카도(껍데기가 검은색을 띨수록 익은 것)를 반으로 가르고 씨를 뺀다.
② 숟가락으로 아보카도의 과육만 껍질에서 분리한 후 과육을 으깬다.
③ 토마토를 반으로 잘라 씨를 제기한다(씨를 빼지 않으면 나중에 물이 나와 흥건해진다).
④ 손질한 토마토와 양파를 새끼손톱만 하게 잘게 썬다.
⑤ 마늘·페페론치노(또는 할라피뇨)는 칼로 잘게 다진다.
⑥ 모든 재료를 한데 섞고 레몬즙 2큰술, 소금과 후추를 각각 한 꼬집씩 넣어 골고루 잘 섞는다.

■ 피코 데 가요 Pico de Gallo

들어가는 재료가 멕시코 국기의 색깔인 빨강·초록·흰색이어서 '살사 멕시카나(멕시코의 소스)'라고 불리는 멕시코의 대표 살사.

재료 토마토 1개, 양파 1/2개, 고수 2줄기 또는 드라이 바질 약간, 레몬즙 2큰술, 페페론치노(또는 할라피뇨) 취향껏, 올리브오일 2큰술, 소금·후추 약간씩

만들기
① 토마토를 반으로 잘라 씨를 제거한다(씨를 빼지 않으면 나중에 물이 나와 흥건해진다).
② 손질한 토마토와 양파를 새끼손톱만 하게 잘게 썬다.
③ 페페론치노(혹은 할라피뇨)는 칼로 잘게 다진다.
④ 모든 재료를 깊은 볼에 넣은 후 올리브 오일 2큰술, 소금과 후추를 각각 한 꼬집씩 넣고 섞어준다.
※ 페페론치노와 할라피뇨가 없을 때는 청양 고추를 사용해도 된다.

플라야 델 카르멘 Playa del Carmen

유카탄반도 남쪽 해안선을 따라 자리한 작은 어촌이었던 플라야 델 카르멘은 환상적인 해안선을 따라 대규모 호텔이 들어서고 식당과 쇼핑몰 등 관광객을 불러들이는 모든 요소를 갖추면서 세계적인 휴양지로 변모했다. 플라야 델 카르멘에서 배를 타고 45분이면 멕시코에서 가장 큰 섬인 이슬라 코수멜에 도착할 수 있다.

기초 정보

지역번호 984
인구 약 15만 명
위치 칸쿤에서 남쪽으로 이어진 해안선을 따라 55km 정도 떨어진 곳에 있다. 플라야 델 카르멘 남쪽으로 마야의 무역항이었던 툴룸이 있다.
치안 5번가와 메가 마트, 코코봉고 주변은 새벽까지 영업하는 식당이 있을 정도로 불야성을 이룬다. 세계적인 휴양 도시답게 도시 곳곳에 무장 경찰이 항상 경계를 서고 있어

크게 위험하지 않다. 가장 주의해야 할 것은 도로를 건널 때인데, 이곳의 운전자들은 사람이 건너고 있어도 속도를 줄이지 않고 전력 질주하니 조심하자. 바람이 많이 부는 날과 저녁에는 파도가 세다. 수영에 자신이 있더라도 파도가 심한 날에는 바다 수영은 피하도록 하자.

며 요금은 60페소, 콜렉티보는 30페소이다.

택시

택시는 공항과 플라야 델 카르멘 사이를 이동하는 여러 교통편 중에서 가장 간편한 방법이지만, 비용이 만만치 않다. 요금은 US$40, 소요 시간은 1시간 정도. 호텔 존과 플라야 델 카르멘을 오갈 때는 택시가 가장 좋은 방법이다. 요금은 1,000페소(US$67) 내외, 소요 시간은 1시간 10분 정도. 툴룸과 플라야 델 카르멘을 오가는 택시 요금은 600페소(US$40), 소요 시간은 40~50분 정도 된다.

시내 교통

택시

지나가는 택시는 예산을 흥정해야 하지만, 5번가 거리 중간 중간에 시티오 택시(Sitio Taxi)의 정류장이 있고 구역별로 예산이 정해져 있기 때문에 편하고 안전하게 탈 수 있다.

가는 방법

버스

ADO 버스는 공항과 플라야 델 카르멘 사이를 저렴하고 안전하게 오가는 방법이다. 15분마다 1대씩 있고 1시간 10~20분 정도(러시아워의 경우 조금 더) 걸린다. 요금은 1,900페소(US$113). 호텔 존에서 플라야 델 카르멘으로 가려면 일단 다운타운의 ADO 버스 터미널까지 간 후, 거기에서 택시나 R-1 시내버스로 갈아타야 하기 때문에 추천하지 않는다. 툴룸에서 올 때는 1시간 정도 걸린다.

ADO 버스 터미널

추천 일정

1일차
호텔의 프라이빗 비치(전용 해변)나 퍼블릭 비치 등에서 바다를 즐긴다. 저녁에는 5번가에서 쇼핑을 하거나 멋진 식당에서 식사를 하며 카리브해의 저녁을 즐긴다.

2일차
셀아(Xel-Ha), 스카렛(XCaret), 스플로르(XPLOR) 등 플라야 델 카르멘에서 30분 내외 거리에 있는 액티비티를 신청해 카리브의 색다른 면을 즐긴다.

3일차
멕시코에서 가장 큰 섬인 코수멜 섬으로 가 보자. 렌터카를 타고 섬을 일주하며 마음에 드는 바닷가에서 자유 시간을 보내고, 오후에는 플라야 델 카르멘으로 돌아온다.

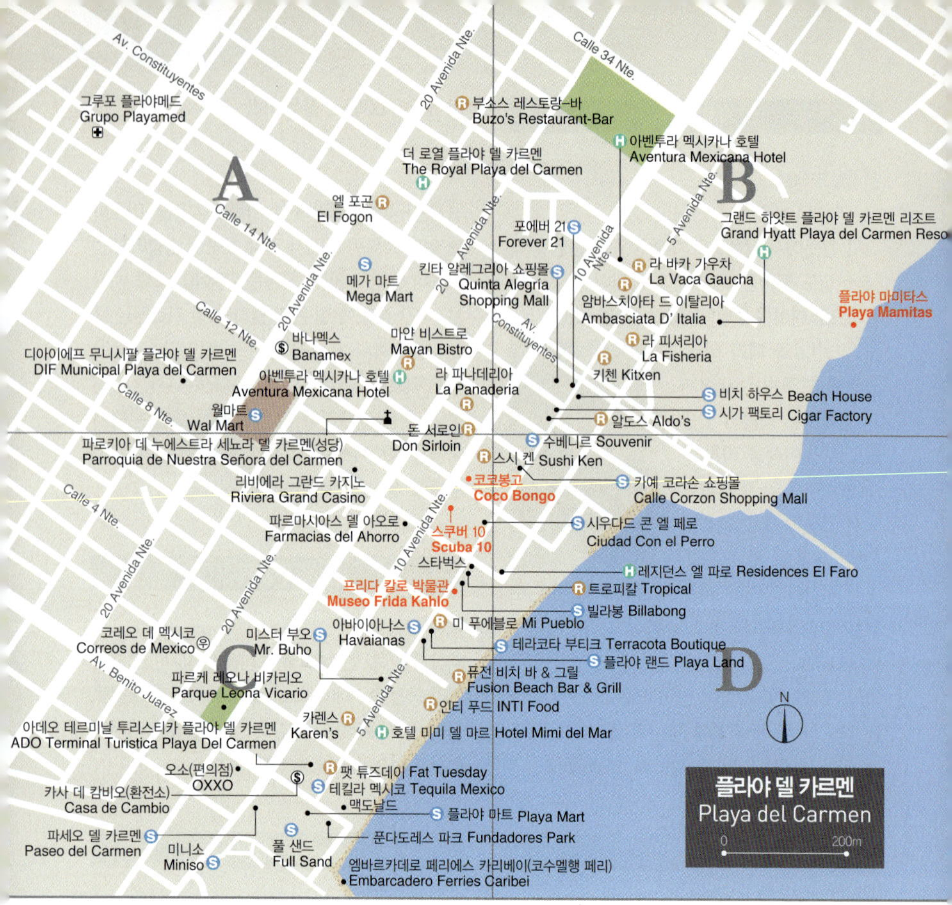

플라야 델 카르멘 지도

- 그루포 플라야메드 / Grupo Playamed
- 부소스 레스토랑-바 / Buzo's Restaurant-Bar
- 아벤투라 멕시카나 호텔 / Aventura Mexicana Hotel
- 더 로열 플라야 델 카르멘 / The Royal Playa del Carmen
- 엘 포곤 / El Fogon
- 그랜드 하얏트 플라야 델 카르멘 리조트 / Grand Hyatt Playa del Carmen Resort
- 포에버 21 / Forever 21
- 라 바카 가우차 / La Vaca Gaucha
- 킨타 알레그리아 쇼핑몰 / Quinta Alegria Shopping Mall
- 메가 마트 / Mega Mart
- 암바스치아타 드 이탈리아 / Ambasciata D' Italia
- 플라야 마미타스 / Playa Mamitas
- 바나멕스 / Banamex
- 마얀 비스트로 / Mayan Bistro
- 라 피셔리아 / La Fisheria
- 디아이에프 무니시팔 플라야 델 카르멘 / DIF Municipal Playa del Carmen
- 라 파나데리아 / La Panaderia
- 키첸 키트젠 / Kitchen Kitxen
- 비치 하우스 / Beach House
- 아벤투라 멕시카나 호텔 / Aventura Mexicana Hotel
- 월마트 / Wal Mart
- 돈 서로인 / Don Sirloin
- 알도스 / Aldo's
- 수베니어 / Souvenir
- 시가 팩토리 / Cigar Factory
- 파로키아 데 누에스트라 세뇨라 델 카르멘(성당) / Parroquia de Nuestra Señora del Carmen
- 스시 켄 / Sushi Ken
- 리비에라 그랜드 카지노 / Riviera Grand Casino
- 코코붕고 / Coco Bongo
- 키예 코라손 쇼핑몰 / Calle Corzon Shopping Mall
- 파르마시아스 델 아오로 / Farmacias del Ahorro
- 스쿠버 10 / Scuba 10
- 시우다드 콘 엘 페로 / Ciudad Con el Perro
- 스타벅스
- 레지던스 엘 파로 / Residences El Faro
- 프리다 칼로 박물관 / Museo Frida Kahlo
- 트로피칼 / Tropical
- 코레오 데 멕시코 / Correos de Mexico
- 미스터 부오 / Mr. Buho
- 아바이아나스 / Havaianas
- 미 푸에블로 / Mi Pueblo
- 빌라봉 / Billabong
- 테라코타 부티크 / Terracota Boutique
- 플라야 랜드 / Playa Land
- 파르케 레오나 비카리오 / Parque Leona Vicario
- 퓨전 비치 바 & 그릴 / Fusion Beach Bar & Grill
- 아도 테르미날 투리스티카 플라야 델 카르멘 / ADO Terminal Turistica Playa Del Carmen
- 카렌스 / Karen's
- 인티 푸드 / INTI Food
- 호텔 미미 델 마르 / Hotel Mimi del Mar
- 오소(편의점) / OXXO
- 팻 튜즈데이 / Fat Tuesday
- 카사 데 캄비오(환전소) / Casa de Cambio
- 테킬라 멕시코 / Tequila Mexico
- 맥도날드
- 플라야 마트 / Playa Mart
- 파세오 델 카르멘 / Paseo del Carmen
- 미니소 / Miniso
- 풀 샌드 / Full Sand
- 푼다도레스 파크 / Fundadores Park
- 엠바르카데로 페리에스 카리베이(코수멜행 페리) / Embarcadero Ferries Caribei

플라야 델 카르멘 / Playa del Carmen
0 ——— 200m

TOUR TIP 비치 클럽을 즐기는 방법

칸쿤과 주변 도시 해변은 석회질이 많아 밀가루보다 더 고운 모래사장이 형성되어 있다. 또 수심이 얕아 안전하게 물놀이를 즐길 수 있는 최고의 바다 환경을 가지고 있다.

해변을 따라 늘어선 올 인클루시브 호텔과 고급 호텔에서는 저마다 프라이빗 비치를 정해 두었지만, 사실 바다와 해변은 주인이 없기 때문에 누구나 자유롭게 즐기면 된다. 마음에 드는 곳에 타월을 깔고 시간을

보내거나, 조금 더 편하고 안전하게 바다를 즐기고 싶다면 비치 클럽을 이용하는 것도 좋은 방법이다. 비치 클럽(Beach Club)이란 해변과 연결된 곳에 조성한 수영장, 샤워장, 탈의실, 화장실, 식당, 바, 선 베드, 비치파라솔 등의 편의 시설을 이용할 수 있는 공간이다. 주로 호텔이나 리조트에서 운영한다. 입장료는 여러 가지 옵션이 있으니 원하는 것을 골라 이용하면 된다. 타월, 선 베드, 비치파라솔 등을 이용하는 것이 가장 기본이다. 비치 클럽에는 자체적으로 운영하는 식당과 바가 있는데 입장료는 내지 않고 식당이나 바에서 음식을 사먹으며 선 베드, 비치파라솔 등을 이용하는 얌체족도 많다.

플라야 델 카르멘 관광 & 액티비티

길게 뻗은 해변에는 태닝을 하거나 한가롭게 누워 휴식을 취하는 여행객이 많다. 다양한 해양 스포츠를 즐기려면 비치 클럽이나 사설 부스에서 신청하면 된다. 밤에는 쇼핑을 하거나 코코봉고에서 시간을 보내도 좋다.

플라야 마미타스 Playa Mamitas ★★★

플라야 델 카르멘을 대표하는 퍼블릭 비치

플라야 델 카르멘의 대표적인 퍼블릭 비치 중 하나다. 주위에 올 인클루시브 리조트와 식당, 비치 클럽이 있어서 해변에는 한가롭게 태닝을 하거나 올 인클루시브의 프라이빗 비치 선 베드에 누워 칵테일을 마시는 여행객들이 많다. 해변 한쪽에는 마미타스 비치 클럽(Mamita's Beach Club)이 있는데 수영장, 선 베드, 식당, 바 등을 이용할 수 있는 다양한 패키지가 있다. 비치 클럽을 이용하지 않아도 각자 자유롭게 카리브해를 즐기면 된다.

주소 Calle 28 Norte Mza 10 Lote 8, Centro, 77710 Playa del Carmen
찾아가기 5번가 ADO 버스 터미널에서 북쪽으로 도보 25분
지도 P.292-B

📷 코코봉고 Coco Bongo ★★

칸쿤의 밤을 책임진다

칸쿤의 나이트라이프를 책임지는 대규모 쇼, 코코봉고를 플라야 델 카르멘에서도 만나볼 수 있다. 하루를 마감하는 저녁 10시가 되면 코코봉고의 세상이 시작된다. 코코봉고에 입장하면 무제한으로 제공되는 각종 알코올음료에 취하고 세계 각국에서 모여든 인파의 열기에 취한다. 거대한 무대에서는 쉴 새 없이 가수, 댄서, 퍼포먼스 팀이 나와 관객들의 눈과 귀를 즐겁게 한다. 입장권은 좌석이 없는 일반석과 지정석을 주는 프리미엄석 2종류로 나뉘며, 쇼의 볼거리가 꽤 좋아서 다른 목적 없이 쇼만 봐도 입장권 값은 충분히 한다. 티켓은 코코봉고의 티켓 부스나 5번가 거리 곳곳에 있는 여행사에서 사도 된다. 코코봉고 주변에 아침까지 영업하는 타코집도 여럿 있어 신나게 논 후 출출한 배를 달래기도 그만이다.

주소 Calle 12 Nte 10, Gonzalo Guerrero, 77710 Playa del Carmen **전화** 984 803 5939
영업 월~토요일 22:00~04:00
예산 일반석 US$75, 프리미엄석 US$150
홈페이지 www.cocobongo.com
찾아가기 5번가 ADO 버스 터미널에서 북쪽으로 도보 15분
지도 P.292-C

📷 프리다 칼로 박물관 Museo Frida Kahlo ★★

모조품에서도 느낄 수 있는 천재 작가의 아우라

멕시코가 낳은 세계적인 화가 프리다 칼로의 박물관. 사실 박물관이라기보다는 전시관에 가깝다. 진품은 없지만 특유의 강렬한 색감이 잘 나타난 주요 작품의 모조품과 프리다 칼로의  다양한 사진들, 직접 쓴 편지 등을 통해 프리다 칼로의 생애를 돌아볼 수 있다. 특히 매시 정각에는 영어와 스페인어 가이드 투어가 약 40분간 진행된다. 가이드 투어를 통해 프리다 칼로의 작품 세계를 자세히 들을 수 있어 매우 유익하다(투어 참여는 자유).

주소 Calle Quinta Avenida 455, Centro, Gonzalo Guerrero, 77720 Playa del Carmen **전화** 984 879 3279
개방 09:00~23:00 **요금** 240페소

홈페이지 museofridakahlorivieramaya.org
찾아가기 5번가 ADO 버스 터미널에서 북쪽으로 도보 10분
지도 P.292-C

멕시코의 국민 화가
프리다 칼로의 생애

프리다 칼로의 작품을 이해하려면 그녀의 인생과 더불어 당시 멕시코의 정치적인 환경과 개인의 정치적인 지향점을 같이 봐야 한다. 처음엔 이탈리아 르네상스 시대 작가들의 작품으로 그림 공부를 했지만, 시간이 갈수록 멕시코의 전통적인 장식과 색깔, 중앙아메리카의 신화와 문명에 관심을 가지게 되었고, 남편인 디에고 리베라로부터 멕시코 고유의 상징이나 형식을 받아들여 그녀만의 초현실주의 작품을 탄생시켰다.

프리다 칼로 드 리베라(Frida Kahlo de Rivera, 1907.07.06.~1954.07.13)는 멕시코를 대표하는 화가이다. 오늘날 프리다 칼로를 일컫는 수식어는 '20세기 멕시코의 예술과 페미니즘의 아이콘'이 대표적이다. 하지만 화려한 수식어와는 다르게 그녀의 인생은 고난과 역경으로 가득했다. 6살에 척수성 소아마비를 앓아 골반이 기형이 되었고, 16살에는 그녀가 탄 버스가 전차와 충돌하는 큰 사고가 나게 된다. 프리다 칼로는 이 사고로 인해 평생 하반신 마비 장애를 안고 살아가야 했다. 그러나 그녀 인생에서 가장 큰 고난은 사고가 아니라 바로 디에고 리베라(Diego Libera)와 결혼한 것이었다. 국립학교에 다닐 때 프리다 칼로는 벽화 작업을 하고 있던 디에고 리베라를 만났다. 결혼 후 여러 작품 활동을 함께하며 화가로서의 입지를 다졌지만, 디에고의 심각한 여성 편력으로 두 번에 걸친 이혼과 재결합을 반복한다.

또한 평생 아이를 원했지만 어릴 적 교통사고의 후유증으로 두 번의 유산을 했다.

1938년에는 루브르 박물관이 프리다 칼로의 자화상을 사들이며 그녀는 최초로 루브르에 입성한 중남미 여성 작가가 되었다. 1939년에는 르누와 콜 갤러리의 멕시코전에서 파블로 피카소로부터 초현실주의 화가로 인정받는다.

그녀는 자신과 관련된 소재들을 즐겨 그렸기 때문에 자화상이 많다. 총 143점의 회화 작품 중 1/3 가량인 55점이 자화상이다. 짙은 일자 눈썹은 프리다 칼로의 아이덴티티이며, 강렬한 눈빛과 도발적인 붉은 입술이 주는 독특한 분위기 덕에 늘 인기가 많았다고 한다.

프리다 칼로의 모든 작품은 멕시코 국보로 지정되어 있다. 대표적인 작품으로 《프리다와 유산》, 《헨리포드 병원》, 《유모와 나》 등이 있다.

📷 코수멜 섬 Cozumel ★★★

세노테

다이버의 로망

멕시코에서 가장 큰 섬인 코수멜 섬은 다이버들에게 로망 같은 곳이다. 지상에는 세노테(카르스트 지형에 생긴 싱크홀. 보통 지상에서부터 깊이가 20m 이상 된다)가 있고 해저에는 무수한 석회암 동굴이 있다. 또한 따뜻한 수온과 40m 이상 보이는 시야는 스쿠버다이빙에 최적이다.

스쿠버다이빙을 하지 않더라도 차를 렌트해 섬을 일주하는 것도 좋다. 현재 섬의 반 정도만 차량을 운행할 수 있는 도로가 개설되어 있다. 해안 도로 곳곳에는 그림 같은 해변이 있으며, 바다를 끼고 올 인클루시브 호텔을 비롯해 다양한 형태의 숙소가 있기 때문에 조용히 쉬었다 오기도 좋다. 플라야 델 카르멘에서 페리로 45분이면 갈 수 있는 곳이다.

요금 편도 US$21.5, 왕복 US$39
페리 플라야 델 카르멘 출발 07:00~23:00, 1시간 간격
코수멜 섬 출발 05:45 · 07:00~22:00, 1시간 간격
소요 시간 약 45분

스노클링 · 스쿠버다이빙

코수멜 섬 근처에는 세계적인 스노클링 · 스쿠버다이빙 포인트가 있어 다이버들이 모여든다. 세노테로 뛰어드는 스노클링과 스쿠버다이빙도 특별한 경험이다. 플라야 델 카르멘의 다이빙 숍에서는 다양한 스노클링과 스쿠버다이빙 프로그램을 운영하는데, 특히 스쿠버10(Scuba 10) 다이빙 숍은 한국에도 잘 알려진 곳으로 다양한 프로그램과 다이빙 리조트 등을 알선해 준다.

추천 다이빙 숍
스쿠버 10 Scuba 10
주소 10 Avenida Norte 211, Centro, Gonzalo Guerrero, 77710 Playa del Carmen **전화** 984 163 6334
홈페이지 scuba10.net **찾아가기** 코코봉고 옆 블록, 도보 3분
지도 P.292-C

플라야 델 카르멘 식당

다운타운이자 메인 도로인 5번가에 식당이 많다. 메가 마트 주위에는 시민들이 즐겨 찾는 타코집이 많고, 콜렉티보 정류장 주변에는 저렴한 식당이 있다. 전형적인 소비 도시답게 5번가의 식당은 멕시코의 다른 도시보다 비싸다는 점을 참고하자.

라 파나데리아 La Panaderia

에어컨이 나오는, 흔히 않게 시원한 식당

플라야 델 카르멘의 식당과 바, 카페는 대부분 도로 쪽 벽면이 열려 있어 선풍기 바람과 자연풍으로 땀을 식히며 식사를 하곤 한다. 라 파나데리아는 상쾌한 에어컨 바람으로 땀을 식히며 아이스 커피를 즐길 수 있는 몇 안 되는 카페 겸 레스토랑. 창가 진열대에는 먹음직스러운 빵이 여러 종류 놓여 있으며, 이 빵을 웨이터가 테이블로 가져오면 고르는 '트렌사' 식으로 서빙한다.

주소 77720, Calle 14 Nte 148, Gonzalo Guerrero, 77720 Playa del Carmen **영업** 08:00~18:00
예산 식사 90~140페소, 커피 38~50페소, 트렌사 18페소
찾아가기 코코봉고에서 도보 5분 **지도** P.292-A

라 바카 가우차 La Vaca Gaucha

양도 맛도 만족스러운 스테이크

타코에서 벗어나 아르헨티나 스타일의 정통 아사도 스테이크에 와인을 곁들이는 행복한 식사를 즐길 수 있는 멋진 식당이다. 아르헨티나의 등심 스테이크인 비페 데 초리소(Bife de Chorizo)는 크기와 맛 모두 합격점. 스테이크를 햄버거 빵과 함께 먹는 라 바카 가우차 텐더 스커트 스테이크(La Vaca Gaucha Tender Skirt Steak)는 스테이크 위에 치즈와 베이컨을 얹어 맛이 풍부하고, 사이드 메뉴로 감자튀김까지 나온다. 샐러드 역시 양이 많아 한 끼 식사로 부족함이 없다.

주소 Calle Quinta Avenida esquina con Calle 24, Centro, Gonzalo Guerrero, 77710 Playa del Carmen
전화 984 803 1006 **영업** 12:00~01:00 **예산** 스테이크 340~450페소, 햄버거 200~220페소, 음료 30~70페소
찾아가기 5번가 ADO 버스 터미널에서 북쪽으로 도보 25분 **지도** P.292-B

TOUR TIP 트렌사(Trenza)

멕시코의 카페에는 특이한 시스템이 있다. 고객이 빵이 있는 곳으로 직접 가서 고르는 것이 아니라, 웨이터가 테이블로 가지고 오는 것. 빵을 원한다고 말하면 여러 종류의 빵을 트레이에 올려 웨이터가 테이블로 가지고 오며, 그중에서 원하는 대로 골라 먹으면 된다. 이를 트렌사라고 한다. 아침을 파는 식당에서도 이런 시스템으로 서빙해주는 곳이 많다.

🍴 엘 포곤 El Fogon

줄 서서 먹는 타코 맛집

플라야 델 카르멘 시민과 여행객 모두에게 강력한 지지를 받고 있는 타코 전문 식당. 플라야 델 카르멘의 수많은 식당 중에서 줄이 늘어설 정도로 인정받은 집이다. 여기에 다른 지역에 비해 높은 물가를 감안했을 때 40% 이상 저렴한 가격은 덤. 식당 좌측에 있는 주방 겸 그릴에서는 쉴 새 없이 먹음직스럽게 고기를 볶고 대파를 굽는다. 타코는 단품으로 주문해도 되지만 콤비네이션을 주문하면 여러 가지를 맛볼 수 있다. 오후 1시부터 아침 6시까지 영업하므로 밤을 즐긴 여행자와 밤샘 근무를 마친 시민들이 끊임없이 찾아온다.

주소 Avenida Constituyentes, Quintas del Carmen, Gonzalo Guerrero, 77720 Playa del Carmen
전화 984 803 0885
영업 13:00~06:00
예산 타코 콤비네이션 112~180페소, 음료 20~30페소
찾아가기 메가 마트 옆 **지도** P.292-A

🍴 라 피셔리아 La Fisheria

유명 셰프의 시푸드 레스토랑

오너 셰프인 아킬레스 차베스(Aquiles Chavez)의 사진이 매장을 내려다 보고 있는 라 피셔리아는 2016년 트립 어드바이저에서 최고의 시푸드 레스토랑에 선정되었으며, 아킬레스 차베스는 여러 방송에 출연해 요리 실력을 뽐내기도 했다. 빨간 고추가 3개 그려져 있는 매운맛 최상급의 아쿠아칠레 피셔리아(Aquachile Fisheria)와 고추 2개가 그려져 있는 매운맛 레벨 2의 레몬 아바네로 슈림프(Lemon Habanero Shrimps)는 한국인 입맛에도 잘 맞는다. 매운맛 레벨 3이라고 해도 한국에서 유행하는 매운맛에 비하면 10분의 1도 안 되니 매운맛을 원한다면 더 맵게 주문하거나 아바네로 소스를 첨가해 먹으면 된다. 재료가 싱싱하기 때문에 어떤 것을 먹어도 후회가 없다.

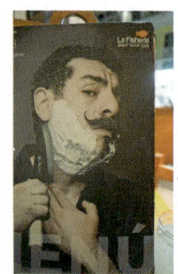

주소 Quinta Avenida, Centro, Gonzalo Guerrero, 77710 Playa del Carmen **전화** 984 147 5848
영업 12:00~23:30 **예산** 식사 210~299페소, 맥주 45페소
찾아가기 5번가 ADO 버스 터미널에서 북쪽으로 도보 20분
지도 P.292-B

🍴 키첸 Kitxen

음악과 함께 맥주 한잔!

거리를 지나가는 누구나 밴드 음악을 즐길 수 있게 오픈된 바. 매일 저녁 록 밴드가 공연하기 때문에 저녁 식사 후 부담 없이 맥주 한잔 곁들여 라이브 음악을 듣는 호사를 누릴 수 있다. 라인업은 매일 바뀌는데, 금요일과 토요일에 출연하는 밴드의 실력이 가장 좋다. 공연 중 대화하기는 어려우니 음악 감상에 집중하자.

주소 Calle Quinta Avenida, Gonzalo Guerrero, 77720 Playa del Carmen **영업** 17:00~02:00 **예산** 맥주 45페소, 칵테일 70~100페소 **찾아가기** 5번가 ADO 버스 터미널에서 북쪽으로 도보 20분 **지도** P.292-B

🍴 암바스치아타 드 이탈리아
Ambasciata D' Italia

본토 맛에 충실한 이탈리아 피자, 파스타

피자, 파스타는 대부분의 식당에서 빠지지 않는 단골 메뉴지만 정작 이것만을 전문으로 하는 식당을 찾기는 쉽지 않다. 암바스치아타 드 이탈리아에서는 본토 맛에 충실한 피자, 파스타를 맛볼 수 있으며, 다양한 면 요리와 신선한 재료로 만든 피자는 플라야 델 카르멘의 어떤 식당에 견주어도 빠지지 않는다. 새우와 문어를 올린 마리스코스 피자(Mariscos Pizza)는 플라야 델 카르멘에서만 먹을 수 있는 특별한 메뉴. 양도 넉넉하고 가격도 적당하다.

주소 Av. Nte. esquina Avenida Constituyentes lote 3 Manzana 53 5, Gonzalo Guerrero, 77710 Playa del Carmen **전화** 984 873 3621 **영업** 12:00~23:00 **예산** 피자 125~200페소, 파스타 150~220페소 **찾아가기** 5번가 ADO 버스 터미널에서 북쪽으로 도보 25분 **지도** P.292-B

🍴 돈 서로인 Don Sirloin

육식가들이 좋아할 만한 타코

엘 포곤과 더불어 플라야 델 카르멘의 타코를 책임지는 맛집이다. 타코 외에도 부리토, 케사디야 등 토르티야를 이용한 메뉴와 커다란 그릴에서 바로 구워주는 스테이크끼지 맛볼 수 있다. 단, 소고기가 주 메뉴라 고기를 즐기지 않는다면 부담스러울 수도 있다.

10번가의 코코봉고 건너편과 메가 마트의 엘 포곤 옆에 매장이 있으며 두 곳 모두 오전 6시까지 영업한다. 코코봉고 앞에 있는 매장은 쇼가 끝나는 새벽 2시부터 출출한 젊은이들로 북새통을 이룬다.

주소 10 Avenida Nte., Gonzalo Guerrero, 77720 Playa del Carmen **전화** 984 148 0424 **영업** 14:00~06:00 **예산** 타코 14~65페소, 부리토 120페소, 케사디야 60~85페소, 스테이크 310~350페소, 맥주 35페소, 칵테일 60~90페소 **찾아가기** 코코봉고 건너편 **지도** P.292-A

퓨전 비치 바 & 그릴
Fusion Beach Bar & Grill

해변에서 즐기는 맥주

바다를 향해 오픈된 바 겸 식당으로 저렴한 가격과 긴 영업시간으로 사랑을 받고 있다. 세련된 인테리어도 아니고 현대식 건물도 아니지만 해변의 모래사장과 바로 이어진다는 강점이 있다. 바다까지 거리가 5m도 안 될 만큼 가깝고, 식사를 하거나 음료를 시키면 선 베드와 패들보드를 무료로 이용할 수 있다. 한바탕 소나기가 내려도 테이블과 의자를 치우지 않는다. 비를 맞으면서 맥주를 마시는 것이 이 집의 매력.

주소 6 Nte, Centro, 77710 Playa del Carmen
영업 08:00~다음날 01:30 **예산** 아침 식사 120~140페소, 식사 150~230페소, 칵테일 110~130페소, 맥주 50페소
찾아가기 6번 도로(Calle 6) 골목 해안가 맨 끝. 5번가 ADO 버스 터미널에서 도보 10분 **지도** P.292-C

팻 튜즈데이 Fat Tuesday

더위를 날려줄 칵테일 슬러시

1년 내내 뜨거운 태양과 카리브해에서 불어오는 습한 바람은 팻 튜즈데이의 번창 요소다. 매장의 바에는 냉장고도, 유리잔도, 선반을 가득 채울 법한 양주도 없다. 오직 쉴 새 없이 돌아가는 6~7대의 슬러시 기계가 있을 뿐이다. 팻 튜즈데이에서 파는 것은 다름 아닌 칵테일 슬러시다. 슬러시 기계에는 각각 칵테일 슬러시의 맛을 나타내는 '다이키리(Daiquiri)', '마이애미 바이스(Maiami Vice)', '허리케인(Huricane)' 등 이름이 적혀 있다. 길고 좁은 플라스틱 병에 담아주는 슬러시를 긴 빨대로 빨아 먹다가 녹으면 후루룩 마시면 된다. 가게에 자리를 잡아도 되고, 플라스틱 술병을 기념품 겸 구매해 걸으며 마셔도 된다. 오후 11시 무렵이면 파란색 슬러시 잔을 손에 들고 걸어 다니는 관광객을 거리 곳곳에서 볼 수 있다. 매장의 천장에는 여성들이 벗어던져 놓고 간 비키니 수영복의 윗부분이 걸려 있다.

주소 Quinta Avenida MZA 8 LTE 1 LOCAL 3, Centro, 77710 Playa del Carmen **전화** 984 803 2980
영업 10:00~02:00 **예산** 플라스틱 잔 220페소(리필 155페소), 일회용 잔 100~1355페소
찾아가기 5번가 ADO 버스 터미널에서 북쪽으로 도보 5분 **지도** P.292-C

인티 푸드 INTI Food

세련된 스타일의 해변 식당

옆 식당인 퓨전이 자연 상태 그대로를 유지하며 영업한다면, 인티 푸드는 현대적인 건물과 정돈된 인테리어가 특징인 카페 겸 식당이다. 에어컨이 나오는 실내 테이블을 차지하고 카리브해를 보며 식사하거나, 모래사장에 있는 선 베드에 자리 잡고 음료나 식사를 주문해 먹을 수 있다. 선 베드에 누워 있어도 뭔가 필요한 것 같으면 바로 달려와 주는 직원들은 유쾌하고 친절하다. 머무는 호텔이 바다와 떨어져 있다면 인티 푸드에서 한나절 보내는 것도 좋은 방법이다.

주소 Calle 4 Nte, Centro, 77710 Playa del Carmen
전화 984 803 1109 영업 09:00~23:00
예산 식사 130~250페소, 음료 40~120페소
찾아가기 4번 도로(Calle 4)와 6번 도로(Calle 6)의 도로 끝 해안 중간 지도 P.292-C

알도스 Aldo's

열대과일로 만든 상큼한 젤라토

젤라토 아이스크림은 5번가 곳곳에서 볼 수 있지만 이곳에서만큼은 초콜릿, 바닐라 맛보다 열대과일을 갈아 만든 아이스크림이 월등히 많이 팔린다. 뜨겁게 달궈진 거리를 걷다가 먹는 상큼하고 시원한 아이스크림은 사랑하는 사람에게도 눈길 한 번 주지 않을 만큼 맛있다.

주소 Gonzalo Guerrero, 77720 Playa del Carmen
전화 984 247 8593 영업 08:00~02:00
예산 싱글 컵 75페소, 더블 컵 130페소, 트리플 컵 130페소, 아이스크림 바 35~75페소, 커피 40페소
홈페이지 aldosgelato.com
찾아가기 5번가 ADO 버스 터미널에서 북쪽으로 도보 20분
지도 P.292-B

카렌스 Karen's

가성비 좋은 해산물 요리와 스테이크

플라야 델 카르멘에서도 특히 물가가 비싼 5번가에서 비교적 저렴하게 먹을 수 있는 해산물·스테이크 전문점. 차분한 내부 장식과는 달리 서빙하는 웨이터는 굉장히 활발하고 쾌활하다. 점심과 저녁 시간에는 밴드가 라이브로 멕시코 전통 음악을 들려준다. 음식 가격에 비해 맛과 분위기, 이벤트, 서비스 등이 흠잡을 데 없다. 특히 새우와 문어를 풍성하게 올린 피자가 추천 메뉴. '살사 피칸테(매운 소스)'나 아바네로 소스를 곁들이면 피자 한 판이 금세 없어진다.

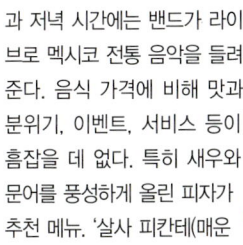

주소 Calle Quinta Avenida, Centro, 77710 Playa del Carmen 전화 984 147 7640 영업 10:00~24:00
예산 점심 특선 150페소, 식사 130~250페소
찾아가기 5번가 ADO 버스 터미널에서 북쪽으로 도보 5분
지도 P.292-C

미 푸에블로 Mi Pueblo

무엇을 주문해도 평균 이상

미 푸에블로는 영어로 'The Town'이라는 뜻으로, 멕시코 전통 음식부터 피자, 파스타, 스테이크 등 다양한 메뉴를 선보이는 음식점이다. 메뉴는 모두 평판이 좋고 스테이크는 신선한 고기를 알맞게 익혀 입에 넣으면 살살 녹는다는 소문이 있지만, 뭐니 뭐니 해도 미 푸에블로의 대표 요리는 새우 타코다. 토르티야를 겹쳐 바닥에 깔고 탱탱한 통새우를 얹은 후, 채소를 곁들여 다양한 살사와 엔칠라다 소스를 뿌려 말아 먹으면 된다. 토르티야의 거친 식감과 통새우의 탱탱한 식감이 어우러져 행복감을 주는데, 멕시코 맥주 한 모금으로 정점을 찍으면 천국이 따로 없다.

주소 Calle Quinta Avenida, Centro, 77710 Playa del Carmen, Q.R.
전화 984 803 0332
영업 08:00~24:00
예산 셰프 추천 메뉴 230~290페소, 새우 타코 235페소, 스테이크 360페소, 맥주 40페소
찾아가기 5번가 ADO 버스 터미널에서 북쪽으로 도보 15분
지도 P.292-C

트로피칼 Tropical

맛도 친절함도 합격

트로피칼은 유카탄반도의 전통 음식을 맛볼 수 있는 식당이다. 페루 전통 음식인 세비체를 커다란 나초에 얹어 먹는 토르타스 세비체(Tortas Ceviche)로 입가심을 하고 유카탄식 돼지고기 스테이크인 폭 축(Poc Chuc)을 먹으면 좋다. 음식에 대해 친절하게 설명해주는 웨이터들은 틈틈이 음식은 괜찮은지 질문하며 세심하게 서비스한다. 식당의 외관과 내부 인테리어는 상호처럼 열대 분위기가 확 풍긴다.

주소 5 Av. Nte S/N, Centro, Gonzalo Guerrero, 77710 Playa del Carmen **전화** 984 873 2111 **영업** 07:00~24:00
예산 식사 180~240페소, 음료 30~80페
찾아가기 5번가 ADO 버스 터미널에서 북쪽으로 도보 15분
지도 P.292-C

스시 켄 Sushi Ken

밥 생각이 날 때는 이곳으로

멕시코 음식은 대부분 타코와 고기 종류인지라, 아무리 맛있어도 밥에 대한 향수는 어쩔 수 없다. 플라야 델 카르멘에는 한국 식당이 없기 때문에 한국식 밥을 먹을 수 있는 스시 켄은 사막의 오아시스 같은 존재다. 캘리포니아 롤과 마끼, 덮밥 등 밥이 베이스가 되는 것은 어느 것을 먹어도 괜찮다. 점심시간인 1시부터 5시까지만 판매하는 콤보는 볶음밥, 꼬치구이, 캘리포니아 롤 등으로 구성되어 다양하게 먹을 수 있다.

주소 Avenida 10 Norte, Centro, Gonzalo Guerrero, 77710 Playa del Carmen **전화** 984 803 5375 **영업** 13:00~23:00
예산 덮밥 95~135페소, 롤 70~100페소, 볶음국수 189페소, 콤보(13:00~17:00) 84~120페소, 포도봉봉 40페소
찾아가기 코코봉고에서 도보 3분 **지도** P.292-C

마얀 비스트로 Mayan Bistro

비교적 착한 가격의 호텔 식당

가족형 호텔인 아벤투라 멕시카나 호텔(Aventura Mexicana Hotel)에서 운영하는 식당. 2016년 트립 어드바이저에서 맛있는 식당으로 선정되었다. 호텔 식당치고 가격이 굉장히 싼 편. 5번가에 있는 어지간한 식당보다 저렴한데도 작은 수영장이 있는 정원에서 정중한 서빙을 받으며 식사를 즐길 수 있다. 테킬라 슈림프(Tequila Shrimp)는 마얀 비스트로의 대표 메뉴로 살이 오른 통새우를 새콤달콤한 허니 소스와 테킬라 소스로 맛을 내 잡냄새가 없고 깔끔하다. 주말에는 예약 필수.

주소 Calle 22 Nte 3, Gonzalo Guerrero, 77720 Playa del Carmen **전화** 984 873 1876 **영업** 11:00~22:00
예산 파스타 180~200페소, 식사 270~280페소, 테킬라 슈림프 350페소, 칵테일 120페소, 맥주 40페소
찾아가기 아벤투라 멕시카나 호텔 내. 5번가 ADO 버스 터미널에서 북쪽으로 도보 25분 **지도** P.292-A

부소스 레스토랑-바 Buzo's Restaurant-Bar

멕시코인들이 사랑하는 해산물 맛집

애피타이저부터 메인 디시까지 시푸드로 무장한 맛집이다. 관광객이 드문 한적한 주택가 골목에 있어 자칫 지나칠 수도 있지만, 저녁 시간이면 100명은 족히 앉고도 남을 넓은 홀이 플라야 델 카르멘 시민뿐 아니라 멕시코 전역에서 찾아온 여행자들로 인산인해를 이룬다. 생선이 들어간 시푸드 수프에 매운 살사를 곁들이면 매운탕 비슷한 맛이 난다. 특히 시푸드 몰카헤테(Seafood Molcajete)는 이 집의 특급 추천 메뉴로, 뜨겁게 데운 검은 돌그릇에 새우, 문어, 생선 등 각종 해산물과 피망, 파, 감자, 옥수수 등을 넣고 치즈를 얹어 나온다. 몰카헤테는 원래 구운 고기를 꼬치에 끼워 채소와 나오지만 이 집에서는 해산물로 맛볼 수 있으며, 2인분이 기본이기 때문에 혼자 먹기에는 양이 많다.

주소 Calle 26 Nte, Gonzalo Guerrero, 77720 Playa del Carmen
전화 984 803 4276
영업 11:00~22:00
예산 시푸드 수프 135페소, 시푸드 몰카헤테 260페소, 맥주 40페소, 칵테일 100페소
찾아가기 코코봉고에서 도보 10분
지도 P.292-A

플라야 델 카르멘 쇼핑

플라야 델 카르멘의 다운타운이자 메인 도로라 할 수 있는 5번가(5th Avenida Sur)는 해안선을 따라 길게 이어진다. 도로의 시작인 코수멜 섬으로 가는 선착장부터 40번 도로(Calle 40)의 티에라 위촐 플라야 델 카르멘(Tierra Huichol Playa del Carmen)까지 약 2km의 거리에 쇼핑몰, 대형 기념품 매장, 옷가게, 명품 백화점 등 다양한 쇼핑 아이템이 가득하다. 대형 마트도 있어 각종 생활용품 등을 사기 편리하다.

월마트 Wal Mart

필요한 사기에 딱!

세계적 유통 체인인 월마트의 플라야 델 카르멘 지점. 관광객뿐 아니라 시민들로 항상 북적대는 곳이다. 기념품, 물놀이용품, 여름 옷 등 여행의 필수품은 물론이고 신선한 과일과 간식거리, 애주가의 발길을 잡는 세계 각국의 맥주 그리고 선물로도 손색이 없는 수십 가지의 테킬라 등 식음료까지 한자리에서 모두 해결할 수 있다. 퇴근 시간이 되면 장을 보러 온 시민과 일정을 마치고 마트에 들른 관광객까지 몰려서 계산대에 긴 줄이 늘어서니 피하는 것이 좋다.

주소 30 Avenida Nte., Gonzalo Guerrero, 77710 Playa del Carmen 전화 800 000 0096
영업 07:00~23:00 찾아가기 코코봉고에서 도보 10분
지도 P.292-A

메가 마트 Mega Mart

멕시코의 대형 마트

월마트와 어깨를 나란히 하는 멕시코의 대형 마트 체인점. 관광객과 플라야 델 카르멘 시민 모두에게 사랑받고 있다. 월마트와 마찬가지로 여

행을 풍요롭게 해줄 각종 물놀이용품, 여행용품, 여행을 추억할 기념품을 충실히 갖추고 있으며, 선물로 인기인 초콜릿은 면세점보다 저렴하므로 여기서 챙기는 것이 좋다. 비타민을 보충할 열대과일과 군것질 거리, 숙소 냉장고에 가득 채워 놓고 더위를 식힐 수 있는 멕시칸 맥주, 테킬라도 빠질 수 없는 쇼핑 리스트. 물놀이나 야외 활동 후 태양빛에 상한 피부를 진정시켜 줄 각종 알로에 제품이 종류도 다양하고 가격도 저렴하니 챙겨 두자.

주소 Av Constituyentes, Gonzalo Guerrero, 77720 Playa del Carmen 전화 984 803 0690 영업 07:00~23:00
찾아가기 월마트에서 북쪽으로 도보 5분
지도 P.292-A

TOUR TIP 대형 마트 계산대의 어르신들

멕시코의 대형 마트에서 물건을 고른 후 계산대에서 물건 값을 치르다 보면 계산된 물건들을 하나하나 봉투에 담아 주는 나이 지긋한 어르신들이 계신다. 유니폼을 입고 계산대에 자리 잡고 있으니 직원의 서비스라고 생각하면 되겠지만, 어쩐지 어르신들의 손을 빌리는 것이 익숙하지도 않고 수고비를 드려야 하나 망설여질 것이다. 하지만 이 어르신들은 정식으로 마트에 고용된 분들로 본인의 업무를 수행하는 중이니 고민할 필요는 없다. 봉투에 담아 카트에 올려주는 것까지가 그들의 업무. 혹시 거스름돈으로 동전을 받았다면 팁으로 드리는 것도 고마운 마음의 표시가 될 것이다.

🎁 파세오 델 카르멘 Paseo del Carmen

쾌적한 쇼핑 거리

흔히 5번가의 출발점이라고 부르는 지점은 코수멜 섬으로 가는 항구와 ADO 버스 터미널, 공항이 있는 곳이다. 바로 이 5번가 초입에 위치한 파세오 델 카르멘은 Zara 등의 의류 매장과 액세서리 매장, 커피숍 등이 쾌적하게 정리되어 있다. 거리라고 부르지만 쇼핑몰이기 때문에 지붕이 있어서 날씨에 관계없이 쇼핑을 즐길 수 있다.

주소 10 Avenida Sur 8, Centro, 77710 Playa del Carmen
전화 55 3280 8344
영업 10:00~23:00
홈페이지 www.paseodelcarmen.com
찾아가기 5번가 초입. ADO 버스 터미널에서 도보 2분
지도 P.292-C

🎁 플라야 마트 Playa Mart

기념품 사기 좋은 곳

각종 기념품과 여행용품으로 가득한 대형 마트. 비키니 등 수영용품은 기본이고 여행용품, 자석, 액세서리, 엽서, 인형 등의 기념품, 화려한 색상의 여성용 비치웨어, 모자, 티셔츠, 바지, 가방 등 의류 잡화도 있으며, 약국이 있어 선블록 크림, 알로에 제품과 비상약도 살 수 있다. 매장이 아주 크기 때문에 시간을 가지고 천천히 돌아보는 것이 팁. 5번가 거리에 비슷한 콘셉트와 분위기의 매장이 여럿 있다.

주소 77710, Calle Quinta Avenida 3, Gonzalo Guerrero, Playa del Carmen 영업 08:00~22:00
찾아가기 ADO 버스 터미널 바로 옆. 도보 2분
지도 P.292-C

🎁 미스터 부오 Mr. Buho

심플한 디자인과 좋은 원단이 장점

멕시코의 뜨거운 태양과 카리브해의 푸른빛에 걸맞게 멕시코의 색은 굉장히 화려하며 원색이 많다. 하지만 미스터 부오에는 원색 옷은 없다. 주로 흰색, 검은색 등 단조로운 색깔의 티셔츠와 튀지 않는 어두운 톤의 옷이 대부분이다. 심플한 디자인의 티셔츠, 시원한 원단의 바지, 그에 어울리는 파나마 스타일의 밀짚모자와 액세서리를 판매한다. 원단이 좋고 디자인이 무난하기 때문에 한국에 돌아와서 입어도 무리가 없다. 두 벌을 사면 한 벌을 공짜로 주는 프로모션도 종종 한다.

주소 Calle Quinta Avenida, Centro, 77710 Playa del Carmen 전화 998 121 9618
영업 09:00~23:00
찾아가기 5번가 ADO 버스 터미널에서 북쪽으로 도보 5분
지도 P.292-C

🎁 미니소 Miniso

저렴하지만 디자인은 고품질

저렴한 가격과 개성 있는 디자인을 콘셉트로 하는 생활 잡화점. 2층으로 된 매장은 디자인과 실용성에 중점을 둔 물품들로 가득 차 있다. 용기와 색상 등 세세한 것까지 신경을 쓴 아이템들을 둘러보다 보면 자연스럽게 지갑이 열린다. 생활용품, 여행용품, 사무용품, 의류 등 아이템이 다양해서 일할 때 혹은 생활할 때 쓸 것을 사도 좋다. 파세오 델 카르멘 쇼핑몰 입구에 있는데, 이곳에 먼저 들르면 다음 쇼핑에 대한 전의가 상실될 정도이니 주의할 것.

주소 Playacar, 77717 Playa del Carmen
영업 10:00~23:00
찾아가기 파세오 델 카르멘 쇼핑몰 초입 첫 매장
지도 P.292-C

🎁 풀 샌드 Full Sand

물놀이용품의 모든 것

수영복, 아쿠아 슈즈, 물놀이용품, 래시가드, 강한 햇빛을 막아줄 모자 등 물놀이에 관련된 모든 것을 판매하는 전문점이다. 5번가에서 판매하는 수영복은 원색의 강렬한 색상과 노출 심한 비키니가 대부분이지만 풀 샌드의 수영복은 튀지 않고 점잖다. 화려하지 않고 단조로운 색상이 주를 이루기 때문에 한국에서 입어도 무난하다. 아이들 수영용품, 기념품이나 선물용 아이템도 많다. 5번가에 같은 브랜드의 점포가 몇 군데 있지만 파세오 델 카르멘 쇼핑몰에 있는 매장이 가장 크다.

주소 10 Avenida Sur 8, Centro, 77710 Playa del Carmen
영업 10:00~23:00
찾아가기 파세오 델 카르멘 쇼핑몰 내
지도 P.292-C

TOUR TIP 빨래는 나의 힘

쿠바나 칸쿤처럼 더운 지역을 여행하다 보면 옷이 땀으로 흠뻑 젖기도 하고, 바다에서 놀기라도 하면 간단하게라도 옷을 빨아야 한다. 10일 이상 여행하는 장기여행자의 경우 빨래는 더욱 필요하다.

빨래를 며칠 모았다 한꺼번에 하는 경우라면 숙소 주변의 빨래방을 이용해 보자. 무게를 달아 금액이 정해지는데 보통 kg당 요금이 책정되어 있다. 보통 반나절이면 빨래를 받을 수 있고 익스프레스 서비스를 이용하면 2~3시간이면 된다. 빨래, 탈수, 건조까지 해주기 때문에 굉장히 편리하다.

양말이나 속옷, 얇은 티셔츠의 경우라면 숙소에서 직접 세탁하면 된다. 숙소에 비치된 샴푸를 세제 대용으로 사용할 수 있으며, 수건을 이용하면 빨리 말릴 수 있다. 먼저 큰 수건을 바닥에 평평하게 깔고 그 위에 겹치지 않게 빨래를 놓는다. 수건을 돌돌 만 후 발로 30~40초 정도 밟아준다. 수건이 탈수 기능을 하기 때문에 좀 더 빨리 건조된다.

🎁 테킬라 멕시코 Tequila Mexico

소규모 양조장에서 만드는 로컬 테킬라

테킬라는 각 나라를 대표하는 술을 말할 때 가장 먼저 거론되는 술이다. 테킬라는 멕시코의 토착 식물 와가베를 원료로 만든, 마야 시대부터 마셔 온 멕시코의 전통 술이다. 특히 유카탄반도는 양질의 테킬라를 생산하기로 유명해 대규모 주류회사에서 다양한 브랜드로 출시하고 있다. 멕시코 전역은 물론이고 전 세계에 테킬라를 수출하고 있다. 5번가 거리에 있는 테킬라 멕시코는 공장이 아니라 지역 소규모 양조장에서 생산된 테킬라를 판매하는 상점이다. 한국의 소주처럼 서민의 술인 테킬라는 지역과 양조장에 따라 조금씩 맛과 향이 다르므로 선물용과 기념품으로 혹은 개인 기호품으로 구매하기 좋다.

주소 Call Quinta Avenida 141, Centro, 77710 Playa del Carmen 영업 09:00~24:00
찾아가기 ADO 버스 터미널 건너편 지도 P.292-C

TOUR TIP 테킬라 파헤치기

테킬라는 칵테일을 만들기 좋은 술이다. 화려한 색깔에 달콤한 맛까지 갖춘 칵테일 한잔이면 이곳이 바로 카리브해다. 숙성도에 따라 아래와 같이 나뉘는데, 칵테일용으로는 블랑코(Blanco)라 불리는 화이트 럼을 많이 사용한다. 우리가 흔히 마시는 것은 주로 레포사도(Reposado)이다.

● **블랑코(Blanco)** 갓 정제한 투명한 것이다. 가장 독하며, 그대로 마시기보다는 주로 칵테일용으로 쓴다.

● **레포사도(Reposado)** 정제 후 2개월~1년 정도 숙성한 상태로, 금색을 띤다. 스트레이트로 직접 마시기도 하고, 칵테일로 마시기도 한다. 무제한으로 술을 제공하는 바에서는 레포사도를 많이 쓴다.

● **아네호(Añejo)** 위스키와 비슷한 갈색이며 적어도 1년 이상 숙성한 것이다. 3년 이상 숙성한 것은 엑스트라 아네호(Extra Añejo)라고 부른다. 선물용으로 테킬라를 찾는다면 엑스트라 아네호가 좋다.

테킬라 선라이즈 만들기
재료 테킬라 45㎖(블랑코 계열), 오렌지주스 90㎖, 그레나딘 시럽 15㎖~
① 얼음이 들어 있는 잔에 테킬라와 오렌지주스를 넣고 천천히 젓는다.
② 그레나딘 시럽이 섞이지 않도록 천천히 붓는다.
③ 붉은색 그레나딘 시럽이 맨 밑바닥에 깔리고, 중간에는 데킬라가, 맨 위층에는 옅은 붉은색의 오렌지주스가 층을 만들며 일출이 표현된다.

🎁 플라야 랜드 Playa Land

웬만한 기념품은 다 있다

5번가에 위치한 대형 기념품 매장. 출입문 없이 오픈된 매장은 주위의 작은 매장과는 비교가 안 되게 규모가 크기 때문에 호기심이 발동하고, 화려한 원색의 물건들은 멀리서도 눈에 띈다. 또한 매장의 에어컨 바람이 찐득한 더위로 가득한 거리를 걷는 관광객의 발걸음을 자연스럽게 끌어당긴다. 거짓말 조금 더 보태면 없는 것이 없고 2+1 같은 프로모션을 자주 하기 때문에 저렴하게 기념품과 여행용품을 살 수 있다.

주소 Calle Quinta Avenida 173, Solidaridad, 77710 Playa del Carmen 전화 984 803 0305 영업 08:00~23:00
찾아가기 5번가 ADO 버스 터미널에서 북쪽으로 도보 6분
지도 P.292-C

🎁 아바이아나스 Havaianas

카리브해의 느낌을 담은 샌들

플라야 델 카르멘 거리를 걷는 사람들의 복장은 시민, 여행자 가리지 않고 비슷하다. 남자의 경우 헐렁한 티셔츠와 반바지(티셔츠를 안 입은 사람도 많다), 여성의 경우 비키니와 반바지를 입고 비치 카디건을 걸친다. 마지막으로 플립플롭(flip-flop)이라고 부르는 샌들을 신는다. 아바이아나스는 브라질의 유명한 샌들 브랜드로 주로 뜨거운 여름 날씨의 도시에서 인기가 많다. 아바이아나스의 플립플롭은 생고무로 만들기 때문에 가볍고 튼튼하며 착용감이 좋다. 한국에서 파는 것보다 30% 정도 저렴하다.

주소 Calle Quinta Avenida, Centro, 77710 Playa del Carmen 전화 984 148 0511 영업 09:30~23:45
찾아가기 5번가 ADO 버스 터미널에서 북쪽으로 도보 6분
지도 P.292-C

🎁 테라코타 부티크 Terracota Boutique

멕시칸 스타일의 여성 패션

여성용 원피스와 비치웨어를 판매하는 작은 매장. 카리브해의 푸른색에 어울리는 멕시칸 스타일의 원색이 주를 이룬다. 사이즈도 S부터 XXXL까지 다양하기 때문에 항상 손님들로 북적인다. 매장 안의 풍경은 지구촌 모두 동일하다. 여성은 눈을 반짝이며 이 옷 저 옷 입어 보고 심혈을 기울여 쇼핑하지만, 같이 온 남성은 매장에 들어온 지 5분이 지나면 의자에 앉아 휴대전화를 만지작거리거나 멍한 눈으로 거리를 본다. 이왕 매장에 들어왔다면 남성분들도 화려한 원색의 멕시코를 마음으로 느껴 보자. 쇼핑이 즐거워질 것이다.

주소 Calle Quinta Avenida, Centro, 77710 Playa del Carmen 영업 10:00~22:00 찾아가기 5번가 ADO 버스 터미널에서 북쪽으로 도보 6분 지도 P.292-C

시우다드 콘 엘 페로
Ciudad Con el Perro

저렴하지만 세련된 패션 매장

세계적인 SPA 브랜드 H&M이나 forever 21과 비교해도 손색이 없는 패션 매장. 매장 규모와 판매 의류의 가짓수는 플라야 델 카르멘 최고라 해도 과언이 아니다. 여성, 남성, 아이 의상에서부터 속옷, 수영복, 비치웨어, 신발, 액세서리 등을 총망라해서 저렴하면서도 세련된 디자인으로 관광객과 시민들의 큰 사랑을 받고 있다. 매장이 굉장히 크니 차근차근 둘러 보자.

주소 Quinta Avenida Norte 210, Centro, 77710 Playa del Carmen 전화 55 5130 5730 영업 10:00~20:30
찾아가기 5번가 ADO 버스 터미널에서 북쪽으로 도보 15분
지도 P.292-C

빌라봉 Billabong

세계적인 비치웨어 브랜드

빌라봉은 서핑용품과 비치웨어로 유명한 세계적인 브랜드다. 실용적이고 심플한 디자인과 튼튼한 원단으로 젊은 서퍼들에게 인기가 높다. 비치웨어로도 손색없기 때문에 바닷가에서 물놀이를 하거나 평상복으로 입어도 좋다. 아무래도 1년 365일 뜨거운 날씨와 바다가 앞에 있는 플라야 델 카르멘이기에 다양한 디자인과 상품의 구색이 한국보다 월등하다. 몇 벌 사서 한국에서 입어도 좋다.

주소 Calle Quinta Avenida 173, Gonzalo Guerrero, 77710 Playa del Carmen 영업 09:00~23:00
찾아가기 5번가 ADO 버스 터미널에서 북쪽으로 도보 10분
지도 P.292-C

카예 코라손 쇼핑몰 Calle Corazon Shopping Mall

스타벅스에 가고 싶다면 여기로

12번 도로(Calle 12)와 14번 도로(Calle 14) 사이 한 블록 전체를 차지하고 있는 대형 쇼핑몰. 이 쇼핑몰 안에는 명품 매장이 가득하고, 스타벅스와 아이스크림 상점도 있어서 쇼핑 후 한가롭게 휴식을 즐기기에도 좋다.

주소 5ta Avenida s/n entre calles 12 y 14, Centro, 77710 Playa del Carmen 전화 984 206 4900
영업 11:00~23:00 찾아가기 5번가 ADO 버스 터미널에서 북쪽으로 도보 18분 지도 P.292-D

🎁 수베니르 Souvenir

기념품의 정석, 냉장고 자석은 이곳에서

매장 상호에서 알 수 있듯 기념품 매장이다. 기념품의 대명사인 냉장고 자석과 열쇠고리를 비롯해 소품들이 많으며, 대형 기념품 상점보다 집중해서 고를 수 있다. 특히, 자석은 냉장고 자석 외에도 자석으로 된 모든 것이 이곳에 있다고 할 만큼 종류가 많다. 플라야 델 카르멘부터 칸쿤, 멕시코까지 지역별로 많은 디자인이 있으니 천천히 둘러보자.

주소 Quinta Avenida Norte, Mza 32, Lote 5, Centro, Gonzalo Guerrero, 77720 Playa del Carmen
전화 984 803 1231 영업 09:00~23:00
찾아가기 5번가 ADO 버스 터미널에서 북쪽으로 도보 20분
지도 P.292-B

🎁 비치 하우스 Beach House

비치웨어 편집 숍

빌라봉(Billabong), RVCA, 볼콤(Volcom), 립컬(Rip Curl), 토미 바하마(Tommy Bahama) 등 서핑용품과 비치웨어 브랜드를 한자리에 모아 놓은 편집 숍. 단일 브랜드 매장보다 다양한 디자인을 만날 수 있으며 상품, 브랜드에 따라 30% 이상 할인 행사도 하기 때문에 저렴한 가격에 좋은 상품을 득템할 수 있다. 실용적인 디자인을 모토로, 화려하지 않고 심플한 아이템이 많다. 티셔츠와 반바지는 여행에서 돌아와 외출복으로 입고 다녀도 좋다. 샌들과 슬리퍼도 추천 아이템.

주소 Quinta Avenida, MZA 260, LTE 13, Centro, Gonzalo Guerrero, 77710 Playa del Carmen 전화 984 803 3571
영업 09:00~23:00
찾아가기 5번가 ADO 버스 터미널에서 북쪽으로 도보 23분
지도 P.292-B

TOUR TIP 술을 살 수 있는 시간은 정해져 있다

칸쿤에서는 한국처럼 24시간 내내 술을 살 수 없다. 24시간 편의점이라 해도 월요일부터 토요일은 오전 9시부터 오후 9시까지, 일요일은 오전 9시부터 오후 2시까지만 술을 살 수 있다. 대형 마트도 마찬가지로 시간 제약이 있는데, 오전 9시부터 오후 5시까지만 알코올이 들어간 음료를 살 수 있다. 술은 해가 지기 전 미리 사놓자. 물론 식당이나 바에서는 언제나 술을 마실 수 있다.

🎁 킨타 알레그리아 쇼핑몰
Quinta Alegría Shopping Mall

시민들의 휴식처이자 쇼핑 메카

플라야 델 카르멘의 랜드마크 격인 쇼핑몰로, 시민의 휴식처이자 관광객이 사랑하는 쇼핑의 메카다. 현대적인 건물은 거리를 향해 오픈되어 있어 누구나 드나들 수 있는 편안한 분위기다. 1층과 2층은 세계적인 브랜드의 상점이 들어서 있다.

주소 Av Constituyentes S/N, Centro, Gonzalo Guerrero, 77710 Playa del Carmen 전화 984 803 2358
영업 10:00~22:00
찾아가기 5번가 ADO 버스 터미널에서 북쪽으로 도보 25분
지도 P.292-B

🎁 포에버 21 Forever 21

저렴한 유행 아이템이 가득

킨타 쇼핑몰 우측의 1층과 2층을 차지하고 있는 대형 매장. 보기만 해도 활기찬 기분이 드는 밝고 화려한 색상의 여름옷이 주를 이룬다. 남성복과 여성복, 아동복을 고루 갖추어 가족 여행객들도 흔히 볼 수 있다. 특히 비키니는 매장의 인기 아이템. 멕시코, 특히 카리브의 해변 도시에서만 만날 수 있는 디자인을 골라 보자.

주소 5 Avenida Nte. Mz 34 Lt 12, Gonzalo Guerrero, 77720 Playa del Carmen 전화 984 304 8049
영업 10:00~22:00 찾아가기 킨타 알레그리아 쇼핑몰 내
지도 P.292-B

🎁 시가 팩토리 Cigar Factory

쿠바산 고급 시가 전문점

유카탄반도는 쿠바와 더불어 양질의 담배 산지다. 시가 팩토리에서는 멕시코에서 생산된 상급 시가와 함께 쿠바산 시가인 코히바, 몬테크리스토를 살 수 있다. 5번가 거리 곳곳에 매장이 있으나 이곳에서는 매장 입구에서 2명의 직원이 직접 담뱃잎을 말아 시가를 만드는 모습을 볼 수 있다. 천장에는 담뱃잎을 매달아 놓았는데 건조하는 모습을 재현해 놓은 것이다.

주소 Calle 16 norte, Local 7-A., Quinta Avenida., Frente a Hotel Tukan, Centro, 77710 Playa del Carmen
전화 984 803 2842
영업 09:00~24:00
찾아가기 5번가 ADO 버스 터미널에서 북쪽으로 도보 20분
지도 P.292-B

플라야 델 카르멘 호텔

플라야 델 카르멘의 해변을 따라 올 인클루시브 호텔과 고급 호텔이 밀집해 있다. 메인 도로라 할 수 있는 5번가와 10번가 도로를 따라 다양한 형태의 숙소가 있고 메인 도로를 벗어날수록 호텔 가격은 저렴해진다.

아벤투라 멕시카나 호텔 Aventura Mexicana Hotel

최고 평점을 자랑하는 3성급 호텔

해마다 여행 평가 사이트에서 최고의 평점을 받는 3성급 호텔이다. 아담한 호텔이지만 깨끗하게 관리한 수영장이 2개 있고, 잘 가꾸어진 정원은 평화롭다. 퀸 사이즈 침대가 2개 들어가 있는 더블 룸은 다른 3성급 호텔보다 크고, 1층 방에서 문을 열면 바로 수영장으로 연결된다. 9가지 요리 중 1가지를 고르면 바로 주방에서 요리해주는 아침 식사는 푸짐하고 맛있다. 호텔에서 운영하는 식당인 마얀 비스트로(Mayan Bistro)도 여행 평가 사이트에서 여러 차례 좋은 평가를 받았다. 매일 오전에 전문 요가 강사가 진행하는

요가 수업이 특히 인기.

주소 Norte Mz 55 Lt 10, Calle 24, Centro, Gonzalo Guerrero, 77710 Playa del Carmen
전화 800 537 4197 예산 더블 룸 US$100
홈페이지 aventuramexicana.com
찾아가기 5번가 ADO 버스 터미널에서 북쪽으로 도보 25분
지도 P.292-B

더 로열 플라야 델 카르멘
The Royal Playa del Carmen

음식 퀄리티가 최고라 평가받는 올 인클루시브 호텔

플라야 델 카르멘을 대표하는 대형 올 인클루시브 호텔. 더블 룸, 방갈로, 패밀리 룸, 스위트룸 등 다양한 형태의 방을 갖추어 선택의 폭이 넓다. 메인 수영장에서 해변까지 바로 연결되며 프라이빗 비치에는 선 베드와 비치파라솔이 가지런히 놓여 있다. 쉴 새 없이 제공되는 음식과 음료는 올 인클루시브 호텔이란 어떤 것인지를 잘 보여준다. 특히 음식의 종류와 퀄리티는 플라야 델 카르멘의 올 인클루시브 호텔 중 최고로 평가된다.

주소 Av Constituyentes 2, Gonzalo Guerrero, 77710 Playa del Carmen 전화 984 877 2900 예산 더블 룸 US$600
홈페이지 www.playaresorts.com/the-royal-playa-del-carmen 찾아가기 5번가 ADO 버스 터미널에서 북쪽으로 도보 20분 지도 P.292-A

🏨 그랜드 하얏트 플라야 델 카르멘 리조트 Grand Hyatt Playa del Carmen Resort

브랜드 명성을 그대로

하얏트 호텔은 고객의 기대치를 100% 만족시키는 곳이다. 총 314개의 객실은 항상 최고의 상태를 유지하며 더블 룸은 아이 포함 4인 가족이 사용해도 넉넉할 만큼 크다. 특히 유아용 수영장과 돌봄 서비스가 있어서 아이를 동반한 가족이 해양 액티비티를 갈 경우 아이를 호텔에 맡기고 가도 될 만큼 세심한 서비스를 제공한다.

주소 1a Av esquina Calle 26 Colonia Centro, Gonzalo Guerrero, 77710 Playa del Carmen
전화 984 875 1234 예산 더블 룸 US$300~
홈페이지 playadelcarmen.grand.hyatt.com/en/hotel/home.html
찾아가기 5번가 ADO 버스 터미널에서 북쪽으로 도보 22분
지도 P.292–B

🏨 호텔 미미 델 마르 Hotel Mimi del Mar

가성비 좋은 호텔

해변과 붙어 있는 숙소 중 가성비가 뛰어난 호텔인데, 호텔이라기보다는 한국의 콘도미니엄과 유사하다. 방에 전자레인지, 싱크대, 간단한 주방용품 등이 구비되어 음식을 직접 해 먹을 수 있기 때문. 5번가의 떠들썩한 분위기와 해변의 어수선함도 호텔 안에 들어오면 차분해진다. 직원들이 굉장히 친절하다.

주소 1a Norte Zona Federal Maritima Lote 1–A, Calle 4 Nte, Centro, 77710 Playa del Carmen 전화 984 873 2595
예산 더블 룸 US$100~ 홈페이지 www.mimidelmar.com
찾아가기 5번가 ADO 버스 터미널에서 북쪽으로 도보 5분
지도 P.292–C

🏨 레지던스 엘 파로 Residences El Faro

장기 체류자에게 인기 있는 콘도

해변과 바로 연결되는 콘도미니엄이다. 방에는 전자레인지, 싱크대, 주방용품 등이 완비되어 있어 음식을 조리해 먹을 수 있다. 시내와도 가까워 2주 이상 장기 체류하는 여행자들이 많다.

주소 1 Av. Nte/10 Nte, Gonzalo Guerrero, 77710 Playa del Carmen 전화 984 165 4167 예산 더블 룸 US$240
홈페이지 www.elfarocondos.net
찾아가기 5번가 ADO 버스 터미널에서 북쪽으로 도보 10분
지도 P.292–D

AREA 04

이슬라 무헤레스 Isla Mujeres

이슬라 무헤레스는 시내라 할 수 있는 북쪽 해안 플라야 노르테(Playa Norte)부터 다산의 여신 신전이 있는 남쪽 해안 푼타 수르(Punta Sur)까지 거리가 8㎞에 불과한 작은 섬이다. 천혜의 해변과 다양한 스노쿨링, 다이빙 포인트가 있어 여행객의 사랑을 받는다. 칸쿤에서 페리로 30분이면 닿는 가까운 거리에 있어 칸쿤에서 데이 투어로 찾기도 하고 섬에서 숙박하는 여행객도 많다.

기초 정보

지역번호 984
인구 약 1만 3,000명
위치 칸쿤에서 북동쪽으로 약 11km 떨어져 있는 이슬라 무헤레스는 북쪽 해안에서 남쪽 해안까지 길이가 8km 정도 된다. 칸쿤과 섬을 연결하는 페리 터미널이 있는 서쪽 해안과 북쪽 해안은 완만한 모래사장이 펼쳐져 있고 파도가 약해 일광욕을 하거나 바다에 들어가 놀기 좋다. 남쪽으로 갈수록 해안 절벽이 있어 해수욕하기는 나쁘지만 전망은 좋아서 시설 좋은 작은 호텔이 많이 들어서 있다. 동쪽 해안은 해변의 폭이 좁아 물놀이를 즐기기에는 적합하지 않지만 군데군데 파도가 잔잔한 곳이 있어 조용히 놀다 오기 좋다.
치안 섬을 돌아볼 때 가장 보편적으로 이용하는 것은 골프 카트로, 전용 도로는 따로 없어 일반 차량과 같은 도로를 다녀야 한다. 운전이 서툴러 접촉사고가 발생하기도 하므로 주의하자. 또한 큰 사건 사고는 없지만, 지키는 사람 없이 해변에 귀중품을 두면 도난 사고가 일어나기도 하니 소지품을 잘 관리해야 한다.

가는 방법

페리

칸쿤에서 이슬라 무헤레스까지 하루 수십 편의 페리가 왕복 운행한다. 가장 편리하고 손쉽게 이용할 수 있는 페리는 울트라마르(Ultramar)사의 페리로, 빠르고 안전하게 운행한다.
칸쿤에는 총 4군데 페리 터미널이 있다. 다운타운과 가까운 푸에르토 후아레스(Puerto Juárez),

호텔 존의 메인 터미널인 플라야 토르투가스(Playa Tortugas), 코코봉고와 가까운 플라야 카라콜(Playa Caracol), 육상 교통과 연계가 잘 이루어지는 플라야 엘 엠바르카데로(Playa El Embarcadero)이다. 이슬라 무헤레스의 페리 터미널은 한 곳이다.

■ **푸에르토 후아레스 그란 테르미날**
Puerto Juárez Gran Terminal
호텔 존에서 R-1 버스를 타면 다운타운 근처의 푸에르토 후아레스 그란 테르미날로 갈 수 있다. 다운타운의 ADO 버스 터미널에서 페리 터미널까지 택시 요금은 40페소.

요금 300페소 소요 시간 약 18분

이슬라 무헤레스 방향	푸에르토 후아레스 방향
05:00~21:30, 30분마다 운행	05:30~22:00, 30분마다 운행
22:30	23:00
23:30	24:00

■ **플라야 엘 엠바르카데로**
Playa El Embarcadero
호텔 존 Km 4 지점에 있는 항구로 호텔 존에서 R-1, R-2버스를 타면 쉽게 갈 수 있다.

요금 US$19 소요 시간 약 22분

이슬라 무헤레스 방향	플라야 엘 엠바르카데로 방향
09:15	09:45
10:30	11:00
11:45	12:15
13:00	13:30
14:15	16:00
16:30	* 17:15
18:15	* 18:45
19:30	* 20:00
20:45	21:15

*은 플라야 토르투가스 경유

■ **플라야 토르투가스 Playa Tortugas**
호텔 존의 페리 터미널 중 가장 많은 사람이 이용하는 곳으로, 퍼블릭 비치인 플라야 토르투가스에 있다. R-1, R-2버스를 타면 된다.

요금 US$19 소요 시간 약 18분

이슬라 무헤레스 방향	플라야 토르투가스 방향
09:00	09:30
10:00	10:30
11:00	11:30
12:00	12:30
13:00	13:30
14:00	14:30
15:00	15:30
16:00	16:30
17:00	17:30
* 18:00	18:45
* 19:15	20:00
* 20:30	21:15

*은 플라야 엘 엠바르카데로(Playa El Embarcadero) 경유

■ 플라야 카라콜 Playa Caracol

호텔 존의 'ㄱ'자 모양이 꺾이는 곳의 해변에 있는 선착장이다. 호텔 존에서 식당, 술집, 기념품상점, 쇼핑몰, 마트 등이 몰려 있는 중심가의 입구에 있어서 이동하기 편하다. R-1, R-2버스를 타고 쇼핑몰 체드라우이(Chedraui) 앞에서 내려 걸어가야 한다.

요금 US$19(도크 이용 요금 US$3 별도 지불)
소요 시간 약 25분

이슬라 무헤레스 방향	플라야 카라콜 방향
* 09:00	09:45
* 10:15	11:00
* 11:30	12:15
* 12:45	13:30
* 14:00	16:00
* 16:45	17:15

*은 플라야 엘 엠바르카데로 경유

시내 교통

골프 카트 Carro de Golf

이슬라 무헤레스는 섬이 작은데다 도로가 단순하기 때문에 차량보다는 골프 카트가 대중적으로 이용된다. 골프 카트로 섬을 돌아보려면 적어도 2시간은 잡아야 하며, 경치 좋은 곳에 정차하거나 식사라도 하려면 시간을 넉넉히 잡아야 한다. 골프 카트는 페리 터미널 근처의 대여점에서 쉽게 빌릴 수 있다(일부 호텔에서도 대여 가능). 골프 카트를 빌리려면 국제운전면허증이 있어야 하는데, 렌트할 때 면허증을 맡기고 반납 시 돌려받는다.

골프 카트 이용 시간과 요금

구분	시간	요금
4인승 Pequeno	1시간	300페소
	한나절(09:00~17:00)	800페소
	24시간	1100페소
6인승 Grande	1시간	350페소
	한나절(09:00~17:00)	950페소
	24시간	1300페소

스쿠터 Mopeds

골프 카트 대여점에서 빌릴 수 있다. 골프 카트에 비해 기동성이 좋고 저렴하기 때문에 혼자 온 여행자에게 추천한다. 단, 더운 날씨에 헬멧을 항상 착용해야 해 힘들 수도 있다. 대여 시 여권 등 신분증을 맡겨야 한다.

요금 1시간 150페소, 한나절(09:00~17:00) 380페소, 24시간 500페소

택시

페리 터미널에서 센트로까지는 걸어가도 괜찮을 거리이지만, 숙소가 남쪽 해안에 있다면 택시를 이용해야 한다. 페리 선착장 옆에 공용 택시 정류장이 있으며, 요금표는 정류장에 붙어 있기 때문에 흥정할 필요가 없다. 센트로 거리 곳곳에서 지나가는 택시를 잡을 수도 있다. 이슬라 무헤레스의 택시는 빨간색이다.

TOUR TIP 골프 카트 추천 대여점

고마르 골프 카트 Gomar Golf Carts

주소 Ignacio Allende 5, Centro – Supmza. 001, Isla Mujeres **영업** 09:00~17:00 **찾아가기** 페리 터미널에서 북쪽 해변 방향으로 도보 8분 **지도** P.317-B

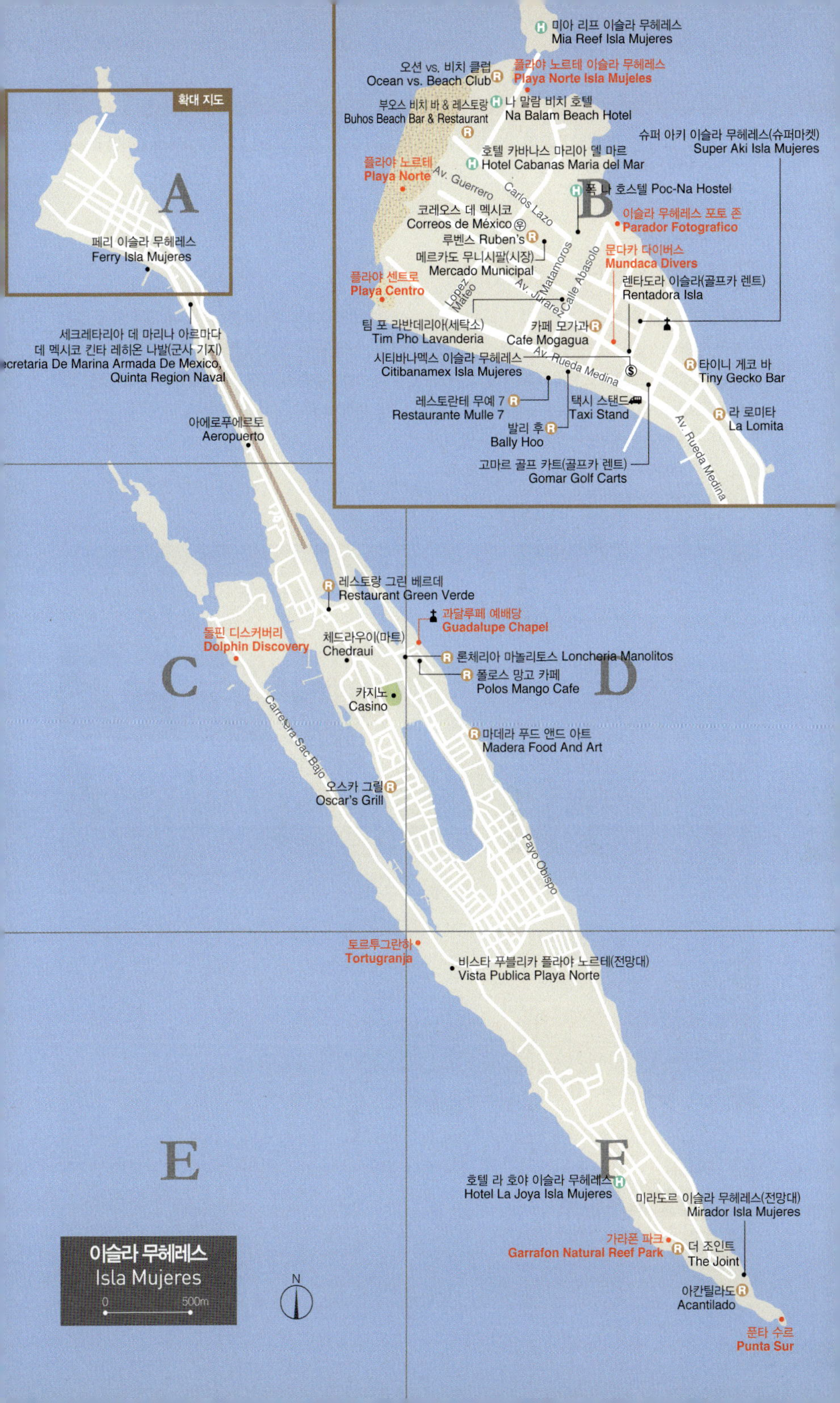

확대 지도
A
페리 이슬라 무헤레스
Ferry Isla Mujeres
세크레타리아 데 마리나 아르마다
데 멕시코 킨타 레히온 나발(군사 기지)
ecretaria De Marina Armada De Mexico,
Quinta Region Naval
아에로푸에르토
Aeropuerto
B
미아 리프 이슬라 무헤레스
Mia Reef Isla Mujeres
오션 vs. 비치 클럽
Ocean vs. Beach Club
플라야 노르테 이슬라 무헤레스
Playa Norte Isla Mujeles
부오스 비치 바 & 레스토랑
Buhos Beach Bar & Restaurant
나 말람 비치 호텔
Na Balam Beach Hotel
슈퍼 아키 이슬라 무헤레스(슈퍼마켓)
Super Aki Isla Mujeres
호텔 카바나스 마리아 델 마르
Hotel Cabanas Maria del Mar
플라야 노르테
Playa Norte
Av. Guerrero
Carlos Lazo
폭 나 호스텔 Poc-Na Hostel
코레오스 데 멕시코
Correos de México
이슬라 무헤레스 포토 존
Parador Fotografico
루벤스 Ruben's
메르카도 무니시팔(시장)
Mercado Municipal
문다카 다이버스
Mundaca Divers
플라야 센트로
Playa Centro
Lopez Mateo
Av. Juarez
Matamoros
Calle Abasolo
렌타도라 이슬라(골프카 렌트)
Rentadora Isla
팀 포 라반데리아(세탁소)
Tim Pho Lavanderia
카페 모가과
Cafe Mogagua
시티바나멕스 이슬라 무헤레스
Citibanamex Isla Mujeres
Av. Rueda Medina
타이니 게코 바
Tiny Gecko Bar
레스토란테 무예 7
Restaurante Mulle 7
택시 스탠드
Taxi Stand
라 로미타
La Lomita
발리 후
Bally Hoo
고마르 골프 카트(골프카 렌트)
Gomar Golf Carts
Av. Rueda Medina
레스토랑 그린 베르데
Restaurant Green Verde
과달루페 예배당
Guadalupe Chapel
돌핀 디스커버리
Dolphin Discovery
체드라우이(마트)
Chedraui
론체리아 마놀리토스 Loncheria Manolitos
폴로스 망고 카페
Polos Mango Cafe
C
D
카지노
Casino
Carretera Sac Bajo
마데라 푸드 앤드 아트
Madera Food And Art
오스카 그릴
Oscar's Grill
Payo Obispo
토르투그란하
Tortugranja
비스타 푸블리카 플라야 노르테(전망대)
Vista Publica Playa Norte
E
F
호텔 라 호야 이슬라 무헤레스
Hotel La Joya Isla Mujeres
미라도르 이슬라 무헤레스(전망대)
Mirador Isla Mujeres
가라폰 파크
Garrafon Natural Reef Park
더 조인트
The Joint
아칸틸라도
Acantilado
푼타 수르
Punta Sur
이슬라 무헤레스
Isla Mujeres
0
500m
N

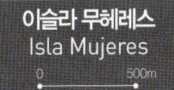

이슬라 무헤레스 관광 & 액티비티

골프 카트를 빌려 바닷바람을 맞으며 이슬라 무헤레스를 달려 보자. 카리브해를 더 다양하게 즐기려면 스노클링이나 스쿠버 다이빙을 해도 좋다. 수심이 낮고 따뜻한 바다는 물놀이하기에 부담이 없다.

플라야 노르테 Playa Norte ★★★

섬에서 단연 최고의 해변

이슬라 무헤레스를 대표하는 해변으로, 카리브해를 연상할 때 떠오르는 모든 이미지가 플라야 노르테에 있다. 고운 밀가루 같은 모래사장과 적당한 깊이의 해변은 남녀노소 누구에게나 인기가 많다. 오전 11시부터 오후 4시까지 칸쿤에서 출발한 데이 투어 요트들이 플라야 노르테 앞바다에 정박하면 여행객들은 스노클링과 해수욕을 즐긴다. 가지고 온 비치 타월을 깔고 태닝을 즐기거나, 해변 주위의 크고 작은 호텔과 비치 클럽, 식당 등에서 휴식을 취해도 좋다.

찾아가기 페리 선착장에서 해변을 따라 도보 15분
지도 P.317-B

📷 플라야 센트로 Playa Centro ★★★

카리브 바다는 생각보다 가깝다

센트로의 대로 격인 루에다 메디나 거리(Av. Rueda Medina)를 따라 북쪽으로 걷다 보면 제일 먼저 만나는 해변이다. 노점과 야자수가 있고 데크로 난 길을 따라 해변으로 들어가면 금세 에메랄드빛 카리브해와 고운 모래사장이 반겨준다. 수심이 얕고 센트로에 면해 있어 이슬라 무헤레스 시민은 물론이고 국내외 여행객, 아이를 동반한 가족 여행객까지 다양한 사람들이 자유롭게 즐기러 찾는다. 센트로의 편의점에서 시원한 맥주와 간식을 사 가지고 와 놀다 가는 실속형 여행자가 많은 것이 특징.

찾아가기 페리 선착장에서 해안으로 난 길을 따라 도보 10분
지도 P.317-B

📷 플라야 노르테 이슬라 무헤레스 Playa Norte Isla Mujeres ★★★

파도가 없는 잔잔하고 안전한 바다

센트로 북쪽 해안의 동쪽 끝에서 다리로 연결된 작은 섬. 여기에 미아 리프 이슬라 무헤레스(Mia Reef Isla Mujeres) 호텔이 있다. 연결 다리를 사이에 둔 해변이 자연 방파제 역할을 해 수위가 낮고 파도가 거의 없으며, 모래 바닥이 부드러워 수영하기 좋다. 미아 리프 이슬라 무헤레스 호텔로 건너가는 다리에 경비원이 지키고 있지만 상관하지 말고 해변을 즐기면 된다. 자연 방파제를 넘어가면 좀 더 깊은 바다를 즐길 수 있다.

주소 Centro - Supmza. 001, Isla Mujeres
찾아가기 플라야 노르테에서 동쪽으로 도보 10분
지도 P.317-B

📷 푼타 수르 Punta Sur ★★★

이슬라 무헤레스 최고의 전망

섬의 남쪽 끝은 북쪽과 서쪽 해변과 달리 날카로운 절벽이 감싸고 있다. 해수욕에는 적합하지 않지만 절벽 위에서 바라보는 카리브해의 전망은 최고이며, 공원 입구에는 다산의 여신 익스첼(Ixchel)과 섬의 대표 동물 이구아나 동상이 카리브해를 바라보고 있다. 주차장에 차를 세우고 공원 안으로 들어가면 작은 기념품 상점과 매점이 있다. 칸쿤 최고의 전망을 자랑하는 식당인 아칸틸라도(Acantilado)도 있어 카리브해와 멀리 칸쿤의 호텔 존을 바라보며 식사를 하거나 칵테일 한잔하기 좋다. 해안 끝에 있는 조각 공원은 원래 익스첼을 위한 신전이 있던 자리라고 하며, 오랜 세월이 지나 흔적만 남은 곳에 멕시코 미술가들의 조각 작품을 전시해 놓았다.

주소 Rueda Medina intersects Punta Sur Isla Mujeres
예산 조각 공원 30페소 홈페이지 www.cozumelparks.com/en/punta-sar-en 찾아가기 이슬라 무헤레스 남쪽 끝. 센트로에서 골프 카트로 30분 지도 P.317-F

📷 토르투그란하 Tortugranja ★★

바다거북의 일생을 한눈에

칸쿤의 호텔 존과 이슬라 무헤레스에는 '토르투가(Tortuga)'라는 이름의 해변이 있다. 원래 이 넓은 모래사장은 바다거북이 뭍으로 올라와 모래를 파고 알을 낳는 곳이었지만 지금은 사람들의 등쌀에 자취를 감추고 말았다.

토르투그란하는 그 명맥을 이어가는 바다거북 농장이다. 야외 수족관 한쪽에는 바다거북이 알을 낳기 위한 모래사장이 조성되어 있고, 2개의 작은 실내 양식장과 야외 수족관에서 거북을 크기별로 나누어 키우고 있다. 아이와 함께 온다면 자연의 소중함을 느끼게 해 줄 좋은 학습장이 될 것이다.

주소 Calle Garaffon Km.4 Isla Mujeres 77400
개방 09:00~17:00 예산 30페소
찾아가기 센트로에서 골프 카트로 20분
지도 P.317-F

📷 돌핀 디스커버리 Dolphin Discovery

★★★

돌고래와 함께 춤을

칸쿤에는 돌고래를 직접 만지고 함께 수영하는 체험 프로그램을 운영하는 곳이 총 8곳 있다. 그 중 가장 인기 있고 다양한 프로그램을 보유한 곳이 이슬라 무헤레스의 돌핀 디스커버리다. 특히 인공 풀이 아니라 바다에 돌고래 전용 풀을 만들어 자연적인 환경에서 체험이 가능하다. 8명 정도가 한 그룹을 이루어 진행하며, 전문 사육사가 동행한다. 돌고래 만지며 악수하기, 돌고래와 뽀뽀하기(스킨십), 먹이 주기, 돌고래 꼬리 잡고 수영하기, 돌고래 등에 올라타기, 자유 수영 등의 프로그램이 있다. 모든 프로그램에는 점심 뷔페(12:30~16:30)가 포함되어 있다.

칸쿤의 호텔 존에서 투어 패키지를 신청하면 전용 페리를 타고 공원과 연결되는 선착장에 내려 입장하게 된다. 이슬라 무헤레스에서는 직접 찾아가거나 센트로의 여행사에 신청해도 되는데 호텔과 공원까지의 차량은 미포함이므로 골프 카트를 타거나 택시를 빌려야 한다.

주소 Camino Sac Bajo Lote 26 Fraccionamiento Paraiso Lahuna Mar 77400, Isla Mujeres, Q. R.
전화 998 193 3360 **영업** 09:00~17:00
홈페이지 www.dolpindiscovery.com
찾아가기 센트로에서 골프 카트로 25분, 토르투그란하에서 골프 카트로 5분 **지도** P.317-C

프로그램 요금표

프로그램	내용	요금(어른)	요금(어린이)
Isla Discovery	자유 수영	US$79	US$59
Dolphin Encounter	자유 수영 악수하기 뽀뽀하기	US$109	US$89
Swim Adventure	자유 수영 악수하기 뽀뽀하기 먹이주기 꼬리 잡고 수영	US$149	US$89
Royal Swim VIP	자유 수영 악수하기 뽀뽀하기 먹이주기 꼬리 잡고 수영 등 올라타기 전용 라운지 전용 비치	US$179	US$99
Royal Swim VIP Plus	공원 내 모든 프로그램 및 시설 이용 전용 라운지 전용 비치	US$199	US$99

* 어린이는 6~12세/5세 이하 무료(단, 부모 동반 입장 시)

가라폰 파크 Garrafon Natural Reef Park ★★★

어른들을 위한 바다 놀이터

이슬라 무헤레스의 남쪽 해안에 있는 국립 해양 공원. 이 근방은 이슬라 무헤레스에서 색깔이 가장 아름다운 바다로, 관광객들도 전망대에서 바다를 배경으로 많은 사진을 찍는다. 인공 시설은 집라인을 타기 위한 망루 3채와 식당용 방갈로만 있고 나머지 시설은 자연을 이용했기 때문에 그야말로 천연 해양 공원이다. 가라폰 파크의 액티비티는 스노클링, 카약, 집라인 3가지. 집라인은 제일 높은 공원 출입구 망루에서 시작해서 종점인 바다 위 망루까지 총 세 번 탈 수 있다. 스노클링은 잔잔하고 깨끗한 카리브해를 자유롭게 즐기면 되며, 카약 또한 1~2인용 카약을 타고 자유롭게 바다를 누비면 된다.

칸쿤의 호텔 존에서 출발했다면 전용 선착장에 내리며, 이슬라 무헤레스에서는 센트로의 여행사에 신청하거나 개인적으로 방문해 입장하면 된다. 점심이 포함된 패키지나, 3가지의 액티비티 중 원하는 것만 할 수도 있다. 돌핀 디스커버리와 묶인 상품도 있다.

주소 Carretera Garrafón Lote 9 Km 6, SM 9, 77400 Isla Mujeres **전화** 998 193 3370
영업 09:00~17:00 **홈페이지** www.garrafon.com
찾아가기 센트로에서 골프 카트로 25분. 돌핀 디스커버리에서 골프 카트로 10분 **지도** P.317-F

프로그램 요금표

프로그램	요금(어른)	요금(어린이)
Garrafon Gate Premium	US$99	US$79
Garrafon Gate Half Day Premium	US$79	US$69
Garrafon Gate VIP	US$89	US$69
Garrafon Gate Half Day VIP	US$69	US$59
Royal Garrafon	US$69	US$49
Royal Garrafon Half Day	US$49	US$39
Zip Line	US$29	US$29
Snorkel	US$29	US$29
Kayak	US$29	US$29

* 어린이는 6~12세/5세 이하 무료(단, 부모 동반 입장 시)
* Garrafon Gate 시리즈는 점심 뷔페가 포함되어 있음.
* Half Day 시리즈는 3가지 액티비티 중 2개 선택 가능.
* Premium 시리즈는 공원 안의 모든 시설을 이용할 수 있고, 전용 라운지 사용 가능.
* 요금은 페소로도 계산 가능하며 환율은 변동 적용.

📷 과달루페 예배당 Guadalupe Chapel ★★

사랑하는 사람과 미래를 약속하고 싶은 곳

겉에서 보면 아담한 교회지만 문을 열고 안으로 들어가면 탄사가 쏟아진다. 정면 단상 뒤 통유리 너머로 에메랄드빛 카리브해가 한가득 펼쳐진다. 쏟아지는 햇빛과 푸른 바다가 예배당 안에 가득 차 있다. 언제라도 누구나 들어올 수 있는 넉넉함도 고맙다. 사랑하는 사람과 이슬라 무헤레스를 찾는다면 과달루페 예배당에서 함께 사랑의 기도를 드려도 좋겠다.

주소 Payo Obispo, Meteorológico, 77400 Isla Mujeres
전화 988 114 3603
개방 월~토요일 09:00~17:00
홈페이지 capillaguadalupeislamujeres.com
찾아가기 이슬라 무헤레스 동쪽 해안. 센트로에서 골프 카트로 10분 **지도** P.317-D

📷 이슬라 무헤레스 포토 존 Parador Fotografico ★

이슬라 무헤레스의 사진 명당

센트로의 동쪽 해안 한쪽에 'ISLA MUJERES'라는 입간판이 세워진 곳이 있다. 작은 공원이 조성되어 섬 주민들의 회합 장소로도 쓰이는 곳인데, 어느새 관광객들이 입간판을 배경으로 기념사진을 찍는 명소가 되었다. 시원한 바람과 카리브해의 전경은 덤.

주소 Calle Abasolo, Centro-Supmza. 001, Isla Mujeres
찾아가기 페리 선착장에서 도보 5분
지도 P.317-B

SPECIAL

카리브해를 느끼는 가장 좋은 방법
스노클링, 스쿠버다이빙

이슬라 무헤레스는 다양한 해저 지형과 인공물이 잘 어우러져 있고 다양한 바다 생물을 볼 수 있기 때문에 스노클링(Snorkeling)과 스쿠버다이빙(Scuba Diving)의 포인트 지점이다.

또 섬 주변 바닷속에 있는 무사(MUSA, Museo Subacuatico de Arte, 해저 박물관)'라는 조각 공원이 볼거리를 제공한다. 무사는 남서쪽 해안에서 350m 정도 떨어진 곳에 위치하며, 깊이 7~10m의 바닷속에 멕시코 조각가들의 작품이 설치되어 있다. 조각품들은 칸쿤과 이슬라 무헤레스의 주민을 주제로 만든 것. 조각 작품이 넓은 지역에 분포해 있기 때문에 모두 둘러보려면 반나절 이상은 투자하는 것이 좋다.

센트로의 여행사는 대부분 스노클링 투어를 진행한다. 보통 오전 10시 30분, 오후 2시, 오후 4시로 하루 3회 진행한다. 오전 프로그램은 2개 포인트(등대, 무사 해저 박물관)에서 스노클링을 한 후 플라야 티부론(Playa Tiburon)에서 점심을 먹고 오후 3시경 섬으로 돌아오는 일정이며, 오후 프로그램은 2개 포인트에서 스노클링 후 바로 섬으로 돌아온다.

스쿠버다이빙은 이슬라 무헤레스 센트로 주변의 다이빙 숍과 칸쿤의 호텔 존에서 진행하는데, 늦어도 하루 전에는 신청을 해야 한다. 체험 다이빙에서부터 단계별 다이빙까지 프로그램이 다양하므로 능력에 맞는 것을 신청하면 된다.

문다카 다이버스
Mundaca Divers

35년 간의 다이빙 경험에서 나오는 여유와 웃음이 매력적인 문다카 다이버스. 2011~2017년까지 트립 어드바이저에서 최고 평가를 받은 이슬라 무헤레스 토박이가 운영하는 다이빙 숍이다. 스노클링은 물론이고 다양한 스쿠버다이빙 프로그램을 운영한다.

주소 10, Francisco I. Madero, Centro – Supmza, 001, Isla Mujeres 전화 998 877 0607
영업 08:00~18:00
홈페이지 www.mundacadiversislamujeres.com
지도 P.317-B

스노클링·스쿠버다이빙 요금표

구분	프로그램	요금(아동)
스쿠버다이빙	오픈 워터 Open Water	US$450
	어드밴스드 Advanced	US$450
	이에프알 EFR	US$180
	레스큐 다이버 Rescue Diver	US$450
	다이브 마스터 Dive Master	US$1,250
	리프 다이브 Reef Dive	US$90
	어드벤처드 Adventured	US$120
	나이트 다이브 Night Dive	US$100
	세노테 Cenote	US$190
	고래상어 WhaleShark	US$125
스노클링	스노클링	US$35
	MUSA 해저 박물관	US$45

이슬라 무헤레스 식당

이슬라 무헤레스는 작은 섬이지만 다양한 메뉴의 식당이 성업 중이다. 특히 센트로의 미겔 이달고(Miguel Hidalgo) 거리는 먹자골목에 버금갈 정도로 많은 식당과 카페가 거리를 채우고 있다. 섬이라 시푸드 요리가 많은 것도 특징이다.

오스카 그릴 Oscar's Grill

이슬라 무헤레스의 피자 왕

식사 시간이 되면 식당 주변이 손님들이 타고 온 골프 카트와 스쿠터로 가득 차는 인기 식당. 다진 새우 패티가 아니라 진짜 통새우를 그릴에 구워 엔칠라다 소스를 더한 슈림프 버거는 오스카 그릴에서 반드시 맛봐야 하는 특급 메뉴다. 메인 메뉴인 피자는 도우가 두껍고 토핑이 가득해 스페셜 피자 1판이면 2~3명이 충분히 먹는다. 파스타 또한 소스의 맛이 풍부하기 때문에 밥을 비벼 먹고 싶을 정도. 피자는 배달과 포장도 가능하니 바다에서 해수욕을 하고 놀 때 맥주 안주로 싸가기도 좋다. 남쪽 해안으로 가는 도로에 있어서 골프 카트를 타고 앞만 보고 가다 보면 그냥 지나칠 수도 있으니 주의하자.

주소 Carretera Garrafon Km 3,6 s/n, Caridad del Cobre, 77400 Isla Mujeres **전화** 998 888 0916
영업 09:00~24:00 **예산** 슈림프 버거 240페소, 스페셜 피자 275페소, 파스타 165페소 **찾아가기** 페리 터미널에서 남쪽 해안 방향. 골프 카트로 10분 **지도** P.317-C

더 조인트 The Joint

카리브해, 레게, 맥주의 향연

시원한 맥주와 칵테일을 마시면서 정통 레게 라이브를 들을 수 있는 식당 겸 레게 바. 남쪽 해안의 가라폰 공원으로 가다 보면 도착하기 전에 있다. 골프 카트를 타고 남쪽 해안으로 간다면 목이 마르고 슬슬 꾀가 날 만한 시간에 식당을 만나는데, 시원한 나무 그늘 아래에서 느긋하게 레게 음악을 들으며 카리브의 정취를 느끼기에 이만 한 곳이 없다. 간단한 식사와 맥주의 궁합은 칸쿤의 뜨거운 날씨와도 잘 어울린다. 단, 골프 카트 운전자는 음주를 하면 안 되니 주의하자.

주소 Av. Gustavo Rueda Medina, Punta Sur, Isla Mujeres
전화 998 243 4475
영업 10:00~21:00
예산 아침 식사 70페소, 맥주 30페소
찾아가기 페리 터미널에서 남쪽 해안 방향. 골프 카트로 20분
지도 P.317-F

론체리아 마놀리토스 Loncheria Manolitos

언제라도 생과일 아이스크림은 정답

이슬라 무헤레스에서 쉽게 만나기 어려운 아이스크림 가게. 인상적인 인테리어나 세련된 서비스는 없지만 16가지가 넘는 아이스크림의 시원함과 달콤함은 뜨거운 태양에 지친 영혼을 달래줄 것이다. 생과일로 만든 아이스크림 바는 상큼하다.

주소 Payo Obispo, Meteorológico, 77400 Cancún
전화 998 274 2637 영업 12:00~24:00
예산 아이스 바 20페소, 아이스 콘 25페소
찾아가기 과달루페 예배당 바로 옆. 페리 터미널에서 골프 카트로 10분 지도 P.317-D

아칸틸라도 Acantilado

눈과 입이 모두 만족하는 전망 좋은 식당

개인적으로 전 세계의 식당 중 경치로는 넘버 2로 꼽는 식당이다. 섬 남쪽 끝 푼타 수르(Punta Sur)에 있는 이 식당 앞에는 전망을 가리는 어떤 것도 없다. 오직 카리브해만 있을 뿐이다. 하얀 파라솔 아래에서 눈부신 바다를 바라보며 신선한 해산물 요리를 먹는 기분은 세상 누구도 부럽지 않고 조금 비싼 듯한 식사 요금도 납득이 된다. 2인분 이상 주문할 수 있는 시푸드 콤보는 그릴에 구운 생선과 새우 등을 양념해서 내온다. 토르티야에 싸 먹거나 살사를 곁들여 먹어도 좋다.

주소 Unnamed Rd. 77400 La, Isla Mujeres
영업 10:00~16:30 예산 랍스터 430페소, 새우 요리 278페소, 시푸드 콤보(2인분) 1000페소, 음료 55페소
홈페이지 acantilado.restaurantwebx.com
찾아가기 남쪽 해안 끝 푼타 수르(Punta Sur) 내. 페리 터미널에서 골프 카트로 30분 지도 P.317-F

🍴 타이니 게코 바 Tiny Gecko Bar

이슬라 무헤레스의 새로운 명소

'은퇴 후 한적한 바닷가에 조그만 카페를 열고 싶다'라는 로망은 이렇게 실현한다는 것을 보여주는 바. 주택가 골목을 걷다 보면 벽면 전체가 인상 깊은 벽화로 가득 찬 건물이 나온다. 문을 열고 들어가면 갑자기 눈앞에 커다란 액자가 등장하는데, 액자 안에는 파도 소리와 바다 냄새가 담겨 있다. 바로 액자는 창문이고 담긴 그림은 카리브해. 2018년 1월에 오픈한 이 바는 럼과 테킬라를 베이스로 한 각종 칵테일과 얼음처럼 차가운 멕시코 맥주를 판다. 매일 오후 5시부터 7시까지 실력파 밴드가 다양한 라이브 음악을 연주하고, 매주 토요일 저녁 8시 30분부터 11시 30분까지 쿠바의 살사 밴드가 출연해 멋진 살사 연주와 춤을 선사한다. 바쁠 일 하나 없는 카리브해의 섬 이슬라 무헤레스에서 이런 멋진 바를 만난다는 건 하늘이 주신 축복이다.

주소 Allende, Miguel Hidalgo, Centro-Supmza, 001, 77400 Isla Mujeres 전화 998 890 1640

영업 월~토요일 12:00~24:00 예산 칵테일 70~90페소, 맥주 30페소 홈페이지 www.facebook.com/Tiny-GECKO-1876522409059438/ 찾아가기 페리 터미널에서 동쪽 해안 방면으로 도보 10분 지도 P.317-B

🍴 폴로스 망고 카페 Polos Mango Cafe

진정한 맛집이란 이런 것

순전히 맛으로만 승부해 이슬라 무헤레스에서 가장 성공한 곳이다. 테이블 몇 개만 놓고 시작했던 카페는 옆의 야외 테라스까지 확장했으며 영업시간도 오후까지 늘렸다. 메뉴는 아침과 점심으로 나뉘어 있으며 코코넛 프렌치토스트와 치킨 케사디야가 인기. 특히 코코넛 프렌치토스트는 풍부한 코코넛 향과 어우러진 달콤함이 일품이다. 늦게 가면 문을 닫으니 일찍 서두르자.

주소 Av Payo Obispo S/N MZA 101 LTE 1, Meteorológico, 77400 Isla Mujeres
전화 998 400 1904
영업 07:00~15:00
예산 아침 식사 130페소, 점심 식사 150~170페소
홈페이지 mangocafe.restaurantwebexperts.com
찾아가기 과달루페 예배당 바로 옆. 페리 터미널에서 골프 카트로 10분
지도 P.317-D

레스토랑 그린 베르데
Restaurant Green Verde

모든 것이 초록초록한 음식점

식당의 상호처럼 모든 음식의 플레이팅에 허브를 이용해 초록색이 가득하다. 심지어 식전에 나오는 나초도 해산물을 가미해 만들어 초록색이다. 영어가 유창한 사장은 정성스럽게 음식에 대해 설명을 해준다. 그린 세비체(Green Ceviche)와 치킨 윙은 주방장의 추천 메뉴. 식당 외관의 벽화와 식당 내부의 깔끔하고 정갈한 인테리어가 센트로의 시끌벅적한 식당과는 다르다. 조용하게 식사하기 좋은 곳으로, 페리 터미널에서 남쪽 해안으로 가는 메인 도로변에 있기 때문에 주의하지 않으면 지나칠 수 있다.

주소 MZA 83 LTE 1, Albatros, Salinas, 77400 Isla Mujeres **전화** 998 274 1635 **영업** 화~일요일 08:00~21:30
예산 점심 메뉴 135페소, 저녁 메뉴 185페소
찾아가기 페리 터미널에서 남쪽 해안 가는 길. 골프 카트로 10분 **지도** P.317-C

레스토란테 무예 7
Restaurante Mulle 7

떠들썩한 항구의 식당

이슬라 무헤레스에서 떠나는 각종 투어 보트와 스노클링 보트는 대부분 7번 정박지에서 출발한다. 이 식당은 바로 그 7번 정박지(무예 시에테 Mulle 7)의 바로 앞에 있다. 식당 한가운데로 난 길을 가로질러 배를 타러 가기 때문에 식당 안은 배를 타러 가는 사람, 배에서 내리는 사람이 엉켜 북새통을 이룬다. 덕분에 이 식당도 항상 떠들썩한 분위기일 수밖에. 식당 밖 커다란 수족관에는 조개와 바닷가재가 가득하고, 주문과 동시에 수족관에서 식탁 위로 옮겨진다. 이 풍경이 한국인에게는 꽤나 익숙하지만 서양 여행자들에게는 특별한 볼거리로 꼽힌다. 신선한 생선 요리를 먹고 싶다면 추천.

주소 Av. Rueda Medina 3, Centro, Centro-Supmza. 001, 77400 Isla Mujeres **전화** 998 274 0356
영업 09:00~22:00 **예산** 시푸드 360~380페소, 칵테일 120페소, 맥주 40페소 **홈페이지** restaurantwebexpert.com
찾아가기 페리 터미널에서 플라야 센트럴 방향으로 도보 8분 **지도** P.317-B

🍴 루벤스 Ruben's

미슐랭 가이드 별 3개가 부럽지 않다

현지인과 여행자 모두에게 사랑받는 맛집을 찾는 노하우 중 하나는 '메뉴 델 디아(Menu del Dia)' 혹은 '오늘의 메뉴(Today's Menu)'가 있는 식당을 찾아 들어가는 것이다. '오늘의 메뉴'는 음식 맛이 없거나 자신이 없으면 메뉴판에 올릴 수 없기 때문이다. 루벤스는 가족이 운영하는 작은 식당으로, 이슬라 무헤레스의 수많은 음식점 중 흔치 않게 '오늘의 메뉴'가 있는 식당이다. 오늘의 메뉴는 샐러드, 수프, 메인 메뉴로 구성되며, 샐러드의 채소는 신선하고 수프는 부드럽다. 메인 메뉴는 돼지고기, 소고기, 생선 중에서 고를 수 있는데 고기는 연하고 간도 우리 입맛에 딱 맞는다. 이 3가지를 먹고도 돈은 단돈 95페소. 센트로의 먹자골목인 미겔 이달고(Miguel Hidalgo) 거리에서 무얼 먹을까 고민된다면 루벤스에 한번 들러보자.

주소 18, Av Vicente Guerrero, Sm 1 Centro, Centro, 77400 Isla Mujeres **전화** 998 877 0507 **영업** 08:00~21:00
예산 오늘의 메뉴 05페소
홈페이지 rubensrestaurant.restaurantwebexperts.com
찾아가기 페리 터미널에서 도보 10분 **지도** P.317-B

🍴 부오스 비치 바 & 레스토랑 Buhos Beach Bar & Restaurant

물놀이 하다 지치면 언제든지 오세요

플라야 노르테는 누구나 자유롭게 이용할 수 있는 퍼블릭 비치인지라 사람도 많고 무료로 제공되는 선 베드와 비치파라솔도 항상 만원이다.

플라야 노르테의 해변과 바로 연결되는 부오스 비치 바 & 레스토랑은 식사를 하거나 음료를 마시는 손님에게 편안한 그늘과 의자를 제공한다. 야자수 잎으로 만든 지붕은 뜨거운 열기를 식히는 데 도움이 된다. 물놀이를 하고 나서 멀리 갈 것 없이 이곳에서 식사를 해결하는 피서객이 많기 때문에 항상 사람이 많으며, 하루 세 번 무료 요가 강습도 받을 수 있다. 호텔 카바나스 마리아 델 마르(Hotel Cabanas Maria del Mar)의 아침 식사도 이곳에서 책임진다.

주소 Carlos Lazo 1, Centro - Supmza. 001, 77400 Isla Mujeres **전화** 998 877 0301 **영업** 07:30~18:00
예산 나초 150페소, 피자 160~260페소, 시푸드 110~195페소 **찾아가기** 플라야 노르테에서 바로 연결 **지도** P.317-B

🍴 오션 vs. 비치 클럽
Ocean vs. Beach Club

시원한 맥주에 선 베드는 덤

나 말람 비치 호텔(p.332)에서 운영하는 비치 클럽 겸 식당. 이슬라 무헤레스에서 가장 인기 있는 해변인 플라야 노르테와 바로 연결되고, 호텔을 통해서도 출입이 가능하다. 호텔에서 운영하다 보니 항상 청결하게 관리되어 젊은 여성이나 커플들에게 특히 인기가 있다. 비치 클럽을 이용하지 않아도 식당에서 음료나 음식을 시켜 먹으면 선 베드와 테이블을 자유롭게 이용할 수 있다.

주소 Centro – Supmza, 001, Isla Mujeres
전화 998 881 4770
영업 07:00~22:00
예산 맥주 40페소, 칵테일 80페소, 샐러드 150페소
홈페이지 www.nabalam.com
찾아가기 플라야 노르테에서 바로 연결 지도 P.317-B

🍴 카페 모가과 Cafe Mogagua

이슬라 무헤레스 최고의 프라푸치노

신선한 에스프레소에 우유와 달콤한 시럽을 넣고 얼음과 함께 갈아 만든 프라푸치노. 카페 모가과는 다양한 종류의 달콤하고 시원한 프라푸치노를 선보이는 곳으로, 그 맛도 원조보다 뛰어나다고 할 정도이다. 뜨거운 태양을 피해 시원한 프라푸치노 한 잔이면 천국이 따로 없다. 인터넷 와이파이도 이용할 수 있으니 선 베드에 누워 주변 풍경을 보며 여유를 즐겨 보자.

주소 Avenida Benito Juarez SM 1 MZ 14 LT 12, Centro – Supmza, 001, 77400 Isla Mujeres
전화 998 877 1799
예산 식사 180~340페소, 카페모카 65페소
홈페이지 cafemogagua.restaurantsnapshot.com
찾아가기 페리 터미널에서 도보 10분 지도 P.317-B

🍴 발리 후 Bally Hoo

물놀이 후 출출한 배를 채워 보자

레스토란테 무예 7(Restaurante Mulle 7)과 마찬가지로 스노클링을 진행하는 소형 배가 출·도착하는 정박지 바로 앞에 위치한 바 겸 식당. 식당 중간을 가로질러 정박지로 연결된다. 이 식당의 배를 이용해 전문 가이드가 동반하는 낚시 투어도 유명한데, 본인이 직접 잡은 생선을 가지고 오면 식당에서 요리를 해주는 특별한 경험을 할 수 있다. 투어를 떠나는 배들이 아침 일찍 출발하므로 이에 맞춰 이른 아침부터 영업을 한다.

주소 Av. Rueda Medina S/N, Centro, Centro-Supmza, 001, 77400 Isla Mujeres 전화 998 214 5805
영업 06:00~21:00 예산 타코 120~180페소, 시푸드 220~300페소 홈페이지 bally-hoo.com.mx
찾아가기 페리 터미널에서 플라야 센트럴 방향으로 도보 9분
지도 P.317-B

🍴 마데라 푸드 앤드 아트 Madera Food And Art

예술과 음식이 바다를 만났다

한적하고 경치 좋은 동쪽 해안가에 위치한 식당으로, 나무로 조각한 물고기를 매달아 특이한 분위기를 연출한다. 식당 앞의 도로를 건너면 바로 바다로 연결되기 때문에 파도 소리와 그림 같은 전망을 즐길 수 있다. 특히 새우 요리는 이 식당이 자랑하는 메뉴. 엔칠라다 소스를 입힌 삶은 통새우와 다양한 채소를 쌀밥에 곁들여 먹는다. 동쪽 해안도로는 골프 카트를 타고 시원한 바닷바람을 맞으며 달리기 좋은 코스이기 때문에 시간을 내서 찾아도 좋다. 단, 영업시간이 길지 않기 때문에 식사를 하려면 점심시간에 맞춰야 한다. 수공예 목공품과 기타 작품을 판매하는 숍도 함께 운영한다.

주소 Payo Obispo 8, Meteorológico, Ampliación La Gloria, Isla Mujeres
영업 월~토요일 11:00~18:00
예산 스테이크 200페소, 쌀밥을 곁들인 새우 요리 200페소, 맥주 30페소, 모히토 70페소
찾아가기 동쪽 해안가. 페리 터미널에서 골프 카트로 15분 지도 P.317-D

🍴 라 로미타 La Lomita

멕시코 엄마가 만들어 주는 멕시코 집밥

해변 주택가에 위치한 한적하고 소박한 멕시칸 전통 식당. 독특한 벽화가 눈길을 잡아끈다. 물가 비싼 이슬라 무헤레스에서 비교적 저렴하고 맛있게 식사할 수 있는 집이다. 메뉴는 타코, 부리토, 케사디야 등으로 흔한 멕시코 음식인데 집에서 먹는 것처럼 소박하면서도 정성을 다한 맛이 일품이다.

주소 Av Juárez, Aeropuerto, Isla Mujeres
영업 월~토요일 09:00~22:30 예산 식사 30~150페소, 음료 30페소 찾아가기 페리 터미널에서 동쪽 해안 방면으로 도보 10분 지도 P.317-B

이슬라 무헤레스 호텔

페리 터미널 근처의 센트로와 플라야 노르테 주변에 해변과 연결된 리조트형 호텔과 저렴한 숙소들이 모여 있다. 남쪽 해안은 해변이 없는 대신 전망이 좋기 때문에 프라이빗 형태의 고급 숙소가 많고, 동쪽 해안도로를 따라서는 전망 좋은 호텔과 숙소가 있다. 조용한 휴식을 원한다면 남쪽과 동쪽 해안의 숙소를, 해변 모래사장과 액티비티를 원한다면 센트로와 북쪽 해안의 숙소를 잡으면 좋다.

나 말람 비치 호텔 Na Malam Beach Hotel

나만 알고 싶은 시크릿 호텔

플라야 노르테(북쪽 해변)와 바로 연결되는 나 말람 비치 호텔은 호텔과 비치 클럽을 같이 운영하고 있다. 사람이 많이 찾는 해변은 항상 떠들썩한 분위기지만 호텔 안으로 들어오면 바깥세상과는 다르게 차분하고 아늑하다. 잘 가꾸어진 정원에서는 아침마다 새소리를 들을 수 있고, 마사지를 받을 수 있는 스파도 운영하고 있다. 센트로와 가깝고 해변이 코앞이니 휴식과 액티비티를 함께 즐길 수 있는 멋진 호텔이다.

주소 Calle Zazil Ha #118, Centro, 77400 Isla Mujeres
전화 998 881 4770 예산 더블 룸 US$170
홈페이지 www.nabalam.com
찾아가기 플라야 노르테. 페리 터미널에서 도보 15분
지도 P.317-B

호텔 카바나스 마리아 델 마르
Hotel Cabanas Maria del Mar

가장 대중적이고 유명한 숙소

플라야 노르테(북쪽 해변)와 바로 연결되는 또 하나의 호텔이다. 시설이 낡은 감이 있지만 친절한 직원과 넓은 방이 단점을 보완해주며, 4인 가족이 숙박할 수 있는 패밀리 룸이 있어 아이가 있는 가족에게도 좋다. 호텔에서 골프 카트를 빌려주기 때문에 굳이 페리 터미널 근처까지 가지 않아도 된다. 다리로 연결된 섬 플라야 노르테 이슬라 무헤레스(p.319)도 걸어서 2분이면 갈 수 있다.

주소 Avenida Arqueologica Carlos lazo #1, Centro-Supmza. 001, 77400 Isla Mujeres 전화 998 877 0179
예산 더블 룸 US$100 홈페이지 www.cabanasmariadelmar.com 찾아가기 플라야 노르테. 페리 터미널에서 도보 15분
지도 P.317-B

호텔 라 호야 이슬라 무헤레스
Hotel La Joya Isla Mujeres

최고의 전망을 선사하는 곳
호텔 라 호야 이슬라 무헤레스는 남쪽 해안가 절벽 위에 있는 호텔로, 마치 그리스의 산토리니를 연상시키는 아담하고 아기자기한 호텔이다. 바다가 보이는 수영장이 있고 솜씨 좋은 주방장이 요리하는 식당도 운영한다. 직원들은 항상 웃는 얼굴로 모든 것을 해결해 준다. 페리 터미널에서 도보로는 갈 수 없기 때문에 택시를 타거나 골프 카트를 빌려야 한다. 조용하게 쉬고 싶은 여행자에게 강추.

주소 Secc. F Mz 43 L20 Carretera Garrafon Fracc Mar Turquesa, 77401 Isla Mujeres
전화 998 877 0088 예산 더블 룸 US$160
홈페이지 www.villaslajoya.com
찾아가기 남쪽 해안, 페리 터미널에서 골프 카트로 20분. 가라폰 공원에서 골프 카트로 5분 지도 P.317-F

미아 리프 이슬라 무헤레스
Mia Reef Isla Mujeres

오직 나만을 위한 휴식처

최고의 전망과 시설을 자랑하는 말 그대로 섬 최고의 호텔이다. 이슬라 무헤레스와 다리로 연결된 작은 섬인 이슬로테 엘 융케(Islote el Yunque)를 오직 미아 리프 이슬라 무헤레스가 독차지하고 있다. 전 객실이 바다 전망에 시설도 깔끔하고 군더더기 없다. 올 인클루시브 호텔이기 때문에 호텔로 들어가면 프라이빗 비치와 호텔 자체적으로 운영하는 액티비티를 즐길 수 있다. 스파에서는 다양한 마사지와 바디 스크럽 등을 받을 수 있다. 데이 패스(US$55)를 구매하면 호텔 투숙객이 아니더라도 수영장, 프라이빗 비치 등 호텔의 다양한 시설을 사용할 수 있다.

주소 Calle Zazil-ha s/n Islote El Yunque, Playa Norte, 77400 Isla Mujeres 전화 998 999 2050
예산 더블 룸 US$300
홈페이지 www.hotelmiareefislamujeres.com
찾아가기 페리 터미널에서 도보 20분 지도 P.317-B

폭 나 호스텔 Poc-Na Hostel

먹고, 마시고, 놀자!
자타공인 이슬라 무헤레스 최고 인기 호스텔이다. 넓은 마당에 걸려 있는 해먹은 카리브해의 뜨거운 태양을 피해 낮잠 한숨 자기 좋다. 방은 단순하지만 사생활이 보장되는 개인 벙커 형식으로 2층 침대가 놓여 있고, 각 침대에는 독서등이 있다. 에어컨이 있는 방과 없는 방이 있는데 에어컨 있는 방이 훨씬 쾌적하고 요금 차이도 얼마 나지 않는다. 레스토랑을 자체적으로 운영하며 저녁 11시가 넘으면 나이트클럽을 연상할 만큼 시끄러운 음악과 함께 파티 분위기가 된다. 또한 호스텔에서 스킨스쿠버 프로그램을 운영하고 있어 많은 다이버와 여행객들이 이용하고 있다.

주소 Av. Matamoros 15 Mz 26 Lte. 3, Centro, 77400 Isla Mujeres 전화 998 877 0090 예산 도미토리 룸 US$20
홈페이지 www.pocna.com
찾아가기 페리 터미널에서 도보 10분 지도 P.317-B

SPECIAL

타임머신을 타고 고대 마야 문명 속으로
치첸이트사

치첸이트사는 멕시코시티의 테오티우아칸과 더불어 멕시코의 주요 유적 중 하나이다. 유카탄반도의 마야 유적 중 가장 잘 보존되어 있는 곳으로, 칸쿤에 방문하는 관광객 대부분이 이곳을 찾는다.

가는 방법

지역번호 985 위치 칸쿤에서 내륙 쪽으로 약 200㎞, 유카탄반도의 관문인 메리다에서 약 120㎞, 툴룸에서 약 160㎞ 떨어져 있다. 칸쿤과 메리다의 중간에 있다는 지리적 이점 때문에 유카탄반도를 대표하는 명소가 되었다. 바야돌리드에서 53㎞ 밖에 떨어져 있지 않아 이곳에서 묵어가는 여행자도 많다.

다운타운에서

다운타운의 ADO 버스 터미널에서 치첸이트사의 피스테(Piste)까지 버스가 다닌다. 버스로는 3시간 걸리고, 요금은 280페소. 피스테에서 콜렉티보를 타고 치첸이트사 유적지 주차장까지 가는데는 약 10분 걸리며 요금은 10페소쯤 나온다. ADO 버스 터미널에서 오리엔테(Oriente)사의 버스를 타면 치첸이트사 유적지 주차장 큰 나무 아래까지 바로 가는데 약 3시간 30분이 걸리고 요금은 210페소다. 치첸이트사에서 나갈 경우 콜렉티보를 타고 피스테까지 간 다음, ADO 버스를 타면 된다.

플라야 델 카르멘에서

5번가의 ADO 버스 터미널에서 치첸이트사의 피스테까지 버스가 다닌다. 시간은 2시간 30분 걸리고 요금은 200페소다. 마찬가지로 피스테에서 콜렉티보를 타고 치첸이트사 유적지 주차장까지 가면 된다. 치첸이트사에서 나갈 경우 콜렉티보를 타고 피스테까지 간 후 플라야 델 카르멘으로 가는 ADO 버스를 타면 된다.

바야돌리드에서

바야돌리드의 ADO 버스 터미널에서 오리엔타사의 버스를 타면 치첸이트사 유적지 주차장의 큰 나무 아래까지 간다. 1시간 걸리고 요금은 70페소. 혹은 콜렉티보를 타고 치첸이트사 유적지 주차장 큰 나무 아래까지 갈 수도 있다. 이 경우 소요 시간은 같으며, 요금은 40페소다.

치첸이트사에서 나갈 때에는 유적지 주차장 큰 나무 아래에서 오리엔트사의 버스(1시간 소요, 40페소), 콜렉티보(1시간 소요, 40페소)를 타고 바야돌리드까지 간 후 ADO 버스로 갈아탄다.

데이 투어 이용하기

칸쿤, 플라야 델 카르멘 등의 여행사에서 패키지를 이용하면 편하고 효율적으로 치첸이트사를 돌아볼 수 있다. 패키지는 대부분 오전에 숙소로 픽업을 하러 오며, 치첸이트사와 세노테 익킬을 돌아보고 뷔페 스타일의 점심을 즐긴 후 바야돌리드에 갔다가 숙소로 돌아오는 일정이다. 요금은 칸쿤의 호텔 존에서 출발할 경우 US$79~109, 플라야 델 카르멘에서 출발할 경우 US$50 정도이다.

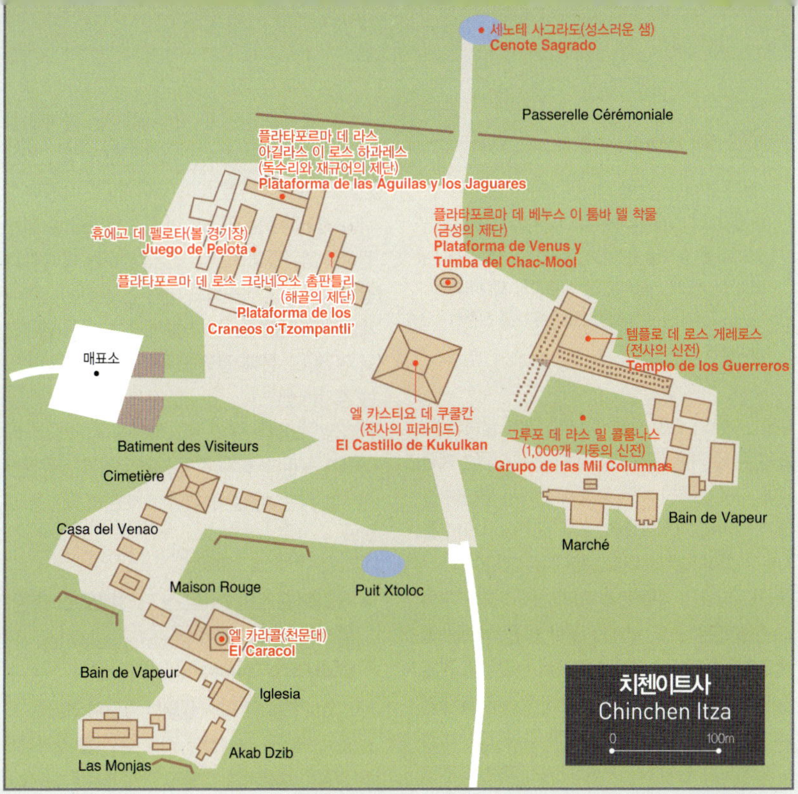

치첸이트사
Chichen Itza

타임머신을 타고 마야 문명 속으로

치첸이트사는 '우물가에 있는 이트사족의 집'이라는 뜻. 멕시코에 있는 마야 유적지 중 보존 상태와 접근성이 좋아 인기가 높으며, 1988년에 유네스코 세계문화유산으로도 지정되었다.

마야인들은 5세기경 밀림 한복판에 도시를 설립하고 6세기경 번영을 이루지만 점차 쇠락의 길을 걷게 된다. 9세기경에는 톨텍족의 왕 케찰코아틀(Quetzalcoatl)의 지배를 받게 되었는데, 이 때문에 마야와 톨텍의 문화가 절묘하게 조화를 이루었다. 마야 문명은 이 도시가 알 수 없는 이유로 버려진 13세기까지 계속되었고, 치첸이트사의 건축과 조각은 물론이고 풍습 등에 그 문명의 흔적이 남아 있다.

영업 08:00~16:30 요금(입장료) 284페소

■ 엘 카스티오 데 쿠쿨칸(전사의 피라미드)
El Castillo de Kukulkan

유적지에 입장하면 제일 먼저 눈에 들어오는 거대한 피라미드. 이 유적지는 바닥 둘레 55m, 높이 23m에 이르는 치첸이트사 대표 건축물이다. 건축학적으로도 멋지지만 피라미드 자체가 1년 365일의 모든 정보가 담겨 있는 거대한 달력이라는 점에서 의미가 크다. 총 9층으로 된 피라미드의 4면에는 각각 91개의 가파른 계단이 있는데, 이 계단 수에 정상의 제단까지 합하면 1년인 365개가 된다(91x4+1=365). 4면에 있는 52개의

> **TOUR TIP** 치첸이트사 돌아 보는 순서
>
> 매표소를 나와 숲길을 지나면 거대한 피라미드인 엘 카스티요를 만나게 된다. 엘 카스티요를 시작으로 볼 경기장, 촘판틀리, 성스러운 샘, 전사의 신전, 천 개 기둥의 신전, 독수리와 재규어의 제단, 금성의 신전, 마지막으로 천문대를 천천히 돌아보면 된다.

패널은 1년의 주일 수와 같으며, 마야 달력의 52년 순환 주기를 뜻하기도 한다. 또한 중앙 계단 앞에 서서 손뼉을 치면 정상 부분에서 쨍하며 소리가 메아리친다. 치첸이트사 곳곳에서 박수를 치는 사람이 많은데 바로 이런 이유 때문이다.

엘 카스티요는 '쿠쿨칸의 피라미드'라고도 부른다. 쿠쿨칸은 '초록 날개가 달린 뱀'을 이르는 말로, 매년 춘분과 추분에 이곳에서 쿠쿨칸을 만날 수 있다고 한다. 춘분과 추분날 오후 3시에서 5시경이면 중앙 테라스의 그림자가 몸을 꼬며 아래로 내려오는 뱀의 모습처럼 보이기 때문이다. 그림자는 계단 아래에 있는 돌로 된 두 마리의 거대한 뱀의 머릿속으로 사라진다. 지금도 매년 춘분과 추분에는 여기서 쿠쿨칸을 기리는 의식을 치르며, 이를 보기 위해 세계 각지에서 많은 관광객이 찾아온다.

■ 후에고 데 펠로타(볼 경기장)
Juego de Pelota

고대 마야인들이 즐기던 축구장이다. 길이 약 145m, 폭 약 37m로 중앙아메리카에서 가장 크다. 높이 9m에 달하는 벽이 경기장 길이만큼 세워져 있다는 점이 특이하다. 벽 위쪽에 매달린 뱀 모양의 둥근 고리는 골대 역할을 했다고 한다. 벽면 하단에는 부조가 새겨져 있는데, 선수 중 1명이 참수를 당해 신에게 제물로 바쳐지는 장면이 유명하다.

이들의 축구 경기는 팔꿈치와 무릎, 허벅지만 사용해서 축구공 반만 한 고무공을 8m 높이의 상대방 골대에 집어넣는 방식이다. 한 팀의 인원은 7명으로 두 팀이 경기하며, 어마어마한 체력과 실력이 있어야 하는데다가 아무나 참가할 수 없는 신성한 행위였다고 한다. 진 팀 선수는 목이 잘려 경기장 제단에 장식됐고 이긴 팀 선수는 신에게 제물로 바쳐졌다는데, 이렇게 죽는 것을 영광으로 여겼다고 한다. 결국 모두 죽음이 예정되어 있는 경기인 셈.

경기장 벽면을 사이에 두고 박수를 치면 크게 메아리가 울린다. 당시 죽음으로 달려가는 용맹한 전사를 위한 거대한 응원이 크게 울려 퍼졌을 것이다.

■ 플라타포르마 데 로스 크라네오스 촘판틀리(해골의 제단)
Plataforma de los Craneos o'Tzompantli'

높이 2m가 채 안 되는 평평한 제단에 해골을 새긴 돌로 벽면을 장식했다. 바로 옆의 볼 경기장에서 결정된 희생자들, 그리고 전쟁에서 죽인 적군과 신에게 바쳐질 인신 공양자의 해골을 쌓아 올려 전시하던 곳이다. 원래는 적군의 목을 긴 막대에 꿰어 세워 두어 치첸이트사의 백성들에게 반란을 일으키면 이렇게 된다며 공포를 주려는 의도였다고 한다.

■ 플라타포르마 데 라스 아길라스 이 로스 하과레스(독수리와 재규어의 제단)
Plataforma de las Águilas y los Jaguares

촘판틀리 뒤에 위치한 제단으로 마야—톨텍 문화를 볼 수 있다. 제단 4면의 계단에는 깃털 달린 뱀이 새겨져 있고 계단 맨 위에는 뱀 머리 조각이 툭 튀어나와 있다. 제단 옆면에는 사람의 심장을

움켜쥔 독수리와 재규어 문양을 볼 수 있는데, 뱀, 독수리, 재규어는 마야 문화에서 용맹한 전사 계급을 상징한다. 또한 10세기경 톨텍족이 침략한 당시의 모습이 조각되어 있어 톨텍 문화를 엿볼 수 있다.

■ **플라타포르마 데 베누스 이 툼바 델 착물 (금성의 제단) Plataforma de Venus y Tumba del Chac-Mool**

이 제단의 위치가 엘 카스티요 뒤편, 세노테로 들어가는 정원의 정중앙인 것을 감안하면 이 제단은 굉장히 중요한 의식이 치러진 곳으로 추정할 수 있다. 제단 모서리에는 금성을 상징하는 상형문자가 있고, 옆면 중앙에는 재규어, 독수리, 뱀, 사람의 모습이 섞인 기묘한 형상들이 새겨져 있다. 이중에서 가장 특별한 것은 다름 아닌 착물(Chac Mool). 착물은 앉은 것도 누운 것도 아닌 자세로, 상체를 45도쯤 들고 발목을 엉덩이에 붙인 채 두 무릎을 바로 세우고 있다. 얼굴은 왼쪽으로 향한 채 어딘가를 응시하고 두 손은 가지런히 모아 배 위의 접시를 받치고 있다. 착물은 신과 인간의 중간적인 상태를 표현하며 접시에는 제물로 바쳐진 자의 심장을 올려놓았다고 추정된다. 세월이 흐르면서 착물의 세부적인 모양은 지워졌지만 대략의 형체만으로도 역사의 광경을 상상하기에 충분하다.

된 1,000개의 기둥이 둘러싸고 있었다고 하는데, 지금은 200여 개만 남아 있다. 주 계단 앞에는 많은 기둥이 정렬해 있고 3단의 사각 기단 위에 신전 건물이 있다. 일반적인 피라미드와는 다른 형태다. 신전 내부에는 깃털 달린 뱀, 전사, 수도승을 조각한 기둥과 당시의 일상생활과 전쟁을 표현한 천장화, 그리고 치첸이트사에서 가장 보존 상태가 좋은 착물 조각상 등이 있다고 한다. 내부에 들어갈 수는 없는데 보존 상태가 좋기 때문에 자세히 들여다보면 그림을 구분할 수 있을 정도이다.

■ **그루포 데 라스 밀 콜룸나스(1,000개 기둥의 신전) Grupo de las Mil Columnas**

왕과 제사장들이 종교 의식을 거행하던 장소로 추정된다. 수없이 늘어선 기둥으로 볼 때 원래 건물의 규모는 치첸이트사의 어떤 건물보다 크고 화려했을 것이다. 물을 모아 광장 북동쪽의 저장소로 보내던 수로와 신전이 건축되기 훨씬 전에 세워진 건물의 주춧돌 40여 개도 남아 있다. 전사의 신전과 연결되기 때문에 같은 건물로 오인받기도 한다.

■ **템플로 데 로스 게레로스(전사의 신전) Templo de los Guerreros**

3층으로 구성된 신전은 원래 전사의 모습이 조각

■ 세노테 사그라도(성스러운 샘)
Cenote Sagrado

금성의 제단에서 북쪽으로 난 숲길을 따라 300m를 걸으면 치첸이트사에서 가장 의미가 큰 세노테를 만난다. 마야인들은 이곳을 '황금의 샘'이라 불렀다고 한다. 샘의 직경은 약 60m, 샘의 깊이는 약 6~12m인데 땅에서 내려다보이는 수면까지는 약 20m로 매우 깊다.

샘에 얽힌 전설은 이렇다. 마야인들은 심한 가뭄으로 기근이 닥치면 비의 신 착(Chac)이 대노해서 내리는 벌이라고 여겼다. 따라서 신의 마음을 풀기 위해 많은 보석과 함께 어린 소녀들을 이곳에 바쳤으며, 성스러운 샘에 몸을 바친 소녀는 죽지 않고 그 아래에서 영원히 산다고 믿었다.

1904년부터 1910년에 걸쳐 에드워드 허버트 톰슨이라는 미국의 고고학자이자 외교관이 이 유적지를 발굴했다. 이때 발견된 것은 각종 장신구와 의식용 칼, 황금 원판, 인간의 두개골들이었다. 발굴품은 미국의 하버드대학교 피바디 박물관과 시카고의 필드 박물관으로 옮겨 본격적인 조사가 이루어졌다. 그 결과, 금이나 동제품 대부분은 마야인들이 만든 것이 아니라 이곳을 찾은 순례자와 상인들이 빠뜨린 것이었다고 한다. 유골들은 성인 남자 12구, 어린아이 20구, 여자 8구로, 희생 제물로 처녀만 선발했다는 이야기는 사실이 아님이 밝혀졌다.

■ 엘 카라콜(천문대) El Caracol

넓은 기단 위에 13m의 탑이 있고, 이 탑 주위를 나선형 계단이 소라(Caracol) 모양으로 둘러 있다. 엘 카라콜은 천문대로 추정되는데, 매년 춘분과 추분이 되면 태양이 탑에 난 2개의 창문을 통과해 정확하게 천문대 중앙까지 들어오기 때문이다. 또한 이 탑이 바라보고 있는 방향은, 마야에서 특별한 숭배 대상인 금성이 서기 1000년에 뜨고 질 때 수평선과 만나는 점들 중 양극단에 있는 점에 맞추어져 있으며 정남향과 정서향을 정확히 바라볼 수 있도록 설계되었다.

마야인들은 현대의 컴퓨터와 비교해도 차이가 없을 만큼 정교한 과학 기술을 가지고 있었다. 컴퓨터 계산에 따르면 지구의 1년은 365.2422일, 마야인들이 당시에 계산한 결과는 365.2420일이다. 또한 달의 주기를 29.5320일, 금성의 주기를 580일로 계산했는데, 지금과의 오차는 달의 경우 0.00039일, 금성은 0.08일이라고 한다.

TOUR TIP 태양과 더위를 피하는 꿀 팁

치첸이트사를 관광하려면 적어도 2시간 이상 강렬한 태양 아래 뜨거운 대기 속을 걸어야 한다. 그늘도 흔치않기 때문에 마야의 숨소리를 듣기도 전에 더위 먹기 딱 좋다. 관광도 못하고 쓰러지지 않으려면 작은 준비를 해두자.

- 우산 겸 양산이 있으면 햇볕을 어느 정도 피할 수 있다. 챙이 큰 모자가 있다면 금상첨화.
- 이 지역은 햇빛이 눈이 아플 정도로 강하다. 선글라스로 눈을 보호하자.
- 선블록 크림을 발라도 땀에 씻겨 나가거니와 원체 햇빛이 강하기 때문에 자주 덧발라줘야 한다. 바닷가에서 물놀이할 때보다 더 탈 수 있다.
- 대기의 온도는 30℃를 훌쩍 넘어 틈틈이 수분 보충은 필수다. 공원 입구에서 시원한 물을 팔지만 20분 정도 지나면 미지근해진다. 전날 호텔에서 물을 얼려 와도 좋다.
- 모래와 먼지가 가득한 길을 걸어야 하므로 샌들이나 슬리퍼보다는 운동화가 좋다.

세노테 익킬
Cenote Ik Kil

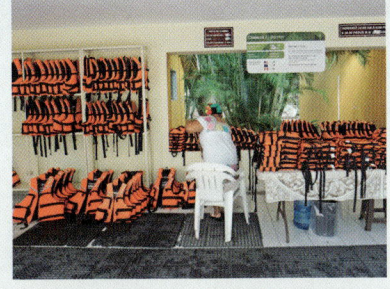

마야인들의 우물, 세노테

예능 프로그램에 소개되어 인기와 지명도가 급격하게 높아진 핫 플레이스다. 세노테는 카르스트 지형에 생긴 싱크홀로, 보통 지상에서부터 깊이가 20m 이상 된다. 세노테의 뜻은 '신성한 우물'인데, 마야인들이 가뭄이 들면 소녀들을 세노테에 빠뜨리는 인신공양을 했다고 한다. 유카탄반도 전역에는 3,000개가 넘는 세노테가 있다. 정글 속에 숨겨져 있고 1년 내내 물이 마르지 않기 때문에 유카탄반도의 뜨거운 태양을 피해 더위를 식히고 오는 천연 수영장으로 주목받고 있다. 바닥까지 보이는 깨끗한 물과 식당, 화장실, 로커, 탈의실 등 편의 시설도 잘 갖추어져 있다.

세노테 익킬은 도로와 면해 있고 치첸이트사와 차로 10분 거리이기 때문에 치첸이트사와 세노테 익킬을 묶어서 같이 돌아보는 패키지가 일반적이다.

패키지에 참여하지 않아도 콜렉티보를 타고 찾아갈 수 있다. 바야돌리드에서 치첸이트사로 가는 콜렉티보 기사에게 세노테 익킬에 정차해 달라고 하면 되고, 돌아올 때는 도로에서 콜렉티보를 잡아 타면 된다(편도 15페소). 바야돌리드에서 택시를 빌릴 경우 1시간 정도 대기해 달라고 하고 놀다 오는 방법도 좋다. 물이 차갑기 때문에 10분 이상 물놀이하기 힘들기 때문이다. 이 경우 요금은 왕복 500페소 정도.

주소 Km 122, Valladolid-Merida, Tablaje Catastral 510, 97753 Xcalacoop
전화 985 851 0039
개방 09:00~17:00
요금 입장료 80페소, 구명조끼 30페소, 라커 30페소
홈페이지 www.cenote-ik-kil.com
찾아가기 바야돌리드에서 치첸이트사로 가는 도로(40km) 위

AREA 05

툴룸 Tulum

마야 시대에는 무역항으로 번성했던 툴룸은 지금은 많은 관광객이 찾아오는 휴양지이자 유적지다. 툴룸은 메인 도로인 툴룸 거리(Av. Tulum) 주변의 다운타운과 해안의 툴룸 유적지, 긴 해안을 따라 형성된 호텔 존으로 나눌 수 있다. 유적지 남쪽에 이어진 환상적인 해안을 따라 형성된 호텔 지구에는 칸쿤의 번잡함과 시끄러움을 피해 카리브해의 해변과 툴룸 유적을 함께 즐기려는 관광객들이 폭발적으로 늘어나고 있다.

기초 정보

지역번호 984
인구 약 1만 9,000명
위치 유카탄반도 동쪽 해안 중앙에 위치한 툴룸은 내륙 지방의 메리다, 바야돌리드에서 바다로 나오면 제일 먼저 만나는 도시다. 마야 시대에는 무역항으로 각광받았다. 툴룸을 지나 북쪽으로 가면 플라야 델 카르멘, 칸쿤이 나오고 남쪽으로 가면 체투말을 지나 벨리즈로 연결된다.
치안 사람이 벌이는 사건·사고보다 해안도로를 달리는 자동차와 자전거의 교통사고가 심심치 않게 일어난다. 해안도로는 일부 구간을 제외하고는 자전거 전용 도로가 없고 가로등 또한 없기 때문에 해가 진 후 해안도로를 자전거로 달리는 것은 위험하다. 특히 택시의 경우 속도를 줄이지 않고 내달리기 때문에 접촉 사고가 종종 일어난다.

가는 방법

칸쿤, 플라야 델 카르멘, 바야돌리드, 메리다 등 유카탄반도의 도시들과 칸쿤의 여러 도시에서 툴룸으로 연결된다. 칸쿤 국제공항에서 툴룸으로 오는 ADO 버스도 운행된다. 툴룸의 오토부스 터미널과 콜렉티보 정류장 역시 여러 도시로 연결된다.

시내 교통

택시
버스 터미널과 메인 도로인 툴룸 거리, 해변 도로에는 택시가 수시로 다닌다. 지나가는 택시를 세워 흥정을 하고 목적지를 말하고 타면 된다. 툴룸 내에 100개가 넘는 호텔이 있기 때문에 반드시 호텔 주소를 가지고 있어야 찾아갈 수 있다. 기본요금은 30페소.

자전거
버스 터미널에서 툴룸 유적지까지 3km가 넘는다. 툴룸과 플라야 델 카르멘, 바야돌리드 등을 오가는 콜렉티보를 빼면 시내버스 같은 대중교통은 없다. 대신 숙소나 시내 곳곳에 위치한 자전거 대여소에서 쉽게 자전거를 빌릴 수 있고 해안 도로를 제외하면 자전거 전용 도로가 있어서 안전하게 탈 수 있다. 요금은 1일 150페소.

추천 일정

칸쿤의 번잡함을 피해 툴룸으로 온 여행자가 많아지면서 툴룸의 긴 해안은 호텔과 식당들로 채워지고 있다. 툴룸 유적을 본 후 바닷가에서 시간을 보내거나 툴룸 주변의 또 다른 유적지인 코바(Coba)에 다녀와도 좋다.

1일차
툴룸 유적과 코바 유적지를 돌아본 후 툴룸 해안을 따라 자전거를 탄다.

2일차
해안의 퍼블릭 비치나 호텔의 프라이빗 비치에서 카리브해를 즐긴다.

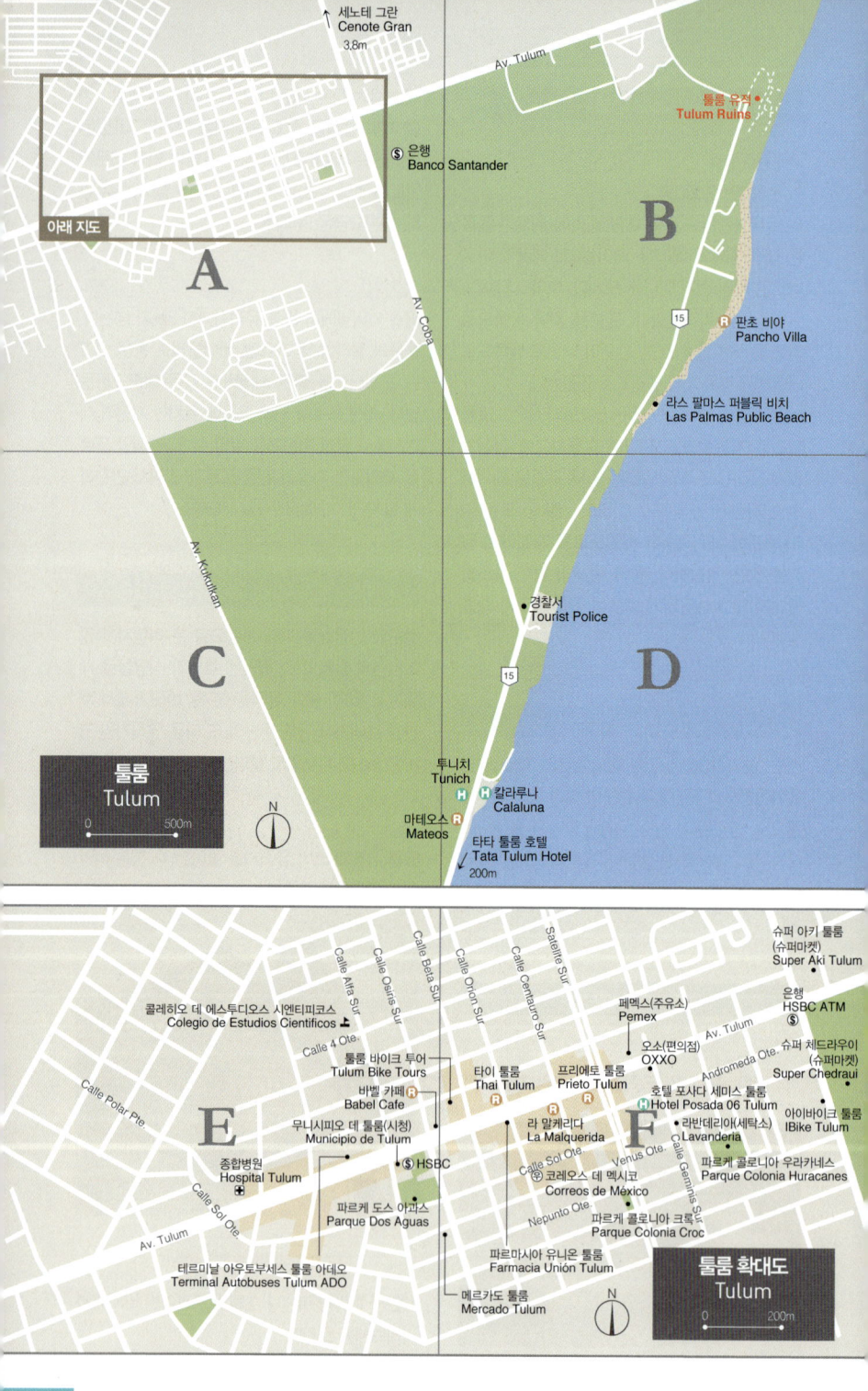

툴룸 관광

마야 최고의 항구였던 툴룸은 유적지 외에는 볼거리가 별로 없다. 최근에는 툴룸 유적지 남쪽으로 길게 뻗은 해안을 따라 자연주의 호텔 등 조용히 쉴 수 있는 호텔이 많이 생겨, 칸쿤 호텔 존의 번잡함을 피해 많은 관광객이 찾아오고 있다.

툴룸 유적 Tulum Ruins ★★★

마야인의 벽, 툴룸

마야 유적지는 대부분 밀림이 있는 내륙에 있고, 주로 신전 역할을 한 건물이 많다. 그런데 툴룸 유적지는 카리브해가 훤히 내려다보이는 해안가 언덕 위에 있다. 신전의 역할도 있지만 그보다는 카리브해를 건너 침략했던 적들을 방어하는 해안 요새와 바닷길을 통한 교역 항구의 역할이 훨씬 컸다고 본다.

'툴룸'이라는 이름은 침략해 온 스페인군이 해안을 따라 성벽이 세워진 것을 보고 '성벽'이라는 뜻의 스페인어로 부른 데서 왔다고 한다. 원래 이름은 '사마(Zama)'이며, '여명' 혹은 '석양이 머무는 곳'이라는 뜻으로 서쪽 해안에 있어서 붙여진 이름이라고 한다.

툴룸은 마야 최고의 항구 도시로 다양한 교역이 번성했으며, 한창 때에는 인구가 만 명에 달할 정도로 규모가 크고 도시로서의 기능과 구색을 모두 갖추고 있었다고 한다. 마야가 멸망한 후에도 한동안 도시로서의 기능을 유지하고 있었지만 스페인에 정복당하고 나서 약 75년 후에 버려지게 된다.

툴룸 유적의 보존 상태는 매우 양호하다. 유적지 입구는 두 곳으로, 툴룸 거리에서 오른쪽으로 진입해 주차장을 지나 300m 정도 더 들어와 매표소를 거치는 주출입구와, 서쪽 해안 도로를 따라 호텔 존을 지나 들어오는 입구가 있다. 주출입구는 주차장에서 매표소까지 약 300m쯤 되는 아스팔트길이다. 걷기 힘들면 1시간 간격으로 운행하는 셔틀 열차를 타도 된다(편도 30페소). 해안 도로 쪽 입구는 호텔 존을 지나 해안도로 끝에 매표소가 있다.

주출입구에서 유적지로 입장하면 카사 데 노로에스테(Casa de Noroeste) → 카사 델 세노테(Casa del Cenote) → 템플로 델 디오스 비엔토

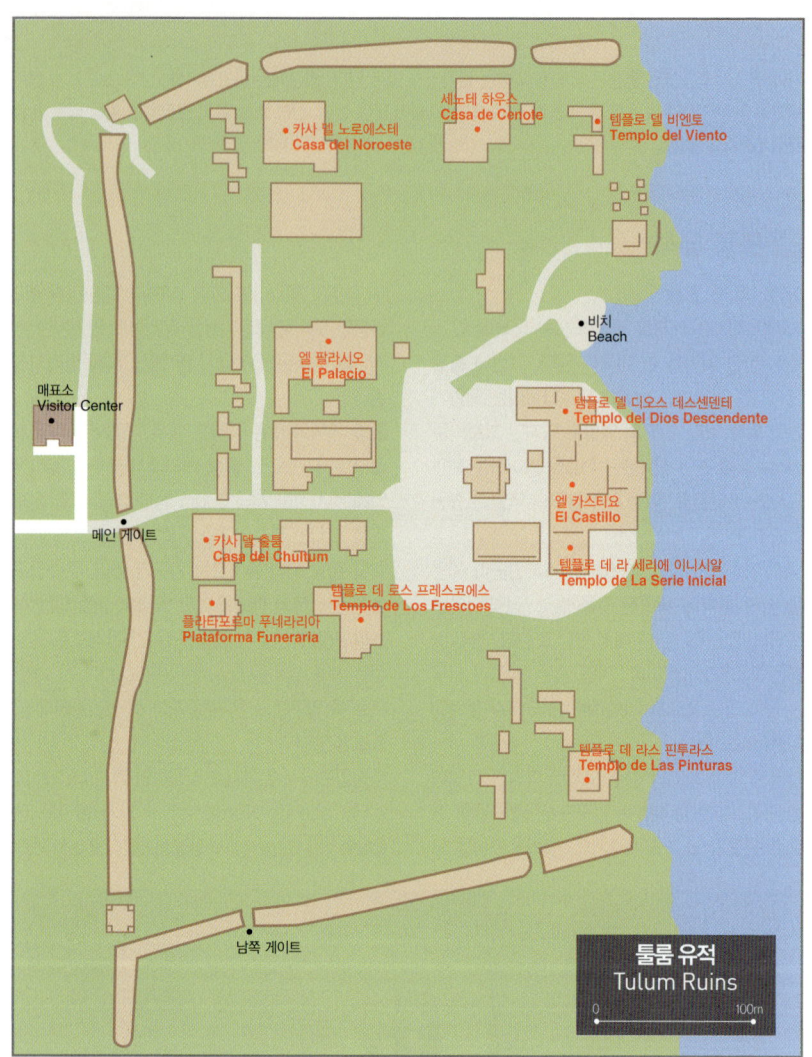

TOUR TIP 툴룸 유적지 투어 준비물

툴룸 유적지는 해안가에 바로 접해 있고 모래사장과도 가깝다. 관광객을 위해 어느 정도 길을 단단하게 다져 놓았지만 바람에 실려 온 고운 모래가 많다. 넉넉히 잡아도 1시간이면 유적을 둘러보는 데 충분하므로 운동화보다는 시원한 슬리퍼가 좋다. 유적지에는 물을 살 곳이 없으니 시원한 물을 충분히 준비해 오자. 주차장 부근에 기념품 상점과 매점이 있긴 하지만, 유적지와는 300m 이상 떨어져 있다. 밀림 속의 마야 유적지와는 달리 이곳은 해안에 있어 바람이 좋다. 하지만 햇빛은 주의해야 한다. 양산이나 우산보다는 챙 넓은 모자를 추천한다.

(Templo del Dios Viento) → 엘 카스티요(El Castillo) → 템플로 데 라스 핀투라스(Templo de Las Pinturas) 순서로 돌아보면 된다.

카사 델 세노테(Casa del Cenote, 세노테의 집)와 템플로 델 디오스 비엔토(Templo del Dios Viento, 바람 신의 신전)에서 남쪽으로 이어지는 해변과 카리브해의 전망은 환상적이다. 바람 신을 위한 신전이 있어서 그런지 바람도 툴룸 유적지의 다른 곳에 비해 시원하게 분다.

툴룸 유적지 중 가장 큰 건물인 엘 카스티요(El Castillo)는 항해하는 배에서 제일 먼저 눈에 띄었을 것이다. 성 안에는 치첸이트사 유적지에서도 볼 수 있는 쿠쿨칸(Kukulcan, 초록색 깃털이 달린 뱀)이 새겨져 있다. 엘 카스티요를 지나 계단을 내려오면서 보이는 북쪽과 남쪽 해안은 카리브해의 푸른 바다와 시원한 바람이 한데 어우러져 툴룸에 와야 하는 이유를 깨닫게 한다. 엘 카스티요에서 툴룸 시내 방향인 서쪽으로 내려오면 그림의 신전인 2층 건물 템플로 데 라스 핀투라스(Templo de Las Pinturas)가 나온다. 안으로는 들어갈 수 없고 현재 벽화는 복원 중이다.

주소 Carretera Federal, Cancún–Chetumal Km 230, 307, 77780 Tulum **전화** 984 871 2479 **개방** 08:00~16:30
요금 70페소 **홈페이지** tulum.conanp.gob.mx
찾아가기 버스터미널에서 자전거 20분 **지도** P.344-B

TOUR TIP 자전거로 툴룸 여행을 알차게

툴룸 유적지를 기준으로 남쪽 해안 도로를 따라 호텔이 길게 이어진다. 툴룸 다운타운에서 유적지까지는 적어도 3㎞ 이상 되는 거리인데, 택시 외에는 달리 대중교통이 없다. 이때 자전거가 훌륭한 대체 수단이 된다. 툴룸 거리에는 자전거 전용 도로가 잘 정비되어 있고 호텔 존의 해안 도로에도 곳곳에 자전거 도로가 있다. 자전거를 타고 툴룸 거리를 따라 툴룸 유적지를 돌아본 후에 호텔 존 방향으로 가 보자. 시원한 바닷바람과 카리브해의 향연은 특별한 경험이다. 호텔 존에는 퍼블릭 비치가 있으니 잠시 자전거를 세우고 바다에서 놀다 와도 좋다.

툴룸 식당

해안가의 호텔 존은 호텔 자체적으로 식당을 운영하는 곳이 많다. 센트로에는 메인 도로인 툴룸 거리(Av. Tulum)에 식당이 즐비하다.

판초 비야 Pancho Villa

시원한 맥주와 카리브의 바다가 한자리에

툴룸 호텔 존 초입, 퍼블릭 비치에 위치한 바 겸 해산물 레스토랑. 시원한 바닷바람을 맞으며 맥주를 마실 수 있는 곳이다. 퍼블릭 비치 특성상 따로 식사할 곳이나 화장실 등이 없으니, 이곳에 자리를 잡고 음료와 음식을 시키며 바다에서 놀아도 좋다. 식당 안에 마사지를 받을 수 있는 데크도 있다. 식당 주위로 스노클링 장비 대여와 투어를 함께 할 수 있는 스노클링 장비 대여소(1시간 20분 기준 320페소, 배를 타고 포인트까지 이동)와 캠프장이 있다.

주소 Playa Paraíso, Carretera Tulum Ruina S/N, Tulum
전화 248 153 7102 영업 11:30~19:00
예산 식사 220~360페소, 음료 40~100페소, 맥주 70페소
찾아가기 툴룸 유적지에서 북쪽 해변 방향 1.5km
지도 P.342-B

마테오스 Mateos

툴룸 최고의 맛집

멕시칸 음식과 스테이크로 무장한, 툴룸 호텔 존의 최고 맛집이다. 타코, 케밥, 스테이크 등 그릴에서 굽는 모든 것을 맛볼 수 있으며, 커다란 그릴에서 주문과 동시에 구워줘 최고의 맛을 자랑한다. 특히 2인 이상이면 몰카헤테(Molcajete)를 강력 추천한다. 소고기, 돼지고기, 닭고기, 새우 등을 그릴에 구워 꼬치에 꿰고, 파프리카, 양파 등의 구운 채소를 뜨겁게 데운 검은색 도기에 담아내는 유카탄 지역 전통 음식이다. 각종 살사 피칸테를 더하면 더할 나위가 없다. 매운맛을 원한다면 멕시코 극강의 소스 아바네로를 추가해 보자.

주소 Carretera, Boca Paila km 5.2, Manzana 10 Lote 16, 77780 Tulum
전화 984 179 4160
영업 월~일요일 08:00~23:00
예산 식사 200~380페소, 음료 30~60페소
찾아가기 툴룸 유적지에서 남쪽으로 6km. 자전거 25분. 버스 터미널에서 택시 10분(택시비 150페소)
지도 P.342-D

🍴 라 말케리다 La Malquerida

툴룸 시민과 함께 먹는 맛집 중의 맛집

툴룸 일대에서 가장 장사가 잘 되는 피자집. 다양한 종류의 피자와 파스타가 있지만 랍스터를 올린 피자는 이 집에서만 맛볼 수 있는 메뉴이니 꼭 먹어 보자. 저녁 시간이 되면 야외 테이블과 실내 테이블 모두 꽉 들어찬다. 노련한 웨이터의 친절한 서비스 또한 식당의 인기 요인. 메인 도로인 툴룸 거리에 있기 때문에 주민들도 퇴근길에 들러 포장을 많이 해간다.

주소 Centauro Sur s/n Loc. 1, Centro, 77760 Tulum
전화 984 111 4133 **영업** 11:00~02:00
예산 피자 100~200페소, 파스타 150~195페소, 음료 25~40페소 **찾아가기** 버스 터미널에서 도보 15분
지도 P.342-F

🍴 타이 툴룸 Thai Tulum

칼칼한 맛이 그립다면

지구 반대편의 태국 음식을 툴룸에서도 만날 수 있다. 멕시코 음식과는 또 다른 태국 음식의 매콤함은 한국인 입맛에도 잘 맞는다. 볶음국수인 팟타이에 매콤한 소스를 뿌려 먹고, 좀 더 매운맛이 당긴다면 맵기로 유명한 아바네로 소스를 추가하면 된다. 국물이 먹고 싶을 때는 똠양꿍을 추천하며, 태국식 볶음밥도 쌀밥의 아쉬움을 달랠 수 있다. 쫄깃한 국수나 볶음밥 혹은 국물이 그리울 때 찾아봐도 좋은 식당이다.

주소 Av. Tulúm Mza 3 Lte 3, Centro, 77780 Tulum
전화 984 871 2718 **영업** 월~토요일 14:00~22:00
예산 팟타이 165~185페소, 똠양꿍 155페소
찾아가기 버스 터미널에서 도보 5분 **지도** P.342-F

🍴 프리에토 툴룸 Prieto Tulum

아기자기, 쾌적함, 그리고 시원한 카페

툴룸의 식당이나 카페는 대부분 문과 벽이 길가를 향해 활짝 열려 있지만 이곳은 항상 굳게 닫혀 있다. 에어컨이 있기 때문인데, 그만큼 시원하고 쾌적한 실내에서 기분 좋게 즐기다 올 수 있다. 프로즌 요구르트(Frozen Yogurt)가 메인 메뉴이고, 에스프레소와 아메리카노, 카푸치노 등 신선한 원두로 내린 커피도 맛도 좋다. 사용하지 않는 창문이나 문을 이용해 테이블을 만들어 두었는데, 마치 서울의 분위기 좋은 카페에 앉아 있는 것 같은 기분이 든다.

주소 Av. Tulum Mz 5 Lote 17, Centro, 77760 Tulum
영업 월~토요일 09:00~22:00, 일요일 17:00~22:00
예산 커피 30~50페소, 프로즌 요거트 75, 95페소
찾아가기 버스 터미널에서 도보 20분 **지도** P.342-F

툴룸 호텔

툴룸의 메인 도로인 툴룸 거리를 기준으로 한두 블록 뒤에 저렴한 호스텔과 중급 호텔이 모여 있다. 툴룸 유적지에서 남쪽으로 난 해안도로를 따라서는 호텔 존이 형성되어, 올 인클루시브 호텔부터 중급 호텔, 호스텔, 캠핑장까지 다양한 형태의 숙소가 있다. 호텔 존의 숙소는 대부분 현대식 호텔로, 에어컨, 텔레비전, 냉장고 등이 구비되어 있지만 친환경을 표방하는 일부 숙소는 호텔 자체적으로 태양 패널 등 자가 발전 설비를 갖추고 태양열로 데운 온수를 사용하며, 에어컨도 없다.

호텔 포사다 세이스 툴룸
Hotel Posada 06 Tulum

포근한 숙소를 찾는다면

햇볕이 잘 드는 작은 수영장과 커다란 창문이 있는 해변 리조트로, 깨끗하고 조용하며 잘 가꾼 등나무가 하얀 외관과 잘 어울린다. 툴룸의 메인 도로인 툴룸 거리 바로 뒷골목에 있지만 조용하고, 맛집이 몰려 있는 센트로 수르(Centaro Sur) 거리도 바로 근처라 식사하러 가기 좋다. 툴룸 유적지까지도 자전거로 20분 거리. 호텔의 새 자전거를 하루 동안 150페소에 빌려 주는데 시간에 상관없이 타고 반납하면 된다. 친절한 직원들이 치첸이트사, 세노테 익킬, 스카렛 등의 투어에 관해 상담해주고 예약도 해준다. 방은 심플하지만 아늑하며 이런 분위기 때문인지 젊은 연인들이 많이 숙박한다. 인기 있는 숙소이니 미리 예약하면 좋다.

주소 Andromeda Ote, 77780 Tulum **전화** 984 160 0428
예산 더블 룸 2500페소
홈페이지 www.posada06tulum.com
찾아가기 버스 터미널에서 툴룸 유적지 방향으로 도보 20분
지도 P.342-F

칼라루나 Calaluna

툴룸을 대표하는 친환경 호텔

친환경 정책을 표방하는 대표적인 호텔이다. 호텔 자체 발전 설비로 태양광 패널을 설치했으며, 낮 동안 태양열로 데운 물을 온수로 제공한다. 방은 총 16개로 2층 구조의 방갈로 형태. 에어컨이 없고 천장에 커다란 팬이 달려 있다. 바닷가에 면해 있는 스위트룸은 패밀리 룸으로 써도 될 만큼 크기 때문에 아이를 동반한 가족이 많이 숙박한다. 조그만 수영장이 있고 프라이빗 비치와 바로 연결된다. 에어컨 바람을 거부하는 많은 친환경주의자들의 지지를 받으며 친환경을 표방하는 호텔로 입소문이 나면서 비·성수기를 가리지 않고 인기가 높아지고 있다.

주소 Carretera Tulum Boca-Paila Km 5, 77780 Tulum
전화 984 188 7486
예산 더블 룸 3500페소
홈페이지 www.calalunatulum.com
찾아가기 툴룸 유적지에서 남쪽으로 4.5km. 자전거 20분. 버스 터미널에서 택시 10분(택시비 150페소)
지도 P.342-D

투니치 Tunich

아날로그지만 괜찮아

툴룸 호텔 존 중심가에 위치한 호텔로, 길 건너의 칼라루나(Calaluna) 호텔과 더불어 친환경을 표방하는 호텔이다. 나무로 된 소박한 방이 총 5개인데 1층은 거실이고 2층은 잠을 자는 침실이 있는 구조이다. 에어컨과 텔레비전은 없지만, 침실 천장의 팬이 더위를 식혀준다. 며칠 머무르다 보면 오히려 에어컨의 인위적인 냉기가 불편하게 느껴질 정도. 창문을 열어 놓고 불어오는 바람을 맞으며 몸과 마음을 정화시켜 보자. 온수는 24시간 제공되고 인터넷 와이파이 또한 연결 상태가 좋다. 영어가 굉장히 유창한 매니저와 수다를 떨다보면 기분이 밝아지는 경험을 하게 된다. 식당을 같이 운영한다.

주소 Carretera Tulum Boca-Paila Km 5, 77780 Tulum
전화 984 112 7078 **예산** US$80~120
홈페이지 www.tunichtulum.com
찾아가기 툴룸 유적지에서 남쪽으로 4.5㎞. 자전거 20분. 버스 터미널에서 택시 10분(택시비 150페소) **지도** P.342-D

타타 툴룸 호텔 Tata Tulum Hotel

휴식을 원한다면 바로 이곳!

영업을 시작한 지 3년밖에 안 되었지만, 툴룸에서 가장 인기 있는 호텔 중 한 곳이다. 3층 건물이 총 10개로 방은 30개이다. 방은 넓고 쾌적하며 욕실 어매니티도 넉넉하다. 조그마한 온수 자쿠지와 수영장, 자체 해변도 있다. 풍성한 아침은 호텔의 또 다른 인기 비결. 다양한 종류의 신선한 과일과 즉석에서 해주는 달걀 요리 등은 웬만한 5성급 호텔에 버금가는 식사다.

시원하게 야외로 오픈된 로비의 직원은 유창한 영어를 구사하고, 호텔 여기저기서 만나는 직원들은 고객이 무엇을 원하든 그 자리에서 해결해준다. 재방문 고객이 많은 것도 호텔의 자랑.

주소 Carretera Tulum Boca Paila 1421 Km 5.5, 77780 Tulum **전화** 984 231 1035
예산 더블 룸 US$300~350
홈페이지 www.tatatulum.com
찾아가기 툴룸 유적지에서 남쪽으로 5.8㎞. 자전거 25분. 버스 터미널에서 택시 10분(택시비 150페소) **지도** P.342-D

AREA 06

바야돌리드 Valladolid

유카탄반도에서 세 번째로 큰 도시인 바야돌리드는 반도 중앙에 위치한 덕에 오래전부터 교통의 요지였다. 마야인들이 살던 이 도시는 16세기 스페인 침략 후 새롭게 다시 세워졌다. 식민지 시대에 건설된 저택과 뜨거운 태양, 느긋한 오후의 거리는 바야돌리드의 독특한 분위기를 만들어낸다. 도시 주변에 거대한 피라미드 치첸이트사와 세노테가 있어 며칠 머물다 가는 여행자가 많다.

기초 정보

지역번호 985　**인구** 약 4만 9,000명
위치 유카탄반도 중앙에 위치한 바야돌리드는 칸쿤과 메리다 등의 도시에서 치첸이트사, 툴룸 등으로 가는 길목이자 교통의 요지로 중요한 역할을 하고 있다.
치안 프란시스코 칸톤 공원 주변은 늦게까지 시민과 여행자들을 만날 수 있는 곳이지만, 공원에서 네다섯 블록만 가면 전형적인 주거 지역이다. 중심가를 벗어나면 가로등도 없어지니 너무 늦은 시간에는 벗어나지 말자.

가는 방법

칸쿤의 다운타운(2시간), 플라야 델 카르멘(2시간 30분), 메리다(2시간), 툴룸(1시간 20분) 등지에서 고속버스와 콜렉티보가 운행한다. 치첸이트사(1시간)도 수시로 고속버스, 콜렉티보, 택시 등으로 다녀올 수 있다.

ADO 버스 터미널

시내 교통

택시
버스 터미널과 프란시스코 칸톤 광장 주변에 많은 택시가 대기하고 있다. 주로 시 외곽의 세노테, 치첸이트사로 갈 때 많이 이용한다.
이곳 사람들은 칸쿤의 택시 기사들처럼 눈 마주칠 때마다 택시 탈거냐고 물어보지는 않는다. 버스 터미널에서 시내 목적지까지 기본요금(30페소)이면 갈 수 있다.

콜렉티보
버스 터미널 옆 주차장이 콜렉티보 발착 터미널이다. 콜렉티보마다 행선지가 다르기 때문에 타기 전에 행선지를 물어 보자. 바야돌리드에서 세노테 익킬, 치첸이트사까지 요금은 30페소. 차량이 작아 기동성은 있으나 운행 중 원하는 곳에서 타고 내리기 때문에 시간은 오래 걸리는 편이다.

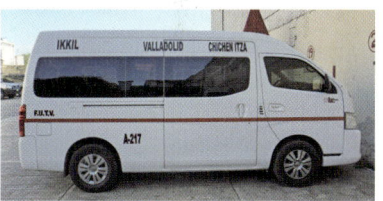

추천 일정

바야돌리드에서 치첸이트사까지는 차로 불과 50분 거리이다. 한낮이 되면 뜨거워지므로 오전에 콜렉티보나 택시를 타고 치첸이트사까지 가서 2시간 정도 천천히 둘러본 후 차량으로 10분 거리인 세노테 익킬로 옮겨가 뜨거워진 몸을 식힌다. 세노테 익킬에서 바야돌리드까지는 차로 30~40분 정도 걸린다. 바야돌리드 시내에서 걸어서 10분 거리에는 바야돌리드 시민의 수영장 노릇을 하는 세노테 사시가 있으니 이곳도 즐겨 보자.

↑ 에코텔 킨타 레히아
Ecotel Quinta Regia
100m

A

Calle 46　Calle 44　Calle 42　Calle 40　Calle 38　B　Calle 36

라 아우라 호텔 콜로니알
La Aurora Hotel Colonial

소리아나 엑스프레스 – 바야돌리드(슈퍼마켓)
Soriana Express–Valladolid

팔라시오 칸톤 호텔
Palacio Canton Hotel

메르카도 무니시팔(시장)
Mercado Municipal

Calle 37

호텔 엘 메종 델 마르케스
Hotel El Meson del Marqués

시티오 택시 정류장

Calle 37

ATM

레스토란테 스킴스
Restaurante Squimz

라 비예 비스트로
La Ville Bistro

세노테 사시
Cenote Zaci

Calle 39

테르미날 데 아우토부세스
Terminal de Autobuses

바사르 무니시팔
Bazar Municipal

코레오스 데 메시코(우체국)
Correos de México

레스토란테 엘레간차
Restaurante Eleganzza

ATM

Calle 41

주유소

HSBC

프란시스코 칸톤 공원
Parque Francisco Canton

산타 아나 바야돌리드 파크
Santa Ana Valladolid Park

Banamex

Calle 41

파르케 로스 에로스
Parque Los Heros

주유소

산 헤르바시오 대성당
Catedral de San Gervasio

무세오 산 로케(박물관)
Museo San Roque

Calle 43

Calle 43

편의점

Calle 45

극장
Teatro Vallodolid

엘 테킬라 델 메시코
El Tequila Del Mexico

Calle 46　Calle 42　Calle 40　Calle 36

C

레스토란테 엘 아트리오 델 마야브
Restaurante El Atrio del Mayab

D

N

바야돌리드
Valladolid
0　200m

352

바야돌리드 관광

바야돌리드 시내의 세노테 사시 외에 특별한 볼거리는 없다. 프란시스코 칸톤 공원 주위의 스페인 식민지풍 대저택을 구경하고 작은 거리를 거닐거나, 치첸이트사의 세노테 익킬을 당일 투어로 다녀오는 것도 좋다.

프란시스코 칸톤 공원 Parque Francisco Canton ★★

현지 시민들의 사랑방

시민들의 훌륭한 휴식처이자 만남의 광장. 바야돌리드의 모든 행사가 이곳에서 열린다. 여행자들은 칸쿤이나 플라야 델 카르멘에서 1일 패키지 투어를 할 때 치첸이트사를 오가는 길에 들러 시내를 둘러보는 출발점이기도 하다. 산헤르바시오 대성당과 스페인 식민지 시대에 건설된 아름다운 대저택들이 공원을 둘러싸고 있다. 오래된 가로수가 시원한 그늘을 만들어 주어 종일 시민의 사랑방 역할을 한다. 저녁이 되면 아이스크림, 추로스, 타코 등 간단한 먹거리를 파는 노점들이 영업을 시작한다. 관광객을 태운 여행사 버스는 모두 공원 주변에 정차하는데, 간단한 설명을 한 후 30분~1시간 정도 자유 시간을 준다

주소 Calle 41 204A, Centro, Valladolid **개방** 24시간
찾아가기 ADO 버스 터미널에서 동쪽으로 도보 5분
지도 P.352-D

산헤르바시오 대성당 ★★
Catedral de San Gervasio

바야돌리드의 랜드마크

프란시스코 칸톤 공원 한쪽에 있는 성당. 16세기에 스페인군이 바야돌리드를 침략하자마자 가장 먼저 건설한 건물이다. 일요일 미사 시간에는 대부분의 바야돌리드 시민이 모인다고 해도 과언이 아니다. 성당 입구에는 천장의 작은 구멍에서 내려온 줄이 있는데 15분마다 줄을 당겨 종을 울린다.

주소 Calle 41, Centro, Valladolid
전화 985 856 3116
개방 월~금요일 09:00~18:00, 토요일 09:00~15:00
미사 일요일 09:00, 13:00
찾아가기 프란시스코 칸톤 공원에서 남쪽으로 도보 2분
지도 P.352-C

📷 세노테 사시 Cenote Zaci ★★★

바야돌리드 시민의 피서지

세노테는 카르스트 지형에 생긴 싱크홀로 일반적으로 지상에서부터 깊이가 20m 이상 된다. 보통 울창한 정글 안에 있고 1년 내내 물이 마르지 않기 때문에 언제나 찾아가서 더위를 식힐 수 있어 인기가 높다. 세노테 사시는 바야돌리드 가까이에 있는 세노테 중 걸어서 갈 수 있는 곳으로, 프란시스코 칸톤 공원에서 걸어서 15분 정도 걸린다. 마을 한가운데 이런 세노테가 있다는 것이 놀라울 따름이다.

세노테 바닥까지 내려가는 길목 곳곳에는 테라스가 있어서 사진 촬영을 하거나 쉬어 가기에 좋다. 구명조끼는 매표소에서 무료로 빌려주고, 세노테를 길게 가로지르는 줄이 묶여 있으니 수영에 자신이 없거나 힘이 들면 이것을 잡고 있으면 된다. 치첸이트사의 세노테 익킬에 비하면 덜 상업적이고 사람이 없어 조용히 놀기에 좋다. 물에는 물고기도 살고 있는데 먹이는 절대 주면 안 된다.

매표소 옆에는 식당이 있어 점심을 먹거나 맥주를 마실 수 있다. 탈의실, 로커, 샤워 시설은 없으며 화장실은 레스토랑을 이용하면 된다.

주소 Calle 37 x Calle 39, Centro, Sta Ana, 97780 Valladolid **개방** 10:00~18:00
예산 30페소(탈의실, 로커, 샤워 시설 없음)
찾아가기 프란시스코 칸톤 공원에서 동쪽으로 도보 15분
지도 P.352-B

바야돌리드 식당

식당은 프란시스코 칸톤 공원과 ADO 버스 터미널 주변에 많다. 저녁 무렵이면 공원에 크고 작은 노점상들이 모여 들어 한 끼를 거뜬하게 해결할 수 있다. 저렴한 타코집은 버스 터미널 주변에 많다. 바야돌리드는 관광지이자 평범한 서민들이 생활하는 도시라 멕시칸 전통 음식부터 서양 음식까지 다양한 메뉴를 즐길 수 있다.

레스토란테 스킴스 Restaurante Squimz

바야돌리드의 첫인상처럼 깔끔한 식당

치첸이트사와 툴룸 등을 오가는 콜렉티보 종점 주차장과 연결되는 카페 겸 식당이다. ADO 버스 터미널과도 같은 건물을 쓴다. 버스 터미널과 가깝기 때문에 아침 일찍부터 배낭 혹은 트렁크를 든 손님이 유난히 많다. 이 식당은 현대적이고 깔끔한 인테리어에서 시원한 과일 주스, 신선한 커피와 더불어 멕시칸 음식, 파니니, 샌드위치 등으로 간단한 식사를 할 수 있다. 멕시칸 전통 달걀 요리와 커피, 주스, 간단한 토스트가 함께 나오는 아침 세트가 추천 메뉴. 인터넷 와이파이도 잘 잡히기 때문에 여행객들이 쉬어가기 좋은 곳이다.

주소 Calle 39 #219 entre 44 y 46, Centro, 97780 Valladolid **전화** 985 856 4156 **영업** 07:00~23:00
예산 식사 45~120페소, 음료 25~44페소, 아침 세트 메뉴 90페소 **찾아가기** ADO 버스 터미널 건물. 콜렉티보 주차장과 연결 지도 P.352-A

바사르 무니시팔
Bazar Municipal

싸고 맛있는 식당의 집합소

공원에 면해 있는 식민지풍의 커다란 건물 1층에 푸드 코트처럼 여러 식당이 영업을 하고 있다. 대부분 전통 타코집이지만 한쪽에는 중국 식당도 있다. 다양한 종류의 타코와 신선하고 달콤한 과일 주스가 이곳의 추천 메뉴. 저렴한 가격과 푸짐한 양, 뛰어난 맛까지 삼박자를 갖추었다. 게다가 아침 일찍 문을 열고 저녁 늦게까지 영업하기 때문에 시민과 여행객의 사랑을 받는 곳이다.

주소 Valladolid 30, Centro, Valladolid
영업 07:00~24:00 **예산** 음료 20~35페소, 식사 30~70페소
찾아가기 프란시스코 칸톤 공원 북쪽으로 도보 2분
지도 P.352-B

🍴 레스토란테 엘 아트리오 델 마야브 Restaurante El Atrio del Mayab

바야돌리드 맛집 넘버원
겉으로는 그저 그런 평범한 식당처럼 보이지만 좁은 홀을 지나 정원으로 나가면 왜 이 식당이 좋은 평가를 받는지 이해가 된다. 정원 중앙에는 깨끗하게 관리한 인공 연못이 있고, 그 주위에 15여 개의 테이블이 충분히 넓은 간격으로 놓여 있다. 이 식당의 주 메뉴는 정통 유카탄 스타일의 음식을 현대적인 감각으로 장식한 음식이다. 그와 더불어 스테이크와 파스타, 샌드위치 등 다양한 메뉴가 있어 제대로 된 식사를 하며 여행을 즐길 수 있는 멋진 식당 중 한 곳이다. 식전에 나오는 나초는 식당에서 직접 만드는 것으로 방금 만든 듯 따뜻해 굉장히 맛있다.

주소 Calle 41 204, Centro, 97780 Valladolid
전화 985 856 2394
영업 07:00~23:30
예산 식사 90~240페소, 파스타 120페소, 음료 25~65페소
찾아가기 프란시스코 칸톤 공원에서 남쪽으로 도보 4분
지도 P.352-D

🍴 엘 테킬라 델 멕시코 El Tequila Del Mexico

야외 테이블에서 시원한 맥주 한잔
바야돌리드에서 유일하게 테이블이 밖에 있는 레스토랑 겸 카페로, 공원의 전경을 바라보며 커피나 맥주를 마시며 한가롭게 시간을 보내기 좋다. 비교적 오래된 곳이라 웨이터들도 연세 지긋한 분들이 많다. 식사도 할 수 있는데 메뉴판에는 음식 사진과 이름이 있어서 주문하기 편하다. 이른 아침, 아직 시원한 공기를 마시며 커피와 식사를 즐기는 여행객들과 넥타이를 매고 진지한 표정으로 미팅을 하는 바야돌리드의 시민까지 다양한 모습을 볼 수 있다.

주소 Valladolid, Cancún 204, Centro, Valladolid
영업 08:00~23:00 예산 식사 95~195페소, 음료 25~35페소 찾아가기 프란시스코 칸톤 공원 남쪽 면 귀퉁이. 도보 4분
지도 P.352-D

🍴 레스토란테 엘레간차
Restaurante Eleganzza

멕시코식 해장국 포솔레 한 뚝배기

멕시코시티에서도 만나기 힘든 멕시코 전통 국물 요리인 포솔레(Pozole, 닭고기나 돼지고기 등에 옥수수를 넣고 푹 끓인 수프로 한국의 육개장 같은 음식)를 먹을 수 있는 멕시칸 요리 전문점이다. 타코, 케사디야도 맛있다. 특히 나초 종류가 다양해 저녁 나절 나초를 안주 삼아 시원한 멕시코 맥주 한잔하기 좋은 집이다. 모든 음식의 양이 넉넉해 양껏 식사할 수 있다.

주소 Calle 39 198B, Centro, Yuc. 97780 Valladolid
영업 08:00~22:00
예산 포솔레 75페소, 식사 26~120페소, 음료 25~45페소
찾아가기 프란시스코 칸톤 공원에서 동쪽으로 도보 5분
지도 P.352-B

🍴 라 비예 비스트로 La Ville Bistro

바야돌리드의 핫 플레이스

거리를 지나다 보면 한 번은 눈길을 주게 되는 카페 겸 이탈리안 레스토랑이다. 파스텔 톤 건물과 창문이 카페 분위기에 잘 어울린다. 천장이 높은 콜로니얼 스타일 실내를 복층 구조로 바꾸고 내부는 현대식 인테리어로 깔끔하게 정리했다. 이런 인테리어 덕분인지 여성들과 연인들의 전폭적인 지지를 받는다. 천장이 높기 때문에 위에서 돌아가는 팬만으로도 충분히 시원하다. 여기에 망고 스무디 한 잔이면 뜨거운 태양의 더위를 식히기에 안성맞춤이다.

시원한 음료뿐만 아니라 정통 스테이크와 이탈리안 스타일 파스타까지 즐길 수 있다. 와이파이가 잘 잡히기 때문에 식사를 하지 않더라도 칵테일, 과일 스무디 등을 시켜놓고 휴대전화를 들여다보는 손님도 많다.

주소 Calle 40 197 X 37, Centro, Valladolid
전화 985 856 0277
영업 08:00~24:00
예산 식사 90~240페소, 파스타 120페소, 음료 25~65페소
찾아가기 호텔 엘 메종 델 마르케스(Hotel El Meson del Marques)와 같은 건물. 프란시스코 칸톤 공원에서 북쪽으로 도보 3분
지도 P.352-B

바야돌리드 호텔

프란시스코 칸톤 공원 주변에는 스페인 식민지 시대에 건설된 대저택을 개조해 영업하는 호텔과 호스텔이 많다. 천장이 높은 1층, 중정, 파티오가 있는 구조라서 이런 곳에 묵으면 16세기로 돌아가는 타임머신을 타는 듯 재미난 경험이 될 것이다.

에코텔 킨타 레히아 Ecotel Quinta Regia

오래된 것의 아름다움

스페인 식민 시대의 대저택 몇 채를 개조해 영업하고 있는 호텔. 입구부터 골동품과 그림으로 장식해 고풍스러운 분위기를 간직하고 있다. 잘 가꾼 정원은 뜨거운 유카탄반도의 태양열을 막아내기에 효율적이다. 방 크기는 퀸 침대 2개가 들어가고도 남을 만큼 넓다. 모든 객실에 베란다가 있어 정원의 신선함을 만끽할 수 있다. 수영장 대신 테니스 코트가 있다는 것이 특이점. 라켓과 공은 로비에서 빌려 준다. 아침, 점심, 저녁을 해결할 수 있는 호텔 식당은 정통 멕시칸 스타일로, 바야돌리드에서 평판이 좋다.

주소 Calle 40 No. 160-A x 27, Santa Lucia, Sta Lucía, 97780 Valladolid 전화 985 856 3472 예산 더블 룸 1300페소 홈페이지 www.ecotelquintaregia.com.mx 찾아가기 프란시스코 칸톤 공원이 있는 센트로에서 북쪽으로 도보 20분. ADO 버스 터미널에서 택시로 5분 지도 P.352-B 밖

팔라시오 칸톤 호텔 Palacio Canton Hotel

저렴하지만 품격 있는 호텔

노란색 벽이 인상적인 이 호텔은 좁고 긴 구조로, 스페인 식민지 시대 저택의 전형적인 구조다. 로비를 채우고 있는 골동품 수준의 가구와 샹들리에, 장식품 등이 건물의 역사를 말해주고 있다. 입구를 지나면 중앙에 파티오가 있고 주위에 2층 구조의 방이 둘러싸고 있다. 방은 침대, 에어컨, 텔레비전 등 단순한 구조로 되어 있다. 2층의 스위트룸은 4인 가족이나 어린이를 동반한 가족에게 추천한다. 작은 수영장이 된 파티오에서는 투숙객들이 편하게 휴식을 취한다. 광장, 버스 터미널과 가깝기 때문에 타 지역으로 이동하거나 식사하기에 편하다. 직원들이 굉장히 헌신적이고 친절하다.

주소 Calle 40 #187, Centro, Valladolid
전화 985 856 5722
예산 더블 룸 400~650페소
홈페이지 palacio-canton-mx.book.direct
찾아가기 프란시스코 칸톤 공원에서 북쪽으로 도보 5분
지도 P.352-B

호텔 엘 메종 델 마르케스
Hotel El Meson del Marques

여유로운 휴식을 원한다면 이곳에서

5층 건물에 엘리베이터를 갖춘 현대적인 호텔이다. 의외로 로비는 식민지풍인데 오래된 가구와 장식품이 시간이 멈춘 듯한 분위기를 낸다. 호텔 안쪽으로 꽤 큰 수영장이 있으며, 쾌적하고 깨끗하게 관리된 방은 호텔의 자랑이다. 편안한 쿠션과 베게, 어매니티가 완비된 욕실이 좀 더 머물고 싶게 만드는 호텔이다. 1층에 있는 동명의 식당은 여러 유명 사이트와 블로그 등에서 최고의 평가를 받을 정도로 바야돌리드에서 제일 유명한 식당이다. 숙박 요금에 포함되어 있는 아침 식사 말고도 뜨거운 열기가 한풀 꺾인 저녁 시간에 정중한 서빙을 받으며 식사 한 끼 하는 것도 강력 추천한다. 비수기에는 로비에서 직접 예약을 하면 40% 이상 저렴한 금액으로 숙박할 수 있다.

주소 Calle 39 203, Centro, 97780 Valladolid
전화 985 856 2073
예산 더블 룸 1300페소
홈페이지 www.mesondelmarques.com
찾아가기 프란시스코 칸톤 공원에서 북쪽으로 도보 3분
지도 P.352-B

라 아우로라 호텔 콜로니알
La Aurora Hotel Colonial

가성비 좋은 호텔이란 바로 여기

콜로니얼 스타일의 저택을 개조한 호텔로 예전에 집을 받치고 있던 기둥의 하단이 남아 있다. 폭이 좁은 로비를 지나 안으로 들어오면 수영장이 중정을 꽉 채우고 있다. 모든 방에서 안쪽으로는 수영장이, 밖으로는 거리가 보인다. 방이 크기 때문에 가족 방문객도 많다. 센트로와 가깝지만 주위가 조용하기 때문에 호텔에서 쉬면서 독서와 낮잠, 수영을 하며 시간을 보내려는 사람이 대부분이다.

주소 Calle 42 No. 192 x 35 y 37, Centro, 97780 Valladolid
전화 985 856 1219 예산 더블 룸 820페소
찾아가기 프란시스코 칸톤 공원에서 북쪽으로 도보 5분
지도 P.352-A

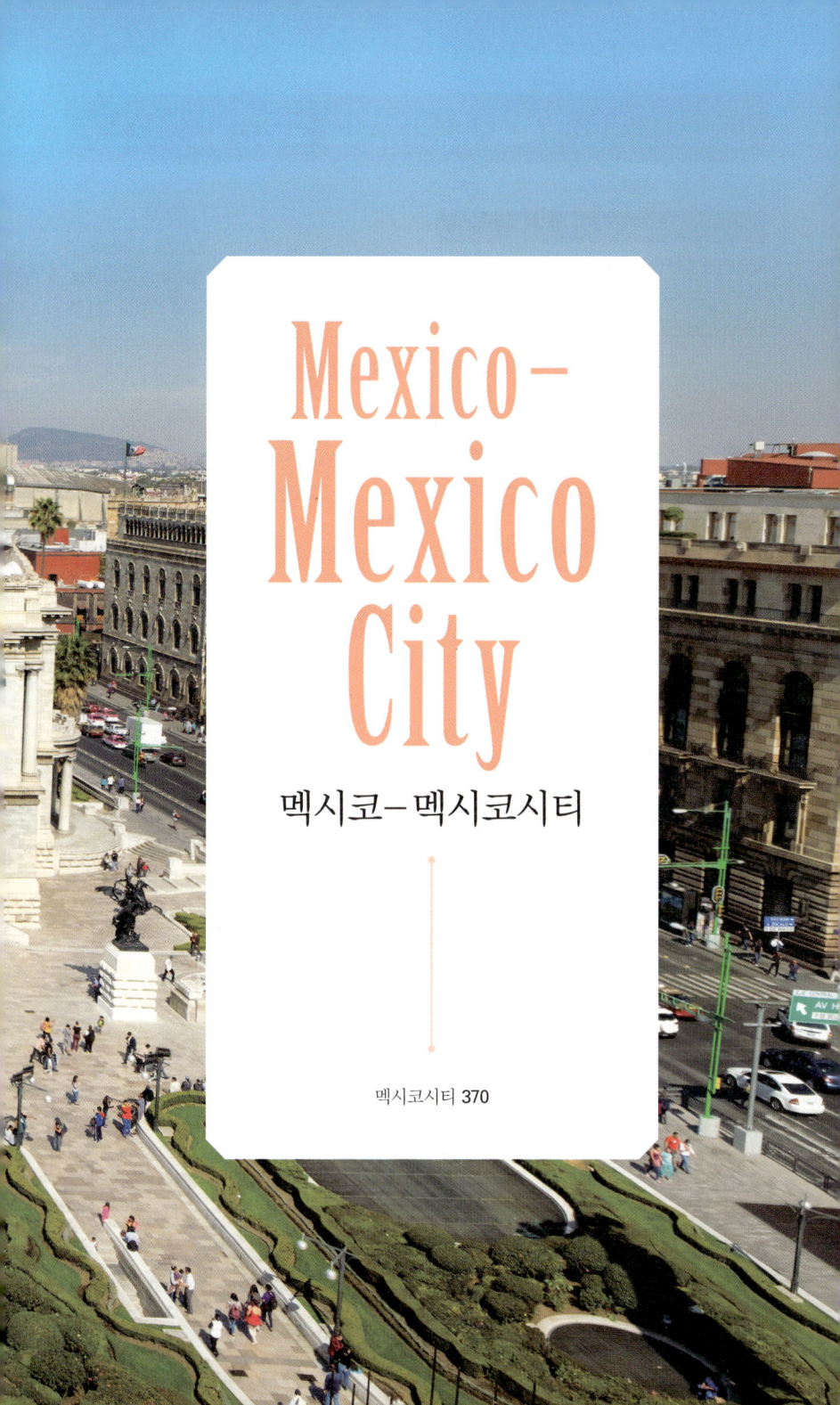

Mexico–Mexico City

멕시코–멕시코시티

멕시코시티 370

멕시코시티 기초 여행 정보

멕시코시티 기초 정보

지역번호 55

인구 약 900만 명(2018년 기준)

위치
동쪽의 시에라마드레오리엔탈산맥(Sierra Madre Oriental)과 서쪽의 시에라마드레옥시덴탈산맥(Sierra Madre Occidental) 사이에 있는 멕시코 고원의 남쪽에 위치한다.
멕시코시티는 전국 교통, 수송망의 중심지로 미국과 과테말라 국경, 대서양 연안의 항구들, 태평양 연안까지 주요 간선도로들이 연결되어 있고, 시를 중심으로 철도망이 방사상으로 뻗어 있다.

기후
해발 고도 2,400m에 위치한 멕시코시티는 평균 해발 고도 1,800m의 멕시코고원에 자리해 있다. 따라서 멕시코고원의 높은 고도로 인해 사계절 내내 월 평균 기온이 12~18℃ 정도로 온화하다. 반면 12월에서 2월 사이의 멕시코시티, 과달라하라 등 멕시코 내륙은 북쪽에서 불어오는 차고 건조한 바람의 영향으로 기온이 영하로 내려가기도 한다. 강수량은 약 200㎜로 건조한 편이다.

여행 적기
멕시코시티는 비가 적게 내리고 사계절 내내 기온이 온화하기 때문에 어느 때나 여행하기에 좋다. 특히 '죽은 자의 축제(Dia del Muerto)'가 열리는 11월 1일, 3월 말~4월 초의 부활절 주간, 크리스마스부터 신년이 되는 연말연시는 소칼로를 중심으로 도시 곳곳에서 거리 행사가 열리는 시기라 더 많은 관광객이 몰린다.

치안
소칼로(Zocalo) 주변, 소나로사(Zona Rosa) 등 관광객이 많이 찾는 곳에는 경찰이 있지만 센트로의 시장 주변, 공원 등은 저녁 시간에 조심할 필요가 있다. 전철 메트로와 메트로부스의 맨 마지막 칸은 여성 전용이다.

시차 한국보다 15시간 느리다. 한국이 오전 1시면 멕시코시티는 전날 오전 10시다.

환율
1Mex$ = 56.42원(2019년 1월 기준)

멕시코시티의 역사

먼 옛날, 지금의 멕시코시티 자리에는 텍스코코 호수(Lago de Texcoco)가 있었다. 아즈텍 왕국이 세워진 후 13세기 말, 아즈텍족은 텍스코코 호수를 간척하고 섬을 만들어 그곳에 수도인 테노치티틀란을 세웠다. 그런데 계속 호수가 범람하자 결국 작은 호수들을 매립하고 물을 모두 빼서 육지와 섬을 연결하기에 이른다. 이후 최고 전성기를 누리던 아즈텍 문명은 1519년 스페인에서 건너온 에르난 코르테스에게 침략을 당하고, 400여 년에 걸친 철저한 파괴로 지금은 흔적조차 찾기 어렵게 되었다. 스페인 군대는 테노치티틀란이 있던 호수 중심부에 계획 도시를 건설했는데, 그것이 바로 지금의 멕시코시티다.
멕시코시티는 현재 소칼로라고 알려진 플라사 데 라 콘스티투시온(Plaza de la Constitucion)을 중심으로 대성당, 대통령궁, 관공서 등의 스페인 식민 시대 양식 건물들이 즐비하다. 텍스코코 호수를 메운 흙이 연한 고운 점토이기 때문에 지반이 불안정하여 지진에 견디기 어렵고, 소칼로와 대통령궁, 대성당 주변은 지반 침하가 시작되어 멕시코시티의 존립을 걱정하게 되었다.

여행 안내소(인포투르, Infotur)
- **멕시코 공항 터미널**
위치 멕시코시티 베니토 후에레스 국제공항 1, 2터미널 입국장
운영 07:00~24:00
- **소칼로**
주소 Calle Monte de Piedad Sn, Centro Histórico, Cuauhtémoc, 06600 Ciudad de México
전화 55 5208 1030
운영 09:00~18:00
- **알라메다 공원**
위치 알라메다 중앙 공원 가톨릭 성당 건너편
운영 09:00~18:00

이민국
주소 Calle Homero 1832, Los Morales Polanco, Del. Miguel Hidalgo, 06600 Ciudad de México
전화 5387 2400 / 01 800 00 46264
운영 월~금요일 09:00~13:00

우체국 Correo
- **중앙 우체국(Edificio de Correos)**
주소 Centro Histórico, Centro, 06000 Ciudad de México
전화 5 510 2999
- **소나로사**
주소 Calle Lisboa 56, Juárez, 06602 Ciudad de México
전화 800 701 7000

DHL
- **DHL 레포르마 대로점**
주소 Paseo de la Reforma 104, Cuauhtémoc, 06600 Ciudad de México
전화 55 5401 1147
- **DHL 멕시코 연방 정부점**
주소 Paseo De La Reforma 325, Local 1, Cuauhtemoc, 06600 Ciudad de México
전화 55 5068 8538
- **DHL 차풀테펙 점**
주소 Paseo de la Reforma 418, Cuauhtémoc, 06600 Ciudad de México
전화 55 4524 1097
- **DHL 소칼로 점**
주소 Av Francisco. Madero 70-C, Centro Histórico, Centro, 06600 Ciudad de México
전화 55 5068 0504

병원, 약국
한국인의 이민 역사가 오래된 만큼 한국인이 진료하는 병원이 있다. 주로 소나로사(Zona Rosa) 지역에 한인 병원이 있다. 진료 시간은 평일 09:30~20:30, 토요일 09:30~18:30이다.
- **서울 클리닉**
주소 Londres #227 Juárez, Cuauhtémoc, 06600 Ciudad de México
전화 5208-5448 휴대전화 04455-1513-7716
- **덴탈 델 센트로 Dental del Centro**
주소 Isabel la Catolica #45-203호 Esq. Venustiano Carranza, 06600 Ciudad de México
전화 5512-5905, 5521-9074
- **우남 나비 치과**
주소 Hamburgo #214-18호 Juárez, Cuauhtémoc, 06600 Ciudad de México
전화 5207-0026
휴대전화 04455-4882-2676
- **덴탈 플러스 치과**
주소 Londres #167(4층) Juárez, Cuauhtémoc, 06600 Ciudad de México 전화 04455-1833-2971
- **한맥 연합 클리닉**
주소 Florencia 39, 202호, Juárez, Cuauhtémoc, 06600 Ciudad de México 전화 5514-6106
- **한강 한의원**
주소 Florencia 57(904호), Juárez, Cuauhtémoc, 06600 Ciudad de México
전화 5207-1957
휴대전화 04455-6806-9062

은행(Banco)
- **Afore Banamex**
주소 Paseo de la Reforma 390, Cuauhtémoc, 06600 Ciudad de México
전화 55 1226 2639

- **Palacio de Cultura Citibanamex**
주소 Av. Francisco I. Madero 17, Centro Histórico, Centro, 06600 Ciudad de México, CDMX
전화 55 1226 0004
- **Banamex**
주소 Paseo de la Reforma 305, Cuauhtémoc, 06600 Ciudad de México 전화 55 1226 2639

환전소(Casa de Cambio)
베니토 후아레스 국제공항, 은행, 환전소, 일부 호텔 등에서 환전이 가능하다. 환전소는 센트로 히스토리코(Centro Histórico)의 소칼로 부근에 많으며 보통 월~토요일에는 10:00~20:00, 일요일에는 10:00~18:00까지 영업한다.

- **Centro de Cambios y Divisas CCD Centro Cambiario**
주소 Monte de Piedad No. 13 Local 8, Centro, 06000 Cuauhtemoc
전화 55 5514 9960
- **Casa de Cambio Puebla**
주소 Av Francisco. Madero 27, Centro Histórico, Centro 06600 Ciudad de México
전화 55 5521 8153
- **Global Casa De Cambio Sa De Cv**
주소 Florencia 31, Juárez, 06600 Ciudad de México
전화 55 5208 2002

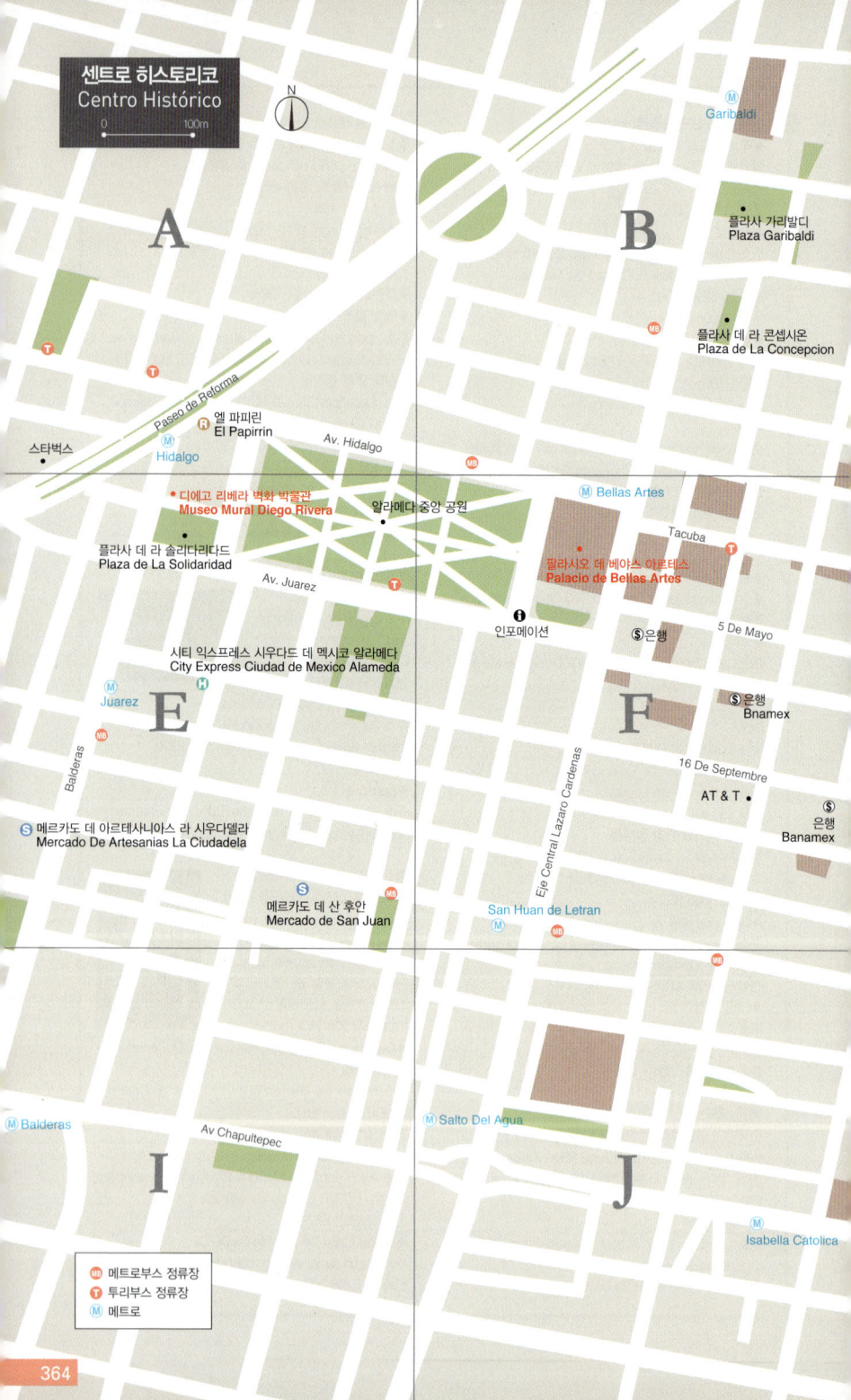

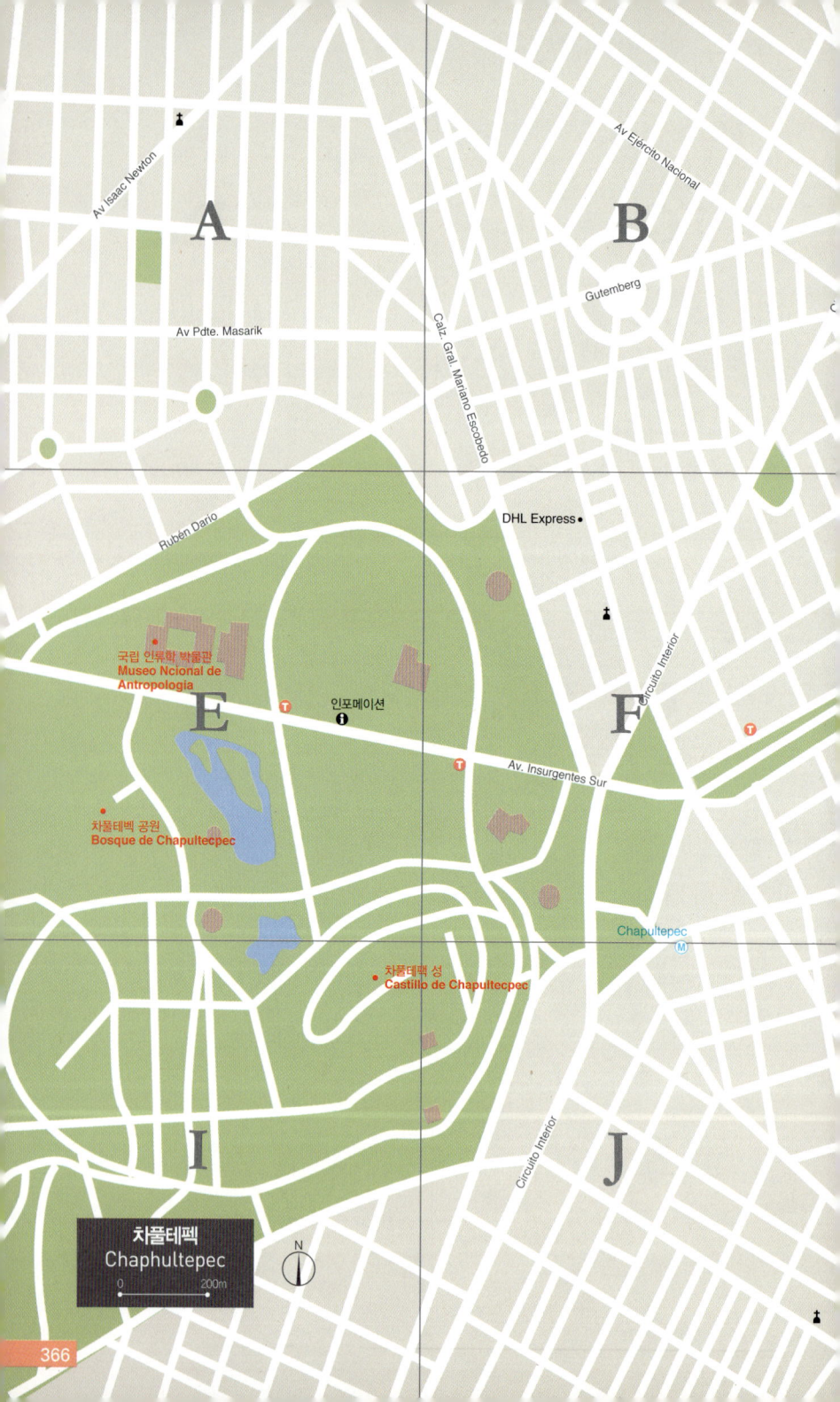

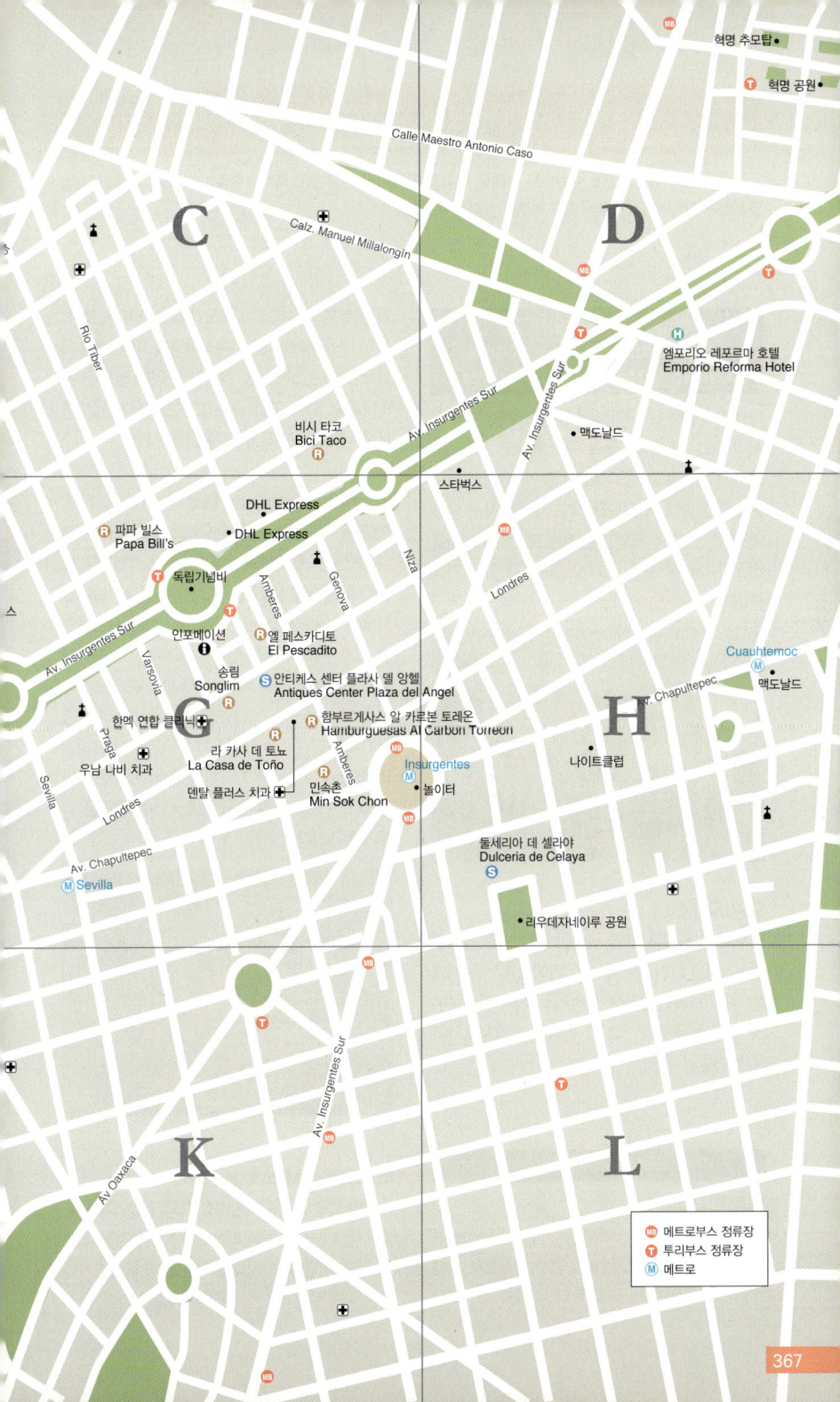

멕시코 국내에서 멕시코시티로 들어오기

인천과 멕시코시티를 잇는 직항편은 아에로 멕시코 항공에서 운항한다. 멕시코시티는 도로망이 거미줄처럼 연결되어 중앙아메리카 각국에서 육로로 들어올 수도 있다.

베니토 후아레스 국제공항
Aeropuerto Internacional de la Ciudad de México Benito Juárez

1911년 개항해 1·2터미널을 운영 중이다. 시내에서 가깝고, 관광지가 몰려 있는 센트로 히스토리코까지 전철로 20~30분이면 갈 수 있어서 환승하느라 공항에 머물게 될 때도 시내에 잠시 나갔다 올 수 있다. 두 터미널 간에는 모노레일과 셔틀버스가 다니며 최근 도시 외곽에 신공항을 건설 중이다.

항공(국내선)

영토가 넓은 멕시코의 특성상 국내선 항공편이 발달해 있다. 아에로멕시코, 아에로멕시코 커넥트, 아에로마르, 인터젯, 볼라리스, 비바 아에로부스 항공 등을 통해 멕시코 전역에서 멕시코시티로 들어올 수 있다.

공항에서 시내로

메트로 Metro

1터미널 밖에 5호선 테르미날 아에레아(Terminal Aérea)역이 있다. 2터미널의 경우 1·5호선, A선 종점인 판티틀란(Pantitlán)역에서 탑승해도 되지만 대부분 셔틀버스나 모노레일로 1터미널로 이동한 다음, 테르미날 아에레아역을 이용한다. 메트로 요금은 5페소로, 기본적인 이용 방법은 우리나라와 같다. 다만 안내 방송은 나오지 않으므로 주의하고 노선도를 잘 확인해야 한다.

공항버스 Aeropuerto Bus

1터미널 밖으로 나오면 공항버스 정류장 이정표가 보인다. 2터미널은 3번 게이트와 1번 게이트 중간에 정류장이 있다. 04:30~24:00에 15분 간격으로 운행하며 요금은 30페소. 현금은 사용할 수 없고 버스 카드를 산 다음 다시 돈을 충전해 이용해야 한다. 버스 카드는 1터미널 1층의 7번 게이트 부근, 공항버스 정류장 근처에 있는 자동판매기에서 살 수 있다. 빨간색 버스는 멕시코시티의 중심인 소칼로를 지나기 때문에 소칼로 주변에 숙소가 있거나 짧은 시간에 시내를 둘러볼 경우에 유리하다.

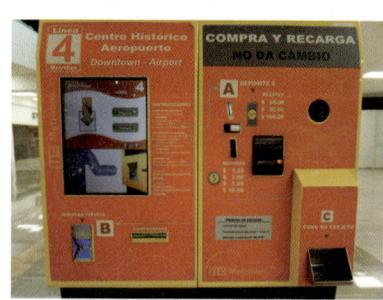

버스 카드 자동판매기

메트로부스 Metrobus

공항버스와 마찬가지로 버스 카드가 있어야 탑승할 수 있다. 공항 밖의 메트로부스 정류장에서 타면 되고, 내릴 곳의 정류장 이름과 환승 정거장을 알아두면 된다. 4호선이 공항에서 발착하며, 요금

은 30페소이다.

공항 택시 Taxi

국제선 도착 홀과 1터미널 10번 게이트 주변에 택시 회사의 티켓 판매소(Taxis Autorizado)가 있다. 목적지 주소를 보여주고 요금을 지불하면 영수증에 해당하는 티켓을 준다. 공항 택시는 소형 택시와 대형 택시로 나뉘는데, 외국인은 일단 요금이 비싼 대형 택시에 태우므로 티켓을 살 때 차종을 꼭 확인해야 한다. 일행이 4명 정도 되고 짐이 많다면 대형을 이용하는 것이 편리하다.

티켓을 받았으면 택시 회사의 승차장 표시판을 따라 밖으로 나와 대기하고 있는 택시를 타고 목적지 주소를 알려주면 된다. 티켓은 택시에서 내릴 때 기사에게 준다.

단, 택시를 기다릴 때 빨리 출발할 수 있도록 도와준다며 접근해 택시가 아닌 일반 차량에 타도록 유도하는 사람은 강도일 가능성이 높으니 피하자. 공항에서 소칼로까지 갈 경우 요금은 소형 택시 180페소, 대형 택시 270페소 정도이다.

시내에서 공항으로

메트로를 이용할 경우 5호선 테르미날 아에레아(Terminal Aérea)역에서 내리면 된다. 센트로 히스토리코 지역에서 공항 1터미널까지 20~30분 정도 걸린다. 2터미널은 1터미널에서 모노레일이나 셔틀버스로 이동하면 되며, 20분 정도 시간 여유를 두고 와야 한다. 메트로부스를 이용할 경우에는 4호선을 타고 4번 게이트 앞에 내려서 1터미널이나 2터미널로 이동하면 된다. 짐이 많은 경우에는 택시를 이용하는 것도 좋은데, 숙소에서 라디오 택시(Radio Taxi)를 불러 타는 것이 가장 안전하다. 택시 정류장에 정차해 있는 시티오 택시(Sitio Taxi)를 타도 좋다.

버스

멕시코시티에는 총 4개의 버스 터미널이 있다. 과달라하라(Guadaljara)를 비롯한 멕시코 북부에서는 북부 터미널로, 칸쿤과 유카탄반도를 비롯한 멕시코 동부 지역에서는 동부 터미널로 버스가 다닌다. 또 남부 터미널에서는 아카풀코(Acapulco)를 비롯한 남부 도시, 서부 터미널에서는 멕시코시티 주변 도시와 잇는 버스가 수시로 운행된다.

버스 터미널 ↔ 시내

버스 터미널에서 시내로

멕시코시티의 주요 시외버스 터미널은 메트로 역과 100m 이내 거리이기 때문에 메트로를 이용해 시내 곳곳으로 이동할 수 있다. 또한 각 터미널에는 안전 택시(Taxi Seguro)라는 시스템이 있는데, 데스크에서 티켓을 사서 택시에 탑승하고 목적지에 도착 후 기사에게 이를 건네주는 제도다. 택시 요금으로 실랑이를 벌일 필요가 없고 등록된 택시만 이용하기 때문에 비교적 안전하다.

각 버스 터미널의 메트로 역

버스 터미널	메트로 역
북부 시외버스 터미널 Terminal Norte	5호선 아우토부세스 델 노르테 Autobuses del Norte
동부 시외버스 터미널 Terminal Oriente	1호선 산 라사로 San Lazaro
남부 시외버스 터미널 Terminal Sur	2호선 타스케냐 Tasqueña
서부 시외버스 터미널 Terminal Poniente	1호선 오브세바토리오 Observatorio

시내에서 버스 터미널로

가장 손쉽게 터미널로 가는 방법 역시 메트로를 이용하는 것이다. 짐이 많다면 택시를 이용해야 하는데 이 경우도 숙소에 부탁해 라디오 택시(Radio Taxi)를 요청하거나 택시 정류장에 정차해 있는 시티오 택시(Sitio Taxi)를 타면 된다.

AREA 01

멕시코시티 Mexico City

멕시코시티는 멕시코의 수도이자 중앙아메리카 대륙의 관문 역할을 하는 국제적인 도시다. 예부터 아즈텍 왕국의 수도로서 화려한 문명을 피워왔기 때문에 소칼로 광장을 중심으로 한 센트로 히스토리코 지역에는 아즈텍 문명과 스페인 식민 시대의 흔적이 남아 있고, 소나로사 주위에는 현대적인 풍경이 들어서 있다. 그야말로 과거와 현재가 공존하는 도시라 할 수 있다. 중남미에서 가장 큰 피라미드 유적지인 테오테우이아칸은 멕시코시티에서 1시간이면 다녀 올 수 있다.

시내 교통

도시 철도

■ 메트로 Metro

멕시코시티의 대표적인 교통수단으로 총 12개 노선이 운행 중이다. 요금은 노선과 거리에 상관없이 1회 5페소이며, 매표소에서 직접 사야 한다. 항상 줄이 길기 때문에 한 번에 2장을 사서 왕복 이용하면 편리하다. 출퇴근 시간에는 객차 안으로 사람을 밀어 넣을 정도로 사람이 몰리며, 소매치기가 극성이다. 내리는 역에 대한 안내 방송이 없으므로 주의하자.

홈페이지 www.metro.df.gob.mx

■ 경전철 Tren Ligero

현재 1개 노선이 운영되며, 최신형 열차가 2량으로 운행된다. 요금은 메트로와 마찬가지로 1회 탑승에 5페소. 노선은 남부 시외버스 터미널이 있는 타스케냐(Tasqueña)에서 소치밀코(Xochimilco)까지다.

버스 Bus

■ 메트로부스 Metrobus

교통 체증을 피해 전철보다 안전하게 다닐 수 있는 교통수단. 버스 2량이 연결된 형태이며, 전용

차선을 따라 총 5개 노선이 운행된다. 전철처럼 노선도가 있어서 쉽게 타고 내릴 수 있으며 정류장이 지상에 있기 때문에 계단을 오르내리지 않아 노약자에게도 좋다. 1회 요금은 6페소인데(공항행은 30페소), 현금은 받지 않고 버스 카드를 사서 충전해야 한다. 버스 카드는 20페소이며 메트로부스 역, 베니토 후아레스 공항 등에서 살 수 있다.

■ 에코 부스 Eco Bus

멕시코시티를 다니는 버스는 대부분 에코 부스라 부르는 공영 버스이다. 요금은 5페소. 현금도 낼 수 있지만 잔돈은 거슬러 주지 않는다.

■ 트롤레 부스 Trolebus

트롤레 부스는 전기로 운행을 하는 버스로, 총 8개 노선이 있다. 매연이 없으나 속도는 약간 느리다. 남부 시외버스 터미널에서 북부 시외버스 터미널을 잇는 노선이 가장 인기 있다.

■ 공영 버스 Publico Bus

멕시코시티의 외곽순환도로와 간선도로를 따라 운행하는 버스로, 아니요 페리페리코(Anillo

TOUR TIP 버스 카드 구매 · 충전 방법

카드 구매(COMPRA)
1. 초록색 버튼 'COMPRA'을 누른다.
2. B에 있는 투입구에 20페소(지폐, 동전)를 넣는다.
※ 버스 카드 초기 비용은 20페소로, 카드 값 15페소에 1회 요금 5페소가 포함된다. 2회 이상 이용하려면 충전해야 한다.
3. C에서 카드 수령.

카드 충전(RECARGA)
1. A에 카드를 넣는다. 카드 잔액은 작은 디지털 화면에 표시된다.
2. 노란색 버튼 'RECARGA'을 누른다.
3. B에 원하는 금액만큼 돈을 넣는다.
4. C에서 카드 수령.

Periférico)를 따라 운행하는 코페사(Copesa), 200주년 순환도로(Circuito Bicentenario) 중 타쿠바야~공항 구간을 연결하는 콘헤사(Congesa), 멕시코시티의 메인 도로인 레포르마 대로(Paseo del la REforma)를 따라 운행하는 레포르마 비센테나리오(Reforma Bicentenario) 등이 주요 노선이다. 요금은 5.5페소.

■ **일반 버스 Camión · 미크로부스 Microbús**
일종의 마을 버스. 차량 종류에 따라 부르는 이름이 다르다. 대형 버스는 카미온(Camión), 25인승 버스는 미크로부스(Microbús), 봉고차는 페세로(Pesero) 혹은 콤비(Combi)라 부른다.

버스의 치안은 운행 구간에 따라 다르다. 시내만 운행하는 노선은 소매치기 정도만 조심하면 비교적 안전하지만, 늦은 저녁 인적이 드문 외곽 지역으로 다니는 차량은 버스기사, 차장, 혹은 승객이 강도로 돌변하는 일이 있으니 주의가 필요하다.

미크로 부스

■ **투리부스 Turibus**
시티 투어 버스로, 총 4개의 노선이 있다. 보통 시티 투어 버스는 원하는 곳에 내려 시간을 보내다가 다음 버스를 타고 다음 목적지로 이동하는 것이 일반적이나, 멕시코시티의 투리부스는 메트로나 메트로부스처럼 환승을 하며 도시 전역을 꼼꼼하게 다닐 수 있다.

홈페이지 www.turibus.com.mx **요금** 어른 140페소(주말 165페소), 어린이 85페소(주말 70페소)

택시 Taxi
택시는 일반 택시, 정류장 택시인 시티오 택시(Sitio Taxi), 콜택시인 라디오 택시(Radio Taxi) 등으로 나뉜다. 멕시코의 택시는 운전기사가 강도로 돌변하기로 악명 높아, 현지인들조차 늦은 시간에는 거리에서 택시를 잡지 않을 정도이다. 여행자는 시티오 택시나 라디오 택시를 타는 것이 좋다. 시티오 택시 정류장에 있는 택시는 등록된 택시로 운전기사의 신분이 보장되었으며, 라디오 택시는 한국의 콜택시처럼 호텔, 식당, 공항 등에서 신청해야 탈 수 있는 택시다. 터미널에 있는 안전 택시 시스템도 이용할 만하다.

추천 일정

반일 코스
소칼로 → 도보 2분 → 대성당 → 도보 5분 → 템플로 마요르 → 메트로 15분 → 국립 인류학 박물관

1일 코스
테오티우아칸 → 고속버스 50분 → 소칼로 → 도보 2분 → 대성당 → 도보 5분 → 템플로 마요르 → 메트로 15분 → 국립 인류학 박물관

1박 2일 코스
■ **1일차**
소칼로 → 도보 2분 → 대성당 → 도보 5분 → 템플로 마요르 → 도보 10분 → 대통령궁 → 도보 20분 → 팔라시오 데 베야스 아르테스 → 도보 15분 → 디에고 리베라 벽화 박물관 → 도보 25분 → 차풀테펙 공원 · 차풀테펙성 → 도보 10분 → 국립 인류학 박물관

■ **2일차**
테오티우아칸

멕시코시티 관광

멕시코와 라틴아메리카 대륙의 거대 도시 멕시코시티는 과거와 현재가 공존하는 역사와 문화의 도시다. 스페인 침략으로 아즈텍 왕국이 멸망하고 철저히 파괴당한 후 그 위에 세워진 도시로, 땅 속에 묻힌 아즈텍 왕국의 유적과 스페인 침략자들이 만든 식민지풍 건물들이 한데 어우러져 있다. 아즈텍 왕국의 유적과 도시의 역사를 한자리에서 볼 수 있는 센트로 히스토리코 지역과 현대를 가로지르는 소나로사 지구, 그리고 고대 태양의 피라미드 테오티우아칸까지 타임머신 속으로 들어가 보자.

소칼로 Zocalo ★★

아즈텍 문명과 멕시코시티의 중심

가로세로 240m의 소칼로 광장은 멕시코시티의 중심이다. 대성당, 대통령궁, 템플로 마요르 등이 광장 주변에 있어 관광의 시작점이기도 하다. 광장 바닥에 깔린 돌은 스페인 군대가 파괴한 아즈텍 건물에서 가져온 것이라고 한다.

소칼로 주변은 아즈텍 왕국 시대에는 수도 테노치티틀란의 중심부였지만, 스페인 군대가 침략한 후에 아즈텍 문명의 흔적은 철저히 사라지고 유럽풍 건물들이 자리를 차지했다. 소칼로 주변의 대성당과 템플로 마요르의 지하에는 스페인 침략자들이 묻어버린 아즈텍 유적이 그대로 남아 있으며, 그 위에 식민지 시대 건물이 있다. 그야말로 멕시코의 과거와 현재가 공존하는 공간이다. 항상 관광객과 시민들로 북적이며 많은 행사와 이벤트가 열린다.

주소 Plaza de la Constitución S/N, Centro Histórico, Centro, 06010 Ciudad de México
찾아가기 메트로 소칼로역에서 바로 연결
지도 P.365-G

TOUR TIP 일요일엔 입장료가 무료

소칼로를 비롯한 센트로 히스토리코에 있는 템플로 마요르(P.376), 팔라시오 데 베야스 아르테스(P.375), 디에고 리베라 벽화 박물관(P.377) 등의 관광지는 매주 일요일에 무료로 개방한다. 여행자들에게는 여행 경비를 줄일 수 있는 절호의 찬스. 그러나 일요일엔 시민들도 가족과 함께 거리로 나와, 어디를 가나 사람으로 가득하다. 성당에서 미사가 열리는 이른 오전이 그나마 덜 붐비는 시간이다. 관광지마다 개방 시간이 다르니 계획을 잘 짜보자.

📷 대성당 Catedral Metropolitana ★★★

아메리카 대륙에서 가장 크고 아름다운 성당

원래 아즈텍족이 섬기던 태양의 신전 쿠아우시칼코(Cuauhshicalco)가 있던 자리로, 스페인군이 파괴한 후 대성당을 지었다. 대성당 입구 부근에서는 지하에 묻혀 있는 태양의 신전 흔적을 볼 수 있다.

대성당은 1524년 공사를 시작해서 약 240년에 걸쳐 지어졌기 때문에 고딕, 바로크, 르네상스 등 다양한 시대의 건축 양식이 반영되었다. 67m의 종탑이 건물 좌우를 받치고 성당 내부에는 5개의 중앙 제단과 14개의 기도실이 있다. 최근 멕시코 시티의 지반이 매년 조금씩 내려앉으면서, 대성당 주변도 눈에 띄게 가라앉고 있다.

주소 Plaza de la Constitución S/N, Centro, Cuauhtémoc
전화 55 5510 0440
개방 07:00~19:00 요금 무료
찾아가기 소칼로 북쪽, 소칼로역에서 도보 5분
지도 P.365-G

📷 팔라시오 데 베야스 아르테스 Palacio de Bellas Artes ★★★

멕시코 공연 예술의 중심

흰 대리석과 황금색 돔으로 된 건축물. 멕시코 공연 예술의 중심이다. 1904년에 이탈리아 건축가인 아다모 보아리가 건설을 시작했고, 1934년 멕시코의 건축가 페데리코 마리스칼이 완공했다. 1층은 오페라와 발레 등 공연이 열리는 극장이고, 3층은 국립 건축 박물관이다. 특히 2층과 3층의 복도는 세계적인 멕시코 화가인 디에고 리베라와 루피노 타마요의 작품이 전시되어 있다. 여러 작품 중에서도 디에고 리베라의 〈인간, 우주의 지배자(El Hombre, Controlador del Universo)〉라는 대표작이 유명하다. 일요일에는 입장료가 무료라 많은 멕시코 시민이 찾는다.

주소 Av. Juárez, Centro Histórico, 06050 Ciudad de México 전화 55 5512 2593
개방 10:00~17:00 휴무 월요일
요금 입장료 60페소(일요일 무료)
찾아가기 알라메다 중앙 공원 동쪽 끝, 소칼로에서 도보 10분. 메트로 2호선 베야스 아르테스(Bellas Artes)역
지도 P.364-F

📷 대통령궁 Palacio Nacional ★★★

대통령 집무실로 쓰이는 대통령궁

이곳은 원래 아즈텍 왕국의 왕인 목테수마(Moctezuma) 왕궁이 있던 자리인데, 스페인 군대가 아즈텍 왕국의 여러 건물을 철저히 파괴하면서 왕궁도 없애버렸다. 대신 이 자리에 스페인 총독부 건물을 세웠다. 현재 대통령 집무실과 관광객이 볼 수 있는 구역은 철저하게 나뉘어 있다. 중정을 둘러싼 건물로 올라가는 계단부터 2층의 벽에는 멕시코 현대화의 아버지인 디에고 리베라(Diego Rivera)가 그린 벽화가 가득 차 있다. 특히 2층으로 올라가는 계단 벽면에는 멕시코 원주민의 삶과 번영, 스페인의 침략과 독립 등 멕시코 역사를 8개 스토리로 나누어 표현했다. 입장하려면 신분증이 필요하며, 백팩 등의 가방은 보관함에 맡기고 보안 검사를 받아야 한다.

주소 Plaza de la Constitución S/N, Centro, Cuauhtémoc **전화** 55 3688 1255 **개방** 09:00~17:00 **휴무** 월요일 **요금** 무료 **찾아가기** 소칼로 동쪽, 도보 5분 **지도** P.365-G

📷 템플로 마요르 Templo Mayor ★★★

아즈텍의 수도인 테노치티틀란의 신전

소칼로의 땅 밑에는 스페인 군대가 파괴한 신전과 건축물이 묻혀 있다. 1978년 지하철 공사 중에 무게만 8톤에 달하는 석판, 코욜사우키(Coyolxauhqui)가 발견되면서 태양의 신전이 세상에 드러나게 되었다. 현재 각종 뱀과 개구리 조각상, 해골 모양의 촘판틀리(Tzompantli), 독수리의 집(La Casa de las Aguilas) 등이 발굴되어 있다. 밖에서 보이는 것은 일부분이고 신전 입구는 지하로 들어가야 한다. 신전 밖에서도 건물 일부를 볼 수 있는데, 아즈텍의 수도인 테노치티틀란의 신전으로 높이 약 40m로 추정된다. 일요일에만 무료로 개방하는데 매우 많은 시민이 찾아오기 때문에 긴 줄을 서야 한다.

주소 Seminario 8, Centro Histórico **전화** 55 4040 5600 **개방** 09:00~17:00 **휴무** 월요일 **요금** 70페소(일요일 무료) **홈페이지** templomayor.inah.gob.mx **찾아가기** 대성당 오른쪽 블록. 소칼로에서 도보 5분 **지도** P.365-H

디에고 리베라 벽화 박물관 Museo Mural Diego Rivera ★★★

디에고 리베라의 대작을 감상하자

디에고 리베라의 대표작, 〈알라메다 중앙 공원에서 어느 일요일 오후의 꿈(Sueno de una Tarde Dominical en La Alameda Central)〉을 위한 박물관이라고 해도 과언이 아니다. 그림의 배경이 된 곳이 알라메다 중앙 공원이므로 박물관도 알라메다 중앙 공원 한쪽에 있다. 박물관 1층과 2층에는 디에고 리베라의 스케치와 작품들이 전시되어 있다. 하이라이트인 〈알라메다 공원에서 어느 일요일 오후의 꿈〉은 높이 4.175m, 폭 15.67m로, 2층 규모의 박물관 한 면이 꽉 찬다. 이 작품에는 멕시코 역사의 중요한 인물이 모두 등장한다. 해골 여신의 손을 잡고 있는 디에고 리베라 본인이 중심에 있고, 스페인 침략군의 수장인 코르테스, 멕시코 최초의 원주민 대통령인 베니토 후아레스, 3년간 멕시코를 지배했던 오스트리아 황제 막시밀리아노, 디에고 리베라의 연인 프리다 칼로 역

시 찾아볼 수 있다. 등장하는 인물 안내가 있으니 천천히 감상하자. 스페인어·영어 가이드 투어(20페소)도 있는데 매표소에 신청하면 가이드를 배정해 주고 40분 정도 투어를 한다.

주소 Balderas 202, Colonia Centro, Centro, 06000 Ciudad de México **전화** 55 1555 1900 **개방** 10:00~18:00
휴무 월요일 **요금** 입장료 35페소(일요일 무료), 사진 촬영 5페소, 비디오 촬영 30페소 **찾아가기** 알라메다 중앙 공원 서쪽 끝. 메트로 2호선 이달고(Hidalgo)역에서 도보 5분
지도 P.364-E

차풀테펙 공원·차풀테펙성 Bosque de Chapultepec · Castillo de Chapultepec ★★

접근성이 좋은 멕시코시티 시민의 휴식처

지금의 차풀테펙 공원은 14세기 아즈텍족이 멕시코 고원을 가로질러 내려와 아즈텍 왕국의 수도 테노치티틀란을 정하기 전에 임시로 머물렀던 곳이다. 전체 면적이 7.3㎢으로 국립 인류학 박물관(Museo Nacional de Antropologia), 루피노 타마요 박물관(Museo Rufino Tamayo), 현대예술 박물관(Museo de Arte Moderno), 차풀테펙성(Castillo de Chapultepec), 국립 역사박물관(Museo Nacional de Historia) 등 볼거리가 많고 호수와 잘 가꿔진 숲이 있어 멕시코시티 시민들이 즐겨 찾는 곳이다. 레포르마 대로의 종착점으로 메트로 1호선 차풀테펙역이 있어서 접근성도 좋다.

특히 언덕 위에 있는 차풀테펙성은 미국과의 전쟁 중 멕시코 사관생도들이 최후 항전을 벌이다 멕시코 깃발을 몸에 감고 투신했던 역사적인 장

소다. 멕시코를 3년간 통치했던 오스트리아 황제가 머물렀던 저택이 현재 국립 역사박물관으로 운영되고 있다.

주소 Bosque de Chapultepec I Secc, 11100 Ciudad de México **전화** 55 4040 5215
개방 공원 상시, 차풀테펙성·국립 역사박물관 화~일요일 09:00~17:00
휴무 공원 없음, 차풀테펙성·국립 역사박물관 월요일
요금 공원 무료, 차풀테펙성·국립 역사박물관 70페소(일요일 무료) **찾아가기** 레포르마 대로의 서쪽 끝. 메트로 1호선 차풀테펙(Chapultepec)역에서 도보 15분 **지도** P.366-I

테오티우아칸 Teotihuacan

★★★

아메리카 대륙에서 가장 큰 피라미드

멕시코시티에서 북동쪽으로 약 50km 떨어진 테오티우아칸은 아메리카 대륙에서 가장 큰 피라미드이다. 기원전 300년경부터 건설되기 시작했다고 추정되며, 테오티우아칸이 최고 전성기였던 300~600년경에는 약 15만 명이 거주했을 정도의 거대 도시였다고 한다. 1987년 유네스코 세계문화유산으로 지정되었다.

테오티우아칸을 가로지르는 죽은 자의 길(La Calle de Los Muertos)을 중심으로 태양과 달의 피라미드, 케찰파팔로틀, 왕의 분묘 등이 이어진다. 사람을 제물로 제사 지낸 곳으로 추정되는 '태양의 피라미드(Piramide de Sol)'는 가로 225m, 세로 222m, 높이 65m의 건축물로, 기존 피라미드에 새로운 피라미드를 덧씌우는 방식으로 건설되었다. 이 방식은 나중에 마야 문명, 아즈텍 왕국 등 멕시코와 중앙아메리카 일대의 피라미드 건축에도 영향을 미쳤다. 가로 150m, 세로 30m, 높이 42m인 '달의 피라미드(Piramide de Luna)' 또한

달의 피라미드

태양의 피라미드

제물을 바치는 제사 등 중요한 의식이 집행된 곳이다. 왼쪽이나 제사를 집행하던 제사장들의 거주지로 추정되는 케찰파팔로틀(Palacio de Quetzalpapalotl)은 보존 상태가 좋아 기둥에 새겨진 나비와 새의 문양을 볼 수 있다.

주소 Monterrey / Ecatepec Piramides km.22, 600, Municipio de Teotihuacan, San Juan Teotihuacan
전화 594 956 0276 **개방** 08:00~17:00 **요금** 70페소
찾아가기 메트로 5호선 아우토부세스 델 노르테(Autobuses Del Norte)역에 내려 안으로 들어가면 우측 7번과 8번 사이의 버스 회사 아우토부세스 테오티우아칸(Autobuses Teotihuacan) 매표소에서 티켓을 살 수 있다(티켓 50페소). 왕복 티켓을 사면 편하다. 버스는 10분 간격으로 운행하며, 6번 정류장(버스표에 출발 시간과 탑승지 번호 표시)에서 탑승한다. 차를 타고 50분쯤 후, 고속도로를 벗어나 마을과 시장을 지나 태양의 문이 정면으로 보이는 삼거리에 버스가 서면 내린다. 바로 게이트와 연결되며, 주변에 많은 기념품 노점상과 식당이 있다. 돌아갈 때는 삼거리에서 아우토부세스 델 노르테(Autobuses Del Norte)행 버스를 탄다.
지도 P.365-D 밖

케찰파팔로틀

버스 매표소

📷 국립 인류학 박물관 Museo Nacional de Antropologia ★★★

멕시코 최고의 박물관

멕시코시티를 돌아볼 시간이 부족하다면 1순위로 추천하는 곳으로, 마야 문명, 사포텍 문명, 아즈텍 문명 등 멕시코 전역을 아우르는 유적의 정보와 유물이 모여 있는 멕시코 최고의 박물관이다. 'ㄷ'자 모양의 2층 건물이며, 각 층마다 시대 순으로 전시되어 있다. 1층에 총 12개, 2층에 1개의 전시실이 있는데, 그중 가장 인기 있는 전시실은 5관 테오티우아칸, 7관 아즈텍, 8관 오악사카다. 시간이 없어도 5·7·8관은 꼭 보자. 건물 입구에는 1963년 페드로 라미레스 바스케스가 설계한 기둥이 있다. 이 기둥은 위에서 물이 떨어지는데, 유카탄반도의 팔랑케 유적에 있는 생명의 나무에서 아이디어를 얻어 만들었다.

주소 Av Paseo de la Reforma & Calzada Gandhi S/N, Chapultepec Polanco, Miguel Hidalgo **전화** 55 4040 5370 **개방** 화~일요일 09:00~19:00 **휴무** 월요일 **요금** 70페소(일요일 무료) **찾아가기** 차풀테펙 공원 안 레포르마 대로 우측. 메트로 1호선 차풀테펙(Chapultepec)역에서 도보 15분 **지도** P.366-E

> ### TOUR TIP 멕시코가 배경인 영화
>
> ● **코코(COCO, 2017년)**
> 미국 | 애니메이션 외 | 전체 관람가 | 105분
> **감독** 리 언크리치
> **출연** 가엘 가르시아 베르날, 안소니 곤살레스, 벤자민 브랫, 르네 빅터 등
> **줄거리** 멕시코의 가장 큰 카니발인 '죽은 자의 날(Dia de los Muertos)'을 배경으로, 가수가 되고 싶은 꼬마 주인공과 멕시코인의 가족애를 볼 수 있는 애니메이션.
>
> ● **프리다(FRIDA, 2002년)**
> 캐나다 | 드라마 | 청소년 관람불가 | 120분
> **감독** 줄리 테이머
> **출연** 셀마 헤이엑, 알프레드 몰리나, 차벨라 바가스, 디에고 루나 등
> **줄거리** 멕시코를 대표하는 화가 프리다 칼로의 일생을 그린 영화. 그녀의 인생에는 2번의 큰 사건이 있었다. 하나는 교통사고, 또 하나는 남편 디에고 리베라를 만난 것이다. 열정적이지만 슬픈 눈을 가진 프리다 칼로의 삶이 화려한 색채와 어우러진다. 애니메이션 코코에도 프리다 칼로가 등장한다.
>
> ● **언더 더 세임 문**
> **(Under The Same Moon, 2007년)**
> 멕시코 | 드라마 | 전체 관람가 | 103분
> **감독** 패트리시아 리건
> **출연** 아드리안 알론소, 케이트 델 카스틸로, 유지니오 델베즈, 마야 자파타 등
> **줄거리** 멕시코판 엄마 찾아 삼만리. 9살 소년 카를리토스는 L.A로 일하러 간 엄마 로사리오가 하루 빨리 자신을 미국으로 데려가 주기만을 기다리며 하루하루를 보낸다. 갑작스럽게 외할머니가 돌아가시고 혼자 남게 된 카를리토스는 국경을 넘어 L.A로 엄마를 찾아 떠나기로 결심한다. 멕시코 이주 노동자와 불법 체류자의 팍팍한 삶이 잘 표현되어 있다.

멕시코시티 식당

어느 거리에서나 타코 식당을 쉽게 볼 수 있으며, 남미 식당과 프랜차이즈 식당도 흔하다. 한인 이민의 역사가 오래된 만큼 소나로사에는 100여 개의 한인 식당이 있고, 한국 슈퍼마켓, 한국 브랜드의 커피숍도 있다. 먹을 것이 넘쳐 나는 멕시코에서 식도락의 즐거움을 만끽하자.

엘 파피린 El Papirrin

저렴한 포장마차, 맛은 일류 식당

멕시코 국민 음식인 타코가 맛있는 포장마차. 번듯한 가게는 아니지만 저렴한 가격과 훌륭한 맛을 내세워 단골이 특히 많은 유명 포장마차다. 각종 양념을 한 고기를 철판에 볶아 내고, 주문과 동시에 토르티야도 따뜻하게 익혀서 나온다.

주소 Colonia Centro, Centro, 06000 Ciudad de México
영업 08:00~22:00 **예산** 타코 5개 30페소, 음료 15페소

찾아가기 메트로부스 이달고(Hidalgo) 정류장 근처, 메트로 이달고(Hidalgo)역 입구 1-3에서 도보 5분
지도 P.364-A

파파 빌스 Papa Bill's

아르헨티나식 스테이크와 시원한 맥주가 맛있는 식당

증권사, 은행, 보험회사, 외국계 기업이 몰려 있는 소나로사 지구에서 인기 있는 식당이자 바. 퇴근 시간이 되면 넓은 홀과 테라스는 맥주 한잔하며 식사하는 회사원과 외국인으로 발 디딜 틈이 없다. 테킬라, 위스키, 맥주, 칵테일 등 다양한 주류도 인기 비결. 정통 멕시칸 음식과 아르헨티나식 스테이크가 이 집의 인기 메뉴이며, 식사와 안주를 한꺼번에 해결할 수 있는 모둠 안주 역시 평이 좋다. 유럽의 축구 리그 경기나 국가 대항전 축구 시합이 있는 날에는 홀의 대형 TV를 통해 경기를 관전하며 맥주를 마실 수 있다.

주소 Rio Guadalquivir 88, Cuauhtémoc, 06000 Ciudad de México **전화** 55 5207 6274
영업 월~토요일 13:00~01:00, 일요일 13:00~20:00
예산 오늘의 점심 195페소, 요리 250~325페소, 테킬라 113페소(잔), 테킬라 1,250~1,700페소(병)
찾아가기 레포르마 대로 독립기념비에서 도보 5분
지도 P.367-G

🍴 엘 페스카디토 El Pescadito

통새우 타코를 맛보자

요즘 멕시코에서 인기를 끌고 있는 프랜차이즈 해산물 타코집이다. 통새우와 생선살은 주문과 동시에 얇은 튀김옷을 입혀 튀겨 내는데, 육질이 살아 있고, 특히 씹히는 식감이 굉장히 신선하다. 주방 옆에 각종 살사 소스와 타코에 싸먹는 채소가 있으니 취향대로 덜어 먹으면 된다. 안타깝게도 오후 6시면 문을 닫기 때문에 이곳에서 식사를 하려면 서둘러야 한다.

주소 Estocolmo 29, Juárez, 06600 Juárez
전화 55 5207 6999
영업 월~금요일 11:00~18:00, 토~일요일 10:00~18:00
예산 타코 35페소, 케사디야 45페소, 음료 22페소, 맥주 38페소 홈페이지 elpescadito.com
찾아가기 레포르마 대로 독립기념비에서 도보 10분, 메트로 1호선 세비야(Sevilla)역에서 도보 10분 지도 P.367-G

🍴 라 카사 데 토뇨 La Casa de Toño

포솔레 한 그릇에 피로가 사라진다

멕시코 전역에 체인점을 내며 유명세를 넓혀 가는 타코 식당. 소나로사 지점은 특히 붐벼 자리를 잡으려면 기다렸다 안내받아야 할 정도이다. 자리에 앉으면 4가지 살사 소스와 방금 구운 나초가 나온다. 메뉴판은 스페인어지만 음식 사진이 있어 주문하기 편하다. 포솔레(Pozole)가 이 집의 대표 메뉴. 오랜 시간 끓인 고기 국물에 옥수수를 넣고 고추, 순무, 양파, 레몬즙을 곁들여 먹는 국물 요리다. 한국의 설렁탕 혹은 육개장과 비슷한 느낌이다. 2명이 타코와 포솔레를 주문하면 훌륭한 식사가 될 것이다.

주소 Londres 144, Juárez, 06600 Cuauhtémoc
전화 55 5386 1125
영업 24시간
예산 케사디야 27페소, 타코 36~46페소, 포솔레 50~54페소
찾아가기 레포르마 대로 독립기념비에서 도보 10분, 메트로 1호선 세비야(Sevilla)역에서 도보 10분
지도 P.367-G

🍴 함부르게사스 알 카르본 토레온
Hamburguesas Al Carbon Torreon

싸고 맛있는 식당의 표본

소나로사 지구는 노래방, 클럽, 나이트클럽 등 나이트라이프를 즐기는 사람이 많은 곳으로, 저녁 늦게 혹은 새벽까지도 포장마차와 식당에서 햄버거, 핫도그, 타코 등을 판다. 이곳은 새벽까지 영업하지는 않지만 인근에서 파는 햄버거의 원조 격으로, 맛과 가격은 어떤 식당과 포장마차도 따라올 수 없다. 햄버거는 단순하다. 햄버거 빵과 패티, 약간의 채소 조합이다. 주변의 직장인과 유흥가를 드나드는 취객 등 다양한 손님으로 인해 항상 붐빈다.

주소 Calle Amberes 57, Juárez, 06600 Cuauhtémoc
영업 09:00~21:00
예산 햄버거 38~49페소, 감자튀김 20페소, 음료 12페소
찾아가기 레포르마 대로 독립기념비에서 도보 10분, 메트로 1호선 세비야(Sevilla)역에서 도보 10분
지도 P.367-G

🍴 카페 엘 포풀라르 Cafe El Popular

기다리는 시간이 아깝지 않은 곳

대기하는 줄이 긴 식당이라도 아침부터 줄을 서는 집은 흔치 않다. 하지만 이곳은 아침부터 밤까지 종일 손님으로 넘쳐 나는 곳으로, 대기자 명단에 이름을 올린 후 20~30분, 길게는 1시간 이상 기다

려야 한다. 호텔 사모라 건물 1층 전체와 옆 건물 1층까지 연결해서 영업하는데, 이름은 카페지만 아침 식사를 포함해 멕시칸 메뉴와 베이커리까지 취급하는 전통 식당에 가깝다. 따뜻한 커피와 달콤한 설탕이 뿌려진 각종 빵은 이 집의 시그니처 메뉴. 빵을 주문하면 웨이터가 여러 종류의 빵을 커다란 접시 위에 담아 식탁으로 가져오는데, 원하는 빵을 원하는 개수만큼 본인의 접시에 놓고 먹으면 된다.

주소 Avenida 5 de Mayo 50 y 52, Centro
전화 55 5518 6081 **영업** 24시간
예산 아침 식사 60페소, 식사 100~120페소, 음료 40페소
찾아가기 소칼로 공원에서 도보 7분 **지도** P.365-G

🍴 로스 에스페시알레스 Los Especiales

타코 맛으로만 승부하는 곳

소칼로에서 도보로 5분도 안 되는 거리에 있고 유동 인구도 많지만, 이 집이 인기 높은 이유는 접근하기 좋은 위치와 화려한 환경만이 아니다. 오직 타코 맛으로만 승부를 내는 맛집이기 때문이다. 식당 입구 계산대에서 원하는 타코 개수를 말하면 숫자가 적힌 빨간색 코인을, 음료를 주문하면 음료수 개수가 적힌 파란색 코인을 준다. 이 코인을 바로 옆의 오픈된 주방에 주면 무슨 타코를 먹을지 질문하는데, 믹스를 시키고 커다란 냉장고에서 무슨 음료를 먹을지 고르면 주문은 끝이다. 즉석에서 접시에 담아주는 타코와 음료를 원하는 좌석에 앉거나 테이블에 서서 먹으면 된다. 할라피뇨와 아보카도, 매운 고추, 양파 등을 섞은 특제 소스가 통에 가득 담겨 있다. 식사 시간에는 포장도 많이 해간다.

주소 Av. Francisco. Madero 71, Centro Histórico
전화 55 6625 87411 **영업** 09:00~22:00
예산 타코 7페소, 음료 12페소
찾아가기 소칼로에서 도보 5분 **지도** P.365-G

🍴 민속촌 Min Sok Chon

칼칼한 김치찌개 한 그릇

멕시코에는 한국인의 이민 역사가 오래된 만큼 곳곳에 다양한 한국 식당과 한국 마켓 등이 있다. 소나로사 지구에도 한국 식당이 많은데, 특히 여행자들이 많이 찾는 민속촌은 식사부터 삼겹살, 돼지족발까지 메뉴가 다양해 한국의 맛이 그리운 여행자들에게 사랑받고 있다.

주소 Florencia 45, Juárez, 06600 Cuauhtemoc
전화 55 9155 4971 **영업** 월~토요일 12:00~22:00
휴무 일요일 **예산** 식사 150페소, 족발 350페소
찾아가기 레포르마 대로 독립기념비에서 도보 10분, 메트로 1호선 세비야(Sevilla)역에서 도보 10분 **지도** P.367-G

멕시코시티 쇼핑

소나로사의 백화점에는 한국에서 흔히 볼 수 있는 브랜드들이 가득하다. 센트로 히스토리코 주변의 시장은 저렴한 서민풍 물건이 보는 재미와 사는 재미를 동시에 준다. 메르카도 데 아르테사니아스 라 시우다델라에서 아즈텍에서 현재 유행하는 여러 기념품을 사 보자.

메르카도 데 아르테사니아스 라 시우다델라
Mercado De Artesanias La Ciudadela

호객 행위가 없는 조용한 시장

멕시코시티 시정부에서 운영·관리하는 시장. 멕시코 여행 기념품으로 무엇을 살지 고민을 해결해주는 멋진 곳이다. 문을 연 지 50년이 넘었는데, 총 355개 매장이 질서 정연하게 관리되며 그 흔한 호객 행위도 없다. 은 공예품, 옷, 그림, 각종 기념품, 유리 세공품, 레슬링 마스크, 판초, 멕시칸 모자 등 없는 것 빼고 다 있다. 쇼핑을 좋아하지 않더라도 이곳에 와 있으면 무언가를 사게 될 정도다.

주소 Calle de Balderas S/N, Centro
전화 55 5510 1828
영업 월~토요일 10:00~19:00, 일요일 10:00~18:00
찾아가기 메트로 발데라스(Balderas)역에서 도보 10분. 알라메다 중앙 공원에서 도보 15분
지도 P.364-E

안티케스 센터 플라사 델 앙헬 Antiques Center Plaza del Angel

잘 찾아보면 보물을 건질 수도

소나로사에 있는 앤티크 시장이다. 총 60여 개 상점에서 스페인 식민 시대 앤티크 제품과 세계 여러 나라에서 흘러온 골동품을 판매한다. 가구, 도자기, 생활용품, 그림, 책 등 앤티크 제품의 모든 것이 망라돼 일부러 이곳을 찾는 외국인도 많다고 한다. 아케이드 형식으로, 스페인 식민지풍 골격에 현대식 단장을 했고 지하에 주차장도 완비되어 있다.

주소 Londres 161, Juárez, 06600 Ciudad de México
전화 55 5525 2050
영업 월~토요일 10:00~19:00
휴무 일요일
찾아가기 메트로 세비야(Sevilla)역에서 도보 15분
지도 P.367-G

멕시코시티 호텔

멕시코시티에는 대도시답게 세계적인 체인 호텔부터 배낭 여행자를 위한 호스텔까지 다양한 형태의 숙소가 있다. 고급 호텔은 차풀테펙 거리(Av. Chapultepec)와 레포르마 대로(Paseo de la Reforma) 등의 대로변에 많다. 숙소를 고를 때는 메트로나 메트로부스 같은 대중교통과의 거리를 염두에 두어야 하며, 너무 외진 곳은 피하자.

엠포리오 레포르마 호텔 Emporio Reforma Hotel

세련되고 깔끔한 4성급 호텔

겉모습은 스페인 식민 시대의 건물이 연상될 만큼 중후하고 내부는 개보수를 마쳐 세련되고 깔끔한 4성급 호텔이다. 방은 모두 145개로, 크기는 작은 편이지만 위치를 감안한다면 용서가 된다. 레포르마 대로에 면하고 관광지가 몰려 있는 센트로 히스토리코 지역과 쇼핑센터, 한국 식당 등이 몰려 있는 소나로사 지역 중간에 있기 때문에 이곳저곳 모두 걸어 다니기 무난하다.

주소 Paseo de la Reforma 124, Juárez
전화 55 5566 7766 **예산** 더블 룸 US$85
홈페이지 www.hotelesemporio.com/hoteles/emporio-ciudad-de-mexico **찾아가기** 알라메다 중앙 공원(메트로 이달고(Hidalgo)역)에서 레포르마 대로를 따라 차풀테펙 공원 방향으로 도보 15분 **지도** P.367-D

위 호텔 아에로푸에르토 We Hotel Aeropuerto

넓은 방과 편안한 침구

베니토 후아레스 국제공항 1터미널에서 걸어서 15분 거리에 있는 4성급 호텔이다. 각 터미널 4번 게이트 앞에서 15분 간격으로 셔틀버스가 24시간 운행되며, 미리 예약했다면 픽업을 나오므로 걷지 않아도 된다. 호텔 주변에 식당이나 편의점 등은 없기 때문에 식사는 공항이나 호텔의 룸서비스를 이용해야 하는 불편함이 있지만, 직원의 친절과 숙련도, 넓은 방, 침대와 침구류의 편안함은 5성급 호텔과 비교해도 뒤지지 않는다.

주소 Blvd. Puerto Aéreo 390, Moctezuma 2da Secc, 15530 Ciudad de México **전화** 55 5133 3232
예산 더블 룸 US$80
홈페이지 www.wehotelaeropuerto.com.mx
찾아가기 베니토 후아레스 국제공항 1터미널에서 도보 15분 또는 셔틀버스 5분. 메트로 테르미날 아에레(Terminal Aerea)역 뒤편 **지도** P.365-H 밖

시티 익스프레스 시우다드 데 멕시코 알라메다 City Express Ciudad de Mexico Alameda

편의성과 전망까지 갖춘 비즈니스호텔

깔끔한 흰색 외관이 돋보이는 비즈니스호텔. 레포르마 대로에서 두 블록 떨어져 있는데, 알라메다 중앙 공원까지 도보로 5분, 센트로 히스토리코까지는 도보로 10분 정도 걸린다. 메트로부스와 메트로 이달고(Hidalgo)역과도 5분 거리. 호텔 주변에는 24시간 편의점, 음식점, 카페, 노점 식당 등이 있어 여러모로 편리하다. 호텔 옥상 바에서 바라보는 전망은 멕시코시티 최고라 해도 부족함이 없을 정도라, 투숙객이 아니라도 맥주 한 잔하러 들러도 좋다.

주소 Revillagigedo 23, Centro 전화 55 5017 8900
예산 더블 룸 US$70 홈페이지 www.cityexpress.com
찾아가기 알라메다 중앙 공원에서 도보 5분
지도 P.364-E

코트야드 바이 메리어트 멕시코시티 에어포트 Courtyard by Marriott Mexico City Airport

환승하는 신혼부부들에게 강력 추천

베니토 후아레스 국제공항 1터미널과 연결되는 호텔이다. 1터미널 입국장 부근에서 2층으로 올라가면, 지방으로 가는 버스 티켓 판매소 옆에 호텔로 들어가는 길이 있다. 방 개수는 총 282개. 5성급 호텔답게 직원들의 친절도와 시설, 청결, 침대의 편안함은 최고 수준이다. 호텔 가격에 아침식사는 포함되어 있지 않지만 2층 뷔페식당에서 1인당 336페소에 훌륭한 아침 식사를 할 수 있다. 호텔 로비는 2층이며 1층은 '스카이 가든(Sky Garden)'이라는 가든 카페가 운영 중이다.

주소 Sinaloa 31, Peñón de los Baños, 15520 Ciudad de México 전화 55 4631 4000 예산 더블 룸 US$200
홈페이지 www.marriott.com 찾아가기 베니토 후아레스 공항 1터미널에서 연결 지도 P.365-H 밖

🛏 카미노 레알 아에로푸에르토 Camino Real Aeropuerto

공항에서 연결되는 환승 호텔

베니토 후아레스 국제공항 1터미널 건너편에 크게 보이는 호텔이다. 1터미널 2층에서 호텔까지 연결되어 있고 국제선 입국장에서는 10분, 국내선 입국장에서 5분 거리다. 로비 바로 앞에 여행사도 있어서 테오티우아칸 등 멕시코시티의 각종 투어를 예약하기에 편하다. 방 개수가 600여 개에 달하는 대형 호텔이지만 투숙객이 드나드는 것을 못 느낄 만큼 체크인 등 서비스가 빠르다.

예산 더블 룸 US$140
홈페이지 www.caminoreal.com/Hotels/Details/CR/AER
찾아가기 베니토 후아레스 국제공항 1터미널에서 바로 연결
지도 P.365-H 밖

주소 Puerto México 80, Peñón de los Baños
전화 55 3003 0033

🛏 호스텔 멕시코 디에프 에어포트
Hostel Mexico D.F. Airport

공항 근처의 깔끔한 호스텔

공항 근처 조용한 주택가에 위치한 호스텔로, 1터미널에서 도보 15분이면 갈 수 있다. 간판이 없지만 갈색 대문에 번지수인 33이 크게 붙어 있어 찾기는 쉽고, 근처에서 동네 주민에게 물어보면 친절히 알려준다. 호스텔이라면 어느 정도의 번잡함과 지저분함을 감수해야 하지만, 이곳은 조그만 쓰레기라도 버리면 안 될 것 같은 청결함이 가장 큰 장점이다. 식사를 해 먹을 수 있는 주방이 있고, 간단한 아침 식사도 제공한다.

주소 Calle Aguascalientes 33, Peñón de los Baños
전화 55 1560 3288
예산 도미토리 룸 360페소, 더블 룸 480페소(아침 식사 포함)
홈페이지 www.hostel-airport-mexico.com.es
찾아가기 베니토 후아레스 국제공항 1터미널에서 도보 15분
지도 P.365-H 밖

🛏 멕시코시티 호스텔
Mexico City Hostel

센트로 히스토리코에서 가장 잘나가는 호스텔

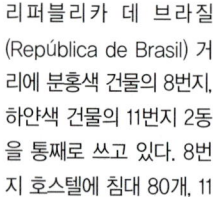 

리퍼블리카 데 브라질(República de Brasil) 거리에 분홍색 건물의 8번지, 하얀색 건물의 11번지 2동을 통째로 쓰고 있다. 8번지 호스텔에 침대 80개, 11번지 호스텔에 150개를 갖추고 있다. 8인실, 6인실, 4인실 등의 도미토리 룸과 1~2인용 더블 룸(전용 화장실 있음) 구성이다. 아침 식사도 무료로 제공된다. 넓고 편안한 로비는 배낭여행자들이 삼삼오오 모여서 여행에 관한 정보를 주고받기 좋고, 세탁 서비스가 5kg에 70페소밖에 안 하는 저렴한 비용이어서 장기 여행자들도 선호한다. 인기 있는 숙소이므로 예약하는 것이 좋다.

주소 República de Brasil 8, Centro Histórico
전화 55 5512 3666 예산 8인실 220페소(1인), 6인실 230페소(1인), 4인실 240페소(1인), 더블 룸 600페소
홈페이지 www.mexicocityhostel.com
찾아가기 소칼로에서 북쪽으로 도보 10분 지도 P.365-G

🏨 호텔 코스타술 Hotel CostAzul

가성비 최고의 호텔

멕시코시티 호텔 중에서 가성비 면에서 넘버 원으로 꼽을 수 있는 호텔이다. 센트로 히스토리코까지 도보 15분이면 충분하고, 메트로 이사벨 라 카톨리카(Isabel la Católica)역과 피노 수에레스(Pino Suarez)가 걸어서 5분 거리에 있다. 늦게까지 영업하는 식당과 카페, 바가 많은 레지나 거리도 5분이면 간다. 방은 심플하지만 깨끗하고 침구류가 편안하며, 2성급 호텔이지만 어메니티는 3성급 수준이다. 비누를 비롯해 샴푸, 린스, 바디크림 등이 완비되어 있다. 에어컨은 시원하고 조그마한 텔레비전도 있다. 강력 추천.

주소 Av. Fray Servando Teresa de Mier 121, Centro, 06010 Cuauhtémoc **전화** 55 5588 1700
예산 더블 룸 550페소 **홈페이지** www.hotelcostazul.com.mx
찾아가기 소칼로에서 남쪽으로 도보 15분 **지도** P.365-K

🏨 호스탈 레히나 Hostal Regina

숙소 주변의 편의 시설이 최고

관광지가 몰려 있는 센트로 히스토리코에 위치한 호스텔. 센트로 히스토리코 지역은 저녁이 되면 치안이 불안하지만 호스텔이 있는 레히나(Regina) 거리 일대는 식당과 카페, 바 등이 늦게까지 영업을 하기 때문에 비교적 치안이 좋다. 식당, 카페, 편의점, 관광지 등 호스텔 주변의 편의 시설도 좋고 3성급 호텔보다 큰 침대, 청결도, 친절한 직원 등 이곳의 장점은 많다. 호스텔 1층에는 스시 타이(Sushi Tai)라는 일식집과 베르티코 카페(Bertico Cafe)라는 멕시칸 식당이 있다.

주소 Calle Regina 58, Centro Histórico, Centro, 06080 Ciudad de México **전화** 55 5434 5817
예산 도미토리 룸 225페소(공용 욕실), 더블 룸 550페소(공용 욕실), 4인실 1050페소(공용 욕실), 4인실 1,300페소(전용 욕실) **홈페이지** www.hostalreginacentrohistorico.com
찾아가기 소칼로에서 남쪽으로 도보 10분
지도 P.365-K

🏨 이슬립 아에로푸에르토 테르미날 1 Izzzleep Aeropuerto Terminal 1

공항 내의 캡슐 호텔

늦은 저녁 혹은 새벽에 멕시코시티에 도착해 다음날 일찍 비행기를 타야 하는 승객이라면 1터미널에 있는 캡슐 호텔을 강력 추천한다. 1터미널 2층으로 올라가서 국제선 주차장(International Parking Lot) 이정표를 따라가면 주차장으로 나가는 입구 옆에 있다. 총 40개의 캡슐이 있으며 1인용 캡슐은 한 사람이 눕기에는 충분하고 두 사람이 눕기에는 좁은 크기다. 시트와 이불 등 침구류는 깨끗하게 관리되어 일단 들어가 누우면 꽤 아늑하다. 조명을 조절할 수 있어 숙면을 취하기 좋고, 라디오, 텔레비전도 있다. 샤워 시설과 와이파이를 제공하고, 짐 보관도 가능하다. 멕시코인들도 꽤 많이 이용하는 호텔이니 홈페이지를 통한 예약은 필수. 샤워 시설만 이용할 수도 있다 (130페소, 수건·비누·샴푸·헤어드라이어 등 제공).

주소 Aeropuerto Internacional de la Ciudad de Mexico T1 2층 **전화** 55 2599 1434 **예산** US$45(12:00~10:00), 140페소(시간당) **홈페이지** www.izzzleep.com
찾아가기 베니토 후아레스 국제공항 1터미널
지도 P.365-H 밖

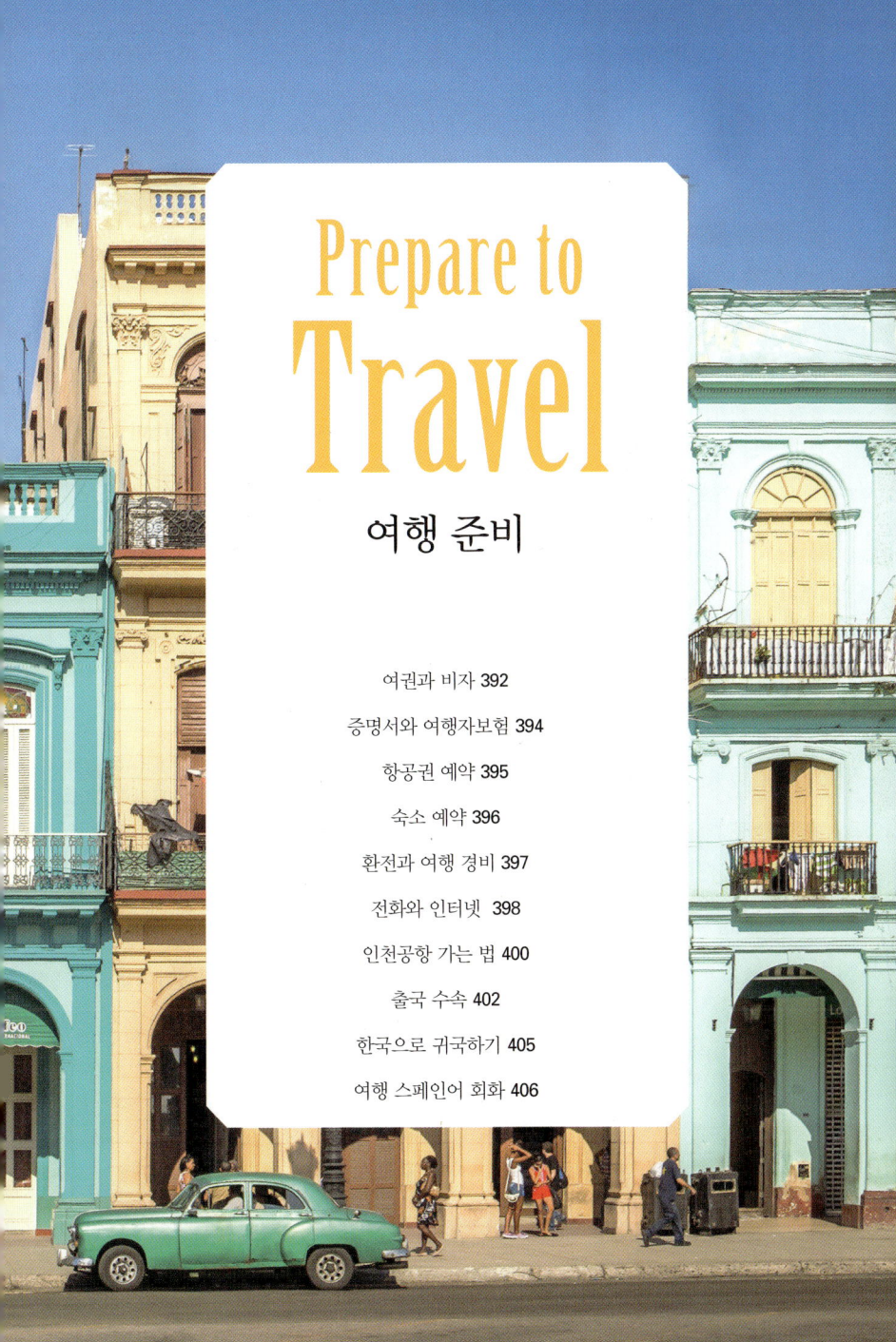

Prepare to
Travel

여행 준비

여권과 비자 392
증명서와 여행자보험 394
항공권 예약 395
숙소 예약 396
환전과 여행 경비 397
전화와 인터넷 398
인천공항 가는 법 400
출국 수속 402
한국으로 귀국하기 405
여행 스페인어 회화 406

여권과 비자
PASSPORT & VISA

전자 여권은 신원과 바이오 인식 정보(얼굴, 지문 등의 생태 정보)를 저장한 비접촉식 IC칩을 내장한 것이다. 앞표지에 로고를 삽입해 국제민간항공기구의 표준을 준수하는 전자 여권임을 나타내며, 뒤표지에는 칩과 안테나가 내장되어 있다.

여권 발급에 필요한 서류
❶ 여권 발급 신청서
❷ 여권용 사진 1매, 긴급 여권 발급(여권 갱신을 하지 못한 여행자들에 대한 부가적인 서비스. 사건, 사고, 출장 등 긴급함이 인정되는 경우에만 발급된다) 신청 시 2매
❸ 신분증
❹ 여권 발급 수수료(복수 여권 10년 48면 5만 3,000원, 24면 5만 원)
❺ 병역 의무 해당자는 병역 관계 서류(전화 1588-9090 홈페이지 www.mma.go.kr에서 확인)
❻ 18세 미만 미성년자는 여권 발급 동의서 및 동의자 인감증명서, 가족관계증명서(단, 미성년자 본인이 아닌 동의자 신청 시 발급 동의서, 인감증명서 생략 가능)

차세대 전자 여권 도입

문체부와 외교부가 여권의 보안성을 강화하기 위해 폴리카보네이트 재질을 도입하기로 결정, 2020년부터 여권의 모습이 달라진다. 종류는 일반 여권(남색), 관용 여권(진회색), 외교관 여권(적색)으로 구분되며, 오른쪽 상단에는 나라 문장이, 왼쪽 하단에는 태극 문양이 새겨진다. 또한, 여권 번호 체계를 변경해 여권 번호 고갈 문제를 해소하고 주민등록번호가 노출되지 않도록 개편되어 보안성이 더욱 향상된다. 현행 여권은 유효기간 만료까지 사용 가능하며, 여권 소지인이 희망하는 경우에는 유효기간 만료 전이라도 차세대 여권으로 교체할 수 있다.

여권 신청
여권 발급 신청은 자신의 본적이나 거주지와 상관없이 가까운 발행 관청에서 신청할 수 있다. 서울 25개 구청과 광역시청, 지방도청의 여권과에서 접수를 받는다. 신분증을 소지하고 인근 지방자치단체를 직접 방문해야 하며, 대리 신청은 불가하다. 접수는 평일 오전 9시부터 오후 6시까지 가능하다. 그러나 직장인들을 위해 관청별로 특정일을 지정해 야간 업무를 보거나 토요일에 발급하기도 한다. 발급에는 보통 3~4일 정도 걸리지만, 성수기에는 10일까지 걸릴 수 있으니 여행을 가기로 마음먹었다면 바로 신청한다.

여권 종류
일반적으로 복수 여권과 단수 여권으로 나뉜다. 복수 여권은 특별한 사유가 없는 한 5년 내지 10년 동안 횟수에 제한 없이 외국에 나가는 것이 가능하다. 단수 여권은 1년 이내에 한 번 사용할 수 있다. 만 18세 이상, 30세 이하인 병역 미필자 등에게 발급한다.

여권 재발급
여권을 분실했거나 훼손한 경우, 사증(비자)란이 부족할 경우, 주민등록 기재 사항이나 영문 성명의 변경·정정의 경우는 재발급을 받아야 한다. 재발급 여권은 구 여권의 남은 유효기간을 그대로 받게 되며, 수수료는 2만 5,000원이다. 단, 남은 유효기간이 1년 이하이거나 자신이 원하는 경우에는 유효기간 5년의 신규 여권을 발급받을 수도 있다(수수료 4만 7,000원).

여권 사진 촬영 시 주의할 점
가로 3.5cm, 세로 4.5cm인 6개월 이내에 촬영한 상반신 사진이어야 한다. 바탕색은 흰색이어야 하고, 포토샵으로 보정한 사진은 사용할 수 없다. 즉석 사진 또는 개인이 촬영한 디지털 사진 역시 부적합하다. 양쪽 귀가 드러나야 하며 치아가 보이지 않

도록 자연스럽게 입을 다물어야 한다. 배경색과 비슷한 색상의 옷을 착용하는 것도 안 된다. 해외에서 생길 마찰의 소지를 줄이기 위해서라도 본인의 실제 모습과 가장 비슷한 사진을 준비하자.

여권 발급 문의
여권 발급에 대한 정보를 열람과 관련 서식 다운로드가 가능하다.
외교부 여권 안내 www.passport.go.kr

비자 발급
대한민국 국민이 여행을 목적으로 멕시코에 입국할 경우 무비자로 90일까지 체류 가능하며, 이민국에서 체류 기간 연장 신청을 하면 180일까지 머무를 수 있다. 쿠바에 입국할 때 비자는 필요 없으나 항공권 구매 시 여행사를 통해, 혹은 입국 시 공항에서 여행자 카드(P.41 참조)를 반드시 사야 한다.

여행 중 여권 분실 시
여권을 분실하거나 도난당한 경우 임시 여권 또는 여행증명서를 발급받아야 한다. 멕시코에서는 멕시코시티에 위치한 주 멕시코 대한민국 대사관에서 발급 가능하며, 쿠바에서는 KOTRA 아바나 무역관에서 서류를 작성해 이를 주 멕시코 대한민국 대사관으로 보내야 한다. 서류를 내고 나면 1~2주 후에 여행증명시가 발급된다. 비로 한국으로 돌아갈 경우에는 여행증명시를, 여행을 계속할 경우에는 임시 여권을 발급받는다. 만일의 경우를 대비해 여행 전 여권 사본을 준비하고, 여권 번호를 메모해 두는 것이 좋다. 여행증명서 발급 비용은 US$7, 임시 여권 발급 비용은 US$15로 쿠바도 멕시코에서 발급받기 때문에 비용은 같다.

KOTRA 아바나 무역관(영사 협력원)
주소 Kotra Office, Miramar Trade Center, La Habana
전화 7 204 10 20, 204 11 17, 204 11 65
운영 월~금요일 08:30~17:30

주 멕시코 대한민국 대사관
주소 Lopez Diaz de Armendariz 110, Col. Lomas de Virreyes Deleg Miguel Hidalgo Mexico D.F
전화 55 5202 9866 **팩스** 55 5202 5865
이메일(영사과) emcorea@mofa.go.kr **홈페이지** mex.mofa.go.kr

외교부 해외안전여행
국가별 안전 소식, 여행 경보 및 금지국 안내 등 안전한 해외여행을 위한 각종 정보를 얻을 수 있다. 또한 해외에서의 긴급한 상황, 사건·사고 시 이용 가능한 영사콜센터는 연중무휴 24시간 이용 가능하다.
홈페이지 www.0404.go.kr **전화** 02-3210-0404

여권 유효기간 연장 시 필요한 서류
❶ 여권 기재 사항 변경 신청서
❷ 여권용 사진 1장(여권 발급 신청 전 6개월 이내 촬영한 것)
❸ 주민등록등본 1부(행정 전산으로 확인 불가능 시)
❹ 여권 및 여권 사본 1부
❺ 만 18세 미만인 경우 부 또는 모의 여권 발급 동의서 및 인감증명서(부모가 신청 시 제외)
❻ 병역 의무 해당자의 경우 병역 관계 서류

여권 재발급 사유에 따라 필요한 서류
❶ **분실 재발급**
여권 발급 신청서, 여권용 사진 2장, 여권 재발급 사유서 또는 여권 분실 신고서
❷ **훼손 재발급**
여권 발급 신청서, 여권용 사진 2장, 여권 재발급 사유서
❸ **주민등록 오류 정정 재발급**
여권 발급 신청서, 여권용 사진 2장, 여권 및 여권 사본 1부, 주민등록 오류 정정 표시가 된 주민등록초본 또는 동사무소의 협조 공문, 여권 재발급 사유서
❹ **영문 성명 정정 재발급**
여권 발급 신청서, 여권용 사진 2장, 여권 및 여권 사본 1부, 증빙 서류(변경할 영문 성명이 기재된 재학증명서, 졸업증명서 등 해외 발행 서류), 여권 재발급 사유서

증명서와 여행자보험
CERTIFICATE

증명서마다 발급 비용이 들어가므로 효용을 따져보고 발급받는다. 무턱대고 받아놓기만 했다가 제대로 써보지도 못한 채 유효기간을 넘길 수 있기 때문이다.

국제운전면허증 발급에 필요한 서류
1. 여권(사본 가능)
2. 운전면허증
3. 여권용 사진(혹은 반명함판) 1매
4. 수수료 7,000원

쿠바를 여행하라면 여행자 보험 가입은 필수!

쿠바에 입국하려면 여행자 보험에 꼭 가입해 두어야 한다. 입국 심사 시 때로는 보험 증명서 제시를 요구하는데, 보험에 가입하지 않은 경우 입국이 거절될 수도 있다. 최근 여행자 보험 없이 입국에 성공한 여행자들도 많지만, 만일의 경우를 대비해 필히 보험에 가입하고, 영문 가입 증명서를 받아 가자.

국제 운전면허증

멕시코의 이슬라 무헤레스에서 골프 카트를 빌려 섬 일주를 할 때나 그밖에도 자동차 여행을 계획하고 있다면 국제 운전면허증은 꼭 필요하다. 대한민국 운전면허증 소지자라면 전국의 운전면허 시험장 및 경찰서, 도로교통공단과 협약한 지방자치단체에서 발급받을 수 있으며 2018년 7월부터 인천국제공항 제1터미널에 위치한 경찰치안센터(3층 출

국장 F·G 카운터 사이)에서도 신청·발급 가능하다. 대기 시간을 제외하고 15분 정도 걸리며, 대기 인원에 따라 시간도 달라지니 충분히 여유를 두고 방문하는 것이 좋다. 유효기간은 발급일로부터 1년이다.

여행자 보험

여행자 보험은 여행 중 발생할 수 있는 항공기 사고, 납치, 천재지변 등의 큰 사건은 물론 도난, 교통사고 등 개인적인 일까지 여행 중 일어날 수 있는 갖가지 사건, 사고에 대한 손해를 보상한다. 보험설계사, 보험사 영업점, 대리점, 공항 내 창구, 각 보험 회사의 온라인 사이트에서 가입할 수 있다. 보험 설계사를 통하지 않고 전화나 홈페이지를 통해 직접 신청하면 조금 저렴하게 보험에 들 수 있다. 단, 보험 약관에는 이해하기 어려운 단어가 많기 때문에 중요한 부분을 지나치거나 본인과 맞지 않는 보상 한도를 설정하는 수가 있다. 이러면 보장 금액은 너무 적고 보험료는 너무 많이 납부하게 될 수도 있으니 꼼꼼히 읽어보고 자신의 여행 스타일에 맞는 플랜을 골라야 한다.

보상을 받기 위해서는 현지 병원이 발급한 진단서와 치료비 영수증, 약제품 영수증, 처방전 등을 챙긴다. 도난 사고가 발생했다면 현지 경찰이 발급한 도난 증명서(사고 증명서)가 필요하다. 여행 중 구매한 상품을 도난당했다면 물품 구매처와 가격이 적힌 영수증을 준비한다. 가입한 보험 상품에 따라 내용이 달라질 수 있으니, 계약서 내용을 꼼꼼히 읽어볼 것.

반면 여행자 보험에 가입하지 못하는 경우도 있다. 국가가 지정한 여행 금지 지역과 여행 제한 지역은 보험 가입과 보상이 불가하다. 여행을 떠나기 전 외교통상부 해외안전여행(www.0404.go.kr) 사이트에서 확인할 수 있다.

삼성화재 direct.samsungfire.com
롯데손해보험 www.lottehowmuch.com
KB손해보험 direct.kbinsure.co.kr
한화손해보험 www.hanwhadirect.com

항공권 예약

AIR TICKET

항공권을 구매하는 일도 일종의 쇼핑이나 다름없다. 발품을 팔아야 마음에 쏙 드는 물건을 저렴하게 구입할 수 있듯, 부지런을 떨어야 보다 싼 항공권을 손에 거머쥘 수 있다. 항공권 가격을 결정하는 몇 가지 상식을 소개한다.

클래스
최근 항공사마다 특별한 전략을 내세우며 다양한 클래스를 내놓기도 하지만 보통 퍼스트, 비즈니스, 이코노미, 세 가지 등급을 기본으로 한다. 가장 저렴한 것은 당연히 이코노미 클래스. 이코노미 클래스도 여러 가지 조건에 따라 가격이 천차만별이다.

부가 조건
돌아오는 날짜 변경(리턴 변경) 가능 여부, 마일리지 적립 여부, 연령대, 유효기간, 경유 여부 등이 대표적인 부가 조건이다. 리턴 변경과 마일리지 적립이 불가능하고, 제한적으로 낮은 연령대에 판매하며, 유효기간이 짧고 어딘가를 경유하는 항공권이 가장 저렴하다고 생각하면 된다. 위와 같은 조건은 구매 시 미리 확인한다. 무조건 제일 싼 항공권이 만사형통은 아니므로 마일리지 적립에 따른 이익과 돌아오는 날짜를 변경할 때 드는 수수료 등 참고 항목을 반드시 확인한다.

스톱오버(Stopover)
스톱오버란 경유지에서 일정 기간 체류가 가능한 제도로, 말 그대로 들렀다 갈 수 있는 프로그램이다. 예를 들어 아에로 멕시코(AM)를 타고 멕시코시티를 경유해 칸쿤이나 아바나로 갈 경우를 보자. 스톱오버를 신청하면 가는 여정이나 오는 여정에 멕시코시티에서 원하는 날짜만큼 체류할 수 있다. 에어 캐나다(AC)를 이용하면 밴쿠버 혹은 토론토에서, 미국계 항공사인 유나이티드항공(UA), 델타항공(DL), 아메리카항공(AA)을 이용하면 미국의 여러 도시에서 스톱오버가 가능하다. 단, 미국과 캐나다는 경유할 때도 ESTA, eTA(전자 여행 허가 프로그램)를 발급받아야 한다. 스톱오버는 항공권 예약 시 일정을 결정해 요청해야 하고, 추가 요금이 붙기도 하며 특가 항공권의 경우 스톱오버 자체가 불가한 경우도 있다.

인터넷 예약
항공권은 물론 에어텔, 패키지여행 상품 모두 온라인으로 예약 가능하다. 여행사에 방문해 예약하는 것보다 가격이 저렴하며, 빠르고 편리하게 실시간 정보를 검색할 수 있다. 특히 항공권 가격 비교 사이트를 이용하면 국내외 다수의 항공사, 여행사에서 내놓은 가격과 혜택을 비교할 수 있다. 오픈 마켓이나 소셜 커머스 업체에서 예약하면 할인권을 제공하는 경우도 많으니 꼼꼼히 비교한다. 항공사 홈페이지에서 예약할 경우는 취소·환불 수수료가 저렴하고, 오히려 판매 가격이 여행사보다 저렴한 경우도 있다.

스카이스캐너 www.skyscanner.co.kr
카약닷컴 www.kayak.co.kr
네이버항공권 store.naver.com/flights
지마켓여행 air.gmarket.co.kr

마일리지 공유를 위한 대표적인 항공사 연합

스카이 팀
약 20여 개 항공사 연합. 대한항공, 아에로 멕시코, 델타항공, 에어프랑스, KLM 네덜란드항공, 알이탈리아 등이 가입되어 있다.

스타 얼라이언스
최초의 항공 연합. 아시아나항공, 에어 캐나다, 루프트한자, 아비앙카항공, 유나이티드항공, 전일본공수, 중국국제항공, 코파 항공, 터키항공 등 28개 항공사가 가입되어 있다.

원 월드
현재 약 14개의 항공사가 가입되어 있다. 아메리칸항공, 영국항공, 캐세이 패시픽항공, 콴타스항공, 이베리아항공, 라탐항공, 일본항공 등이 있다.

숙소 예약
AIR TICKET

여행을 떠나기 전 숙소를 예약하는 것이 좋다. 짧은 여행을 하는 트렁크족이라면 더더욱. 애써 찾아간 숙소에 빈방이 없을 때의 난감함은 말로 다 못할 지경이다. 그런데 성수기엔 이런 난감한 일이 숱하게 발생한다.

호텔 예약 방법

우리나라에서 운영하는 해외 호텔 예약 사이트를 비롯해 여행사 홈페이지, 오픈 마켓 등에서 예약이 가능하다. 해외에서 운영하는 사이트라 하더라도 최근 웹페이지 내 번역이 쉬워졌고, 한국어 서비스를 제공하는 업체도 많기 때문에 이용하기 쉽다. 업체별로 제시하는 요금과 조건, 예약 가능한 룸 종류 등이 다르니 이곳저곳을 꼼꼼히 비교하는 것이 좋다.

여행사나 대행사를 통해 예약할 수 없는 호텔에 숙박하려면 호텔에 직접 예약을 하는 수밖에 없다. 호텔 홈페이지에서 인터넷으로 예약을 받는 경우가 많고, 대부분 전화나 이메일, 팩스를 통해서도 예약 가능하다.

호텔패스 www.hotelpass.com
아고다 www.agoda.co.kr
부킹닷컴 www.booking.com
트립어드바이저 www.tripadvisor.co.kr
익스피디아 www.expedia.co.kr
프라이스라인 www.priceline.com

올 인클루시브 호텔

숙박, 음식과 음료, 액티비티 등의 서비스 이용료가 숙박비에 모두 포함된 호텔. 호텔 내에서 거의 모든 것을 해결할 수 있기 때문에 여유를 즐기려는 휴양객에게 적합하다. 멕시코 칸쿤, 쿠바 바라데로 등의 휴양지에 많이 분포하며 특히 바라데로는 다른 곳에 비해 숙박비가 저렴하고 만족도도 높다.

쿠바의 카사

쿠바만의 독특한 숙박 형태라 할 수 있는 카사는 가정집을 활용해 빌려주는 민박의 형태이다. 호텔에 비해 수가 많고 가격대와 선택지가 다양하며, 추가 요금을 지불하면 아침 식사나 저녁 식사도 가능하기 때문에 많은 여행자가 이용한다. 자체 홈페이지나 이메일을 통해 예약 가능하며, 카사 전문 예약 사이트나 쿠바 내의 여행사를 통해서도 예약할 수 있다.

파르티쿠바 www.particuba.net
가비오타호텔 www.gaviotahotels.com

바우처

바우처(Voucher)란 호텔의 예약과 숙박료 지불을 끝냈음을 뜻하는 호텔 예약 확정서다. 호텔 예약 대행사나 여행사에서 발급하는 서류인데, 이를 가지고 호텔에서 체크인하면 된다. 결제 후 보통 12시간 이내에 이메일로 바우처가 전달된다.

환전

멕시코 페소는 한국의 몇몇 은행에서 환전할 수 있으나, 쿠바의 태환 페소(CUC$)는 환전이 불가능하다. 쿠바로 여행할 경우에는 미국 달러, 유로화 등을 준비해 현지에서 태환 페소로 바꾸는 이중 환전을 해야 한다. 태환 페소는 미국 달러와 1:1 환율이 적용되기 때문에 계산하기 쉽지만 미국 달러를 태환 페소로 환전할 경우에는 10%의 추가 수수료가 붙으니 캐나다 달러나 유로화, 영국 파운드로 가져가는 것이 좋다.

멕시코에서는 멕시코 페소가 통용되지만, 예외적으로 칸쿤에서는 미국 달러를 받는 곳도 많기 때문에 미국 달러로 환전해 간 뒤 현지에서 필요한 만큼만 멕시코 페소로 바꿔 사용하는 것도 좋다. 여행 일정이 짧다면 현금을 많이 들고 다니기보다는 현금과 신용카드를 함께 사용하는 것이 낫다.

현지 환전에 대한 정보는 p.39(쿠바), p.240(멕시코) 참조.

방문 환전

달러, 유로, 엔, 위안 등 자주 찾는 통화는 대부분 시중 은행에서 갖추고 있다. 멕시코 페소 같은 특수 통화는 규모가 큰 은행이나 KEB하나은행에 찾아가야 한다.

사이버 환전

은행에 갈 시간이 없다면 인터넷이나 스마트폰 애플리케이션을 통해 환전해도 좋다. 은행 업무시간 외에도 이용 가능하고, 외화 수령 또한 출국 전 공항에서 할 수 있어 편리하다. 은행 창구를 이용하는 것보다 환율 우대 혜택 역시 좋은 편이다.

신용카드

현금만 가져가는 것이 조금 불안하다면 신용카드를 준비하자. 보안이 취약하다거나 약간의 수수료 부담이 있지만 외국인에게는 가장 편리하고 보편적인 보조 결제 수단이다. 호텔, 렌터카, 항공권을 예약하거나 사용할 때 대부분 신용카드를 제시해야 하고, 현지에서 급하게 현금이 필요할 때 ATM에서 현금 서비스를 받을 수도 있다. 소지한 카드가 외국에서 사용 가능한지 반드시 확인하고, 해외 사용 비밀번호 등록 및 확인을 마쳐둔다.

현금카드

현금카드를 이용해 현지 ATM에서 현지 통화를 인출할 수 있다. 현금을 들고 다니는 것보다 안전하고, 신용카드보다 알뜰한 소비가 가능하다. 현금카드 역시 여행을 떠나기 전 해외에서 사용 가능한 카드인지 반드시 확인하고, 본인의 카드에 적힌 브랜드(PLUS, Cirrus)가 붙은 ATM을 현지에서 찾아 인출하면 된다. ATM은 쿠바와 멕시코 전역에서 쉽게 찾아볼 수 있다. 수수료를 계산하면서도 한번에 많은 돈을 들고 다니지 않도록 주의해 인출한다.

환전과 여행 경비
EXCHANGE

계획 하에 현금과 신용카드를 적절히 섞어 이용하는 게 편하다. 환율 우대를 받을 수 있는 주거래 은행이나 인터넷 환전을 이용하자.

환전 수수료 체크

시중 은행에서 환전할 때에는 환율 우대 혜택이 있는지 문의하자. 주거래 은행이나 각 은행에서 발행하는 체크·신용카드를 사용하는 경우, 특정 쿠폰을 소지한 경우에는 일반 거래가보다 저렴하게 환전 가능하다.

칸쿤의 ATM

전화와 인터넷
INTERNET

이제 스마트폰은 신체의 일부가 되었다 해도 과언이 아니다. 여행 중에도 지도 및 포털사이트 검색, SNS 등 하고 싶은 것이 많을 것이다. 스마트폰의 데이터로밍을 그대로 이용할 경우 엄청난 요금 폭탄을 맞게 되므로(통신사의 데이터로밍 차단 서비스를 신청하는 게 가장 안심), 오른쪽의 방법 중에서 적절히 선택하여 합리적인 가격으로 이용하자.

휴대전화 데이터 이용 시 주의
데이터 사용량이 큰 동영상 시청, 대용량 파일 전송은 무조건 피해야 한다. 한국에서처럼 무심코 이용하다가는 지정된 용량이 금방 동난다.

해외 심 카드로 교체하면
휴대전화 번호가 현지(해외) 번호로 바뀌므로, 한국에서 걸려오는 전화나 문자를 받을 수 없다는 것을 알아두자. 물론 카카오톡 등을 이용한 메시지나 통화는 가능하다.

멕시코에서 전화와 인터넷 사용하기

한국에서 쓰던 휴대전화로 멕시코에서 전화 및 인터넷을 사용하는 데에는 3가지 방법이 있다. 한국 이동통신사의 로밍 서비스를 신청하는 것과 포켓 와이파이를 빌려 가는 것, 멕시코 통신사의 심 카드(유심칩)를 사서 사용하는 방법이다.

다른 중남미 국가들에 비해 통신 환경이 좋은 멕시코에는 무료 와이파이를 제공하는 호텔이나 식당이 많으며, 공공장소에서도 쉽게 무료 와이파이를 이용할 수 있다.

한국 통신사의 데이터 로밍 무제한 서비스

한국 전화번호를 그대로 사용하기 때문에 통신이 편리하고, 심 카드를 갈아 끼우거나 무겁게 포켓 와이파이 기기를 들고 다닐 필요가 없다. 다만 기본적으로 속도가 느리고 대도시를 벗어나면 먹통이 되기도 하며, 1일 제공하는 기본 데이터 양을 초과하면 속도가 매우 느려진다. 요금도 가장 비싸다.

포켓 와이파이

여행 전, 기기를 예약한 후 출국할 때 국내 공항에서 수령한다. 현지 도착 후 단말기의 아이디와 비밀번호로 와이파이에 접속하면 되는데, 단말기 1대로 2~3명(최대 5명)이 동시 접속할 수 있다. 1일 요금은 3,000~6,000원대(업체와 시기에 따라 다름)로 비교적 저렴하다. 단, 단말기를 매일 충전해야 하며 종일 이용할 때는 보조 배터리도 필요하다.

심 카드(유심 칩)

멕시코에는 3개의 통신 회사(TELCEL, AT & T, MOVISTAR)가 있는데 통화 품질이나 인터넷 속도는 비슷하다. 심 카드(Sim Card)는 공항, 버스 터미널, 편의점, 대형마트, 각 통신사의 대리점 등에서 살 수 있다. 심 카드의 가격은 약 200페소이며 데이터 양과 사용 기간에 따라 충전 가격이 달라진다.

쿠바에서 전화와 인터넷 사용하기

한국 이동통신사의 자동 로밍 서비스를 쿠바에서도 이용할 수 있지만, 요금이 굉장히 비싸다. 따라서 쿠바 현지 통신사의 심 카드를 구매해 사용하는 것이 낫다. 2019년 1월 현재, 포켓 와이파이는 사용할 수 없다. 우리나라처럼 통신 기술이 발달하지 않은 쿠바는 무료 와이파이는커녕 유선 인터넷조차 사용하기 쉽지 않은 편이다.

심 카드(유심 칩)

쿠바의 이동통신사인 에텍사(ETECSA)나 현지 호텔에서 심 카드를 구매해 충전하면 본인의 휴대전화로 전화와 인터넷 사용이 가능하다.

현지에서 휴대전화로 쿠바 국내 전화를 걸 때에는 쿠바 지역번호 + 전화번호를 누르면 되고, 한국으로 걸 때에는 119 + 82 + 맨 앞 0을 제외한 휴대전화 번호나 일반 전화번호를 누르면 된다. * + 222 + # + 통화 버튼을 눌러 남은 금액을 조회할 수도 있다.

나우타 카드(와이파이 카드)

공원 등지의 공용 공간에 와이파이 존이 있는데, 이마저도 나우타(NAUTA)라는 와이파이 카드를 사야 인터넷에 접속할 수 있다. 나우타 카드는 에텍사와 4~5성급 호텔에서 판매하며, 에텍사에서 살 때는 여권이 필요하다.

에텍사 판매 가격은 1시간에 1CUC$(2019년 1월 기준)이다. 카드를 사면 스크래치를 벗겨 비밀번호를 확인한 후, 와이파이 신호 중에서 'ETECSA'를 열어 ID와 비밀번호를 넣는다. 와이파이 신호가 잡히는 핫 스폿은 에텍사 입구, 카드를 산 호텔 주변, 이 외에 사람들이 모두 휴대전화만 쳐다보고 있는 공원 등의 공공 장소다. 나우타 카드의 유효 기간은 30일이며, 한 번 사용한 후에는 로그아웃 후 재로그인해야 한다.

유선 인터넷

유선 인터넷의 경우 에텍사에서 운영하는 텔레푼도(한국의 PC방과 비슷한 곳), 고급 호텔이나 숙소에서 제공하는 컴퓨터를 이용해야 한다. 에텍사에서 인터넷용 카드를 사서 컴퓨터에 ID, 비밀번호를 입력한 후 사용하면 된다.

나우타 카드의 암거래

에텍사에서 와이파이 카드인 나우타를 사려면 항상 오래 기다려야 한다. 그래서인지 웃돈을 약간 얹어 파는 암거래 상인들이 있다. 와이파이를 사용할 수 있는 핫 스폿, 특히 공원에서 쉽게 찾아볼 수 있다. 정가 1CUC$의 1시간짜리 카드를 암거래 상인에게 사면 2CUC$ 정도이다. 에텍사에서 직접 사는 것보다 비싸지만 더운 날씨에 오래 기다려야 하는 수고를 약간의 웃돈으로 덜 수 있다. 호텔에서 살 경우는 가장 비싸 3~5CUC$ 정도 한다.

에텍사

TRAVEL TIP

여전히 많은 시민들이 사용 중
쿠바의 공중전화

휴대전화 보급률이 높아지고 집집마다 유선전화가 생겼지만, 아직도 많은 쿠바인에게 거리의 공중전화는 중요한 통신 수단이다. 파란색 전화기는 국내 · 국제 전화가 모두 가능하며, 공중전화 카드만 사용할 수 있다. 은색 전화기는 국내 전화용이며 동전만 사용 가능하다.

공중전화 카드는 에텍사에서 살 수 있는데, 국내용 · 국외용이 따로 있고 요금별로 5CUC$, 10CUC$, 20CUC$ 3종류가 있다. 한국의 휴대전화로 전화를 걸 경우 5CUC$짜리 카드로 1분 25초 정도 통화할 수 있다.

쿠바 공중전화 사용법

공중전화기	국내/국외 사용	사용법
국제 전화(파란색)	한국으로 전화할 때	166(단축 번호) + 전화 카드 고유 번호 + # + 언어 선택(1 : 스페인어 / 2: 영어) + 119 + 82 + 맨 앞 0 빼고 지역번호 혹은 휴대전화 번호
국내 전화(파란색)	쿠바 국내	166(단축 번호) + 전화 카드 고유 번호 + # + 0(혹은 01) + 지역번호 + 전화번호
국내 전화(은색)	쿠바 국내	지역번호 + 전화번호

인천공항 가는 법
TO THE AIRPORT

국제선을 타려면 늦어도 비행기 출발 2시간 전에는 공항에 도착해야 한다. 공항으로 가는 방법도 여러 가지. 나에게 맞는 교통편을 찾아보자.

가는 방법

2018년 1월부터 인천국제공항이 제1터미널, 제2터미널로 나뉘어 운영되고 있다. 두 터미널이 멀찍이 떨어져 있는 데다 각각 취항 항공사가 다르므로, 출발 전 반드시 전자항공권(e-티켓)을 통해 어느 터미널로 가야 하는지 확인해야 한다. 자칫 터미널을 잘못 찾을 경우 비행기를 놓치는 불운이 생길 수도 있다. 새로 개장한 제2터미널로 이전한 항공사는 대한항공, 아에로 멕시코, 델타항공 등 스카이 팀 소속 11개 항공사이다. 기존의 제1터미널은 아시아나 항공, 기타 외국 항공사와 저가 항공사들이 취항한다.

2018년 개항한 인천국제공항 제2터미널

터미널 간 이동은 5분 간격으로 운행되는 무료 순환버스를 타면 된다. 제1터미널 3층 중앙 8번 출구, 제2터미널 3층 중앙 4~5번 출구 사이에서 출발하며 15~18분 걸린다.

리무진 버스

인천국제공항으로 가는 가장 대표적인 교통수단이다. 서울, 수도권, 인천은 물론 경기도 북부와 충청남북도, 경상남북도, 전라남북도, 강원도에서 인천국제공항까지 한 번에 오는 노선이 있다.

서울 시내에서 출발하는 리무진 버스는 김포공항과 주요 호텔을 경유해 인천공항까지 오는데, 제1터미널까지 50분, 제2터미널까지 65분 정도 걸린다. 요금은 서울 및 수도권 기준으로 1만~1만 5,000원 정도다. 정류장, 시각표, 배차 간격, 요금 등은 인천국제공항 홈페이지(www.airport.kr)나 공항리무진 홈페이지(www.airportlimousine.co.kr)을 참고한다.

공항 철도

서울역과 인천국제공항을 연결하는 공항철도는 리무진 버스 다음으로 대중적인 공항 교통수단이다. 공항철도는 모든 역에 정차하는 일반 열차와 서울역에서 인천공항까지 무정차로 운행하는 직통열차로 나뉜다. 일반 열차는 6~12분 간격에 58분이 걸리고, 요금은 서울역에서 출발할 경우 인천공항1터미널역까지 4,150원, 인천공항2터미널역까지 4,750원이다. 직통열차는 일반 열차와 달리 지정 좌석제로 승무원이 탑승해 안내 서비스를 제공한다. 30분~1시간 간격 운행에 43분 걸리고 요금은 9,000원이다.

인천공항 제2터미널을 이용하는 항공사(2019년 1월 기준)
- 대한항공
- 아에로 멕시코
- 델타항공
- 에어프랑스
- KLM 네덜란드항공
- 알리탈리아
- 중화항공
- 가루다인도네시아
- 샤먼항공
- 체코항공
- 아에로플로트

자가용

인천국제공항에 가려면 공항 전용 고속도로인 인천 국제공항 고속도로를 이용해야 한다. 제2터미널을 이용할 경우는 표지판을 따라 신설 도로로 진입한다. 일단 진입한 뒤에는 공항과 영종도 외에는 다른 곳으로 가는 것이 불가능하다. 통행료는 경차 3,300원, 소형차 6,600원, 중형차 1만 1,300원, 대형차 1만 4,600원. 여객 터미널 출발층 진입로는 승용차와 버스 진입로가 서로 다르니 주의한다.

인천공항 1터미널역

택시

당장 출발하지 않으면 비행기를 놓칠 경우 선택하는 최후의 교통수단이다. 가장 가깝다는 인천에서 이용하는 택시비는 2만 5,000~3만 원이고, 서울 도심에서는 미터 요금만 4만~6만 원에 공항 고속도로 이용료까지 부담해야 한다. 만약 4명이 함께 탑승한다면 리무진 버스 요금과 비슷하니 택시를 이용하는 것도 괜찮다.

TRAVEL TIP

도심에서 여유롭게 수속하고 떠나자

도심공항터미널

도심에서 체크인, 출국 소속은 물론 수하물 위탁까지 미리 하고 공항으로 떠날 수 있어 편리한 서비스. 단, 터미널마다 이용 가능한 항공사(이용편에 따라 수속이 불가한 경우도 있다)가 다르기 때문에 출발 전에 미리 확인하고 가야 한다.

삼성동 코엑스와 광명역

서울 삼성동에 있는 한국 도심 공항 터미널과 2018년 오픈한 광명역 도심 공항 터미널에서 탑승 수속(체크인, 수하물 위탁), 사전 출국 심사를 할 수 있다. 다만 국내 취항 중인 일부 국내외 항공사만이 수속 가능하므로 미리 알아보고 가야 실수가 없다. 특히 광명역 도심공항 터미널은 대한항공, 아시아나항공을 비롯해 국내 저가 항공사만 수속 가능하다. 출발 3시간 20분 전에 수속이 마감되며 인천국제공항까지는 공항 리무진버스로 1시간 30~50분 소요.
전화 02-551-0077~8
홈페이지 www.kcat.co.kr

서울역

서울역~인천 국제공항역 개통과 함께 공항철도 서울역에서 도심공항터미널 서비스를 실시한다. 대한항공, 아시아나항공, 제주항공 티웨이항공, 이스타항공의 체크인 카운터와 출국 심사대, 환전소 등이 들어서 탑승 수속과 수하물 탁송 서비스를 제공하며, 인천공항 항공기 출발 3시간 전까지(대한항공은 3시간 20분 전까지) 탑승 수속을 마쳐야 한다. 서울역에서 인천 국제공항 제1터미널까지는 직통 열차로 43분, 일반 열차로 58분 정도 소요된다. 서울역 도심 공항 터미널에 대한 내용은 공항 철도 홈페이지에서 알아볼 수 있다.
홈페이지 www.arex.or.kr

출국 수속
DEPARTURE

주말이나 성수기는 출국 수속을 하는 데 더 많은 시간이 걸리므로 여유 있게 하는 것이 안전하다. 공항 면세점을 이용할 생각이라면 좀 더 서둘러야 한다.

01. 공항 도착
대한항공과 아에로 멕시코를 포함한 몇몇 스카이팀 항공사는 제2터미널, 아시아나항공과 기타 외국 항공사, 저가 항공사는 제1터미널을 이용한다.

07. 보딩 패스와 배기지 태그 받기

부치는 짐의 무게 제한은 15~23Kg으로 항공사별로 다르다.

06. 좌석 선택, 짐 부치기
보조 배터리는 부치는 짐에 넣을 수 없으므로 기내에 직접 가지고 타야 한다.

08. 출국장 들어가기
출국장으로 들어갈 때는 여권과 보딩 패스를 제시한다.
Tip 1 참고

DSLR, 노트북, 태블릿 PC는 따로 빼서 통과시킨다.

09. 세관 신고 · 보안 검색
신고할 물건이 있으면 여행자 휴대 물품 반출 신고서를 작성한다. 엑스레이 검색대를 거친다. Tip 2 참고

02. 카운터 확인

전광판에서 해당 항공사의 카운터를 확인한다.

03. 카운터 도착

줄을 서서 차례를 기다린다.

05. 여권과 e티켓 프린트를 제시

04. 체크인 시작

부치는 짐이 없고 모바일 보딩패스가 있다면 바로 출국장으로 간다.

10. 출국 심사

직원에게 여권과 보딩 패스를 건넨다. 심사가 끝나면 돌려받는다. 자동 출입국 심사를 이용해도 좋다. `Tip 3 참고`

11. 출발 게이트로 이동

면세점 쇼핑을 한 후 출발 시각 30분 전까지 게이트 앞에 도착한다. `Tip 4 참고`

여행자보험 카운터

로밍 카운터

면세 쇼핑을 했다면
시내 면세점이나 인터넷 면세점에서 쇼핑을 했다면, 출국 심사가 끝나자마자 면세품 인도장으로 갈 것. 성수기에는 인도장이 붐벼 물건을 찾는데 꽤 시간이 걸린다. 물건을 찾을 인도장이 어디인지 미리 확인해 두자.

Tip 1 출국장으로 들어가기 전에 잠깐
환전, 여행자 보험 가입과 휴대전화 로밍을 아직 하지 않았다면 마지막 기회다. 인천 국제공항에는 은행, 여행자 보험 카운터와 휴대전화 로밍 센터가 있다. 출국장으로 들어가기 전에 해결하자. 에어사이드에 로밍 카운터가 있기는 하나 그곳에서는 로밍 서비스 신청을 받지 않는다.

Tip 2 보안 검색 시 주의
기내에 휴대하는 모든 물건을 바구니에 넣어 검사대 레인 위에 올려놓는다. 주머니에 있는 것을 전부 꺼내 넣고, 액체 휴대품은 비닐 팩에 넣는다. 비닐 팩은 공항 내 편의점과 간이 서점에서 판매하므로 미리 준비하자. 노트북은 가방에서 꺼내 따로 통과시켜야 한다. 부츠나 모자를 착용한 경우 벗어서 문제가 없는지 확인해주어야 한다.

Tip 3 자동 출입국 심사
자동 출입국 심사는 심사관에게 여권을 보이고 심사를 받는 번거로움 없이 기기에 여권을 갖다 댄 후 지문과 얼굴을 자동 인식하는 방식이다.
2017년 3월부터 만 19세 이상 우리나라 국민은 얼굴 사진과 지문을 사전 등록하지 않아도 자동 출입국 심사를 받을 수 있게 되었다. 단, 19세 미만이거나 최근 이름 등의 인적사항이 변경된 사람, 주민등록증 발급 후 30년이 지난 사람은 꼭 사전 등록을 해야 한다.
사전 등록은 여권을 제시해야 하며(만 14세 이하는 가족관계증명서도 필요), 인천 공항 출국장 3층 F 발권 카운터 앞 등록 센터 또는 출국 심사장 자동 출입국 심사대의 등록장에서 할 수 있다(김포 공항에서는 국제선 터미널 2층 출입국 민원실에서 등록 가능).
홈페이지 www.ses.go.kr

Tip 4 제1터미널의 101~132번 게이트로 가려면 트램을 타자!
탑승동에 위치한 101~132번 게이트로 가려면 입국 심사를 통과한 후 사진의 표지판을 따라 지하로 내려가, 트램을 타고 이동해야 한다. 트램은 자주 오고 이동 시간도 2분 정도로 짧지만, 사람이 붐빌 경우 트램을 놓치는 경우도 있으므로 20분 정도 먼저 출발해 게이트에 도착하는 것이 안심할 수 있다. 탑승동에도 다양한 면세점이 있다.

트램 타는 곳

한국으로 귀국하기
RETURN

귀국하기 전에 가장 먼저 해야 할 것은 효율적인 짐 싸기이다. 여행이 끝나가는 만큼 짐의 양도 훨씬 늘었을 것이다. 수하물의 무게가 초과되면 추가 요금을 내야 하므로, 기내에 들고 타는 가방에 옮겨 담거나 필요 없는 물건은 버리는 것이 좋다.

짐 쌀 때 주의할 점
면세점 등에서 산 고가의 물건이 있다면 세관 검사를 대비해 영수증도 미리 잘 챙겨두자. 동물, 축산물, 식물류는 모두 반입 금지이니 조심하자. 신고 없이 반입하다 발각되면 범칙금을 물게 된다.

공항에는 최소 2시간 전에 도착
보통 아침에는 호텔의 체크아웃 카운터가 붐빈다. 미리미리 서둘러 체크아웃을 해두고 호텔에서 공항까지 갈 때 교통이 정체되는 시간도 미리 염두에 두어 여유 있게 출발하자. 공항에는 적어도 2시간 전에 도착해야 여유롭게 수속을 밟을 수 있다. 늦어서 허둥지둥하느니 좀 일찍 오는 것이 훨씬 낫다. 탑승 시간 30분 전에는 탑승구에 가 있도록 하자.

기내에서 준비할 서류
출국 때와 같은 절차를 밟아 기내에 들어오고 나면 얼마 후에 승무원이 여행자 휴대품 신고서를 나누어 준다. 여행자 휴대품 신고서는 개인당 1장, 가족의 경우 가족당 1장을 작성해야 하며, 신고할 물품이 없더라도 반드시 작성해야 한다. 기내에서 미리 작성해 두자. 외국 국적인 사람만 입국신고서를 작성한다. 만약 여행 중 설사, 복통, 구토, 발열의 증세가 있으면 입국시 검역관에게 신고해야 한다. 또 귀가 후에도 설사 등의 증세가 계속될 때에는 검역소나 보건소에 신고해야 한다.

드디어 한국에 입국
입국 심사는 여권만 있으면 된다. 입국 심사가 끝나면 수하물 수취대 번호를 전광판에서 확인하고 해당 컨베이어 벨트로 가서 짐을 찾는다. 짐을 분실했을 경우 분실 수하물 카운터에 문의하자.

세관 검사
짐을 찾은 후에 검사원에게 여행자 휴대품 신고서를 제출한다. 신고서를 기재하지 않거나 허위로 기재하면 관세법에 의한 처벌을 받을 수 있다. 만약 수하물을 찾을 때 '세관 검사 안내 표시'가 부착되어 있으면 세관 검사대로 가서 가방 안을 조사받는 등 정밀검사를 받게 된다. 면세품을 구매한 경우 영수증 제시를 요구받을 수도 있다. 우리나라에 입국하는 여행자는 내외국인을 불문하고 일정 범위 내에서 면세를 받을 수 있으며, 해외에서 취득한 물품 및 구입 물품의 총 가격이 1인당 $600 미만인 경우 면세 혜택을 받을 수 있다.

여행을 마치고 인천 공항에 도착

여행 스페인어 회화

스페인어는 라틴어에 기원을 두고 있어 영어의 알파벳과 유사하며 소리나는 대로 발음하면 되기 때문에 기초 문장을 배우는 것은 쉽다. 여행 한 달 전부터 기초 어휘만 공부해도 현지에서 유용하게 써먹을 수 있어 여행이 더욱 즐거워진다.

인사

안녕
올라
Hola

아침 인사
부에노스 디아스
Buenos días

잘 오셨어요.
비엔베니도
Bienvenido

헤어질 때
아디오스
Adiós

낮 인사
부에나스 따르데스
Buenas tardes

제 이름은 지영이에요.
메 야모 지영
Me llamó jie young

잘 지내나요?
꼬모 에스따스?
¿como estas?

저녁 인사
부에나스 노체스
Buenas noches

만나서 반가워요.
엔깐따도
Encantado

의사 표시

네.
씨
Sí

아니요.
노
No

부탁해요.
뽀르 파보르
Por favor

고마워요.
무차스 그라시아스
Muchas gracias

날씨가 좋네요.
아세 부엔 띠엠뽀
Hace buen tiempo

스페인어를 못해요.
노 뿌에도 아블라르 에스파뇰
No puedo hablar español

괜찮습니다.
노 임뽀르따
No importa

걱정 마세요.
노 세 쁘레오꾸뻬
No se preocupe

당연해요.
끌라로 께 씨
Claro que si

그럼요.
끌라로
Claro

몰랐어요.
노로 사비아
No lo sabía

아무 일도 아니에요.
나다
Nada

※이 책에 표기한 스페인어 발음은 국립국어연구원의 외래어 표기 규정을 따랐으나, 〈여행 스페인어 회화〉 부분만은 최대한 현지 발음에 가깝게 적었습니다.

이해가 안 되요. 노 엔띠엔도 No entiendo	**좋아요(OK).** 부에노 Bueno	**지금 바빠요.** 에스또이 오꾸빠도 Estoy ocupado
정말 미안합니다. 로 시엔또 무초 Lo siento mucho	**좋아하지 않아요.** 노 메 구스따 No me gusta	**축하합니다.** 펠리시다데스 Felicidades
정말 예뻐요. 께 보니또 Que bonito	**좋아해요.** 메 구스따 Me gusta	**훌륭해요.** 무이 비엔 Muy bien
그럴 것 같아요. 끄레오 께 시. Creo que si	**피곤해요.** 에스또이 깐사다 Estoy cansada	**~ 하고 싶어요.** 요 끼에로 Yo quiero~

물어볼 때

몇 살이세요? 꽌또스 아뇨스 띠에네 우스떼드 ¿Cuántos años tiene usted?	**식사했나요?(친한 사이)** 아스 꼬미도 ¿Has comido?	**영어 할 줄 아세요?** 뿌에데 아블라르 잉글레스 ¿Puede hablar inglés?
몇 시에요? 께 오라 에스 ¿Qué hora es?	**어느 나라 사람이죠?** 데 돈데 에스 우스떼드 ¿De dónde es usted?	**이것은 무엇인가요?** 께 에스 에스또 ¿Qué es esto?
무슨 일이죠? 께 빠사 ¿Qué pasa?	**어때?(친한 사이)** 께 딸 ¿Qué tal?	**이름이 무엇인가요?** 꼬모 세 야마 우스떼드 ¿Cómo se llama usted?
무엇을 도와드릴까요? 께 끼에레 우스떼드 ¿Qué quiere usted?	**어떻게 지내요?** 꼬모 에스따스 ¿Cómo estás?	**정류장이 어디 있어요?** 돈데 에스따 라 에스따시온 ¿Dónde está la estación?
뭐라고요? 꼬모 ¿Cómo?	**얼마나 걸리죠?** 꽌또 띠엠포 ¿Cuánto tiempo?	**전화번호가 뭐에요?** 꽐 에스 뚜 누메로 데 뗄레포노 ¿Cual es tu número de teléfono?
괜찮으세요? 에스따스 비엔 ¿Estas bien?	**얼마에요?** 꽌또 꾸에스따 ¿Cuánto cuesta?	

숫자

1
우노 Uno

2
도스 Dos

3
뜨레스 Tres

4
꽈뜨로 Cuatro

5
씬꼬 Cinco

6
세이스 Seis

7
시에떼 Siete

8
오초 Ocho

9
누에베 Nueve

10
디에스 Diez

요일

월요일
루네스 Lunes

화요일
마르떼스 Martes

수요일
미에르꼴레스 Miércoles

목요일
후에베스 Jueves

금요일
비에르네스 Viernes

토요일
사바도 Sábado

일요일
도밍고 Domingo

시간

오늘
오이 Hoy

내일
마냐나 Mañana

지금
아오라 Ahora

전에
안떼스 Antes

후에
데스뿌에스 Después

거의
까시 Casi

일찍
뗌쁘라노 Temprano

왕복
이다 이 부엘따 Ida y vuelta

기본 어휘

티켓
엘 비예떼
El billete

티켓 한 장이요.
운 비예떼 포르 파보르
Un billete, por favor
※por favor는 영어의
Please와 유사

기차
뜨렌
Tren

버스
아우또부스
Autobús

지하철
메뜨로
Metro

기차역
에스따시온 델 뜨렌
Estación del tren

버스터미널
에스따시온 데 아우또부세스
Estación de autobuses

공항
아에로뿌에르또
Aeropuerto

출구	먼	박물관
살리다	레호스	무세오
Salida	Lejos	Museo

입구	지도	성(城)
엔뜨라다	마빠	까스띠요
Entrada	Mapa	Castillo

중앙역	도시	은행
에스따시온 센뜨랄	시우닫	방꼬
Estación central	Ciudad	Banco

호텔	북	가게
오뗄	노르떼	띠엔다
Hotel	Norte	Tienda

방	남	레스토랑
아비따시온	수르	레스따우란떼
Habitación	Sur	Restaurante

화장실	오른쪽	시장
바뇨 / 세르비시오	데레챠	메르까도
Baño / Servicio	Derecha	Mercado

침대	왼쪽	슈퍼마켓
까마	이스끼에르다	수페르메르까도
Cama	Izquierda	Supermercado

깨끗한	직진	전화
림삐오	렉또	뗄레포노
Limpio	Recto	Teléfono

샤워	관광 안내소	비싼
두챠	인포르마시온 뚜리스띠까	까로
Ducha	Información turística	Caro

가까운	우체국	싼
세르까	오피시나 데 꼬레오	바라또
Cerca	Oficina de correo	Barato

음식 용어

고기
까르네
Carne

샐러드
엔살라다
Ensalada

얼음
이엘로
Hielo

참치
아툰
Atún

단맛
둘세
Dulce

설탕
아수까르
Azúcar

우유
레체
Leche

채소
베르두라스
Verduras

닭고기
뽀요
Pollo

소금
쌀
Sal

음료
베비다스
Bebidas

치즈
께소
Queso

바비큐
바르바꼬아
Barbacoa

수프
소파
Sopa

따뜻한
깔리엔떼
Caliente

튀긴
프리또
Frito

생선
뻬스까도
Pescado

아이스크림
엘라도
Helado

차가운
프리오
Frio

굽다
플란차
Plancha

실전 회화

관광 안내소가 어디인가요?
돈데 에스따 라 인포르마시온 뚜리스띠까
¿Dónde está la información turística?

화장실이 어디인가요?
돈데 에스따 엘 바뇨
¿Dónde está el baño?

게이트 B1이 어디인가요?
돈데 에스따 라 뿌에르따 B1
¿Dónde está la puerta B1?

시내로 가는 버스는 어디에서 타나요?
돈데 세 꼬헤 엘 아우또부스 빠라 일 알 센뜨로
¿Dónde se coge el autobús para ir al centro?

몇 시에 시작하나요?
꾼도 엠피에사?
¿Cuando empieza?

※ Dónde está ~는 (장소) 어디인가요?
'돈데 에스따'는 영어로 Where is를 뜻하는 표현

여권 있습니까?
띠에네스 빠사뽀르떼
¿Tienes pasaporte?

네, 여기 있습니다.
씨, 아끼 띠에네
Sí, aquí tiene

시내로 어떻게 가면 되나요?
꼬모 뿌에도 예갈(일) 알 센트로
¿Cómo puedo llegar(또는 ir) al centro?

지하철 요금은 얼마인가요?
꽌또 꾸에스따 엘 비예떼 데 메뜨로
¿Cuánto cuesta el billete de metro?

관광객을 위한 할인이 있습니까?
이이 데스꾸엔뜨 빠라 뚜리스따스
¿Hay descuento para turistas?

언제까지 머물 건가요?
아스따 꽌도 세 께다라
¿Hasta cuándo se quedará?

영어(스페인어)를 할 수 있나요?
뿌에데 아블랄 잉글레스(에스파뇰)
¿Puede hablar inglés(español)?

죄송합니다. 저는 영어(스페인어)를 못해요.
로 씨엔또, 노 아블로 잉글레스(에스파뇰)
Lo siento, no hablo inglés(español)

길을 잃었어요.
메 에 뻬르디도
Me he perdido

가방을 잃어버렸어요.
에 뻬르디도 미 말레따
He perdido mi maleta.

입장료가 얼마인가요?
꽌또 꾸에스따 라 엔뜨라다
¿Cuánto cuesta la entrada?

프라도 박물관이 여기서 먼가요?
엘 무세오 델 프라도 에스따 레호스 데 아끼
¿El Museo del Prado está lejos de aquí?

얼마나 걸리나요?
꽌또 세 따르다
¿Cuánto se tarda?

요리를 하나 추천해 주시겠어요?
께 메 레꼬미엔다 우스떼드
¿Que me recomienda usted?

저 사람이 먹는 것과 같은 요리로 주세요.
끼에로 쁘로바르 엘 쁠라또 이구알 께 아껠
Quiero probar el plato igual que aquel.

아주 맛있어요.
께 리꼬 에스따
Que rico esta

계산해주세요.
라 꾸엔따 뽀르 파보르
La cuenta, por favor

저를 도와주시겠어요?
메 아유다스
¿Me ayudas?

Index

쿠바

건축 박물관 ······························· 156
그라피카 실험소 ···························· 65
나폴레옹 박물관 ··························· 86
대성당 광장 ································ 62
돌로레스 광장 ····························· 224
디에고 벨라스케스의 집 ··················· 221
라 에르미타 호텔 전망대 ·················· 141
럼 박물관(아바나) ·························· 72
럼 박물관(산티아고 데 쿠바) ············· 223
레알 푸에르사 요새 ························· 67
레이나 묘지 ································ 201
로만티코 박물관 ··························· 156
로스 하스미네스 호텔 전망대 ············· 140
롬비요의 집 ································· 64
마르테 광장 ······························· 225
마요르 광장 ······························· 155
말레콘(아바나) ····························· 78
말레콘(시엔푸에고스) ···················· 204
메르카데레스 거리 ·························· 70
모로 요새(아바나 근교) ··················· 120
모로 요새(산티아고 데 쿠바) ············· 227
몽카다 병영 박물관 ······················· 226
무랄 데 라 프레이스토리아 ··············· 139

무세오 엘 템플레테 ························· 69
무에예 레알 ································ 204
바라데로 비치 ····························· 128
바카르디 럼 공장 ·························· 226
베니 모레 동상 ····························· 203
벨라스케스 전망대 ························· 222
불러바드 거리 ····························· 202
비달 공원 ·································· 177
비에하 광장 ································· 73
사투르노 동굴 ····························· 127
산 크리스토발 대성당 ······················ 63
산 프란시스코 데 아시스 광장 ············· 71
산 프란시스코 데 아시스 수도원과 교회 ·· 72
산미겔 동굴 ······························· 141
산살바도르 데 라 푼타 요새 ··············· 80
산타 이피헤니아 묘지 ····················· 225
산타마리아 해변 ··························· 121
산테리아 예마야 사원 ····················· 158
산티시마 트리니다드 삼위일체 교구 교회 ·· 156
성모 수태 대성당 ·························· 200
세군도 카보 저택 ··························· 69
세스페데스 공원 ··························· 221
센트로 레크레아티보 라 푼타 ············· 205
시 청사 ···································· 199
시립 박물관 ································· 68
시립 역사박물관 ··························· 155
아과스 클라라스 후작의 대저택 ············ 63
아르마스 광장 ······························ 66
아르코 데 트리운포 ······················· 198

아멜 거리	85	카피톨리오	76
아바나 국립 미술관	79	코랄 해변	128
아바나 대학교	85	코히마르	118
아순시온 대성당	222	콘스탄티노 페레스 카로데과 담배 공장	179
알리시아 알론소 아바나 대극장	80	콜론 묘지(크리스토퍼 콜럼버스 공동묘지)	86
앙콘 해변	158	쿠에토 저택	74
에밀리오 바카르디 지역 박물관	224	클럽 시엔푸에고스	205
에스타투아 체 이 니뇨	180	토마스 테리 극장	200
예수님 상과 체 게바라의 집	119	트리니다드 국립 혁명 역사박물관	157
옛 성벽(아바나)	73	트리니다드 모형 박물관	157
오비스포 거리	75	파리의 신사 동상	71
위프레도 람 현대미술 센터	65	파세오 데 마르티(옛 프라도 거리)	77
인데펜덴시아 거리	178	팔라시오 데 바예	205
인디오 동굴	140	프라도 거리	203
주립 박물관	199	핀카 비히아(헤밍웨이 박물관)	117
중앙 공원	78	혁명 광장	82
지하 투쟁 박물관	223	혁명 박물관	77
차이나타운	81	호세 마르티 공원	198
체 게바라 기념관(콘훈토 에스쿨토리코 코만단테 에르네스토 체 게바라)	180	호세 마르티 광장과 교회	139
카르나발 박물관	223	호세 마르티 기념탑과 기념관	83
카리다드 대극장	177	호세 마르티 생가 박물관	74
카리요 광장	158	호텔 나시오날	84
카마라 오스쿠라	73	호텔 암보스 문도스	75
카바냐 요새	120	호텔 잉글라테라	81
카사 델 베게로	141	화물 열차 기념관	178
카사 델 푼다도르	201		
카사 바요나 백작의 대저택	64		
카피로 전망대	179		

멕시코-칸쿤

가라폰 파크	322
과달루페 예배당	323
대관람차	258
돌핀 디스커버리	321
라스 팔라파스 공원	281
마켓 23	282
산헤르바시오 대성당	353
세노테 사시	354
세노테 익킬	339
이슬라 무헤레스 포토 존	323
인터렉티브 아쿠아리움	258
치첸이트사	334
코수멜 섬	296
코코봉고(호텔 존)	259
코코봉고(플라야 델 카르멘)	294
콩고	259
크리스토 레이 성당	282
토르투그란하	320
툴룸 유적	343
패러세일링	257
푼타 수르	320
프란시스코 칸톤 공원	353
프리다 칼로 박물관	294
플라야 가비오타 아술	261
플라야 노르테	318
플라야 노르테 이슬라 무헤레스	319
플라야 델핀	260
플라야 랑고스타	260
플라야 마를린	261
플라야 마미타스	293
플라야 바예나	261
플라야 센트로	319
플라야 착물	261
플라야 카라콜	261
플라야 토르투가스	261

멕시코-멕시코시티

국립 인류학 박물관	380
대성당	375
대통령궁	376
디에고 리베라 벽화 박물관	377
소칼로	374
차풀테펙 공원 · 차풀테펙성	377
테오티우아칸	378
템플로 마요르	376
팔라시오 데 베야스 아르테스	375

Just go

자유여행자를 위한  가이드북

① 도쿄	㉛ 베이징
② 오사카 · 교토 · 고베 · 나라	㉜ 발리
③ 규슈	㉝ 낭만의 일본 기차 여행
④ 홋카이도	㉞ 영국
⑤ 태국	㉟ 상하이
⑥ 중국	㊱ 프랑스
⑦ 파리	㊲ 스위스
⑧ 런던	㊳ 필리핀
⑨ 독일	㊴ 방콕
⑩ 오스트리아 · 부다페스트 · 프라하	㊵ 중국 서남부
⑪ 베트남	㊶ 미국 동부
⑫ 말레이시아	㊷ 오키나와
⑬ 뉴욕	㊸ 동남아시아
⑭ 타이완	㊹ 그리스
⑮ 괌	㊺ 푸껫
⑯ 네팔 히말라야 트레킹	㊻ 대한민국
⑰ 이탈리아	㊼ 북유럽
⑱ 인도	㊽ 크로아티아 · 슬로베니아
⑲ 스페인 · 포르투갈	㊾ 네덜란드 · 벨기에 · 룩셈부르크
⑳ 호주	㊿ 미얀마
㉑ 일본 온천	51 쿠알라룸푸르 · 랑카위 · 코타키나발루
㉒ 홍콩 · 마카오	52 사이판 · 티니안 · 로타
㉓ 캐나다	53 라오스
㉔ 터키	54 나고야
㉕ 유럽 여행 지도	55 유럽5개국
㉖ 유럽	56 치앙마이 · 빠이 · 치앙라이 · 치앙칸
㉗ 미국 서부	57 두바이 · 아부다비
㉘ 싱가포르	58 나짱(나트랑)
㉙ 하와이	59 유럽 소도시 여행 I
㉚ 뉴질랜드	60 유럽 소도시 여행 II
	61 쿠바 · 칸쿤

구입문의 서울시 서초구 사임당로 82 시공사 (우편번호 06641)
전화 (02)2046-2800 **FAX** (02)588-0835 **홈페이지** www.sigongsa.com
페이스북 www.facebook.com/justgobook **인스타그램** www.instagram.com/justgobook

시공사

Just go 해외여행 가이드북 ❻

쿠바·칸쿤
멕시코시티

2019년 1월 15일 초판 1쇄 인쇄
2019년 1월 23일 초판 1쇄 발행

지은이 | 윤인혁
발행인 | 이원주
책임편집 | 정은영
마케팅 | 임슬기

발행처 | (주)시공사
출판등록 | 1989년 5월 10일(제3-248호)

주소 | 서울시 서초구 사임당로 82(우편번호 06641)
전화 | 편집 (02)2046-2897 · 영업 (02)2046-2878
팩스 | 편집 (02)585-1755 · 영업 (02)588-0835
홈페이지 | www.sigongsa.com

 윤인혁 2019

ISBN 978-89-527-9516-8 14980
ISBN 978-89-527-4331-2(세트)

본서의 내용을 무단 복제하는 것은 저작권법에 의해 금지되어 있습니다.
파본이나 잘못된 책은 구입하신 서점에서 교환해 드립니다.
값은 뒤표지에 있습니다.